La libre circulation des personnes

États des lieux et perspectives

Actes d'un colloque organisé en 2003 à Liège

P.I.E. Peter Lang

Bruxelles · Bern · Berlin · Frankfurt am Main · New York · Oxford · Wien

Dominik HANF & Rodolphe MUÑOZ (dir.)

La libre circulation des personnes

États des lieux et perspectives

Actes d'un colloque organisé en 2003 à Liège

« Cahiers du Collège d'Europe »
n° 5

Éditions scientifiques internationales
Bruxelles, 2007
1 avenue Maurice, 1050 Bruxelles, Belgique
info@peterlang.com ; www.peterlang.com

ISSN 1780-9665
ISBN 13 : 978-90-5201-061-8
D/2007/5678/09

Information bibliographique publiée par « Die Deutsche Bibliothek »
« Die Deutsche Bibliothek » répertorie cette publication dans la « Deutsche Nationalbibliografie » ; les données bibliographiques détaillées sont disponibles sur le site http://dnb.ddb.de.

Table des matières

Préface

Le présent volume rend accessible à un large public les contributions présentées lors d'un colloque portant sur la libre circulation des personnes organisé par l'Institut d'études juridiques européennes de l'Université de Liège et le département d'études juridiques du Collège d'Europe, en décembre 2003, à Liège. Elles ont été mises à jour en octobre 2004. Malgré le temps considérable écoulé entre la rédaction et la publication des articles, nous espérons que le lecteur tirera profit de leur lecture.

Le but de ce colloque était de faire un bilan, et de souligner quelques perspectives, de la libre circulation des personnes au sein de l'Union européenne 10 ans après l'expiration du programme « 1992 » visant l'achèvement du marché intérieur. Vu la multitude de facettes du sujet abordé, nous avons du effectuer certains choix. Ce livre ne se veut donc pas exhaustif.

L'organisation du colloque et la présente publication ont bénéficié, à part égale, du support financier du programme de recherche Pôle d'attraction interuniversitaire (*PAI*) « droit de l'intégration européenne : dimension interne et dimension externe » financé par le gouvernement fédéral belge et mis en œuvre par les instituts européens des universités de Liège, Gand, Bruxelles (ULB) et Paris (IEP) ainsi que de l'Institut d'études politiques (Paris) et du *Collège d'Europe* (Bruges et Varsovie).

Bruges et Liège, août 2006

D. Hanf

R. Muñoz

Première partie

État des lieux

LE CAS DE LA LIBRE CIRCULATION DES RESSORTISSANTS COMMUNAUTAIRES

CHAPITRE 1

Le développement de la citoyenneté de l'Union européenne

Dominik HANF[1]

Professeur de droit européen au Collège d'Europe (Bruges et Varsovie)

Peu de notions ont reçu, au fil du temps, une signification et une portée aussi variées que celle de citoyenneté. En effet, cette diversité ne s'explique pas seulement par les particularités, souvent importantes, du contexte historique et politique dans lequel ce concept est analysé. Il semble que la notion même connaisse des interprétations divergentes, notamment lorsque l'on compare l'approche politique avec l'approche juridique. Il est donc peu étonnant que la notion de citoyenneté de l'Union européenne, formellement inscrite dans la « charte constitutionnelle » de l'Union par le Traité de Maastricht, ait été interprétée de manière – et suscité des attentes – différentes.

Cette note introductive poursuit l'objectif modeste d'exposer brièvement la notion de citoyenneté telle qu'elle est inscrite dans les traités de base de l'Union européenne ainsi que son évolution dans le droit de l'Union.

1 Dr. iur. (Mayence), Docteur en droit (Liège). L'auteur a bénéficié du support du programme du programme de recherche Pôle d'attraction interuniversitaire (PAI) « droit de l'intégration européenne: dimension interne et dimension externe » financé par le gouvernement fédéral belge et mis en œuvre par les instituts européens des universités de Liège, Gand, Bruxelles (ULB) et de l'Institut d'études politiques (Paris). L'auteur tient à remercier Élise MUIR, assistante académique attachée au département d'études juridiques du Collège d'Europe, pour la relecture et la révision linguistique de ce texte.

I. L'évolution du concept de citoyenneté de l'Union au sein des traités fondamentaux

Les traités fondateurs ne faisant pas allusion à la citoyenneté, cette notion fut avancée, dès les années 1960, par la doctrine allemande à la recherche d'un concept capable de décrire le statut des individus en vertu du droit communautaire.[2] Selon cette lecture, le *Marktbürger*, le citoyen exerçant des activités économiques (transfrontalières), s'est vu attribué, par le Traité de Rome et les règles adoptées en application de celui-ci, une « citoyenneté de marché », *Marktbürgerschaft*. Cette citoyenneté se définit par l'ensemble des droits subjectifs – surtout celui de libre circulation et, de manière plus générale, de non-discrimination sur la base de la nationalité – que l'individu peut faire prévaloir contre l'État membre d'accueil et, dans certains cas, également contre l'État dont il est ressortissant.[3]

La notion de « citoyenneté de marché » était donc essentiellement descriptive. Elle faisait toutefois clairement apparaître le caractère novateur du droit communautaire. Ce dernier accorde, directement, à une certaine catégorie d'individus des droits, étendus et fondamentaux pour l'exercice d'une activité économique transfrontalière, que les États membres sont, en principe, tenus de respecter. Bien que ce nouveau statut accordé par le droit communautaire soit essentiellement de nature économique, l'introduction de la notion de citoyenneté souligne bien le « saut qualitatif » que l'ordre juridique supranational a pu faire par rapport au droit international classique.

En outre, l'introduction de la notion de citoyenneté, décrivant un statut défini par l'attribution d'un ensemble de droits limités et essentiellement réservés au *homo economicus*, présentait l'avantage d'indiquer que des droits de nature économique ne sont pas politiquement « neutres ». Elle impliquait ainsi, en conformité avec les intentions des pères fondateurs, que le statut du « citoyen de marché » avait, comme la Communauté en général, vocation à évoluer davantage.[4]

---

2 IPSEN, H.P. et NICOLAYSEN, G., « Haager Kongress für Europarecht und Bericht über die aktuelle Entwicklung des Gemeinschaftsrechts », *Neue Juristische Wochenschrift*, 1964, p. 339; GRABITZ, E., « Europäisches Bürgerrecht zwischen Marktbürgerschaft und Staatsbürgerschaft », Europa-Union, Köln, 1970.

3 À ces droits s'ajoutent les droits fondamentaux tels que développés par la Cour de justice en tant que « principes généraux communs aux États membres » depuis l'arrêt *Stauder* du 12 novembre 1969 (Affaire 29/69, *Rec.* p. 419), interprétation également inspirée par la CEDH et formellement approuvée par le Traité de Maastricht (article 6 UE).

4 À titre d'exemple, rappelons que l'article 138.3 du Traité de Rome envisageait déjà la possibilité des élections directes aux Parlement (d'ailleurs déjà réclamée par l'Assemblée parlementaire de la CECA).

Il est donc peu surprenant que de nombreux efforts aient été entrepris afin d'étendre la « citoyenneté de marché » à des domaines politiques. La transformation de l'Assemblée parlementaire, progressivement dotée de pouvoirs de décision importants en matière budgétaire, en Parlement, moyennant l'introduction d'élections directes,[5] a certainement été la réforme majeure des années 1970.[6] Dans les années 1980, l'on remarquera les travaux du groupe Spinelli[7] ainsi que ceux d'un groupe de travail présidé par M. ADONNINO[8] qui ont ensuite inspirés un rapport de la Commission consacré à l'Europe des citoyens.[9] L'élément le plus important que l'on retient de ces initiatives politiques est l'idée d'accorder aux citoyens communautaires des droits spéciaux, notamment le droit de vote actif et passif aux élections au Parlement européen – mais également pour les élections nationales au niveau communal[10] – dans le pays de résidence, un renforcement du droit de pétition ainsi que l'introduction d'un médiateur européen.

L'idée de définir une citoyenneté de l'Union caractérisée par la reconnaissance de droits spéciaux aux citoyens de l'Union s'est matérialisée, suite à une initiative du gouvernement espagnol, dans le Traité de Maastricht. Elle est depuis lors comprise dans la deuxième partie du Traité CE – qui n'a été que légèrement modifiée par les traités d'Amsterdam et de Nice et d'ailleurs repris à l'identique par le Traité constitutionnel de Rome (non – encore ? – ratifié).[11]

---

5 Décision 76/787/CECA, CEE, Euratom des représentants des États membres réunis au sein du Conseil relative à l'Acte portant élection des représentants à l'Assemblée au suffrage universel direct (J.O. L 278 du 8 octobre 1976, p. 1).

6 L'Europe des citoyens figurait déjà dans des initiatives du Conseil de 1969 (cf. 3e rapport général de l'Union 1969, p. 527) et de 1974 (cf. 8e rapport général de l'Union 1974, p. 337) ainsi que dans le rapport Tindemans de 1975 (Bulletin CE, suppl. 1-76, p. 29).

7 Cf. l'article 3 du projet de Traité instituant l'Union européenne proposé par le Parlement 1984.

8 Bulletin CE, suppl. 7-85, p. 9.

9 COM(1988)331 final.

10 Possibilité déjà mentionnée par la Commission en 1975 (Bulletin CE, suppl. 7-75, p. 5).

11 Article I-10 et partie II (charte des droits fondamentaux) du Traité établissant une Constitution pour l'Europe (J.O. 2004 C 310 p. 1).

II. La citoyenneté de l'Union européenne : un concept ouvert, susceptible d'évoluer au fil du temps

Le Traité CE institue donc une citoyenneté de l'Union – basée sur, et dépendant de, la possession de la nationalité d'un (au moins) des États membres. Outre un certain nombre de droits politiques,[12] pour l'essentiel déjà été identifiés au cours des travaux préparatoires des années 1980, elle comporte celui à une protection diplomatique et consulaire dans des États tiers par les autorités de tout État membre.[13] De plus, elle accorde aux ressortissants des États membres le droit de circuler et de séjourner librement sur le territoire de l'ensemble de l'Union européenne.[14] La libre circulation, bien qu'elle ne soit pas garantie de manière inconditionnelle,[15] apparaît donc comme un élément constitutif de la citoyenneté de l'Union établie par le Traité CE.

La citoyenneté de l'Union est dérivée et accessoire. Elle s'attache à – et complète[16] – celle des États membres qui restent seuls compétents en matière de droit de la nationalité.[17] Ceci implique que la perte de la citoyenneté nationale entraîne automatiquement la perte de celle de l'Union.[18] La citoyenneté de l'Union n'établit pas un statut complet, elle désigne plutôt un ensemble de droits que les citoyens peuvent faire prévaloir à l'égard des institutions de l'Union – mais surtout à l'égard des autorités des États membres.[19] Elle est donc difficilement compara-

---

12 Droit de vote actif et passif dans l'État de résidence pour les élections municipales (article 19.1 CE) et au Parlement européen (article 19.2 CE) ; droit de pétition devant le Parlement européen (articles 21 al. 1 et 194 CE) ; possibilité accordée aux citoyens de s'adresser au médiateur (articles 21 al. 2 et 195 CE) ; droit de s'adresser aux institutions et au médiateur ainsi que de recevoir une réponse dans une des langues officielles de l'Union (article 21 al. 3 CE).

13 Article 20 CE.

14 Article 18.1 CE : « Tout citoyen a le droit de circuler et de séjourner librement sur le territoire des États membres… ».

15 Cf. l'article 18.1 CE : « … sous réserve des limitations et conditions prévues par le présent traité et par les dispositions prises pour son application. ».

16 Cf. la précision apportée par le Traité d'Amsterdam à l'article 17 CE : « La citoyenneté complète la citoyenneté nationale et ne la remplace pas. ».

17 Confirmé par l'arrêt de la Cour du 20 février 2001 dans l'affaire C-192/99, *Kaur*, *Rec.* p. I-1237, relatif à la déclaration du Royaume-Uni de Grande Bretagne et d'Irlande du Nord concernant la définition du terme « ressortissants » annexée à l'acte d'adhésion de 1972 (remplacée par la déclaration de 1982).

18 Bien que les États membres doivent respecter les limites imposées, d'une part, par le droit international, et d'autre part, par le droit communautaire (cf. l'arrêt de la Cour du 7 juillet 1992 dans l'affaire C-369/90, *Micheletti*, *Rec.* p. I-4239).

19 Cette particularité, à savoir que la citoyenneté de l'Union attribue des droits aux nationaux des États membres auxquels correspondent des obligations à la charge des

ble au concept de citoyenneté tel qu'il s'est développé, notamment par sa fusion avec le concept de nationalité (le plus souvent défini de manière exclusive), dans le cadre de la majorité des États-nation.[20]

Bien qu'il soit plus large, notamment en incluant des droits politiques, le concept de citoyenneté de l'Union semble donc conserver un trait principal de la notion de la « citoyenneté de marché » identifiée par IPSEN et GRABITZ dans les années 1960 : celui de décrire l'ensemble des droits dont dispose le citoyen européen[21] en vertu du droit primaire et secondaire de l'Union européenne.

Il s'ensuit que la citoyenneté de l'Union est une notion à interpréter dans son contexte, celui d'une intégration supranationale. Elle n'établit pas un statut complet, mais au contraire ouvert et donc susceptible d'évoluer au fil du temps. Outre au « pouvoir constituant » de l'Union,[22] il appartient surtout au législateur de contribuer à cette évolution.[23] Vu l'apport important du juge communautaire à la réalisation de la libre circulation des personnes, l'on peut également s'attendre à des contributions de la Cour de justice au développement progressif de la citoyenneté.

États membres plus que des obligations des bénéficiaires (réciprocité), ne ressort pas de l'article 17.2 CE dont la formulation s'inspire de la formule classique propre aux constitutions étatiques (« Les citoyens de l'Union jouissent des droits et sont soumis aux devoirs prévues par le présent traité. »).

20 Bien que des formes de citoyenneté dérivée soient connues dans certains États fédéraux comme la Suisse et les États Unis.

21 Dans ce texte, les expressions « citoyen de l'Union européenne » et « citoyen européen » sont utilisées comme synonymes.

22 Moyennant une révision des traités (article 48 UE) mais également de manière indirecte par le biais d'une procédure législative spéciale à caractère « constitutionnelle » prévue pour compléter les droits de citoyenneté (actes du Conseil statuant à l'unanimité sur proposition de la Commission et après consultation du Parlement européen nécessitant ensuite l'approbation par les États membres conformément à leurs règles constitutionnelles, cf. l'article 22.2 CE). Aucune procédure particulière n'est prévue pour mettre en œuvre le droit des citoyens de l'Union de bénéficier d'une protection diplomatique et consulaire par les États membres dont il n'est pas ressortissant : il revient aux États membres d'établir « entre eux » les règles nécessaires (cf. l'article 20 CE).

23 Selon la procédure spéciale citée à la note précédente qui n'est cependant pas applicable pour l'adoption des modalités concernant le droit de vote dans le pays de résidence (pas besoin de « ratification » selon les règles constitutionnelles des États membres, cf. l'article 19 CE) et des mesures visant à réaliser le droit de libre circulation et de séjour des citoyens de l'Union. Ces dernières sont, de manière générale, adoptées selon la procédure de codécision (cf. les procédures spécifiques des articles 40, 44, 52 CE et l'habilitation générale inscrite à l'article 18.2. CE) – bien que certaines mesures restent soumises à la règle de l'unanimité au sein du Conseil (sécurité sociale, article 42 CE ; accès aux professions libérales, article 47.2 CE ; cf. aussi les exclusions contenues dans l'article 18.3. CE).

III. Développement législatif du concept de citoyenneté de l'Union européenne

En règle générale, l'on ne peut pas dire que les États membres et le législateur communautaire se sont empressés d'accorder au citoyen de l'Union des droits allant au delà de ceux envisagés par le Traité de Maastricht.

En ce qui concerne les droits politiques, on n'a pu observer qu'une simple mise en œuvre des principes établis par le Traité de Maastricht concernant le droit de vote actif et passif dans le pays de résidence[24] et le droit à la protection diplomatique et consulaire.[25] Ni les « maîtres des traités », réunis à Amsterdam et à Nice, ni le législateur communautaire n'ont entrepris de nouvelles initiatives dans ce domaine.[26] Même le Traité constitutionnel de Rome, dont l'entrée en vigueur est incertaine, ne prévoit que des avancées relativement modestes.[27]

En ce qui concerne le droit de circuler et de séjourner librement sur l'ensemble du territoire de l'Union, les avancées ont également été relativement limitées. Il est vrai que le législateur communautaire a arrêté une directive relative à ce droit qui doit être transposée en droit national en mai 2006.[28] En réalité, il s'agit toutefois pour l'essentiel d'une consolidation et codification des textes déjà existants à la lumière

---

24 Directive 93/109/CE du Conseil du 6 décembre 1993, fixant les modalités de l'exercice du droit de vote et d'éligibilité aux élections au Parlement européen pour les citoyens de l'Union résidant dans un État membre dont ils ne sont pas ressortissants (J.O. 1993 L 329 p. 34) et Directive 94/80/CE du Conseil du 19 décembre 1994, fixant les modalités de l'exercice du droit de vote et d'éligibilité aux élections municipales pour les citoyens de l'Union résidant dans un État membre dont ils n'ont pas la nationalité (J.O. 1994 L 368 p. 38).

25 Décision 95/553/CE des représentants des gouvernements des États membres, réunis au sein du Conseil du 19 décembre 1995, concernant la protection des citoyens de l'Union européenne par les représentations diplomatiques et consulaires (J.O. 1995 L 314 p. 73).

26 À l'exception de l'amélioration des droits du citoyen découlant de l'extension de la procédure de co-décision opérée par les dernières révisions des traités et également envisagée par le traité constitutionnel de Rome.

27 Outre l'inscription d'un catalogue formel de droits fondamentaux (partie II du traité constitutionnel), l'on remarquera surtout la création de l'instrument de l'initiative populaire (article I-47.4 dudit traité).

28 Directive 2004/38/CE du Parlement européen et du Conseil du 29 avril 2004 relative au droit des citoyens de l'Union et aux membres de leurs familles de circuler et de séjourner librement sur le territoire des États membres, modifiant le règlement (CEE) n° 1612/68 et abrogeant les directives 64/221/CEE, 68/360/CEE, 72/194/CEE, 73/148/CEE, 75/34/CEE, 75/35/CEE, 90/364/CEE, 90/365/CEE et 93/96/CEE (J.O. 2004 L 158 p. 77).

des principes d'interprétation dégagés par le juge communautaire en la matière.[29]

IV. Développement jurisprudentiel du concept de citoyenneté de l'Union européenne

Le droit accordé au citoyen européen de circuler et de séjourner sur l'ensemble du territoire de l'Union est expressément soumis aux limitations et conditions du droit primaire et dérivé. Il semble donc que le Traité de Maastricht se limitait, d'une part, à réitérer les libertés de circulation déjà établies par le Traité de Rome[30] et, d'autre part, à « constitutionnaliser » l'extension de cette liberté aux personnes non économiquement actives telle qu'opérée – et également soumise à conditions – par le législateur communautaire en 1990.[31]

Beaucoup escomptaient que le juge communautaire utilise le concept de citoyenneté comme un levier pour permettre une extension considérable des droits des personnes. En analysant la jurisprudence de la Cour, il nous semble que la Cour a d'abord consolidé et conforté son interprétation, traditionnellement généreuse, des droits dont peuvent jouir les citoyens européens. Puis, progressivement, l'article 18 CE lui a permis de procéder à une extension de ces droits – qui restent toutefois confinés aux citoyens de l'Union ayant fait usage de leur droit de circulation.

La Cour a reconnu, non sans hésitations,[32] que le citoyen n'étant pas économiquement actif peut fonder son « droit de circuler et de séjourner » directement sur l'article 18.1 CE.[33] En refusant l'idée que cette disposition renvoie simplement à celles des directives de 1990, le juge a

29 Sur le plan substantiel, la seule avancée par rapport à l'état actuel du droit semble être la possibilité offerte au citoyen de l'Union et les membres de sa famille d'acquérir – indépendamment des dispositions plus favorables dont ils bénéficient en tant que personnes exerçant (ou ayant exercé) une activité économique – un droit de séjour permanent et pratiquement inconditionnel après cinq ans de séjour légal dans l'État membre d'accueil (cf. l'article 16 e.s. de la directive 2004/38, *supra* note 28).

30 Et davantage concrétisée par la législation communautaire, cf. les directives 64/221/CEE (J.O. 1964 p. 56, p. 850), 68/360/CEE (J.O. 1968 L 257, p. 13), 72/194/CEE (J.O. 1972 L 121, p. 32), 73/148/CEE (J.O. 1973 L 172, p. 14, 75/34/CEE (J.O. 1975 L 14, p. 10), 75/35/CEE (J.O. 1975, L 14, p. 14).

31 Cf. les directives 90/364/CEE, 90/365/CEE (J.O. 1990 L 180 p. 26 et 60) et 93/96/CEE (J.O. 1993 L 317, p. 59), la dernière remplaçant la directive 90/366 annulée par la Cour en raison de son fondement juridique (utilisation de l'article 235 CEE/308 CE au lieu de l'article 7 al. 2 CEE/12 al. 2 CE, cf. l'arrêt du 7 juillet 1992 dans l'affaire C-295/90, *Parlement européen/Conseil*, *Rec.* p. I-4193).

32 Arrêts du 12 mai 1998 dans l'affaire C-85/96, *Martínez Sala*, *Rec.* p. I-2691 et du 21 septembre 1999 dans l'affaire C-378/97, *Wijsenbeek*, *Rec.* p. I-6207.

33 Arrêt du 17 septembre 2002, affaire C-314/99, *Baumbast*, *Rec.* p. I-7091.

entériné la portée « constitutionnelle » de ce droit. Ceci implique notamment que toute condition à son exercice, qu'elle soit prévue par le droit secondaire ou le droit national, doit être interprétée à la lumière de cette liberté et donc de manière restrictive. Ainsi, la Cour n'a pas hésité à réduire la portée des exigences, inscrites dans les directives de 1990, comme celle selon laquelle le citoyen européen ne doit pas constituer une charge pour les systèmes de sécurité sociale dans le pays d'accueil.[34] Il n'est certes pas exclu que la Cour serait parvenue à des résultats très similaires sur la seule base du droit secondaire. L'inscription du concept de citoyenneté dans le traité, « constitutionnalisant » le droit de circuler et de séjourner, lui a toutefois facilité la tâche de donner une interprétation restrictive aux exceptions prévues par le législateur communautaire. Malgré ces développements, l'on note que le juge communautaire n'a pas réalisé un droit inconditionnel à la libre circulation.[35]

Le cercle des personnes étant en mesure de bénéficier des règles du droit communautaire, notamment de la « règle de non-discrimination » sur la base de la nationalité,[36] était déjà assez large avant l'introduction de la citoyenneté de l'Union. En effet, la Cour avait adoptée une interprétation généreuse des dispositions du traité relatives à la libre circulation.[37] De plus, le législateur communautaire avait élargi considérablement leur champ d'application en accordant le droit de séjour aux citoyens européens non économiquement actifs, à condition qu'ils répondent aux critères établis par les directives de 1990.[38] Après l'entrée en vigueur du Traité de Maastricht, cette dernière limitation ne pouvait être maintenue qu'au prix de concevoir l'article 18 CE en tant que

---

34 Cf. les arrêts *Baumbast* (*supra* note 33) concernant l'exigence d'une couverture pour les frais médicaux, *Grzelczyk* (affaire C-184/99, arrêt du 20 septembre 2001, *Rec.* p. I-6193) concernant la question dans quelle mesure un étudiant peut recourir à l'aide sociale, interprétations restrictives confirmées par l'arrêt *Trojani* (affaire C-456/02, *Rec.* p. I-7573).

35 Il est vrai qu'une mention faite dans l'arrêt *Bickel et Franz* (au paragraphe 15), lue de manière isolée, pourrait donner l'impression que la Cour interprète l'article 18.1 CE comme un droit inconditionnel. Une telle lecture ignore toutefois que ledit arrêt se fonde entièrement sur le fait que les requérants tombaient dans le champ d'application du traité en vertu de l'article 49 CE (affaire C-274/96, arrêt de la Cour du 24 novembre 1998, *Rec.* p. I-7637).

36 Article 12 CE.

37 Cf. p. e. les arrêts *Gravier* (affaire 293/83, arrêt du 13 février 1985, *Rec.* p. 593) et *Cowan* (affaire 186/87, arrêt du 2 février 1989, *Rec.* p. 195). L'arrêt *Carpenter*, rendu après l'entrée en vigueur du Traité de Maastricht, s'inscrit dans la même logique (affaire C-60/00, arrêt du 11 juillet 2002, *Rec.* p. I-6279).

38 Le champ d'application de l'article 12 CE, à savoir le « domaine d'application du présent traité », peut non seulement être précisé par le juge communautaire (cf. l'arrêt *Gravier*, *supra* note 37) mais aussi par des actes de droit secondaire.

« disposition de renvoi », dépourvue d'un contenu propre. Comme indiqué ci-dessus, la Cour a rejeté une telle approche.[39] Il s'ensuit que toute personne séjournant[40] ou résidant[41] légalement sur le territoire d'un autre État membre relève du domaine d'application *ratione personae* du traité – et peut donc se prévaloir du principe de non-discrimination inscrit à l'article 12 CE.

En poursuivant une ligne déjà tracée par le juge et le législateur communautaires, le concept de citoyenneté tel que défini par le Traité de Maastricht contribue ainsi à un développement important. Même si ce dernier ne pouvait se matérialiser sans le concours de la jurisprudence, il trouve clairement son origine dans un choix constitutionnel fait par les États membres en 1992. Tout citoyen de l'Union dispose donc aujourd'hui, dès qu'il se trouve légalement dans un État membre autre que le sien,[42] d'un droit reconnu d'obtenir le même traitement juridique que les nationaux du pays d'accueil.

La reconnaissance d'un tel « statut fondamental »[43] ne garantit pas, en principe, un droit à l'égalité de traitement inconditionnel. D'une part, le principe de non-discrimination peut seulement s'appliquer lorsque la situation tombe dans le champ d'application matériel du Traité CE. D'autre part, il est possible qu'un traitement différencié soit justifié dans certains cas. Toutefois, la Cour ne se montre pas très exigeante lorsqu'elle examine le lien de rattachement avec le droit communau-

---

39 De manière implicite déjà dans l'arrêt *Martínez Sala* (*supra* note 32) et de manière explicite dans l'arrêt *Baumbast* (*supra* note 33).

40 La mention de la citoyenneté dans l'arrêt *Bickel* et *Franz* (soulignée par nous *supra*, à la note 35) servait probablement à clarifier ce point.

41 Cf. l'arrêt *Martínez Sala* (*supra* note 32).

42 Ou dans son propre pays après avoir exercé son droit de libre circulation dans la ligne des arrêts *Knoors* (arrêt du 7 février 1979 dans l'affaire 115/78, *Rec.* p. 399) et *Kraus* (arrêt du 31 mars 1993, affaire C-19/92, *Rec.* p. I-1663), établie avant l'entrée en vigueur du Traité de Maastricht et confirmée ensuite par les arrêts *d'Hoop* (arrêt du 11 juillet 2002, affaire C-224/98, *Rec.* p. I-6191) et *Pusa* (arrêt du 29 avril 2004, affaire C-224/02, *Rec.* p. I-5763), *De Cuyper* (arrêt du 18 juillet 2006, affaire C-406/04, non encore publié au *Rec.*) et dans les conclusions de l'avocat général dans l'affaire pendante *Tas-Hagen* (affaire C-192/05). L'exercice du droit de circuler sur le territoire de l'Union ne conditionne toutefois pas nécessairement l'existence des droits politiques qui ont été attachés à la citoyenneté, cf. les affaires pendantes Espagne/Royaume Uni et Eman relatifs au droit de vote actif pour le Parlement européen examinés par l'avocat général Tizzano dans ses conclusions du 6 avril 2006 (affaires C-145/04 et C-300/04).

43 Ainsi que la Cour l'a reconnu dans son arrêt *Grzelczyk* (*supra* note 34), para. 31.

taire.[44] Il faut ajouter que le juge communautaire a tendance à étendre, moyennant le concept de citoyenneté, le domaine d'application *ratione materiae* du traité tout en opérant des revirements de sa jurisprudence antérieure.[45] Comme la Cour adopte traditionnellement une définition large de la discrimination tout en étant peu généreuse vis-à-vis des arguments avancés par les États membres pour justifier des inégalités de traitement, il semble qu'elle conçoit le « statut fondamental » de citoyenneté – le droit au même traitement juridique que les nationaux – de manière large.

Malgré ces développements et extensions importants, basés sur la jurisprudence antérieure et renforcés par l'introduction de la citoyenneté, cette dernière n'a pas encore été utilisée par la Cour dans l'objectif d'établir une sorte de « statut général » de tout citoyen en vertu du droit de l'Union. Bien que le juge communautaire puisse, en acceptant de reconnaître l'existence de liens communautaires pour rattacher des situations plutôt internes au champ d'application du traité,[46] donner l'impression contraire, il n'a pas (encore) abandonné le concept de la discrimination à rebours.[47] Il en dérive que le « statut fondamental » du citoyen défini à l'article 17 CE reste toujours lié à l'exercice du droit à la libre circulation au sein de l'Union.[48]

Conclusion et perspectives

En conclusion, l'on constate que la citoyenneté de l'Union est un concept particulier, susceptible d'évoluer, qui s'efforce à décrire l'ensemble des droits dont dispose le citoyen européen en vertu du droit de l'Union. Ces droits – qu'ils soient conférés par le traité et le législateur

---

44 Cf. p. e. l'arrêt *Gravier* (*supra* note 37). Dans le domaine de la citoyenneté, le seul fait de résider légalement dans un autre État membre – même si l'on possède aussi la nationalité de celui-ci – a été reconnu comme un lien de rattachement suffisant (cf. l'arrêt du 2 octobre 2003 dans l'affaire C-148/02, *Garcia Avello*, *Rec.* p. I-11613 et l'arrêt *Pusa* (*supra* note 42). Cf. également les conclusions de l'avocat général JACOBS du 30 juin 2005 dans l'affaire C-96/04, *Standesamt Stadt Niebüll*, jugée irrécevable par la Cour dans son arrêt du 27 avril 2006 (non encore publié dans le *Rec.*).

45 Cf. l'arrêt *Grzelczyk* (*supra* note 34) qui renverse la jurisprudence *Brown* (arrêt du 21 juin 1988 dans l'affaire 197/86, *Rec.* p. 3205), l'arrêt *Collins* (affaire C-138/02, arrêt du 23 mars 2004, *Rec.* p. I-2703) qui renverse la jurisprudence *Lebon* (arrêt du 18 juin 1987 dans l'affaire 316/85, *Rec.* p. 2811) ainsi que l'arrêt *Bidar* (affaire C-209/03, arrêt du 15 mars 2005, non encore publié dans le *Rec.*) qui renverse la jurisprudence *Lair* (arrêt du 21 juin 1988 dans l'affaire 39/86, *Rec.* p. 3161).

46 Voy. à cet égard l'arrêt *Carpenter* (*supra* note 37).

47 Cf. l'arrêt *Uecker* et *Jacquet* (affaires C-64/96 et C-65/96, arrêt du 5 juin 1997, *Rec.* p. I-3171) mais aussi l'arrêt *Kaur* (*supra* note 17).

48 Cf. aussi l'arrêt du 12 juillet 2005 dans l'affaire C-403/03, *Schempp*, non encore publié au *Rec.*

ou qu'ils découlent de l'interprétation, très « dynamique », de ces textes par le juge communautaire – restent, pour l'essentiel, attachés à la circulation, c'est-à-dire au déplacement dans un autre État membre. Il est vrai que le droit à la libre circulation, largement généralisé, n'est pas encore inconditionnel et reste soumis à des restrictions – dont la portée s'est vue considérablement limitée par la Cour moyennant, d'une part, une interprétation large des libertés spécifiques, d'autre part, un recours croissant aux dispositions relatives à la citoyenneté. L'apport fondamental de ces dernières réside dans le fait qu'elles accordent au citoyen européen, dès qu'il circule ou séjourne sur le territoire d'un autre État membre que le sien, un droit très étendu : celui de recevoir le même traitement juridique que les ressortissants du pays d'accueil.

L'introduction de la notion de citoyenneté au sein du Traité CE par le Traité de Maastricht renforce considérablement un développement important et inhérent au processus d'intégration en cours depuis un demi-siècle : celui de détacher progressivement, dans une certaine mesure[49] et dans certaines limites,[50] la jouissance de droits dans un État de l'exigence de posséder la nationalité de ce dernier. En imposant que le citoyen européen « transfrontalier » soit traité de manière égale aux nationaux de l'État d'accueil, la citoyenneté de l'Union rattache la possession de certains droits à la simple résidence dans l'État d'accueil[51] – contribuant ainsi à l'émergence d'une conception de citoyenneté à la fois pré- et post-nationale.

La notion de citoyenneté « complémentaire », basée sur l'exercice d'un droit à la libre circulation au sein de l'Union, n'est pas difficile à concevoir, à condition que l'on ne cherche pas à transposer les concepts de citoyenneté tels qu'ils se sont développés dans le cadre de l'État-

49 Car la possession de la nationalité d'un des États membres – ou un lien avec une personne la possédant – est, en règle générale, requise. Notez toutefois qu'une nouvelle directive (2003/109/CE du 25 novembre 2003, J.O. 2004 L 16, p. 44) qui doit être transposée en droit national en 2006 accordera aux ressortissants d'États tiers résidant de longue durée (cinq ans de résidence légale) une égalité de traitement étendue en matière économique et sociale – incluant la possibilité (limitée) de libre circulation au sein de l'Union.

50 Car certaines inégalités de traitement sur la base de la nationalité restent toujours admises au sein de l'Union. Un exemple est l'accès à la fonction publique que les États membres peuvent, sous certaines conditions (interprétées de manière restrictive par la Cour), réserver à leurs ressortissants (cf. l'article 39.4 CE et l'arrêt du 17 décembre 1980 dans l'affaire 149/79, *Commission/Belgique*, *Rec.* p. 3881).

51 Dans ce contexte, il est intéressant de constater que la Cour accepte que les États membres exigent qu'un citoyen européen désirant bénéficier des aides publiques aux frais d'entretien (sans chercher à exercer et sans avoir exercé préalablement une activité économique) démontre un certain degré d'intégration dans la société cet État d'accueil. Cf. l'arrêt *Bidar* (*supra* note 45).

nation. Il est, par contre, plus difficile d'accepter l'idée que tous les citoyens ne disposent pas de ce droit de base. En effet, l'utilisation du terme citoyenneté implique aujourd'hui l'attribution de droits égaux à tous les citoyens. Or, tous les ressortissants des États membres ne bénéficient pas de la libre circulation : restent privés de ce droit les citoyens européens non économiquement actifs et sans moyens financiers leur permettant de ne pas constituer une charge pour les systèmes de sécurité sociale du pays d'accueil.[52] Cette limitation ne concerne pas seulement le cercle (relativement restreint) des personnes qui, sans disposer de ressources financières, ne souhaitent ou ne parviennent pas à exercer une activité économique.[53] Sont aussi et surtout visés les citoyens auxquels certains États membres refusent l'accès au marché de travail sur la base des dispositions transitoires inscrites dans les actes d'adhésion. Tandis que les premiers ressentent le fait qu'être citoyen européen de plein droit dépend toujours (encore), dans une certaine mesure, de leurs ressources financières, les derniers se voient privés d'un droit, déjà garanti à leurs concitoyens de l'Union, en raison de leur seule nationalité.

Bien que la Cour de justice soit en mesure de contrôler l'utilisation des clauses habilitant les anciens États membres[54] à restreindre la libre circulation et à limiter ainsi leur portée, en les traitant comme exception à la règle générale,[55] elle ne peut mettre en cause les dérogations en matière de libre circulation des travailleurs inscrites dans le droit primaire.[56] Un décalage entre le principe énoncé et l'exception étant certainement concevable pendant une période transitoire, même étendue, sa

---

[52] Comme déjà noté, ces critères ont reçus une interprétation restrictive par la Cour, cf. l'arrêt *Grzelczyk* pour des étudiants et l'arrêt *Trojani* pour les personnes non économiquement actives sans pourtant être étudiants (*supra* note 34). Ils ne s'appliquent non plus aux membres de famille à charge d'un citoyen exerçant son droit de libre circulation – ni d'ailleurs aux derniers étant à la charge d'un ressortissant d'un État tiers (cf. l'arrêt du 19 octobre 2004 dans l'affaire C-200/02, *Zhu*, *Rec.* p. I-9925 et les conclusions de l'avocat général RUIZ-JARABO COLOMER du 25 octobre 2005 dans l'affaire pendante C-408/03, *Commission/Belgique*) – ou à des citoyens européens qui se déplacent en tant que touristes (cf. l'arrêt du 31 janvier 1984 dans les affaires 286/82 et 26/83, *Luisi* et *Carbone*, *Rec.* p. 377).

[53] Dans une période raisonnable, cf. l'arrêt *Antonissen* (affaire C-292/89 du 26 février 1991, *Rec.* p. I-745).

[54] Comme d'ailleurs les nouveaux États membres en vertu des clauses de réciprocité – également difficiles à adapter à l'idée de citoyenneté – inscrites dans les actes d'adhésion.

[55] Cf. p. e. l'arrêt du 23 mars 1983, affaire 77/82, *Peskeloglou*, *Rec.* p. 1085, l'arrêt du 27 septembre 1989, affaire 9/88, *Lopes da Veiga*, *Rec.* p. 2989, l'arrêt du 27 mars 1990, affaire C-113/89, *Rush Portuguesa*, *Rec.* p. I-1417 ou encore l'arrêt du 16 juillet 1998, affaire C-171/96, *Pereira Roque*, *Rec.* p. I-4607.

[56] Cf. l'arrêt du 26 avril 1988 dans l'affaire 312 et 35/86, *Laisa*, *Rec.* p. 2285.

consolidation – telle que discutée pour le futur acte d'adhésion de la Turquie – changera profondément une des caractéristiques fondamentales de l'intégration.[57]

L'introduction du concept de citoyenneté dans le droit de l'Union est de nature à susciter des attentes que les États membres ne seront certainement pas prêts à satisfaire dans un futur proche ou même plus lointain. En attendant, ce concept constitue un outil important dans le renforcement du statut du citoyen européen « transfrontalier » – tout en rappelant que la libre circulation des personnes constitue un élément de base de l'intégration européenne.

---

[57] Pour une discussion des options de la Cour, cf. HANF, D. et DENGLER, P., « L'adhésion annoncée de la Turquie : les perspectives en matière de libre circulation des personnes » in E. LANNON et J. LEBULLENGER, *Les défis de l'adhésion de la Turquie à l'Union européenne*, Bruylant, Bruxelles, 2005, p.187-213.

CHAPTER 2

Behind and Beyond Brussels I

An Insider's View

Peter Arnt NIELSEN*

Associate Professor, Copenhagen Business School, Denmark and Professor, College of Europe, Bruges

I. Behind Brussels I

In 1968, the Member States of the European Union concluded the Brussels Convention on Jurisdiction and the Enforcement of Judgments in Civil and Commercial Matters (the Brussels Convention) under Article 293 (ex 220) of the Treaty.[1] This Convention worked tremendously well for almost 30 years. Then, in 2001, it was superseded by a Regulation, commonly known as the Brussels I Regulation. This Regulation was one of the first instruments adopted under the new provisions of Title IV of the Treaty. The adoption demonstrates most of the legislative advantages and a few drawbacks of the "Europeanization" or "communitarization" of the European Union's cooperation in civil matters. In essence, the Regulation is a modernized version of the Convention, and it is in force in all Member States of the European Union apart from Denmark. The Brussels Convention remains in force between the 14 "old" Member States and Denmark.

A. The Brussels Convention

The purpose of the Brussels Convention was to create free movement of judgments in civil and commercial matters in the European Community. Originally, the intention was to draft a so-called simple

---

* All views expressed are personal, and such views should not be associated with any government or organisation.

1 Convention of 27 September 1968 on Jurisdiction and the Enforcement of Judgments in Civil and Commercial Matters, consolidated text of 26 January 1998, O.J. (1998) C 27/1.

convention providing uniform provisions on recognition and enforcement of judgments only. However, the result was a so-called double convention providing for uniform provisions on jurisdiction as well. This type of instrument was preferred for two reasons. Firstly, uniform provisions on jurisdiction generally facilitate recognition and enforcement of judgments because courts recognizing and enforcing judgments from other Contracting States are generally not permitted to re-examine the rules of jurisdiction applied by the court of origin. Secondly, uniform provisions on jurisdiction in the Contracting States eliminate the risk of forum shopping, and they make it more transparent where proceedings are to be brought in Contracting States.[2]

The Brussels Convention was a great success. This is mainly due to the European Court of Justice (the ECJ), which, by means of two protocols, was given competence to rule on the interprétation of the Convention. So far, the ECJ has handed down approximately 120 judgments on the Convention, and the jurisprudence of the ECJ has indeed clarified a number of issues. Furthermore, the ECJ has developed principles of interprétation of the Convention. Naturally, the principles also apply to the Brussels I Regulation, since they have been codified in the recitals of the Regulation.[3] In brief, the principles are the following:

1) To the widest extent possible, concepts are to be interpreted in a uniform manner in order to ensure uniform and efficient application of the Convention/Regulation (uniformity),
2) The provisions on jurisdiction shall be predictable (predictability),
3) The provisions on jurisdiction are founded on the need for efficient conduct of proceedings in respect of the taking of evidence and the like (procedural proximity),
4) The Convention/Regulation shall be interpreted in such a way as to increase the recognition and enforcement of judgments (free movement of judgments), and
5) Proceedings shall be based on adversarial hearings (due process).

The EFTA States became interested in having an instrument similar to the Brussels Convention between their states and the Member States of the European Community. Thus, in 1988, the EFTA and EEC Mem-

---

2 Explanatory Report by P. JENARD on the Convention of 27 September 1968 on Jurisdiction and the Enforcement of Judgments in Civil and Commercial Matters, (Danish version) O.J. (1979) C59/7-8.

3 Council Regulation 2001/44/EC of 22 December 2000 on Jurisdiction and the Recognition and Enforcement of Judgments in Civil and Commercial Matters, O.J. (2001) L12/1. See especially recitals No. 11, 12 and 16-18.

ber States signed the Lugano Convention.[4] The Lugano Convention is a copy of the Brussels Convention. The two conventions have the exact same structure, and the wordings of the provisions are identical apart from certain details, e.g. in respect of exclusive jurisdiction concerning immoveable property and jurisdiction regarding contracts of employment.

B. From Convention to Regulation under Title IV of the Treaty

Both the Brussels Convention and the Lugano Convention underwent minor revisions in 1978, 1986 and 1989 in connection with the adhesion of new Member States. During the adhesion negotiations, certain provisions were clarified, and certain judgments of the ECJ were codified. However, the conventions were never subject to an overall revision.

During the 1990s, it became evident that a number of provisions in the conventions were in strong need of revision.[5] Consequently, in 1998, the Contracting States to both conventions decided to carry out a thorough revision of the conventions, and a joint EU-EFTA working group was set up. The working party worked intensely for 18 months, and it presented a joint proposal for reform in April 1999, only days before the Amsterdam Treaty entered into force on 1 May 1999.[6]

Due to the institutional changes of the European Union, the Member States of the European Union decided to implement the agreed amendments into Community Law by means of a Regulation under Articles 61 and 65 of the Treaty. Looking forward to using its new competences under the Treaty, the Commission strongly supported this decision. Consequently, in September 1999, the Commission tabled a Proposal for a Regulation on Jurisdiction and the Recognition and Enforcement

---

4 Convention 1988/592/EEC of 16 September 1988 on Jurisdiction and the Enforcement of Judgments in Civil and Commercial Matters, O.J. (1988) L319/9. Explanatory Report by P. JENARD and G. MÖLLER on the Convention of 16 September 1988 on Jurisdiction and the Enforcement of Judgments in Civil and Commercial Matters, (Danish version) O.J. (1990) C189/57.

5 See, for instance, A. BORRÁS (ed.), *La Revisión de los Convenios de Bruselas de 1968 y Lugano de 1988 sobre Competencia Judicial y Ejecución de Resoluciones Judicales: Una Reflexión Preliminar Española*, Madrid/Barcelona, Marcial Pons, 1998. See also K. HERTZ, *Jurisdiction in Contract and Tort under the Brussels Convention*, Copenhagen, DJØF, 1998.

6 The Brussels I Regulation, *supra* note 3, Recital No. 5.

of Judgments in Civil and Commercial Matters.[7] The proposal was adopted in December the following year and entered into force on 1 March 2002.[8]

The institutional changes in respect of civil cooperation have several advantages that the adoption and application of the Brussels I Regulation illustrate.[9]

Under the old institutional framework (Article 293, ex Article 220), a revised instrument would have been a convention that the member States should have ratified and implemented into national in accordance with their constitutional laws. This system was sometimes very inefficient and slow. For instance, it took Denmark seven years to implement the very modest amendments of the Brussels Convention agreed in San Sebastian in 1989. Thus, from the perspective of swift and efficient harmonisation, the transfer of civil cooperation from Pillar III to Pillar I of the Treaty has significant advantages. By using a Regulation, the Member States ensured that the new Brussels I instrument entered into force on the same date in all Member States and shortly after the adoption of the instrument.

The "Europeanization" of civil cooperation is also beneficial in respect of new Member States. Under the former system, new Member States had to ratify the Brussels Convention and implement it into national law. That usually happened some or several years after obtaining membership of the Union. Denmark, for instance, entered the European Community in 1972. The Brussels Convention entered into force in Denmark in 1986. With the new system, civil cooperation forms part of the "*acquis communautaire*", which means that instruments in force under Title IV of the Treaty upon accession immediately become applicable in new Member States. Consequently, the Brussels I Regulation entered into force in the ten new Member States on 1 May 2004.

On the other hand, the "europeanization" of civil cooperation also has a few drawbacks. Under the old system, conventions were supple-

7 Commission Proposal of 28 December 1999 for a Regulation on Jurisdiction and the Recognition and Enforcement of Judgments in Civil and Commercial Matters, O.J. (1999) C376/1.

8 *Supra* note 3.

9 For a general discussion of the consequences of the "Europeanization" of civil cooperation, see for instance VON HOFFMANN, B., *European Private International Law*, 1998, ch. 2; KOHLER, C., *Revue critique de droit international privé*, 1999, p. 1-30; BEAUMONT, P., *International and Comparative Law Quarterly*, 1999, p. 25-229; PHILIP, A. and NIELSEN, P.A., *EU-ret & Menneskeret*, 1999, p. 219-234; BOELE-WOELKI, K., *Liber Amicorum Kurt Siehr*, 2000, p. 61-77; BASEDOW, J., *Common Market Law Review*, 2000, p. 687-708 and REMIEN, O., *Common Market Law Review*, 2001, p. 53-86.

mented by explanatory reports drawn up by experts participating in the working groups. These reports are widely recognised for their quality, and the ECJ has frequently consulted the explanatory reports to the Brussels Convention when interpreting the Convention. Regrettably, but understandably, such reports are not permissible under ordinary Community Law, which civil cooperation now forms part.

C. *The Brussels I Regulation*

The new instrument, the Brussels I Regulation, entered into force on 1 March 2002, and, as of that date, the Regulation superseded the Brussels Convention between Member States bound by Title IV of the Treaty. It is in force in all Member States apart from Denmark, which is not bound by Title IV, due to its reservation vis-à-vis Justice and Home Affairs.[10] The Brussels I Regulation is also in force in the 10 new Member States of the European Union. Amendments to the Lugano Convention are expected in the near future in accordance with the results achieved by the joint EU-EFTA working party.

Indeed, the Regulation is a worthy successor of the Convention, since the Regulation has created free movement of judgments in civil and commercial matters as well as uniform provisions on jurisdiction in such matters in 24 European States. Once the Lugano Convention has been amended, uniform rules in this field will exist in 28 European states.

D. *Behind and Beyond Brussels I*

The following sections will examine the major issues discussed by the joint EU-EFTA working group as well as the amendments made. The overall task for the working group was to improve provisions in need of revision and to align the few existing differences between the Brussels Convention and the Lugano Convention.

As this task concerned conventions, the joint working group negotiated under the principle of unanimity. This principle is generally advantageous because all efforts possible are made to reach compromises acceptable to all delegations. Nevertheless, the principle also made it possible for a minority of Contracting States, or one State even, to block

---

10 The United Kingdom and Ireland decided to opt in according to their Protocols to the Amsterdam/Nice Treaty. Under its Protocol, Denmark is unable to opt in due to its general reservation vis-à-vis Justice and Home Affairs. However, negotiations between the European Union and Denmark are being conducted in order to enable Denmark to apply the provisions of the Brussels I Regulation on a public international law basis by means of a "parallel" convention between the Member States bound by Title IV of the Treaty and Denmark.

progress which all other states had agreed on. At present, voting rules are more efficient under the Nice Treaty, but the principle of unanimity will still be applicable in respect of the Lugano Convention.

Overall, the revision process was a major success, but in some areas, the amendments were the results of compromises between very different positions, some of which were almost irreconcilable. In some cases this lead to less coherent provisions. In due time, the Member States of the European Union and the EFTA States should consider revising these less coherent provisions.

II. Domicile and Seat

According to Article 2 of the Brussels Convention, "persons domiciled in a Contracting State shall, whatever their nationality, be sued in the courts of that State." Thus, the general rule of jurisdiction is the defendant's forum, and the definition of domicile becomes a crucial issue. The Brussels Convention deals with this issue in different ways, depending on whether the defendant is a natural or a legal person.[11]

A. Natural Persons

It follows from Article 52 of the Brussels Convention that

> in order to determine whether a party is domiciled in the Contracting State whose court is seized of a matter, the Court shall apply its internal Law. If the defendant is not domiciled in that State under its concept of domicile, the court shall, in order to determine whether the party is domiciled in another Contracting State, apply the law of that other State.

Consequently, the concept of domicile for natural persons is a national concept in all regards.

This solution was agreed upon in 1968 because most Contracting States preferred to use their own national concepts of domicile rather than a uniform concept. The solution was also adopted in order to avoid different interpretations of a possible uniform concept of domicile; hence the choice of law in favour of national law. The 1968 working group also discussed the possibility of using habitual residence instead of the national concepts of domicile. However, that idea was rejected mainly because of difficulties with the interpretation of "habitual".[12]

---

11 The term used here, "legal persons", covers companies, other legal persons or association of natural or legal persons, see Article 53 of the Brussels Convention and Article 60 (1) of the Brussels I Regulation.

12 See JENARD, *supra* note 2, p. 15-16.

After 30 years of European integration in the field of civil procedural law, this state of affairs seemed clearly unsatisfactory to the 1998 joint working group. In principle, the existing Article 52 means that there may be as many different concepts of domicile as there are Contracting States to the Brussels and Lugano Conventions. Given the fact that the defendant's forum is the general rule of jurisdiction, the need for finding a uniform concept seemed obvious to the joint working party.

The working group felt that the time had come to replace the national concepts of domicile with the uniform concept of habitual residence. Most members of the group believed that this proposal would be acceptable to all negotiating States, since habitual residence is used as a connecting factor in a number of Hague conventions adopted by all or most negotiating States. Furthermore, the concept is applied in the Rome Convention on the Law Applicable to Contractual Obligations binding on all EU Member States.[13] Finally, habitual residence appears as the decisive connecting factor in the so-called Brussels II Regulation on Jurisdiction and the Recognition and Enforcement of Judgments in Matrimonial Matters and in Matters of Parental Responsibility for Children of both Spouses negotiated by all EU Member States during 1998-2000 and unanimously adopted in 2000.[14]

The proposal to use habitual residence instead of national concepts of domicile was accepted by the vast majority of negotiating States. However, a few EU Member States successfully opposed it. Regrettably, this means that no changes to the concept of domicile for natural persons were introduced into the Brussels I Regulation.

Consequently, the Brussels I Regulation is still based on 24 different concepts of domicile. It seems paradoxical that the Member States of the European Union were unable to agree on habitual residence as a uniform concept for the defendant's forum in civil and commercial matters given that the same Member States agreed to use the concept in the sensitive area of divorce law. Renewed efforts should be made to harmonize the fundamental general rule of jurisdiction in Article 2 of the Brussels I Regulation. Strictly speaking, no definition of habitual

13 Convention of 19 June 1980 on the Law applicable to Contractual Obligations (consolidated version), O.J. (1998) C98/34.

14 See Article 3(1) and Article 8 of Council Regulation 2000/1347/EC of 29 May 2000 on Jurisdiction and the Recognition and Enforcement of Judgments in Matrimonial Matters and in Matters of Parental Responsibility for Children of both Spouses, O.J. (2000) L160/19. This Regulation will be superseded by Council Regulation 2201/2003/EC of 27 November 2003, O.J. (2003) L338/1, concerning the same matters, but expanding the scope of application of the instrument to the effect that the instrument no longer will be confined to children of both spouses.

residence is necessary, but the contours of this concept may eventually be defined by the ECJ.

B. Legal Persons

The Brussels Convention treats legal persons somewhat differently from natural persons. For legal persons, domicile is substituted by seat. However, according to Article 53 of the Brussels Convention, in order to determine that seat, a court "shall apply its own rules of private international law". The solution therefore lies not in national law, but in national private international law. Open to different sophisticated interpretations, this provision was adopted in 1968 because the drafters of the Brussels Convention did not want to interfere with the ongoing harmonization of company law at the time. Furthermore, it seemed that the various national laws were quite different as to where a legal person should have its seat for procedural purposes.[15] In this context, some States preferred the statutory seat, others the central administration or the principal place of business.

Given the failure to harmonize domicile for natural persons, it is a positive development that the joint working group succeeded in agreeing on a new solution for legal persons. According to Article 60 of the Brussels I Regulation, "a legal person has, for the purposes of the Regulation, its domicile at the place where it has its statutory seat, or central administration, or principal place of business."

The philosophy behind Article 60 is that the claimant should be given a choice in cases where a legal person has set up its organisation in such a way that the statutory seat, the central administration and/or the principal place of business are not in the same State. Naturally, this may led to forum shopping, and the provision could initially be open to criticism for that. On the other hand, the shopping possibilities are only available because the defendant has decided to organise its business in this way. It therefore seems reasonable to let that organisational structure have procedural consequences. Furthermore, the legal person is unable to hide behind any corporate structure of its choice. As far as the claimant is concerned, he can base his decision on where to institute proceedings on a number of relevant considerations, such as where the proper evidence is situated and where the defendant has sufficient assets to fulfil a judgment in the claimant's favour.

The concept of seat adopted in Article 60 of the Brussels I Regulation is a uniform concept. This is evident from Recital 11, which states that "the domicile of a legal person must be defined autonomously so as

---

15 See JENARD, *supra* note 2, p. 57.

make the common rules more transparent and to avoid conflicts of jurisdiction." The reference in the recital to "conflicts of jurisdiction" is a reference to the original Article 53 of the Brussels Convention, which could lead to a multiplicity of jurisdiction due to differences in the national provisions on private international law in the Contracting States. Since the connecting factors applied in Article 60 of the Brussels I Regulation are "copied" from Article 48 of the Treaty, coherence with Community Law is also ensured. It should be borne in mind that the adopted provision is only applicable in respect of the Brussels I Regulation, and it has nothing to do with choice of law issues for legal persons.

The underlying principle of Article 60 of the Brussels I Regulation has gained recognition outside Europe. This principle has been applied in the different drafts of a Global Convention on Jurisdiction and Judgments in Civil and Commercial Matters, presently being carried out under the auspices of the Hague Conference on Private International Law.[16]

C. Legal Persons and Exclusive Jurisdiction

The joint working group also tried to define the seat of a legal person in respect of exclusive jurisdiction in matters relating to certain internal aspects of legal persons. Those internal affairs are defined in Article 16(2) of the Brussels Convention and Article 22(2) of the Brussels I Regulation. The provision adopted for general jurisdiction cannot function in this context as it is based on a multiplicity of forums. Given the exclusive character of jurisdiction in this respect, the need is to have only one forum.

The working group examined the issues involved and tried to agree on using only one of the adopted connecting factors in Article 60 of the Brussels I Regulation. However, the group failed to reach an agreement on this, and the only other possible solution was to adopt the original provision. Consequently, it follows from Article 22(2), second sentence of the Regulation, that a court shall apply its provisions on private international law in order to determine the seat of a legal person in respect of matters covered by exclusive jurisdiction as defined in that provision.

---

16 See www.hcch.nl under "Work in Progress/Other current projects/jurisdiction and foreign judgments in civil and commercial matters". The provisions are Article 3(2) of the proposal for a prorogation convention presently under negotiation (Working Document 49), and Article 3(3) of the previous draft for a mixed convention (Summary of the Outcome of the Discussions in Commission II of the First Part of the Diplomatic Conference, 6-22 June 2001). In these provisions, one further connecting factor, and less appropriate, has been added, and that is the law applicable to the legal person.

In view of the recent case law of the ECJ in the area of company law, it could be argued that the statutory seat is the proper solution in cases covered by Article 22(2) of the Brussels I Regulation.[17]

III. General Contract Jurisdiction

One of the most controversial provisions of the Brussels Convention is Article 5(1) concerning contract jurisdiction.[18] According to that provision, a party domiciled in a Contracting State "may also be sued in another Contracting State in matters relating to a contract, in the courts for the place of performance of the obligation in question." The provision entails a complicated application of choice of law and substantive contract law in order to determine the proper alternative place to bring proceedings in contractual matters. First, the law applicable to the contract has to be determined. Second, the place of performance of the obligation in question must be determined under that law.

The purpose of Article 5(1) of the Brussels Convention is to ensure that jurisdiction is granted to the place of performance of the obligation that forms the basis of the claimant's claim. This *forum solutionis* approach is founded on the reasonable rationale that this place has a strong connection with the dispute regarding the taking of evidence. Furthermore, another guiding principle for the adoption of the provision was that the 1968 working group believed that the provision would limit the risk of creating a multiplicity of forums.[19]

In spite of the good intentions, Article 5(1) has turned out to be a stepping-stone for forum shopping. The provision has always been used in contractual matters to drag the defendant into the claimant's country to face proceedings there. This is possible because it is up to the claimant to select the contractual obligation forming the basis of his claim. It has certainly not been difficult for sophisticated counsels to find an obligation to be performed in the claimant's country. As such, the

---

17 See Case 81/87, *The Queen v H.M. Treasury and Commissioners of Inland Revenue, ex parte Daily Mail and General Trust Plc*, 1988, *ECR* 5483, Case C-212/97, *Centros Ltd v Erhvervs- og selskabsstyrelsen*, 1999, *ECR* I-1459, Case C-208/00, *Überseering BV v Nordic Construction Company Baumanagement GmbH (NCC)*, 2002, *ECR* I-9919, and Case C-167/01, *Kamer van Koophandel en Fabrieken voor Amsteram and Inspire Art Ltd*, judgment of 30 September 2003, not yet published in ECR.

18 For an account of the controversial issues related to Article 5(1), see PÅLSSON, L., "The Unruly Horse of of the Brussels Convention: *Forum Solutionis*" in *Festskrift til Ole Lando*, Copenhagen, GAD, 1997, p. 259-282. See also HERTZ, *supra* note 5, p. 156-171.

19 See JENARD, *supra* note 2, p. 22-24.

provision has turned out to be a *forum actoris* rule in stark contrast to the general rule of jurisdiction in Article 2 of the Brussels Convention.

The provision has given rise to a number of preliminary rulings from the ECJ. The most significant issues have been how to determine the obligation in question, which obligation should be decisive where a number of obligations are involved, the applicability of the provision where the obligation is not to do something, and whether the provision should be interpreted as providing a uniform place of performance.[20] This line of case law comes close to "*Begriffs-Jurisprudenz*".

It is also evident that Article 5(1) applies to payment obligations under the contract, even if the proper evidence is situated in a State other than the one in which payment is to be effected. In such cases, there is hardly any procedural proximity to the place of payment, and the provision thus works as a creditor-friendly tool. However, that interpretation has been justified by the ECJ by the need for predictability in contractual matters, even if this is in conflict with the principle of procedural proximity.[21]

The joint working group examined a number of proposals for reform. The first proposal was simply to delete Article 5(1). The proposal was founded on the reasoning that the general rule of jurisdiction – the defendant's domicile – would be preferable in all cases, and it should only be in the hands of the contractual parties to agree on alternative bases of jurisdiction by means of jurisdiction agreements. However, this proposal was not accepted. The general attitude of the working group was that the proposal would be too radical, and that there was a genuine need for an alternative base of jurisdiction in contractual matters.

A second proposal – inspired by Article 4(2) of the Rome Convention – was to allocate contract jurisdiction to the State where the characteristic obligation of the contract is or was to be performed. The advantage of the proposal is that the claimant cannot chose between different obligations. As such, the proposal would eliminate sophisticated possibilities for forum shopping in contractual matters. However, a substantial disadvantage of the proposal emerges in the case of a sale of goods where the place of delivery is at the seller's domicile, even if the goods

---

20 See Case 12/76, *Industrie Tessili Italiana Como v Dunlop AG*, 1976, *ECR* 1473, Case 266/85, *Hassan Shenavai v Klaus Kreischer*, 1987, *ECR* 239, Case C-420/97, *Leathertex Divisione Sintetici SpA v Bodetex BVBA*, 1999, *ECR* I-6747, Case C-256/00, *Besix SA v WAPAG and Plafog*, Judgment of 19 February 2002, not yet published in ECR, and Case C-440/97, *GIE Groupe Concorde v the Captain on Suhardiwarno Panjon*, 1999, *ECR* I-6307.

21 See Case C-288/92, *Custom Made Commercial Ltd v Stawa Metallbau GmbH*, 1994, *ECR* I-2913, at paragraphs 16-21.

under the contract have been shipped to the buyer and upon arrival appears not to be in conformity with the contract. Here the principle of procedural proximity would favour jurisdiction at the buyer's domicile as the factual place of delivery. Although a large majority of the negotiating States preferred this proposal, it was not adopted because some States had a strong preference for the original provision.

In light of these positions, a third proposal was tabled. It was proposed to introduce an exception for payment obligations under the contract. Thus, the provision would not be applicable to payment obligations under the contract. The essence of this proposal was to at least put an end to creditor jurisdiction. Although acceptable to many delegations, the proposal was rejected by the joint working group because some delegations were strongly in favour of creditor jurisdiction.

Having examined these quite different proposals for reform, the working group had to come up with a compromise acceptable to all delegations. It became clear that the only possible way of doing this was to combine the most popular proposal discussed so far with the existing provision. The compromise appears in Article 5(1) of the Brussels I Regulation.

This provision is divided into 3 subparagraphs: (a), (b) and (c). The starting point is the existing provision. Consequently, in matters relating to contract, a party domiciled in a Member State may be sued in another Member State in the courts for the place of performance of the obligation in question, see Article 5(1)(a). However, a new provision has been inserted and appears as subparagraph (b). According to that provision, for the purpose of this provision and unless otherwise agreed, the place of performance of the obligation in question shall be in case of the sale of goods, the place in a Member State where, under the contract, the goods were delivered or should have been delivered. In the case of the provision of services, the place of performance of the obligation in question shall be the place in a Member State where, under the contract, the services were provided or should have been provided.

Article 5(1)(b) allocates contract jurisdiction to the place of performance of the characteristic obligation of the contract in case of sale of goods and provision of services. Consequently, this part of the provision gives credit to States in favour of the characteristic obligation as the connecting factor. However, the solution is restricted to these two types of contracts. As far as other contracts are concerned, the existing *forum solutionis* provision still applies. Thus, subparagraph (a) is a concession to States in favour of the old provision. This "splitting-the-cake" solution was the only compromise achievable during the revision process.

The new provision certainly has some practical advantages. For contracts for the sale of goods and contracts for the provision of services, creditor jurisdiction has been eliminated. Furthermore, for these types of contracts, the claimant can no longer choose the obligation in question. Thus, possibilities for forum shopping have also been eliminated. On the other hand, it is clear that all existing problems with the former provision still exist in respect of contracts other than contracts for the sale of goods and contracts for the provision of services. Here claimants can still perform *forum actoris*, thereby pulling defendants out of their natural forum.

From a theoretical and linguistic point of view, the provision appears to be drafted as a contradiction of terms. That is so because subparagraph (a) uses the obligation in question as the connecting factor, whereas subparagraph (b) immediately defines the obligation in question as an obligation that is unquestionably the characteristic obligation of the contract and thus one that cannot be chosen at all.

It emerges from the wording of Article 5(1)(b) that the parties are free to "agree otherwise." The intention of this wording is to emphasize party autonomy. As such, the words are probably superfluous because it is already clear from the case law of the ECJ that, for procedural purposes and subject to the law applicable to the contract, the parties are free to agree on the place of performance of any obligations under the contract, provided that there is a genuine link to the agreed place of performance.[22] Furthermore, the possibility to enter into jurisdiction agreements has not changed under the Brussels I Regulation.

Article 5(1)(c) states that if subparagraph (b) does not apply, then subparagraph (a) applies. This provision also seems superfluous, but it could be argued that subparagraph (c) serves the purpose of emphasizing the nature of subparagraph (a) as the general rule.

The new provision on contract jurisdiction has improved matters to some extent. Yet, it seems that the provision is likely to provoke more case law from the ECJ. For instance, the general view of the joint working group was that subparagraph (a) would apply to so-called complex contracts, i.e. contracts other than those for the sale of goods and contracts for the provision of services. However, it remains to be seen how the line between subparagraphs (a) and (b) will be drawn in practice. Other complicated issues may arise in connection with the proper understanding of the complicated structure and content of this provision. For instance, how is the provision to be applied to a sale of

---

22 Case 56/79, *Siegfried Zelger v Sebastiano Salinitri*, 1980, *ECR* 89, and Case C-106/95, *Mainschiffahrts-Genossenschaft v Les Gravières Rhénanes*, 1997, *ECR* I-911.

goods contract also providing for after-sale services, where the place of delivery of the goods is at the seller's domicile and the provision of services at the buyer's domicile in cases where the buyer claims compensation for defective goods and wrongfully performed after-sale service?[23]

In conclusion, it seems that litigants in Europe still have a toy to play with. However, the crucial question is whether there is a genuine need for a provision establishing alternative jurisdiction in contractual matters. The threshold seems to be whether such a provision is more appropriate or at least just as good as the defendant's domicile under the general rule in Article 2. None of the various proposals discussed by the joint working group appears to be better than the defendant's forum. Furthermore, alternative bases of jurisdiction in contractual matters tend to be used by claimants as a *forum actoris* device. Such provisions should not be at the disposal of claimants. Consequently, in the interest of sound administration of international litigation in Europe, Article 5(1) of the Brussels I Regulation should be repealed. The establishment of alternative bases of jurisdiction in contractual matters other than the defendant's domicile should simply be left to the parties to agree on.[24]

IV. Insurance Contracts and Certain Consumer Contracts

The joint working group made no substantive amendments to the provisions on matters relating to insurance and consumer contracts in Sections 3 and 4 of the Brussels Convention. Thus, there was general acceptance of the policies under-lying these sections, i.e. protection of the weak party.

The issue was raised as to whether the provisions on consumer contracts cover e-commerce. It was quite clear to the joint working group that contracts concluded with consumers by means of new forms of communication was already covered by Article 13(1)(3), provided that the conditions for applying that provision were fulfilled. The former provision was based on the principle that the commercial party reaches out for the consumer in the consumer's own country (the fishing princi-

---

23 See a critical evaluation of Article 5(1) by TAKAHASHI, K., "Jurisdiction in Matters relating to Contract: Article 5(1) of the Brussels Convention and Regulation", *European Law Review*, 2002, p. 530-550.

24 Under the Brussels Convention, Article 5(1) was inapplicable against defendants domiciled in Luxembourg, see Article I of Protocol I of the Brussels Convention. However, under the Brussels I Regulation this exception has been modified, and it is only applicable for a period of six years from the entry into force of the Regulation, see Article 63 of the Brussels I Regulation.

ple), and the working group found that this would also be the case with e-commerce.

For the sake of clarity, the joint working group decided to redraft the provision. The new wording is contained in Article 15(1)(c) of the Brussels I Regulation. Here the consumer enjoys the procedural protection offered to him by the Brussels I Regulation, provided that "the contract has been concluded with a person who pursues commercial or professional activities in the Member State of the consumer's domicile or, by any means directs such activities to that Member State or to several Member States including that Member State and the contract falls within the scope of such activities."

The only difference between the former provision and the new one is that it is no longer a requirement that the consumer takes the steps necessary for the conclusion of the contract in his own State. This requirement seems superfluous in e-commerce. On the other hand, the requirement that the contract shall fall within the activities directed at the consumer's State has been set up in order to ensure the necessary connection between the dispute and the Member State to which jurisdiction is allocated. To some extent, the provision is inspired by American case law concerning e-commerce and the American procedural concept of doing business.

From a policy point of view, it is not surprising that certain parts of the e-commerce sector are against procedural consumer protection due to the risk of being sued in the consumer's State. However, consumer protection, also in international litigation, has a long tradition in the European Union. Furthermore, in e-commerce, it is highly unlikely that a commercial party will ever institute proceedings against a consumer since in most cases a commercial party receives payment electronically before he begins performing his obligations under the contract. Thus, a dispute is only likely to occur if the seller does not deliver the goods, or delivers defective goods. Finally, advanced consumer protection in respect of e-commerce improves consumer confidence in e-commerce, and thus increases the business potential.

V. Contracts of Employment

The joint working group agreed on improving the procedural protection of employees. The improvement is apparent in two respects. Firstly, the provisions on employment contracts placed in different parts of the Brussels Convention have now been placed in a section of their own in the Regulation: Section 5. It has hereby been emphasized that employees, like consumers, are weak parties, and that they should therefore enjoy the same procedural advantages that consumers enjoy. Secondly, the provisions have been improved in that the employer can no longer bring proceedings against the employee in the Member State where the employee habitually carried out his work. Consequently, proceedings against the employee can only be brought in the Member State where the employee is domiciled, see Article 20(1) of the Brussels I Regulation.

Since the protection of the employee has been upgraded at the level of jurisdiction, it would have seemed a natural consequence to ensure the same level of protection for employees that consumers are granted in respect of recognition and enforcement. Under the Brussels Convention as well as the Regulation, a judgment shall be denied recognition and enforcement if the provisions on jurisdiction protecting the consumer have been disregarded by the court of origin, see Article 28(1) of the Convention and Article 35(1) of the Regulation respectively.

Indeed, a proposal to that effect was tabled, but it was rejected by the majority of the joint working group. Thus, a literal interpretation of Article 25(1) of the Brussels I Regulation leads to the result that a judgment against an employee must be recognized and enforced even if the court of origin took jurisdiction in conflict with the protective provisions on jurisdiction for employees. That state of affairs is clearly inconsistent with the policy decision to improve the procedural protection of employees. It remains to be seen whether this inconsistency will be respected by the ECJ. There seems to be room for the argument that this should not be the case considering the upgrading of the protection of employees and the fact that a literal interpretation may pre-empt the protection granted.

VI. Jurisdiction Agreements and *Lis Pendens*

A highly controversial issue relating to the Brussels Convention and the Brussels I Regulation is whether jurisdiction agreements take priority over the *lis pendens* provision. In the affirmative, that would mean that a party could not contest the validity of a jurisdiction agreement in any court, which would have jurisdiction if the agreement did not exist. Case law in Britain clearly suggests that jurisdiction clauses have priority over the *lis pendens* provision.[25]

The joint working group discussed the question intensely. A proposal was tabled giving priority to a court designated in an exclusive jurisdiction clause to have exclusive jurisdiction to determine the formal

[25] *Continental Bank NA v Aekos Compania Naviera SA*, 1994, *Weekly Law Reports* I-588. It is remarkable that the English court did not ask the ECJ for a preliminary ruling on this point.

and substantive validity of such an agreement. The proposal also contained the suggestion that judgments delivered in disrespect of an exclusive jurisdiction clause should be denied recognition and enforcement. The proposal was based on commercial needs and, as such, reasonable. On the other hand, the Brussels Convention is founded on mutual trust between courts of Contracting States, and the proposal could be misunderstood as going against that fundamental principle. Ultimately, the proposal was not accepted. Subsequently, the ECJ has endorsed the view that jurisdiction clauses do not take priority over the *lis pendens* provision.[26]

For commercial life, this issue remains important, and difficult policy questions are involved. A party should certainly not be able to avoid a valid jurisdiction clause by instituting proceedings on this question in a court other than the designated one, thereby taking advantage of the *lis pendens* provision. On the other hand, jurisdiction clauses are, in some cases, inserted unilaterally into a contract without the other party realizing it. But here it could well be argued that the formal requirements set up in Article 17 of the Brussels Convention and Article 23 of the Brussels I Regulation seem sufficient to safeguard the interests of the party trying to avoid the jurisdiction clause. In due time, this issue deserves re-examination.

VII. *Lis Pendens* and Time of Seizure

The main purpose of the *lis pendens* provision in Article 21 of the Brussels Convention is to avoid concurrent proceedings in disputes between the same parties in respect of the same legal relationship and thus to avoid irreconcilable judgments.[27] The provision is based on the principle that the court first seized should hear the case, provided it has jurisdiction. Consequently, a court in another Contracting State also seized of the matter is obliged to decline jurisdiction of its own motion, provided the court first seized has jurisdiction. This is a somewhat harsh provision obliging litigants to "race to the courts" for tactical or other reasons. On the other hand, the provision is necessary for the sound administration of justice.

For the proper application of the *lis pendens* provision, it is essential to establish when a court is seized. Not surprisingly, the issue has been submitted to the ECJ. In light of the very different solutions applied under national law, the Court found that it was unable to come up with a

26 Case C-116/02, *Erik Gasser GmbH v MISAT Srl*, Judgment of 9 December 2003, not yet published in ECR.

27 See JENARD, *supra* note 2, p. 7 and p. 41.

uniform concept.[28] As a result, the time of seizure is left to national law. Very different provisions apply in the Contracting States. Generally, the provisions found can be divided into three categories. In some States, a court is seized when the document instituting the proceedings is lodged with the court. Service of that document takes place subsequently, and service is of no importance as far as the question of seizure is concerned (solution 1). In other States, a court is seized when the document instituting the proceedings is lodged with the court and has been served on the defendant (solution 2). Finally, in some States, the document instituting the proceedings has to be served on the defendant before it can be lodged with the court (solution 3).

One of the main tasks facing the joint working group was to come up with a uniform concept of seizure. The variety of national laws meant that litigants were at a very uneven footing at the beginning of a "race."

The joint working group examined several proposals. Solution 1 was proposed and presented as a solution based on very objective criteria independent of factors over which the claimant had no control. However, the proposal was rejected mainly because it would require Contracting States faithful to solution 3 to amend national law. Another argument against the proposal was that service is essential for reasons of natural justice, and that the requirement of service should be part of the new concept.

Solution 2 was also proposed as the new uniform concept. The immediate attraction of the proposal is that it would not require Contracting States to amend national law, no matter which of the three solutions a State applies. However, the working group also rejected this proposal, principally because of the uncertainties relating to when service would take place. That aspect is subject to factors beyond the control of litigants, and the time of seizure would ultimately depend on fortuitousness. The winner of the "race" would be the litigant who happened to be in the hands of the most efficient service authorities.

It became clear to the joint working group that it was crucial to base the uniform concept of seizure on three considerations. Firstly, the concept should consist of an objective factor controlled by litigants. Secondly, the solution should be sufficiently flexible so as not to require Contracting States to change well-established national rules of seizure. Thirdly, the uniform concept should encompass both the need to lodge the document instituting the proceedings and the requirement in some States of service of that document.

28 Case 129/83, *Siegfried Zelger v Sebastiano Salinitri*, 1984, *ECR* 2397.

The solution invented by the joint working group appears in Article 30 of the Brussels I Regulation. According to Paragraph 1 of that provision, a court is deemed to be seized at the time when the document instituting the proceedings is lodged with the court, provided that the plaintiff has not subsequently failed to take the steps he was required to take to have service effected on the defendant. However, according to Article 30(2), if the document has to be served before being lodged with the court, the court is deemed to have been seized at the time when the document instituting the proceedings has been received by the authority responsible for service, provided that the plaintiff has not subsequently failed to take the steps he was required to take to have the document lodged with the court.

Essentially, the definition in Article 30(1) is a slightly modified version of solution 1, whereas the definition in Article 30(2) is a modernized version of solution 2 pushing the time of seizure forward in time in order to counterbalance the definition in Paragraph (1). Both definitions rest on the principle that a court is seized as soon as the plaintiff has taken the first step which is registered by a court or an authority responsible for service. As such, litigants are now placed on an equal footing with regard to the "race" to the courts. For litigants, the two provisos are quite easy to comply with in practice. Thus, the provisos are unlikely to hamper the sound application of the "clock-work rule" set up in Article 30.[29]

VIII. Recognition and Enforcement

A fundamental objective of the revision process was to improve the provisions on recognition and enforcement of judgments given that free movements of judgments is the overall objective of the Brussels Convention. Focus was on two key issues: firstly, a revision of the exceptions to recognition and enforcement of judgments, and secondly, possibilities for speeding up the procedure for recognition and enforcement.

A. The Exceptions

The Brussels Convention contains in Article 27 five provisions according to which a judgment shall be denied recognition and enforcement under certain circumstances.

The first exception is the public-policy clause in Article 27(1). This provision was left almost unaltered by the joint working group. The only amendment was to add the word "manifestly" to the provision. The

---

29 Subsequently, the solution was also adopted in the Brussels II Regulation, Article 16, *supra* note 13.

addition was simply made to align the wording of the provision with other public-policy clauses in European Private International Law, such as Article 16 of the Rome Convention. The clarification appears in Article 34(1) of the Brussels I Regulation. The clarification combined with the lack of other amendments of the public-policy provision should also be seen as an approval of recent ECJ case law on public policy.[30]

The second exception concerns default judgments. Under Article 27(2) of the Brussels Convention, a default judgment may be denied recognition if the defendant was not duly served with the document that instituted the proceeding in sufficient time for him to arrange for his defence. The ECJ has held that the requirements of due service and service in sufficient time constitute two separate and concurrent safeguards for a defendant who fails to appear, and that the absence of one of those safeguards is therefore a sufficient ground for refusal to recognize a foreign judgment. In this context, the ECJ emphasized that it was not acceptable to skip the requirement of due service even if the defendant had sufficient time to prepare for his defence, since that would render completely inoperative the requirement of due service.[31]

A large majority of the joint working group found that this decision is too harsh in some situations, for instance when the defendant is fully aware of the nature of the foreign proceedings. Moreover, the group found that minor faults committed in respect of service should not have such tough consequences as denial of recognition and enforcement of the judgment. At first, it was proposed to delete the word "due," but some States insisted that certain minimum standards for service should be respected in order to safeguard the possibility for the defendant to arrange for his defence. As a matter of compromise, the working group agreed to replace the requirement of due service with the requirement that service must have taken place "in such a way" as to enable the defendant to arrange for his defence, see Article 34(2) of the Brussels I Regulation.

The joint working group elaborated further on the new provision on default judgments. Words were added to the provision to the effect that a default judgment not entitled to recognition shall, nevertheless, be recognized if the defendant failed to commence proceedings to challenge the judgment when it was possible for him to do so. If this part of the provision is interpreted as it is written, it may very well pre-empt the content of Article 34(2) because default judgments can be challenged or

---

30 Case C-7/98, *Dieter Krombach v André Bamberski*, 2000, *ECR* I-1935, and Case C-38/98, *Régie nationale des usines Renault SA v Maxicar*, 2000, *ECR* I-2973.

31 Case C-305/88, *Isabelle Lancray SA v. Peters und Sickert KG*, 1990, *ECR* I-2725 at paragraphs 18-20.

re-opened in all or most Member States. Thus, a strict interpretation of this provision is recommended in order to safeguard the proper interests of the default-judgment debtor.[32]

For long, it has been clear that the Brussels Convention had a lacuna in respect of conflicting judgments because the Convention did not have a provision regulating irreconcilability between the judgment subject to recognition and a judgment from another Member State. That gap has been closed in Article 34(4) of the Brussels I Regulation, which provides that a judgment shall not be recognized if it is irreconcilable with an earlier judgment given in another Member State involving the same cause of action between the same parties. "Earlier" refers to the point in time when a judgment is delivered, not when proceedings were instituted.

The practical need for this provision is probably modest due to the *lis pendens* provision. However, it may seem slightly surprising that priority is given to the judgment first delivered and not the judgment resulting from the proceedings first instituted. The latter solution certainly seems more in accordance with the underlying principle of the *lis pendens* provision, and it should therefore have been adopted instead.

Finally, Article 27(4) of the Brussels Convention contains an exception founded on the foreign court's findings on marriage and status as preliminary issues. That provision has been repealed under the Brussels I Regulation. The main reason for the abolition was simply that, reportedly, the provision had never been applied.

B. The Procedure for Recognition and Enforcement

Under the Brussels Convention, the procedure for recognition and enforcement of judgments is governed partly by the Convention, partly by national law. This is still the case under the Regulation.

Under the Brussels Convention, a court can examine, of its own motion, whether one or more of the grounds for denying recognition and enforcement are present or not. Reportedly, that possibility caused concern because in some cases it results in lengthy examinations, thus thwarting the need for efficient and fast recognition and enforcement of judgments. Consequently, under the Brussels I Regulation, the procedure for enforcement has been made far more efficient.

According to Article 41 of the Regulation, a judgment shall be declared enforceable immediately on completion of the formalities in Article 53 without any review under Articles 34 and 35, i.e. the provi-

[32] See also A. BRIGGS, *The Conflict of Laws*, Oxford, Oxford University Press, 2002, p. 125.

sions containing the grounds for denying recognition and enforcement. Under Article 53, the judgment holder is only required to produce a copy of the judgment satisfying the conditions necessary to establish its authenticity and the certificate introduced by Article 54. It follows from the prohibition in Article 41 that a court is not entitled to carry out any review of the judgment. The prohibition is general, and it covers all grounds for denying recognition and enforcement, even public policy. It also follows from Article 41 that, at this stage, the judgment debtor is not entitled to make any submissions on the application for recognition and enforcement.

Articles 43-45 safeguard the judgment debtor's interests. Under these provisions, the judgment debtor is entitled to contest the decision on enforceability and have the declaration tried in an appellate court. The appeal shall be dealt with in accordance with the rules governing procedure in contradictory matters. According to Article 45, the court dealing with the appeal is entitled to carry out a full review of the judgment of its own motion, but only in respect of the grounds for denying recognition and enforcement listed in Articles 34 and 35. Consequently, at the stage of appeal, a full re-examination may be conducted regardless of the parties' claims. As hitherto, under no circumstances may the foreign judgment be reviewed as to its substance, see Article 45(2) of the Brussels Regulation.

The new procedure for recognition and enforcement under the Regulation is certainly substantially more efficient than the procedure under the Convention. However, during the revision process it was proposed to distinguish between the different grounds for denying recognition and enforcement in order to allow first instance courts to at least examine public policy. The rationale behind this proposal was that public policy is not only safeguarding the rights of the judgment debtor, but also State interests. This proposal was rejected by the joint working group.

It could be argued that the new procedure is too efficient and possibly in conflict with the obligation of State authorities to ensure compliance with and respect of human rights. This is illustrated by the Krombach-judgment. Had this taken place under the Brussels I Regulation, the French judgment, in this case, would have been recognized and enforced automatically in Germany if the judgment debtor did not appeal the declaration of enforceability. Consequently, to a certain extent the issue of compliance with human rights is now in the hands of the judgment debtor under the Regulation. Time will show whether this should be the case in an enlarged European Union.

IX. Beyond Brussels I

The revision of the Brussels and Lugano Conventions carried out in 1998-99 has resulted in a number of improvements now implemented in the European Union by the Brussels I Regulation adopted under the efficient framework of Title IV of the Treaty. Today, the Regulation stands as the hallmark of European co-operation in international civil litigation. However, some of the modernized provisions could be more coherent, and some provisions may still be in need of reform. Especially Article 5(1) of the Regulation on contract jurisdiction is likely to create continuous controversy on the proper content of or need for such a provision enabling litigants to perform forum shopping. Furthermore, the paradox contained in Article 2, where the domicile of the defendant is to be determined under national law, is unfortunate in an enlarged European Union, where the need for a uniform concept of domicile, preferably habitual residence, seems obvious. In addition, the Brussels I Regulation may be imbalanced as far as recognition of default judgments is concerned. Finally, the procedure for recognition and enforcement may be too efficient, possibly creating a risk of violation of human rights in certain cases. In due time, these issues in particular should be re-examined.

CHAPITRE 3

L'espace pénal européen : état des lieux et perspectives[1]

Anne WEYEMBERGH

Chargée de cours et Directrice adjointe, Institut d'études européennes, Université libre de Bruxelles[2]

Introduction

Quoique la notion « espace judiciaire pénal européen » ait également servi à désigner les efforts consentis dans le domaine pénal dans le cadre du Conseil de l'Europe notamment, cette formule a surtout été utilisée pour désigner ceux réalisés entre les États membres de l'Union européenne.

Au sein de cette dernière, les ambitions et le contenu des travaux menés dans le secteur pénal ont considérablement varié au fil du temps.

Tout en cherchant à l'améliorer et à dépasser ses lenteurs et handicaps, ces travaux sont restés longtemps profondément attachés à la coopération judiciaire pénale telle qu'organisée dans le cadre intergouvernemental du Conseil de l'Europe. Comme celle-ci, ils ont été longtemps limités par les concepts de souveraineté et de territorialité.

Les États membres de l'Union européenne se détachent toutefois progressivement de la coopération telle qu'elle existe au sein de la « grande Europe » ; en dépit de fortes résistances à cette évolution, leurs travaux apparaissent de moins en moins marqués par le principe de la

---

1 La présente contribution s'inspire dans une large mesure de l'introduction de la thèse de doctorat de l'auteur : *Le rapprochement des législations : condition de l'espace pénal européen et révélateur de ses tensions*, Bruxelles, Éditions de l'Université de Bruxelles, 2004.

2 Cet article a été réalisé avec le soutien du programme PAI P4/04 – État belge, services du Premier ministre – Services fédéraux des affaires scientifiques, techniques et culturelles du ministère de l'Éducation, de la Recherche et de la Formation de la Communauté française de Belgique.

territorialité. Les entorses à celui-ci se multiplient. C'est ce que rend bien la notion d'« espace » qui, sans impliquer l'abolition des territoires nationaux, se « superpose » à eux pour souligner l'appartenance à un ensemble géographique commun, dans lequel les frontières pénales traditionnellement étanches deviennent de plus en plus poreuses.[3] Si, comprise dans ce sens, l'expression « espace judiciaire pénal européen » n'a pas toujours été utilisée adéquatement, elle convient cependant de mieux en mieux aux travaux et projets menés dans le cadre de l'Union européenne.

Nous rappellerons tout d'abord brièvement les grandes étapes de l'évolution ayant mené à l'apparition d'un véritable espace judiciaire pénal européen liant les États membres de l'Union (1). Nous examinerons ensuite quelles sont les perspectives de développement des travaux de l'Union dans le secteur pénal (2). L'apport des propositions contenues dans le projet de Traité établissant une Constitution pour l'Europe sera envisagé dans chacune des deux parties du présent article. Bien que, à l'heure d'écrire ces lignes, son sort soit encore tout à fait incertain, ce texte a été adopté au consensus par la Convention sur l'avenir de l'Union,[4] qui regroupait en son sein diverses sources de légitimité. Il fournit ainsi des indications utiles quant à l'orientation probable des réformes à venir. Les propositions de changements qu'il contient sont essentielles tant au plan de la mise sur pied d'un espace judiciaire pénal européen que des perspectives de développement des travaux de l'Union européenne dans le secteur pénal que nous aborderons.

I. Les grandes étapes vers l'émergence d'un véritable espace judiciaire pénal européen

Nous rappellerons ici les trois étapes de l'établissement de l'espace judiciaire pénal européen[5] : la première correspond au lancement des

---

3 La notion d'espace a souvent été comparée à celle de citoyenneté : elle est en quelque sorte aux territoires nationaux ce que la notion de citoyenneté de l'Union européenne introduite par le Traité de Maastricht est à la nationalité des États membres. La notion de citoyenneté de l'Union européenne n'a en effet pas supprimé la notion de nationalité mais s'est ajoutée à elle pour souligner l'existence d'une appartenance à une entité politique commune (pour une telle comparaison, voir DE KERCHOVE, G., « L'espace judiciaire pénal européen après Amsterdam et le Sommet de Tampere » dans G. DE KERCHOVE et A. WEYEMBERGH (dir.), *Vers un espace judiciaire pénal européen*, Bruxelles, Éditions de l'Université de Bruxelles, 2000, p. 4).

4 Projet de Traité établissant une Constitution pour l'Europe, CONV 850/03, 18 juillet 2003.

5 À cet égard, nous renvoyons à diverses publications, telles que ROUCHEREAU, F., « L'espace judiciaire européen », *Regards sur l'actualité*, novembre 1997, n° 235, p. 13 et suiv. ; Commissariat général du Plan, *Quels avenirs pour l'Europe de la jus-*

travaux en la matière (a), la deuxième au Traité de Maastricht[6] (b) et la troisième au Traité d'Amsterdam,[7] en ce compris certains événements clés qui se sont produits à la suite de son adoption, comme le Sommet européen extraordinaire qui s'est tenu en octobre 1999 à Tampere,[8] de même que le Traité de Nice.[9] Les changements apportés par ce dernier dans le secteur considéré sont tellement limités qu'ils ne nécessiteront quasiment aucun développement (c). Une quatrième étape sera ajoutée : il s'agit des importantes propositions de changements contenues dans le projet de Traité établissant une Constitution pour l'Europe (d).

A. Le lancement

Le lancement des travaux en matière pénale entre les États membres des Communautés européennes peut être décomposé en deux temps.

1. Les années 1970 et le début des années 1980 : le projet français d'« espace judiciaire pénal européen »

En comparaison avec les travaux menés au sein du Conseil de l'Europe,[10] le processus a été lancé assez tard entre les États membres de l'Union européenne. Les Communautés européennes n'ayant pas été dotées de compétences pénales par les traités qui les ont instituées,[11] c'est seulement dans les années 1970 que les États membres se sont penchés sur la coopération judiciaire pénale, et ce à l'initiative de la France, en la personne de son chef d'État de l'époque, V. GISCARD

---

tice et de la police, Rapport du groupe « Coopération dans les domaines de la justice et des affaires intérieures », Paris, la Documentation française, 2000, p. 29 et suiv. ; WEYEMBERGH, A., « La coopération judiciaire pénale dans l'Union européenne » dans L. LE HARDŸ DE BEAULIEU, (dir.), *L'Europe et ses citoyens*, Bruxelles, PIE Peter Lang, 2000, p. 167 et suiv. ; WEYEMBERGH, A., « À la recherche d'un espace judiciaire pénal européen » dans P. MAGNETTE et E. REMACLE, *Le nouveau modèle européen*, Bruxelles, Éditions de l'Université de Bruxelles, 2000, p. 38 et suiv.

6 Signé le 7 février 1992 et entré en vigueur le 1er novembre 1993.

7 Signé le 2 octobre 1997 et entré en vigueur le 1er mai 1999.

8 Conseil européen de Tampere, 15 et 16 octobre 1999, Conclusions de la présidence, SN 200/99.

9 Signé le 26 février 2001 et entré en vigueur le 1er février 2003 (pour la version consolidée du traité au 1er février 2003, voir J.O.C.E. C 325 du 24 décembre 2002, p. 1 et suiv.).

10 C'est assez tôt après leur mise sur pied que les États membres du Conseil de l'Europe se sont penchés sur la coopération judiciaire pénale : voir notamment la Convention européenne d'extradition du 13 décembre 1957 (*STE* n° 24) et la Convention européenne d'entraide judiciaire en matière pénale du 20 avril 1959 (*STE* n° 30).

11 VERVAELE, J., « La Communauté économique européenne face à la fraude communautaire. Vers un espace pénal communautaire ? », *Revue de sciences criminelles et de droit pénal comparé*, 1990, p. 36.

D'ESTAING,[12] dans le contexte de la lutte contre les nouvelles formes de criminalité et, en particulier, contre l'« euroterrorisme ».[13] Ce projet français, qui portait l'intitulé ambitieux d'« espace judiciaire pénal européen », fit l'objet de deux versions successives. Bien que leurs ambitions aient été moins élevées que l'intitulé du projet pouvait le laisser entendre, elles ont toutes les deux dû être abandonnées.

Dans sa première version, présentée aux Conseils européens de 1976, 1977 et 1978, le projet d'espace judiciaire pénal européen comprenait cinq étapes : élaboration d'une convention d'extradition simplifiée, amélioration et assouplissement de la procédure de l'entraide pénale internationale entre les États, mise en œuvre d'une procédure de transmission des poursuites pénales d'un État à l'autre, reconnaissance de la valeur internationale des jugements répressifs et généralisation de la procédure de transfèrement des détenus entre les États membres. Chacune de ces étapes faisait déjà l'objet d'une convention conclue[14] ou en voie d'élaboration au sein du Conseil de l'Europe.[15] Il s'agissait donc de s'engager dans la voie d'un resserrement des liens dans le domaine pénal entre États membres des Communautés européennes considérés comme plus proches les uns des autres que les États membres du Conseil de l'Europe. Le groupe de hauts fonctionnaires des États membres mis sur pied par le Conseil européen pour mener à bien ces travaux a élaboré deux textes : d'une part, l'Accord de Dublin concernant l'application entre les États membres de la Convention du Conseil de l'Europe pour la répression du terrorisme, qui sera signé par les États membres des Communautés le 4 décembre 1979 mais n'entrera jamais en vigueur et, d'autre part, la Convention de coopération en matière pénale, qui, en dépit de son intitulé fort large, ne concernait que l'extradition. Ce deuxième instrument restera à l'état de projet puisque,

---

12 Sur ce projet français, voir notamment CRABIT, E., *Recherches sur la notion d'espace judiciaire européen*, Thèse dact., Bordeaux, 1987, 2 volumes ; CHARPENTIER, J., « Vers un espace judiciaire européen », *Annuaire français de droit international*, 1978, p. 927 ; VAN DEN WIJNGAERT, C., « L'espace judiciaire européen : vers une fissure au sein du Conseil de l'Europe ? », *Revue de droit pénal et de criminologie*, 1981, II, p. 511 et suiv. ; OSCHINSKY, S., « Espace judiciaire européen et terrorisme. Essai de mise au point », *Journal des Tribunaux*, 1980, p. 289 et suiv.

13 Sur ce contexte, voir entre autres BIGO, D., *Polices en réseaux : l'expérience européenne*, Paris, Presses de Sciences Po, 1996, p. 269 et suiv.

14 Convention européenne d'extradition du 13 décembre 1957 (*STE* n° 24) et ses deux protocoles additionnels du 15 octobre 1975 (*STE* n° 86) et du 17 mars 1978 (*STE* n° 98) ; Convention européenne d'entraide judiciaire en matière pénale du 17 mars 1978 (*STE* n° 30); Convention européenne sur la valeur internationale des jugements répressifs du 28 mai 1970 (*STE* n° 70) et Convention européenne sur la transmission des procédures répressives du 15 mai 1972 (*STE* n° 73).

15 La Convention sur le transfèrement des personnes condamnées du 21 mars 1983 (*STE* n° 112) n'était à l'époque qu'en voie d'élaboration.

alors qu'il devait être ouvert à la signature des États membres lors de la Conférence des ministres de la Justice le 19 juin 1980 à Rome, il ne sera jamais signé, les Pays-Bas s'y étant formellement refusés.

Constatant cet échec, le Gouvernement français issu des élections de 1981 présenta de nouvelles propositions lors de la Conférence des ministres de la Justice du 25 octobre 1982. Elles comportaient deux aspects successifs. Il y avait d'abord un projet rénové de convention d'extradition entre les États membres des Communautés sous la forme d'un projet révisé de convention de coopération en matière pénale et ensuite un avant-projet de création d'une future « Cour pénale européenne ». En dépit d'un intense effort diplomatique, et malgré le fait qu'elles étaient encore fort marquées par les principes traditionnels de la souveraineté et de la territorialité, qu'elles étaient donc moins ambitieuses que leur intitulé pouvait le laisser entendre,[16] ces nouvelles propositions n'ont pas davantage abouti en raison de l'opposition des Pays-Bas, de la Belgique et du Royaume-Uni, ces États souhaitant privilégier le cadre du Conseil de l'Europe pour tout ce qui concerne la coopération judiciaire pénale.[17]

16 Si l'on prend ainsi l'exemple de la Cour pénale européenne qui était envisagée, ce projet préservait nettement la souveraineté nationale puisqu'il ne modifiait en rien les compétences pénales internes des États : ce n'est en effet qu'en cas de refus de l'extradition par l'État requis et d'incompétence de celui-ci pour poursuivre la personne réclamée que celle-ci aurait dû être renvoyée à la Cour pénale européenne.

17 Dès le départ, l'idée d'une renégociation des mêmes thèmes « en comité restreint », c'est-à-dire entre États membres des Communautés européennes, avait d'ailleurs été considérée avec une grande méfiance par le Conseil de l'Europe lui-même. C'est ainsi notamment que le Secrétaire général fit valoir devant la onzième Conférence des ministres européens de la Justice du Conseil de l'Europe (Copenhague 21-22 juin 1978) que la coopération judiciaire envisagée par les neuf ne pouvait se limiter aux seuls pays du Marché commun mais devait s'étendre à tous les États démocratiques européens (voir conclusions et résolutions de la Conférence, CMJ (78) Concl., p. 14 cité par THOMAS, F., *De Europese Rechtshulpverdragen in Strafzaken*, Gand, Story Scientia, 1980, *p.* 64 et VAN DEN WIJNGAERT, C., « L'espace judiciaire européen : vers une fissure au sein du Conseil de l'Europe ? », *supra* note 12, p. 516), le risque étant que l'existence parallèle de deux systèmes de coopération freine l'évolution de la coopération entre ses États membres (WILKINSON, P., « Problèmes posés par l'établissement d'un espace juridique européen », Conseil de l'Europe, Conférence sur la protection de la démocratie contre le terrorisme en Europe : tâches et problèmes, p. 6, Doc. AS/Poll/Coll/Terr (32) 16, novembre 1980 ; LINKE, R., « Coopération internationale dans la lutte contre le terrorisme », *Conseil de l'Europe*, Doc. AS/pol/ Coll/Terr (32) 3, novembre 1980, p. 6 ; TABONE, V., « Rapport sur le terrorisme en Europe », Conseil de l'Europe, Doc. 4258, 1978, p. 19).

2. *Les années 1980 et le début des années 1990 : la relance de la coopération judiciaire pénale en tant que mesure compensatoire à la suppression des contrôles aux frontières intérieures*

Dans la seconde moitié des années 1980, l'amélioration de la coopération judiciaire pénale est revenue à l'agenda des États membres des Communautés européennes, et ce dans la perspective de la mise en place d'un marché intérieur, plus précisément de la suppression des contrôles aux frontières intracommunautaires. Afin d'éviter que cette abolition profite aux criminels et entraîne un déficit sécuritaire, diverses enceintes intergouvernementales, fonctionnant en dehors du cadre communautaire et pour la plupart dans celui de la Coopération politique européenne (CPE), ont cherché à approfondir la coopération dans le domaine général de la justice et des affaires intérieures, en ce compris la coopération judiciaire pénale.[18] L'amélioration de celle-ci, en tant que mesure compensatoire à la suppression des contrôles aux frontières intérieures, s'est ainsi notamment trouvée au centre des travaux réalisés par le groupe *CPE-coopération judiciaire-affaires pénales*. Ce dernier a élaboré cinq conventions, dont l'objectif était de mettre en œuvre, dans le cadre restreint des Douze, des accords plus simples, plus opérationnels et mieux adaptés que ceux élaborés dans les mêmes matières par le Conseil de l'Europe[19] : il s'agit de la Convention du 25 mai 1987 relative à l'application du principe *ne bis in idem*, de l'Accord du 25 mai 1987 relatif à l'application, entre les États membres des Communautés, de la Convention du Conseil de l'Europe sur le transfèrement des personnes condamnées, de l'Accord du 26 mai 1989 relatif à la simplification et à la modernisation des modes de transmission des demandes d'extradition, de l'Accord du 6 novembre 1990 relatif à la transmission des procédures répressives et de la Convention du 13 novembre 1991 sur l'exécution des condamnations pénales. Ces travaux n'ont pas mené à de grands résultats au plan de l'effectivité puisque aucune de ces

---

18 Sur les travaux de l'époque, voir notamment GRASS, R., « De la CEDH au Traité sur l'Union européenne » dans M. DELMAS-MARTY, (dir.), *Quelle politique pénale pour l'Europe ?*, Paris, Éditions Economica, p. 5 ; LEPOIVRE, M., « Le domaine de la justice et des affaires intérieures dans la perspective de la Conférence intergouvernementale de 1996 », *Cahiers de droit européen*, 1995, p. 323 et suiv. ; CURTIN, D.M. et POUW, J.F.M., « La coopération dans le domaine de la justice et des affaires intérieures au sein de l'Union européenne : une nostalgie d'avant Maastricht ? », *Revue du Marché unique européen*, 1995, p. 15 et suiv.

19 GAUTIER, Y., « Titre VI : Dispositions sur la coopération dans les domaines de la justice et des affaires intérieures » dans V. CONSTANTINESCO, R. KOVAR et D. SIMON, *Le Traité sur l'Union européenne. Commentaire article par article*, Paris, Éditions Economica, 1995, p. 833 et suiv.

conventions n'est entrée en vigueur entre tous les États membres des Communautés.[20] Elles restaient pourtant encore très nettement attachées aux conventions préexistantes conclues dans le cadre du Conseil de l'Europe de même qu'aux concepts classiques de souveraineté nationale et de territorialité.

Également conçue en tant que mesure compensatoire à la suppression des contrôles aux frontières intérieures, la coopération judiciaire pénale développée à la même époque dans le cadre intergouvernemental des Accords Schengen[21] s'est révélée plus effective : outre que ces accords sont entrés en vigueur entre les cinq États signataires originaires, ceux-ci ont progressivement entraîné dans leur sillage tous les autres États membres de l'Union européenne,[22] de même que la Norvège et l'Islande qui se sont vu reconnaître le statut de membres associés aux Accords de Schengen.[23] La coopération judiciaire pénale Schengen n'en est pas moins restée fort traditionnelle.[24] Elle s'inspire d'ailleurs dans une large mesure de certains des instruments adoptés par le groupe « CPE-coopération judiciaire-affaires pénales », dont on a vu qu'ils étaient classiques. Ces dispositions apparaissent d'autant plus traditionnelles si on les compare avec les dispositions relatives à la coopération policière, qui, en organisant les observations et poursuites transfronta-

---

20 Certaines sont néanmoins d'application entre quelques-uns d'entre eux.

21 Ce sont principalement les titres III, intitulé « Police et sécurité » et IV, consacré à la mise en place du Système d'information Schengen (SIS), qui concernent la coopération judiciaire pénale.

22 Dans l'ordre chronologique, les Accords Schengen ont été signés par l'Italie le 27 novembre 1990, par l'Espagne et le Portugal le 25 juin 1991, par la Grèce le 6 novembre 1992, par l'Autriche le 28 avril 1995 et par le Danemark, la Suède et la Finlande le 19 décembre 1996. On notera qu'à leur demande, le Royaume-Uni et l'Irlande ont été autorisés à adhérer partiellement à l'acquis Schengen : ils sont ainsi liés par l'acquis Schengen relevant du troisième pilier tel qu'issu du Traité d'Amsterdam, à savoir des secteurs policier et pénal (voir les décisions du Conseil : pour le Royaume-Uni, J.O.C.E. L 131 du 1er juin 2000, p. 43 et suiv. et pour l'Irlande, J.O.C.E. L 64 du 7 mars 2002, p. 20 et suiv.).

23 Ces deux États ont, en effet, conclu un accord de coopération avec les États Schengen lorsque le Danemark, la Suède et la Finlande ont accédé aux Accords Schengen (Accord dit de Luxembourg du 19 décembre 1996 entre les 13 États membres de l'Union européenne signataires des Accords de Schengen, la république d'Islande et le royaume de Norvège). Cet Accord de Luxembourg était nécessaire afin de préserver le régime existant entre les cinq États nordiques en vertu de l'accord concernant la suppression du contrôle des passeports aux frontières inter-nordiques signé à Copenhague le 12 juillet 1957, établissant l'Union nordique des passeports.

24 Sur ces dispositions, voir notamment RENAULT, G., *Schengen un modèle pour l'Europe pénale* ?, Dossiers du JT, n° 6, Bruxelles, Larcier, 1995.

lières,[25] apportent certains tempéraments aux limites territoriales des compétences des autorités répressives.

B. Le Traité de Maastricht

L'adoption du Traité de Maastricht constitue une étape importante dans la mise sur pied d'un espace judiciaire pénal. Alors que jusque-là les travaux portant sur la justice et les affaires intérieures s'étaient développés, entre les États membres des Communautés européennes, dans diverses enceintes de nature purement intergouvernementale, le Traité de Maastricht absorbe celles-ci et centralise l'ensemble de ces travaux, y compris ceux liés à la matière pénale. Il laisse toutefois se développer parallèlement la coopération Schengen. La centralisation qu'il opère a lieu au sein du titre VI du Traité sur l'Union, surnommé le troisième pilier du traité.[26] Teinté de quelques nuances communautaires, ce pilier est néanmoins à nette prédominance intergouvernementale. Les décisions se prennent à l'unanimité. Par ailleurs, vu les instruments juridiques qu'il met à la disposition des Quinze, le Traité de Maastricht ne donne pas les moyens d'assurer beaucoup plus d'effectivité aux travaux réalisés en matière pénale que par le passé et, de fait, les actes adoptés dans ce cadre se sont révélés très peu efficaces.[27]

Dans la mesure où, pour la plupart d'entre eux, les travaux réalisés sous Maastricht cherchent toujours à approfondir la coopération telle qu'organisée au sein du Conseil de l'Europe, ils ne confèrent pas encore d'orientation véritablement nouvelle aux travaux menés en matière pénale. Ils annoncent cependant un changement. Non seulement

---

25 Articles 40 et 41 de la Convention d'application de l'Accord de Schengen de 1990.

26 Dans le présent article, nous recourons indifféremment aux deux expressions, « titre VI » et « troisième pilier ».

27 Sur le troisième pilier du Traité de Maastricht, voir notamment, LABAYLE, H., « La coopération dans les domaines de la justice et des affaires intérieures » dans *Les Accords de Maastricht et la Constitution de l'Union européenne*, Paris, Montchrestien, 1992, p. 147 et suiv. et, du même auteur, « La coopération judiciaire en matière de justice et d'affaires intérieures et la Conférence intergouvernementale », *Revue trimestrielle de droit européen*, 1997, p. 10. Voir aussi DE KERCHOVE, G., « Les progrès des groupes de travail du troisième pilier en matière de coopération judiciaire » dans M. DEN BOER (ed.), *Schengen, Judicial Cooperation and Policy Coordination*, Maastricht, EIPA, 1997, p. 101 et suiv. ; FLORE, D. et TROOSTERS, R., « Maastricht in beweging », *Panopticon*, 1995, p. 301 et suiv. ; SCHUTTE, J.J.E., « Europese samenwerking inzake justitie en veiligheid », *Panopticon* 1992, p. 533 et suiv. ; SCHUTTE, J.J.E., « Judicial Cooperation Under the Union Treaty » dans J. MONAR, & R. MORGAN (eds.), *The Third Pillar of the E.U. Cooperation in the Fields of Justice and Homes Affairs*, Bruges, European Interuniversity Press, 1994, p. 181 et suiv. ; FORTESCUE, A., « La coopération dans les domaines de la justice et des affaires intérieures dans le Traité de Maastricht » dans B. NASCIMBENE, (dir.), *Da Schengen a Maastricht*, Milano, Giuffrè Editore, 1995, p. 27 et suiv.

l'approfondissement recherché par rapport au cadre du Conseil de l'Europe va de plus en plus loin, comme en témoignent par exemple les deux conventions conclues en matière d'extradition, en particulier celle du 27 septembre 1996 qui s'engage dans la voie de la suppression de l'exception pour infraction politique, de la suppression de la double incrimination et de l'exception sur la base de la nationalité.[28] Mais des instruments novateurs visant à améliorer la coopération sur un plan plus pratique sont de plus adoptés, tels que l'action commune du 29 juin 1998 relative à la création d'un réseau judiciaire européen,[29] celle du 22 avril 1996 concernant un cadre d'échange de magistrats de liaison[30] ou celle du 5 décembre 1997 instaurant un mécanisme d'évaluation de l'application et de la mise en œuvre par chacun des États membres de l'Union des engagements internationaux en matière de lutte contre la criminalité organisée.[31] Des travaux sont, en outre, lancés qui cherchent à rapprocher les législations pénales nationales.[32]

C. *Le Traité d'Amsterdam et ses suites*

Le Traité d'Amsterdam[33] poursuit le travail de centralisation entamé par le Traité de Maastricht en intégrant l'acquis de Schengen dans

---

28 Voir entre autres les deux conventions conclues en matière d'extradition dans le cadre du troisième pilier de Maastricht. Il s'agit, d'une part, de la Convention du 10 mars 1995 relative à la procédure simplifiée d'extradition (J.O.C.E. C 78 du 30 mars 1995, p. 1 et suiv.) et, d'autre part, de la Convention du 27 septembre 1996 relative à l'extradition entre États membres de l'Union (J.O.C.E. C 313 du 23 octobre 1996, p. 11).

29 J.O.C.E. L 191 du 7 juillet 1998, p. 4 et suiv. Sur ce réseau, voir notamment WEYEMBERGH, A., « Vers un réseau judiciaire européen contre la criminalité organisée », *Revue de droit pénal et de criminologie*, 1997, p. 868 et suiv.

30 J.O.C.E. L 105 du 27 avril 1996, p. 1 et suiv.

31 J.O.C.E. L 344 du 15 décembre 1997, p. 7 et suiv.

32 Sur ces deux nouvelles directions prises sous Maastricht, voir notamment SALAZAR, L., « La protection des intérêts financiers des Communautés européennes et la lutte contre la corruption internationale dans l'instauration d'un espace judiciaire pénal européen » dans G. DE KERCHOVE et A. WEYEMBERGH (dir.), *Vers un espace judiciaire pénal européen*, *supra* note 3, p. 295 et suiv.

33 Sur le troisième pilier du Traité d'Amsterdam, voir notamment LABAYLE, H., « Un espace de liberté, de sécurité et de justice », *Revue trimestrielle de droit européen*, 1997, p. 813 et suiv. ; MONAR, J., « EU Justice and Home Affairs after the Reform : an Assessment of the Treaty of Amsterdam Provisions » dans *Le Traité d'Amsterdam, Journée d'études, Bruxelles, 5 juillet 1997*, Bruxelles, Institut d'études européennes, 1997, p. 67 et suiv. ; BRIBOSIA, H., « Liberté, sécurité et justice : l'imbroglio d'un nouvel espace », *Annales d'Études européennes de l'UCL*, 1997, p. 45 et suiv. ; BIGO, D., « Les non-dits de la sécurité intérieure » dans F. DE LA SERRE et C. LEQUESNE, (dir.), *Quelle Union pour quelle Europe ? L'après-Traité d'Amsterdam*, Paris, Éditions Complexe, 1998, p. 43 et suiv. ; TEZCAN, E., « La coopération dans les domaines de la justice et des affaires intérieures dans le cadre de

l'Union européenne et injecte de nouveaux éléments communautaires dans le troisième pilier, qui demeure toutefois encore à nette prédominance intergouvernementale. Il met à disposition des instruments juridiques destinés à donner une plus grande effectivité aux travaux réalisés.

En conférant comme nouvel objectif à l'Union le maintien et le développement d'un « espace » de liberté, de sécurité et de justice,[34] il introduit, en outre, des changements essentiels dans l'orientation des travaux menés en matière pénale. Suite à l'adoption du Traité d'Amsterdam et au Conseil européen de Tampere d'octobre 1999, qui est venu confirmer et a développé les options consacrées par le traité,[35] le fossé se creuse de plus en plus entre les travaux menés dans l'Union européenne et la coopération telle qu'on la connaît au sein du Conseil de l'Europe. Bien que la souveraineté nationale reste formellement intacte puisque les décisions en la matière se prennent toujours à l'unanimité, elle est de plus en plus érodée substantiellement ; l'autonomie des acteurs nationaux est progressivement affectée et les nuances apportées au principe de la territorialité deviennent de plus en plus nombreuses. Un véritable espace judiciaire pénal européen se met ainsi progressivement en place.[36]

Abstraction faite de la dimension externe du troisième pilier, qui connaît des développements intenses,[37] les travaux menés afin d'instituer un espace judiciaire pénal relèvent de plus en plus nettement de trois pans distincts. Chacun de ceux-ci est empreint de la notion d'« espace ».

On retrouve, tout d'abord, les travaux qui visent à améliorer les mécanismes de coopération judiciaire pénale ou plus exactement à substi-

---

l'Union européenne et le Traité d'Amsterdam », *Cahiers de droit européen*, 1998, p. 661 et suiv.

34 Voir les articles 2 et 29 UE.

35 Sur Tampere, voir entre autres ELSEN, C., « L'esprit et les ambitions de Tampere. Une ère nouvelle pour la coopération dans le domaine de la justice et des affaires intérieures ? », *Revue du Marché commun et de l'Union européenne*, 1999, p. 659 et suiv. ; AALTO, P., « Outcome of the Tampere European Council : Birth of a New Project for Europe ? » dans P. CULLEN & S. JUND (ed.), *Criminal Justice Cooperation in the European Union after Tampere*, Trier, Era, 2002, p. 9 et suiv.

36 Sur cette rupture, voir DE KERCHOVE, G., « L'espace judiciaire pénal européen après Amsterdam et le Sommet de Tampere » dans G. DE KERCHOVE et A. WEYEMBERGH (dir.), *Vers un espace judiciaire pénal européen*, *supra* note 3, p. 3 et suiv.

37 À ce sujet, voir DE KERCHOVE, G., « Relations extérieures et élargissement » dans G. DE KERCHOVE et A. WEYEMBERGH (dir.), *L'espace pénal européen : enjeux et perspectives*, Bruxelles, Éditions de l'Université de Bruxelles, 2002, p. 257 et suiv. ; voir aussi l'ouvrage collectif suivant : DE KERCHOVE, G. et WEYEMBERGH, A. (dir.), *Sécurité et justice : enjeu de la politique extérieure de l'Union européenne*, Bruxelles, Éditions de l'Université de Bruxelles, 2003.

tuer à la coopération judiciaire pénale traditionnelle le processus de la reconnaissance mutuelle des décisions judiciaires pénales. Lancé en 1998 au Sommet européen de Cardiff[38] et élevé au rang de pierre angulaire de la coopération par les conclusions de Tampere,[39] ce processus est représentatif de la notion d'espace puisqu'il implique que les décisions judiciaires prises dans un pays soient exécutées dans un autre aussi directement et immédiatement que possible. Il a débouché sur l'adoption de trois instruments : la décision-cadre du 13 juin 2002 relative au mandat d'arrêt européen et aux procédures de remise entre États membres,[40] celle du 22 juillet 2003 relative à l'exécution dans l'Union des décisions de gel de biens ou d'éléments de preuve[41] et celle relative aux sanctions pécuniaires, qui n'a, pour sa part, pas encore été adoptée formellement mais a fait l'objet d'un accord politique au sein du Conseil Justice et Affaires intérieures[42].

Le deuxième pan des travaux dans le domaine pénal consiste dans la mise en place d'« acteurs » européens. Ceux-ci se multiplient,[43] mais c'est probablement Eurojust, qui paraît le mieux illustrer cette dimen-

---

38 Voir Conseil européen de Cardiff, 15 et 16 juin 1998, conclusions de la présidence, SN 150/98, § 39.

39 Voir le § 33 des conclusions de Tampere. Sur le processus de la reconnaissance mutuelle en matière pénale au sein de l'Union en général, voir SWART, A.H.J., *Een ware Europese rechtsruimte – Wederzijdse erkenning van strafrechtelijke beslissingen in de Europese Unie*, rede uitgesproken bij de aanvaarding van het ambt van bijzonder hoogleraar in de Europese strafrechtelijke samenwerking aan de Universiteit van Amsterdam op 9 maart 2001, Deventer, Gouda Quint, 2001 ; WEYEMBERGH, A., « La reconnaissance mutuelle des décisions judiciaires en matière pénale entre les États membres de l'Union européenne : mise en perspective » dans G. DE KERCHOVE et A. WEYEMBERGH (dir.), *La reconnaissance mutuelle des décisions judiciaires pénales dans l'Union européenne*, Bruxelles, Éditions de l'Université de Bruxelles, 2001, p. 26 et suiv. ; « Droit pénal et reconnaissance mutuelle des décisions judiciaires. Un nouveau défi pour l'Union européenne », *Journal des tribunaux. Droit européen*, 2001, p. 193 et suiv. ; « La reconnaissance et l'exécution des décisions pénales » dans G. DE LEVAL et M. STORME (dir.), *Le droit processuel et judiciaire européen*, Bruges, La Charte, 2003, p. 457 et suiv. ; DESCAMPS, M.H., « La reconnaissance mutuelle des décisions judiciaires pénales » dans D. FLORE (dir.), *Actualités de droit pénal européen*, Bruxelles, La Charte, 2003, p. 85 et suiv.

40 J.O.C.E. L 190 du 18 juillet 2002, p. 1 et suiv.

41 Décision-cadre du 22 juillet 2003 relative à l'exécution dans l'Union des décisions de gel de biens ou d'éléments de preuve J.O.C.E. L 196 du 2 août 2003, p. 45 et suiv.

42 Cette décision-cadre a fait l'objet d'un accord politique lors du Conseil Justice et Affaires intérieures du 8 mai 2003 (Conseil Justice et Affaires intérieures du 8 mai 2003, doc.). Le texte sur lequel porte cet accord figure dans le doc. 8889/03, 2 mai 2003.

43 Voir notamment NILSSON, H.G., « Proliferation or Concentration of the Actors in the JHA Area ? » dans G. DE KERCHOVE et A. WEYEMBERGH (dir.), *L'espace pénal européen : enjeux et perspectives*, *supra* note 37, p. 63 et suiv.

sion des travaux. Lancée à Tampere,[44] puis confirmée dans le Traité de Nice,[45] cette idée de mettre sur pied une unité européenne de coopération judiciaire a été concrétisée par l'adoption d'une décision du 28 février 2002.[46] Les équipes communes d'enquêtes[47] sont également particulièrement représentatives de la notion d'espace puisque, en permettant aux autorités judiciaires[48] d'un État d'intervenir sur le territoire d'un autre État membre en liaison et en accord avec les autorités de ce dernier, elles dérogent au principe de la territorialité.

Enfin, le rapprochement des législations pénales constitue le troisième pan des travaux dans le domaine pénal. Ces travaux de rapprochement couvrent surtout le droit matériel, c'est-à-dire les incriminations et les sanctions. Parmi les instruments adoptés en la matière, on mentionnera notamment la décision-cadre visant à renforcer par des sanctions pénales et autres la protection contre le faux monnayage en vue de la mise en circulation de l'euro,[49] la décision-cadre sur la lutte contre le terrorisme,[50] celle sur la traite des êtres humains,[51] etc.

D. Le projet de Traité établissant une Constitution pour l'Europe

Le domaine pénal fait partie des secteurs auxquels le projet de Traité établissant une Constitution pour l'Europe apporte les changements les

44 Voir le § 46 des conclusions du Conseil européen de Tampere.

45 Article 31, § 2 UE.

46 Décision du Conseil du 28 février 2002 instituant Eurojust afin de renforcer la lutte contre les formes graves de criminalité, J.O.C.E. L 63 du 6 mars 2002, p. 1 et suiv. Sur Eurojust, voir entre autres DE BIOLLEY, S., « La coordination des enquêtes et des poursuites : la mise en place d'Eurojust » dans D. FLORE (dir.), *Actualités de droit pénal européen, supra* note 39, p. 167 et suiv.

47 La création de telles équipes communes d'enquête était prévue par le Traité d'Amsterdam (article 32 UE) et par la Convention relative à l'entraide judiciaire pénale de mai 2000 (article 13, J.O.C.E. C 197 du 12 juillet 2000, p. 1 et suiv.). Conformément aux conclusions de Tampere notamment, puis au plan d'action de l'Union européenne contre le terrorisme, une décision-cadre relative aux équipes communes d'enquête a été adoptée le 13 juin 2002, dans un premier temps pour lutter contre le trafic de drogue, la traite des êtres humains et le terrorisme (J.O.C.E. L 162 du 20 juin 2002, p. 1 et suiv.).

48 Les autorités judiciaires ne sont pas les seules concernées. Les autorités douanières et policières le sont également (voir entre autres l'article 32 UE).

49 Décision-cadre du 29 mai 2000 concernant le renforcement de la protection contre le faux monnayage en vue de la mise en circulation de l'euro, J.O.C.E. L 140 du 14 juin 2000, p. 1 et suiv.

50 Décision-cadre du 13 juin 2002 relative à la lutte contre le terrorisme, J.O.C.E. L 164 du 22 juin 2002, p. 3 et suiv.

51 Décision-cadre du 19 juillet 2002 relative à la lutte contre la traite des êtres humains, J.O.C.E. L 203 du 1er août 2002, p. 1 et suiv.

plus importants.[52] Conformément à une des deux « règles d'or » dégagées par le groupe de travail X, chargé par la Convention sur l'avenir de l'Union, des questions liées à la justice et aux affaires intérieures,[53] le projet propose de mettre un terme à la méthode intergouvernementale qui caractérise jusqu'ici le troisième pilier. C'est d'ailleurs toute la structure du traité en trois piliers qui est supprimée. Moyennant quelques tempéraments, le secteur pénal est donc soumis aux règles et procédures communautaires, et ce entre autres au point de vue des instruments à disposition, dont l'effectivité devrait ainsi être renforcée, de la procédure décisionnelle et du principe de l'adoption des décisions à la majorité qualifiée, du contrôle par la Cour de justice des Communautés européennes, etc.

L'objectif consistant à mettre sur pied un espace de liberté, de sécurité et de justice est maintenu. Il devient même le deuxième objectif de l'Union[54] et est mentionné, comme le marché intérieur par exemple, parmi les domaines de compétences partagées entre l'Union et les États membres.[55] Un chapitre – le chapitre IV – lui est consacré dans le titre III de la troisième partie du projet de traité. C'est la section 4, intitulée « coopération judiciaire en matière pénale »,[56] qui centralise l'essentiel des matières pénales. On y retrouve les trois pans précités de l'espace judiciaire pénal européen. Il y a tout d'abord la coopération judiciaire pénale, dont il est précisé qu'elle « est fondée sur le principe de la reconnaissance mutuelle ».[57] Ce processus, caractéristique de la notion d'espace, se voit ainsi expressément consacré dans le texte même du traité. Viennent ensuite le rapprochement des législations, de même que la mise sur pied d'acteurs, en particulier Eurojust.

---

52 À cet égard, voir DE KERCHOVE, G., « La coopération policière et judiciaire pénale : de la coopération intergouvernementale à la méthode communautaire » dans O. DE SCHUTTER et P. NIHOUL (dir.), *Une Constitution pour l'Europe*, Bruxelles, Larcier, 2004, p. et suiv.

53 Voir le rapport final du groupe de travail X « Liberté, sécurité et justice », CONV 426/02, 2 décembre 2002.

54 Voir l'article 3, § 2 de la première partie du projet de Traité établissant une Constitution pour l'Europe : « L'Union offre à ses citoyennes et à ses citoyens un espace de liberté, de sécurité et de justice sans frontières intérieures, et un marché unique où la concurrence est libre et non faussée ».

55 Article 13 de la première partie du projet de Traité établissant une Constitution pour l'Europe.

56 Cette section comprend les articles 171 à 175.

57 Article 171, § 1 de la troisième partie du projet de Traité établissant une Constitution pour l'Europe.

II. Les perspectives au sein de l'Union européenne dans le secteur pénal

Les perspectives au sein de l'Union européenne dans le secteur pénal laissent entrevoir une double évolution : l'une consiste dans le passage d'un espace judiciaire pénal européen au service de la lutte contre la criminalité à la mise sur pied d'un espace européen de justice pénale plus global (a), l'autre consiste dans le passage d'un espace à un territoire pénal européen (b).

A. D'un espace judiciaire pénal européen au service de la lutte contre la criminalité à la mise sur pied d'un espace européen de justice pénale

1. Un espace judiciaire pénal européen consacré à la lutte contre la criminalité

L'espace judiciaire pénal européen est principalement tourné vers la lutte contre la criminalité, c'est-à-dire vers la recherche, la poursuite et la condamnation des auteurs d'infractions. Ce fut le cas dès le lancement des travaux réalisés dans le domaine pénal entre les États membres des Communautés européennes. Sous le Traité de Maastricht, qui était pour le moins imprécis quant aux objectifs à poursuivre en la matière, cette préoccupation est restée centrale.[58] Elle a été maintenue en bonne place dans le cadre du Traité d'Amsterdam, comme en témoignent les objectifs plus précis qu'il fixe[59] et comme l'implique aussi la mise en place d'un espace de liberté, de sécurité et de justice,[60] le nouvel objectif général que le traité assigne à l'Union. L'importance de la lutte contre la criminalité est encore confirmée par une série de textes programmatoires, de déclarations, d'initiatives et d'instruments concrets ;[61] elle est bien présente aussi dans le projet de traité de constitutionnel.[62]

Si la préoccupation est ancienne, ses contours ont toutefois évolué au fil du temps. Ils se sont en quelque sorte adaptés au contexte du moment.

---

58 FLORE, D., « Une justice pénale européenne après Amsterdam », *Journal des Tribunaux. Droit européen*, 1999, p. 126 ; WEYEMBERGH, A., « La coopération judiciaire pénale dans l'Union européenne », *supra* note 5, p. 177.

59 Voir entre autres l'article 29, § 2 UE.

60 Voir les articles 2 et 29, § 1 UE.

61 À cet égard, voir WEYEMBERGH, A., « La coopération européenne en matière de justice et d'affaires intérieures : vers un rééquilibrage du couple liberté-sécurité ? », *Revue belge de droit international*, 2000, p. 624 et suiv.

62 Voir par exemple l'article 158, § 3 de la troisième partie du projet de Traité établissant une Constitution pour l'Europe.

Nous l'avons vu, il s'agissait essentiellement au départ de faire face à l'« euroterrorisme »[63]. La coopération judiciaire pénale s'est ensuite développée entre les États membres des Communautés européennes dans la perspective du marché intérieur, en tant que mesure compensatoire à la suppression des contrôles aux frontières intérieures, pour éviter que celle-ci ne bénéficie aux criminels. Ce lien entre les mesures destinées à assurer la libre circulation des personnes et les mesures visant à lutter contre la criminalité était encore très étroit sous Maastricht.[64] Le Traité d'Amsterdam le maintient[65] mais l'a néanmoins fortement distendu. C'est la conséquence de ce que l'espace de liberté, de sécurité et de justice est désormais un objectif autonome, qui n'a plus besoin de rechercher sa justification dans d'autres objectifs du traité.[66]

Les mesures destinées à lutter contre la criminalité sont désormais mises au service de cet espace. Elles ne visent plus simplement à compenser la suppression des contrôles aux frontières intérieures. L'on s'est en effet progressivement aperçu que la criminalité profite bien moins de cette suppression que de la porosité généralisée et de la perméabilité croissante des frontières résultant de la mondialisation.[67] Il s'agit donc plus largement de s'adapter à l'exploitation par les criminels de la mondialisation.[68] Non seulement l'extension croissante et l'intensification au-delà des frontières nationales des transports, des communica-

---

63 Les propositions contenues dans le projet français d'« espace judiciaire pénal européen » ne concernaient pas uniquement la lutte anti-terroriste, elles n'en ont pas moins été profondément marquées par ce contexte. À cet égard, la presse est particulièrement éclairante, voir entre autres, *Le Figaro*, des 5 et 7 décembre 1977 ; *Le Monde*, 6 décembre 1977 ; *L'Aurore*, 6 décembre 1977.

64 Voir l'article K 1 du traité.

65 Voir l'article 2 UE et l'article 61e) CE. Dans le même sens, voir le plan d'action du Conseil et de la Commission concernant les modalités optimales de mise en œuvre des dispositions du Traité d'Amsterdam relatives à l'établissement d'un espace de liberté, de sécurité et de justice, J.O.C.E. C 19 du 23 janvier 1999, p. 1 et suiv., § 5 et 6.

66 À cet égard, voir notamment DE LOBKOWICZ, W., *L'Europe et la sécurité intérieure. Une élaboration par étapes*, Paris, La Documentation française, 2002, *p.* 112.

67 Outre que les contrôles aux frontières n'ont jamais servi de rempart absolu contre la criminalité, les nouvelles difficultés dans la lutte contre la criminalité ne se rencontrent pas seulement dans les États qui appartiennent à des ensembles géographiques caractérisés par une suppression des contrôles aux frontières intérieures.

68 Sur l'exploitation de la mondialisation par les criminels, voir entre autres SOMMIER, I., *Les mafias*, Paris, Montchrestien, 1998, p. 92 et suiv. ; RAUFER, X. et QUÉRÉ, S., *Le crime organisé*, Paris, Presses universitaires de France, Que sais-je, 2001, p. 9 et suiv. ; STORBECK, J., « Threats Caused by Organized Crime in Europe » dans B. DE RUYVER, G. VERMEULEN et T., VANDER BEKEN (ed.), *Strategies of the EU and the US in Combating Transnational Crime*, Antwerp/Apeldoorn, Maklu, 2002, p. 49.

tions, des échanges, etc. offrent aux criminels de nouveaux moyens pour perpétrer leurs méfaits mais elles leur permettent également d'accroître le profit qu'ils en retirent ou de « blanchir » plus facilement le produit de leurs crimes. Elles favorisent par ailleurs l'apparition de quantité de nouvelles formes de criminalité, comme la cyber-criminalité. C'est principalement sur la nécessité de faire face à ces nouveaux défis que reposent les efforts fournis pour dépasser la coopération judiciaire pénale traditionnelle et mettre en place un espace judiciaire pénal européen. Nombreux sont d'ailleurs ceux qui ont pris position dans ce sens[69] et, parmi eux, certains magistrats.[70] Quelques-unes de leurs déclarations sont restées célèbres. Il suffit de songer au fameux « appel de Genève ».[71] Selon ses signataires,[72]

> pour avoir une chance de lutter contre [la] criminalité [...], il est urgent d'abolir les protectionnismes dépassés en matière [...] judiciaire. Il devient nécessaire d'instaurer « un véritable espace judiciaire européen » au sein duquel les magistrats pourront, sans entraves autres que celles de l'État de droit, rechercher et échanger les informations utiles aux enquêtes en cours [...].[73]

---

69 Nombreux sont ceux provenant du monde politique, académique, etc. qui ont dénoncé le paradoxe existant entre la persistance des frontières juridiques dans un monde sans frontières : voir notamment STRAW, J., « Dangerosité des phénomènes de criminalité organisée et difficultés rencontrées par les praticiens » et LABAYLE, H., « De nouveaux instruments pour un espace judiciaire européen : aspects normatifs » dans *L'espace judiciaire européen*, Actes du colloque organisé à Avignon le 16 octobre 1998, Paris, La Documentation française, 1999, p. 86 et 130.

70 Voir entre autres ZANOTO, J.-P., « Le point de vue d'un praticien » dans G. DE KERCHOVE et A. WEYEMBERGH (dir.), *Vers un espace judiciaire pénal européen*, *supra* note 3, p. 337 et suiv.

71 Voir également d'autres « appels », tels que les conclusions du colloque « La justice entravée » qui s'est tenu à Bruxelles, les 12 et 13 décembre 1997 et qui était organisé par l'Association des magistrats européens pour la démocratie et les libertés (MEDEL).

72 Sept magistrats européens de première ligne l'ont signé. Il s'agit de Bernard BERTOSSA (Procureur général de Genève), Edmondo BRUTI LIBERATI (membre du Conseil supérieur italien de la magistrature), Gherardo COLOMBO (Substitut du Procureur de Milan), Benoît DEJEMEPPE (Procureur du Roi à Bruxelles), Baltasar GARZON REAL (Juge d'instruction à Madrid), Carlos JIMENEZ VILLAREJO (Chef du parquet anti-corruption de Madrid) et Renaud VAN RUYMBEKE (Conseiller à la Cour d'appel de Rennes).

73 Le texte de l'appel de Genève a été notamment publié dans l'ouvrage de ROBERT, D., *La justice ou le chaos*, Paris, Stock, 1996, p. 331 et suiv. (c'est nous qui soulignons).

2. *Vers un espace européen de justice pénale plus global ?*

Les travaux menés en matière pénale entre les États membres de l'Union européenne sont toujours nettement dominés par la lutte contre la criminalité. On constate en effet d'indiscutables résistances à tenir compte et à développer d'autres considérations que celles liées à la recherche, à la poursuite et à la condamnation des auteurs des infractions. Si l'espace judiciaire pénal européen demeure donc encore le cadre d'action dans lequel s'inscrivent la plupart des travaux de l'Union, certains éléments annoncent toutefois la mise sur pied d'un espace commun de justice plus global. L'espace judiciaire pénal européen préfigurerait ainsi la mise en place d'un projet plus large d'« espace européen de justice pénale », couvrant l'ensemble du processus pénal et des personnes concernées par le processus pénal, allant de la prévention à la restauration du lien social, c'est-à-dire l'accompagnement de la victime et la réinsertion sociale des condamnés[74].

Les objectifs poursuivis par les travaux menés dans le domaine pénal se sont diversifiés. Cette diversification a fait suite à l'adoption du Traité d'Amsterdam et à l'assignation par celui-ci à l'Union du nouvel objectif général de se maintenir et de se développer en tant qu'espace de liberté, de sécurité et de justice.[75] Elle est la conséquence logique de l'insertion des concepts de liberté et de justice aux côtés de celui de sécurité,[76] conséquence d'autant plus logique que le caractère indissociable de ces trois notions et la nécessité d'assurer un équilibre entre elles ont été soulignés à de multiples reprises,[77] entre autres par le plan de Vienne. Outre qu'il cherche à définir chacun des trois concepts,[78] ce

[74] Ce « saut qualitatif » était déjà suggéré en 1995 par FLORE, D., « Vers une justice pénale européenne : l'apport de l'Union européenne », p. 377 et suiv.

[75] À ce sujet, voir FLORE, D., « Une justice pénale européenne après Amsterdam », *supra* note 58, p. 121 et suiv.

[76] DE KERCHOVE, G., « L'espace judiciaire pénal européen après Amsterdam et le sommet de Tampere » dans G. DE KERCHOVE et A. WEYEMBERGH, *Vers un espace judiciaire pénal européen*, *supra* note 3, p. 4 et 5.

[77] Communication de la Commission intitulée « Vers un espace de liberté, de sécurité et de justice », COM(1998) 459 final, p. 1 ; l'intervention du commissaire européen en charge de la Justice et des Affaires intérieures, A. VITORINO, lors du débat public qui s'est tenu à Bruxelles, le 4 avril 2000 et qui s'intitulait « L'Europe de liberté, de sécurité et de justice : promesse lointaine ou à portée de main ? » ; voir aussi le débat public sur l'espace de liberté, de sécurité et de justice qui s'est tenu lors du Conseil Justice et Affaires intérieures du 29 octobre 1999, 2211e session du Conseil, Press Release 12123/99, Presse 320 ; BORCHARDT, G., « Vers un espace judiciaire européen : aspects institutionnels » dans *L'espace judiciaire européen, Actes du colloque d'Avignon du 16 octobre 1998*, Paris, La Documentation française, 1999, p. 126.

[78] Nous reviendrons à ces définitions au cours de nos développements.

dernier insiste sur le fait qu'ils sont intimement liés, que la pleine réalisation de l'un suppose celle des autres.[79] Conformément à ces considérations, les objectifs poursuivis par l'Union dans le secteur pénal se sont donc élargis. L'élargissement concerne la lutte contre la criminalité elle-même puisqu'il ne s'agit plus seulement de réprimer la criminalité mais aussi de la prévenir[80] mais il touche aussi d'autres aspects de la justice pénale que la lutte contre la criminalité, comme les garanties procédurales[81] et l'accès à la justice.[82] Cet élargissement a été confirmé par le biais de divers instruments programmatoires. Parmi ceux-ci, on mentionnera le deuxième programme de lutte contre la criminalité organisée intitulé « Prévention et répression de la criminalité : une stratégie de l'Union européenne pour le début du prochain millénaire »,[83] qui, comme son nom l'indique, est essentiel en matière de prévention. On citera également les conclusions de Tampere, qui, recourant elles-mêmes à l'expression « un véritable espace européen de justice », confirment l'importance du volet prévention de la criminalité[84] et poussent notamment à la fixation de normes minimales pour la protection des victimes de la criminalité, en ce qui concerne notamment leur accès à la justice et leur droit à réparation.[85] Quant aux versions successives du tableau de bord de la Commission pour l'examen des progrès réalisés en vue de la création d'un espace de liberté, de sécurité et de justice, il en ressort également que l'Union est bien sur la voie de l'établissement d'un espace européen de justice pénale.[86]

Au plan des initiatives qui cherchent à concrétiser ces nouvelles orientations, la diversification influence chacun des trois pans des travaux précédemment identifiés.[87] C'est en particulier le cas du pre-

79 Plan d'action du Conseil et de la Commission concernant les modalités optimales de mise en œuvre des dispositions du Traité d'Amsterdam relatives à l'établissement d'un espace de liberté, de sécurité et de justice, J.O.C.E. C 19 du 23 janvier 1999, p. 1 et suiv., § 5.

80 Article 29 UE et le § 11 du plan de Vienne.

81 § 19 du plan.

82 § 15 et 20 du plan.

83 J.O.C.E. C 124 du 3 mai 2000, p. 1 et suiv.

84 § 6, 41 et 42 des conclusions de Tampere.

85 § 32 des conclusions de Tampere.

86 Voir ses diverses versions. Pour la dernière en date, à savoir celle couvrant le second semestre 2003, voir le document COM(2003) 812 final, 30 décembre 2003.

87 Certaines initiatives qui témoignent d'une telle diversification ne ressortent pas nettement d'un des trois pans de l'espace pénal. C'est le cas de la résolution des représentants des gouvernements des États membres, réunis au sein du Conseil, concernant le traitement des toxicomanes en prison (doc. 6087/03, approuvé les 27 et 28 février 2003) et de la résolution des représentants des gouvernements des États membres, réunis au sein du Conseil, pour l'intégration dans le système national de

mier, qui porte sur la coopération judiciaire pénale ou le processus de la reconnaissance mutuelle. Comme en témoigne le programme de mesures qui le concerne,[88] ce processus est destiné à s'appliquer à tous les stades de la procédure et concerne toutes les parties intéressées : il devrait ainsi notamment permettre d'aborder des questions telles que les confiscations aux fins de restitution aux victimes[89] et devrait aussi comprendre l'adoption de mesures liées au transfèrement des personnes condamnées afin de favoriser leur réinsertion sociale[90] ou des mesures relatives aux décisions prises dans le cadre du suivi post-pénal, telles qu'une libération conditionnelle par exemple.[91] Les deux autres pans des travaux de l'Union dans le domaine pénal sont, eux aussi, marqués par un élargissement de leurs objectifs. En ce qui concerne les acteurs européens, on mentionnera l'établissement d'un réseau européen de prévention de la criminalité[92] de même que le projet de réseau européen de points de contact nationaux pour la justice réparatrice.[93] Quant au rapprochement des législations, il suffit de renvoyer à la décision-cadre relative au statut des victimes dans le cadre de procédures pénales.[94] L'on pense aussi aux travaux initiés par la Commission, qui visent à rapprocher les garanties procédurales.[95]

---

santé de la prise en charge effective (diagnostic, interventions rapides et réorientation) et du traitement médicalement assisté des patients qui présentent une dépendance aux substances psychoactives (doc. 10015/1/03, le texte est finalisé et devrait être approuvé prochainement).

88 Programme de mesures destiné à mettre en œuvre le principe de reconnaissance mutuelle des décisions pénales, approuvé par le Conseil Justice et Affaires intérieures du 30 novembre 2000 et publié au J.O.C.E. C 12 du 15 janvier 2001, p. 10 et suiv.

89 Alors que cette question était initialement couverte par la proposition de décision-cadre visant à appliquer le principe de la reconnaissance mutuelle aux décisions de confiscation (doc. 13765/03, 28 octobre 2003), elle en a été exclue en cours de négociations mais devrait prochainement être abordée.

90 Voir notamment le point 3.1.3 du programme de mesures, *supra* note 88, p. 17.

91 Voir notamment le point 4 du programme de mesures, *supra* note 88, p. 18. Il est à noter que la Belgique a cherché à introduire un projet de décision-cadre destinée à appliquer le principe de la reconnaissance mutuelle à la libération conditionnelle. Ce projet a cependant avorté.

92 Décision du 28 mai 2001 instituant un réseau européen de prévention de la criminalité (J.O.C.E. L 153 du 8 juin 2001, p. 1 et suiv.).

93 Voir le doc. 10575/02, 4 juillet 2002 et la note explicative figurant dans le doc. 10575/02 ADD 1, 10 juillet 2002.

94 Décision-cadre du 15 mars 2001 sur la situation des victimes dans le cadre des procédures pénales, J.O.C.E. L 82 du 22 mars 2001, p. 1 et suiv.

95 Voir le livre vert sur les garanties procédurales accordées aux suspects et aux personnes mises en cause dans des procédures pénales dans l'Union européenne, COM(2003) 75 final, 19 février 2003.

Comme il comporte certaines dispositions expresses consacrées aux droits des personnes dans la procédure pénale et aux droits des victimes,[96] le projet de traité constitutionnel paraît certes poursuivre la route vers l'instauration d'un espace européen de justice pénale. Il demeure cependant encore fort prudent à cet égard. Ses dispositions dans le domaine de la prévention notamment en témoignent : la prévention du crime apparaît expressément dans le chapitre IV consacré à l'espace de liberté, de sécurité et de justice mais de manière fort timide.[97]

B. D'un « espace » à un « territoire pénal européen » ?

Il ressort des considérations qui précèdent que l'espace pénal européen reste un objet mouvant. Ses contours et son orientation définitive ne sont pas déterminés. Nombreuses sont les interrogations qui subsistent.

Tandis que le passage d'un espace judiciaire pénal européen à un espace européen de justice pénale renvoie aux différents aspects des politiques pénales couverts, il est des questions qui renvoient à la notion d'espace elle-même et peuvent être ramenées à cette problématique fondamentale du degré recherché de porosité ou de perméabilité des frontières pénales. Dans le prolongement de cette problématique, surgit une autre interrogation : s'agira-t-il à terme d'envisager l'abolition des frontières pénales, ce qui impliquerait de remplacer la notion d'« espace » par celle de « territoire », le « territoire pénal européen » se substituant ainsi à l'« espace pénal européen » ?

Certes, la perspective d'un territoire pénal européen, d'inspiration fédéraliste et caractérisé par la mise sur pied d'un corps d'organes européens tels qu'un procureur ou une juridiction pénale européenne,[98] qui relèveraient d'un ordre juridique européen propre, appliqueraient un droit pénal européen et auraient des pouvoirs opérationnels et contraignants sur tout le territoire, paraît appartenir à un horizon fort lointain, pour ne pas dire utopique. Un véritable espace judiciaire pénal européen se met en effet à peine en place. Les entités européennes, comme Eurojust, ne sont pas comparables à des organes européens intégrés : ils ne

---

96 Article 171, § 2 de la troisième partie du projet de traité constitutionnel.

97 Voir les articles 158, § 3 et 173 de la troisième partie. Aux termes de ce dernier article : « La loi ou loi-cadre européenne peut établir des mesures pour encourager et appuyer l'action des États membres dans le domaine de la prévention du crime. Ces mesures ne peuvent pas comporter le rapprochement des dispositions législatives et réglementaires des États membres ».

98 À cet égard, voir FLORE, D., «D'un réseau judiciaire européen à une juridiction pénale européenne : Eurojust et l'émergence d'un système de justice pénale » dans G. DE KERCHOVE et A. WEYEMBERGH (dir.), *L'espace pénal européen : enjeux et perspectives*, *supra* note 37, p. 9 et suiv.

sont encore que des acteurs qui soutiennent la coopération judiciaire pénale et ont parfois bien du mal à trouver leurs marques. Quant à un espace européen de justice pénale, il n'en est qu'à ses tout premiers balbutiements.

L'évolution en matière pénale tant au plan international qu'au plan européen nous enseigne cependant que certains changements ne sont pas toujours aussi éloignés ou utopiques qu'on pourrait le croire.[99] Un certain Lamartine ne disait-il pas que « l'utopie n'est pas autre chose qu'une réalité anticipée ».

La possibilité d'évoluer vers un territoire pénal européen nous semble devoir être prise en compte. Une « territorialité européenne » de même que l'instauration d'un procureur européen ont d'ailleurs d'ores et déjà été envisagées par le fameux « *corpus juris* portant dispositions pénales pour la protection des intérêts financiers de l'Union européenne ».[100] Certaines de ses orientations ont été reprises par le livre vert de la Commission européenne sur la protection des intérêts financiers de la Communauté et l'établissement d'un Procureur européen.[101] Enfin, on ne saurait terminer ces considérations sur un territoire pénal européen sans mentionner cette disposition du projet de traité constitutionnel aux termes de laquelle « [...] une loi européenne du Conseil des ministres peut instituer un Parquet européen à partir d'Eurojust ».[102] Bien que leur ambition ait été revue à la baisse sous Présidence italienne,[103] les propositions initiales faites sur ce point par le projet sont d'autant plus étonnantes qu'elles ne limitent pas le champ d'intervention du Parquet en question aux fraudes communautaires mais l'étendent à la criminalité grave ayant une dimension transfrontière ainsi qu'aux infractions portant atteinte aux intérêts de l'Union.

---

99 À cet égard, voir notamment MASSÉ, M., « L'utopie en marche » dans M. HENZELIN & R. ROTH, *Le droit pénal à l'épreuve de l'internationalisation*, Paris, Genève, Bruxelles, Librairie générale de droit et de jurisprudence, Georg, Bruylant, 2002, p. 151.

100 DELMAS-MARTY, M. (dir.), *Corpus juris portant dispositions pénales pour la protection des intérêts financiers de l'Union européenne*, Paris, Éditions Economica, 1997. Sur le principe de la territorialité européenne dans le *corpus juris*, voir entre autres DE ANGELIS, F. et SICURELLA, R., « Vers un espace judiciaire européen ? : un *corpus juris* portant dispositions pénales pour la protection des intérêts financiers de l'Union européenne », *Revue du Marché unique européen*, 1997, p. 123 et suiv.

101 COM(2001) 715, 11 décembre 2001.

102 Article 175 de la troisième partie du projet de traité constitutionnel.

103 Voir la proposition faite par la Présidence italienne à Naples en novembre 2003 qui visait à réduire le champ d'intervention du Parquet aux seules infractions portant atteinte aux intérêts financiers de l'Union européenne (CIG 52/03 ADD 1, PRESID 10, 25 novembre 2003).

Conclusion

Des considérations qui précèdent, il ressort que les travaux menés par l'Union européenne dans le secteur pénal sont représentatifs du caractère dynamique de la construction européenne. L'effet d'entraînement qui caractérise celle-ci y est particulièrement visible. Après avoir été longtemps ignoré, puis après avoir stagné pendant un certain nombre d'années, le domaine pénal a connu depuis peu des développements tout à fait majeurs dans le cadre de l'Union. Le stade traditionnel de la coopération judiciaire classique a manifestement été dépassé : l'Union européenne s'est en effet clairement engagée dans la mise sur pied d'un véritable espace judiciaire, caractérisé par l'ouverture de brèches de plus en plus nettes dans les principes traditionnels de la souveraineté et de la territorialité. Certes les travaux demeurent encore fondamentalement tournés vers la lutte contre la criminalité. Le chantier s'élargit cependant progressivement et englobe de plus en plus d'aspects liés aux politiques pénales. Et quelques éléments, certes encore timides, permettent d'envisager la perspective du passage à un territoire pénal européen.

Si l'évolution précitée est fondamentale, l'on ne peut toutefois nier la survivance de certaines résistances à un chantier aussi sensible que la mise sur pied de l'Europe pénale. Le sort de celle-ci est encore bien incertain tant les obstacles auxquels elle est confrontée sont considérables. Parmi eux figurent naturellement les difficultés liées à la prise de décision à l'unanimité, difficultés qui deviendront encore plus importantes suite à l'élargissement mais qui seront peut-être réduites si les propositions de passage à la majorité qualifiée introduites par la Convention sur l'avenir de l'Union sont adoptées par la Conférence intergouvernementale.

CHAPITRE 4

Les cas particuliers des ressortissants communautaires des pays « out » (Royaume-Uni, Irlande et Danemark)

Rodolphe MUÑOZ

Chercheur (P.A.I.) à l'Institut d'études juridiques européennes (Liège)

Introduction

Le 1er janvier 1993 n'a pas vu l'avènement d'un véritable Marché intérieur sans frontières.

Il a fallu attendre de nombreuses années pour qu'une véritable libre circulation des personnes soit mise en œuvre. Si de nombreux obstacles ont continué à limiter l'application de cette liberté, ces obstacles sont en train de s'estomper grâce à la communautarisation de l'espace Schengen,[1] le développement de cet acquis et la jurisprudence de la Cour de justice.

Cependant, l'instauration d'un espace sans frontières effectif pour l'ensemble des États membres devra attendre. En effet, alors que les anciennes barrières étaient sur le point d'être supprimées, de nouvelles ont été érigées par certains États.

Pour expliquer la réaction de ces États, il y a essentiellement deux explications, une politique et l'autre historique.

---

1 Décision 1999/435/CE du Conseil, du 20 mai 1999, relative à la définition de l'acquis de Schengen en vue de déterminer, conformément aux dispositions pertinentes du Traité instituant la Communauté européenne et du Traité sur l'Union européenne, la base juridique de chacune des dispositions ou décisions qui constituent l'acquis J.O. L 176 du 10 juillet 1999, p. 1-16 et Décision 1999/436/CE du Conseil, du 20 mai 1999, déterminant, conformément aux dispositions pertinentes du Traité instituant la Communauté européenne et du Traité sur l'Union européenne, la base juridique de chacune des dispositions ou décisions constituant l'acquis de Schengen, J.O. L 176 du 10 juillet 1999, p. 17-30.

En premier lieu, la mise en œuvre de la libre circulation des personnes a soulevé de nombreuses interrogations d'ordre politique. En effet, certains États n'ont pas accepté l'instauration d'un véritable espace sans frontières. Le fait de ne plus appliquer de contrôles à l'entrée de son territoire, et donc de laisser à d'autres le soin de contrôler ses frontières était difficilement concevable. Il faut noter qu'un espace sans frontières dans le cadre d'une union à 25 implique que les gardiens des frontières extérieures seront majoritairement de nouveaux États.[2]

En second lieu, concernant l'explication historique, il faut également souligner le fait que certains États bénéficiaient déjà d'une position particulière concernant les développements dans le champ de la libre circulation des personnes.

Ainsi, depuis l'instauration de la citoyenneté européenne lors du Traité de Maastricht, le Danemark a fait connaître son désir de ne pas être associé aux développements concernant ce domaine. En effet, suite au référendum rejetant l'adoption du Traité de Maastricht, le Memorandum sur l'Europe[3] fut présenté aux autres États européens et cela aboutit, lors des conclusions du Conseil européen d'Édimbourg, à l'acceptation de la position du Danemark et l'ajout au Traité de Maastricht du « Protocole sur certaines dispositions relatives au Danemark ».[4] Même si le Danemark a, le 19 décembre 1996,[5] adhéré à la Convention d'application de l'Accord Schengen, cela s'explique en partie par des raisons pratiques (passeports nordiques) et était rendu possible par le fait que cette convention était considérée comme du faisant partie du « droit international ». Il apparaît donc logique, eu égards aux nombreux nouveaux aspects abordés par le Traité d'Amsterdam que le Danemark ait également prévu un régime dérogatoire par rapport aux changements radicaux que celui-ci implique.

Le Royaume-Uni et l'Irlande n'avaient, quant à eux, pas pris part à la Convention de Schengen. Ils étaient les derniers pays communautaires qui n'y avaient pas adhérée. Il est donc tout aussi logique qu'ils

---

2 La Commission a d'ailleurs lancé un vaste travail de réflexion et d'actions sur le sujet, IP/03/1519, Création d'une agence européenne de gestion de la coopération opérationnelle aux frontières extérieures.

3 Agence Europe, Europe Documents, n° 1806 du 5 novembre 1992.

4 GLISTRUP, E., « Le Traité sur l'Union européenne : la ratification du Danemark », *Revue du Marché Commun*, n° 374, janvier 1994, p. 9-16 et BIERING, P., « The Application of EU Law in Denmark » : 1986-2000, *Common Market Law Review*, 37, 2000, p. 925-969.

5 Acquis de Schengen – Accord d'adhésion du Royaume de Danemark à la Convention d'application de l'Accord de Schengen du 14 juin 1985 relatif à la suppression graduelle des contrôles aux frontières communes, signée à Schengen le 19 juin 1990, J.O. L 239 du 22 septembre 2000, p. 97-105.

aient décidé de prévoir des mécanismes spécifiques face aux développements du Traité d'Amsterdam.

Le Royaume-Uni, l'Irlande et le Danemark[6] ont donc choisi de mettre en place un régime *ad hoc*. Cela se traduit dans les faits par quatre protocoles[7] et une déclaration[8] qui ont dû être joints au Traité d'Amsterdam[9] afin de permettre à ces trois États de déroger au traité.

Cependant, il faut insister sur un point important. En effet, ce régime n'est pas le même pour ces trois pays et diffère en fonction qu'il s'agit du droit issu de Schengen ou du droit issu du nouveau titre IV TCE. En effet, chacun de ces États a voulu inclure ses spécificités et a donc demandé l'instauration d'un régime propre afin d'assurer que les particularités, qu'il entendait défendre, soient reprises au sein de différents protocoles.

Cette complexité technique va être amplifiée par un autre facteur, la rédaction et l'application de tels systèmes vont s'avérer particulièrement difficiles car ceux-ci visent à atteindre des buts parfois antinomiques.

En effet, en premier lieu, ces protocoles procèdent de la volonté de ne pas participer en tant que tel à certains pans du droit communautaire/européen, en permettant que des États ne soient pas liés par le droit communautaire/européen en la matière. Cependant, en second lieu, ils donnent la possibilité à ces mêmes États de pouvoir participer, dans le cas où il le souhaiterait, au droit communautaire/européen dont ils souhaitaient être exclus. De fait, à la lecture des protocoles, il apparaît que ces dérogations peuvent, pour la plupart d'entre elles, être levées par les États qui ont demandé leur instauration.

Par conséquent, la cohérence entre les différents protocoles fait parfois défaut. Cela s'explique d'autant plus par le fait que chacun d'entre eux a été rédigé par les délégations concernées et n'ont été réunis et comparés que tardivement.[10]

Ainsi, l'étude des mécanismes institués pour ces trois pays apparaît intéressante à plus d'un titre.

---

6 Pays qui rentrèrent dans la Communauté lors du même élargissement le 1er janvier 1973.

7 Protocole intégrant l'acquis de Schengen dans le cadre de l'Union européenne, Protocole sur l'application de certains aspects de l'article 7 A du Traité instituant la Communauté européenne au Royaume-Uni et à l'Irlande, Protocole sur la position du Royaume-Uni et de l'Irlande et Protocole sur la position du Danemark.

8 Déclaration 45 relative à l'article 4 du protocole intégrant l'acquis de Schengen dans le cadre de l'Union européenne.

9 J.O. C 340 du 10 novembre 1997.

10 KORTENBERG, H., « Closer Cooperation in the Treaty of Amsterdam », *Common Market Law Review*, 35, 1998, p. 833-854.

Tout d'abord, elle permet de faire un relevé des derniers développements et problèmes rencontrés dans un secteur qui est en constante évolution et qui, en raison des nombreuses exceptions qui le caractérisent est parfois difficile à appréhender.

Ensuite, le Protocole intégrant l'acquis Schengen dans le cadre de l'Union européenne est la première coopération renforcée. Il s'agit donc d'apprécier la portée d'un tel mécanisme et d'analyser sa mise en œuvre a donné dans la pratique.

Enfin, il est intéressant lors de l'étude de ce mécanisme d'avoir à l'esprit une question : ce système tel qu'il a été élaboré, permettant aux particularités de trois États membres sur quinze (1/5e) de coexister avec les règles du traité, n'est-il pas finalement une fenêtre sur l'Europe de demain qui devra s'accommoder de plus en plus des spécificités de chacun en raison du nombre croissant d'États membres ?

Nous traiterons conjointement, dans une première partie, le cas du Royaume-Uni et de l'Irlande, même s'il existe des différences mineures dans l'approche de ces deux États. Pour cela nous ferons une présentation du système applicable en étudiant deux aspects, tout d'abord les nouvelles politiques communautarisées, puis nous aborderons la position de ces deux États par rapport à l'acquis Schengen. Lors de chacune de ces analyses, nous tenterons de souligner les conséquences juridiques, politiques et pratiques liées à l'application des protocoles.

Dans une deuxième partie, nous aborderons le cas du Danemark auquel nous appliquerons la même méthode d'analyse.

I. Royaume-Uni et Irlande

A. Les nouvelles politiques communautarisées – Asile / Immigration / Coopération judiciaire en matière civile

1. Le texte et son application

a. Le texte

Les exceptions concernant ces deux pays ont été mises en œuvre par deux protocoles. Le premier[11] s'intitule « Protocole sur certains aspects de l'article 14[12] du TCE » et le second « Protocole sur la position du Royaume-Uni et de l'Irlande ».

---

11 Du Protocole sur l'application de certains aspects de l'article 14 (ex-article 7A) du Traité instituant la Communauté européenne au Royaume-Uni et à l'Irlande.

12 L'article 14 : 1. La Communauté arrête les mesures destinées à établir progressivement le marché intérieur au cours d'une période expirant le 31 décembre 1992, conformément aux dispositions du présent article, des articles 15 et 26, de l'article 47,

Il faut noter, avant de commencer l'analyse de ces deux protocoles qu'ils traitent de sujets connexes mais n'ont pas le même champ d'application. En effet, celui concernant l'article 14 vise à écarter toutes les conséquences liées à la mise en place d'un « espace sans frontières » ce qui implique que son champ d'application s'étend à l'ensemble du traité. Par conséquent, la libre circulation des personnes mais par voie de conséquence également la liberté d'établissement et la libre prestation des services. Par contre, le deuxième protocole concerne spécifiquement le titre IV TCE. Il se concentre donc sur « Visas, asile, immigration et autres politiques liées à la libre circulation des personnes ».

Le premier protocole traite donc de l'article 14 TCE. Cet article prévoit l'instauration d'un marché intérieur sans frontières pour les quatre libertés et donc pour le cas qui nous intéresse en l'espèce la libre circulation des personnes.

L'article 1 indique la portée de ce texte. Ce protocole permet de déroger à l'article 14 du Traité instituant la Communauté européenne et à toute autre disposition dudit traité et du TUE, toute mesure adoptée en vertu de ces traités ou tout accord international conclu par la Communauté ou par la Communauté et ses États membres avec un ou plusieurs États tiers. Ainsi, le Royaume-Uni est habilité à exercer à ses frontières les contrôles qu'il considère nécessaires sur les personnes souhaitant rentrer sur son territoire. Dans ce cadre, en ce qui concerne la catégorie des ressortissants communautaires, il peut vérifier leur entrée sur le territoire du Royaume-Uni. Par contre, pour ce qui est des ressortissants des États tiers, il décide d'accorder ou non l'entrée sur son territoire.

L'article 2 vise à appliquer l'article 1 à l'Irlande en raison des arrangements bilatéraux concernant la libre circulation de personnes entre l'Irlande et le Royaume-Uni.

Ce protocole a été étendu à l'Irlande en raison de l'existence, depuis 1952, d'arrangements particuliers relatifs aux voyages entre le Royaume-Uni et l'Irlande. En effet, ces deux pays sont liés par un accord spécifique « la zone de voyage commune »,[13] or cet accord vise à faciliter le franchissement de leur frontière commune. Ainsi, si un de ces deux États devait accepter de faciliter l'entrée des ressortissants des

---

paragraphe 2, et des articles 49, 80, 93 et 95 et sans préjudice des autres dispositions du présent traité. 2. Le marché intérieur comporte un espace sans frontières intérieures dans lequel la libre circulation des marchandises, des personnes, des services et des capitaux est assurée selon les dispositions du présent traité. 3. Le Conseil, statuant à la majorité qualifiée sur proposition de la Commission, définit les orientations et les conditions nécessaires pour assurer un progrès équilibré dans l'ensemble des secteurs concernés.

13 BERNARD, R., « The Common Travel Area between Britain and Ireland », *Modern Law Review*, 2001, v. 64, p. 855-874.

autres États membres sur son territoire, cela aurait instantanément des répercussions sur l'autre État. Ils sont donc liés par cet accord et doivent sous peine d'y renoncer s'assurer qu'ils prennent des mesures similaires dans le cadre du contrôle aux frontières.

Le deuxième Protocole sur « la position du Royaume-Uni et de l'Irlande » instaure un mécanisme permettant à ces deux États de ne pas participer aux mesures prises par la Communauté dans le champ du titre IV « Visas, asile, immigration et autres politiques liées à la libre circulation des personnes (articles 61 à 69) ».

L'article 1 stipule que le Royaume-Uni et l'Irlande ne participent pas à l'adoption par le Conseil des mesures proposées relevant du titre IV du TCE. Celui-ci prévoit par voie de conséquence la définition du calcul de la majorité qualifiée et de l'unanimité.

L'article 2 explicite les conséquences de la non application du titre IV TCE à ces deux pays. Aucune disposition du titre IV TCE, aucune mesure adoptée en application de ce titre, aucune disposition de tout accord international conclu par la Communauté en application de ce titre et aucune décision de la Cour de justice interprétant ces dispositions ou mesures, ne lie le Royaume-Uni ou l'Irlande ou n'est applicable à leur égard.

Il est également mentionné que ces dispositions ne peuvent pas porter atteinte aux compétences, aux droits et aux obligations de ces États. Enfin, ces mesures ou dispositions ne modifient en rien l'acquis communautaire de ces États en ce sens qu'ils ne font pas partie du droit communautaire tels qu'ils s'appliquent au Royaume-Uni ou à l'Irlande. EHLERMANN[14] considère cet ajout comme une marque de fabrique des juristes britanniques visant à s'assurer de bloquer tout influence du droit communautaire dans cette matière.

L'article 3 est particulièrement intéressant car il participe, d'ailleurs tout comme l'article 4, à rendre singulières les exceptions demandées par le Royaume-Uni et l'Irlande. En effet, il permet à ces deux États de pouvoir participer, malgré tout, à de telles mesures. Ces deux articles prévoient les mécanismes *ex-ante* et *ex-post* permettant à ces pays de participer au titre IV TCE.

Ainsi, lors de l'adoption d'une mesure, le Royaume-Uni et l'Irlande peuvent notifier par écrit au président du Conseil, dans un délai de trois mois suivant la présentation au Conseil d'une disposition ou d'une initiative en application du titre IV son désir de participer à la mesure et

---

14 EHLERMANN, C.D., « Flexibility, Closer Cooperation: The New Provisions of the Amsterdam Treaty », *RSC publication*, www.iue.it/RSCAS/WP-Texts/ehlermann.html.

à son application. Cependant, si dans un délai raisonnable une mesure visée au paragraphe 1 ne peut pas être adoptée en raison du blocage de l'Irlande et du Royaume-Uni, alors le Conseil peut adopter cette mesure conformément à l'article 1er sans la participation de l'Irlande et du Royaume-Uni. Le protocole[15] prévoit également que si ces deux États ne sont pas liés par une mesure, alors ils ne participent pas aux conséquences financières qu'elle occasionne hormis les coûts administratifs.

L'article 4, quant à lui, donne l'opportunité à ces deux États de demander la participation à une mesure après l'adoption de celle-ci. Ainsi, le Royaume-Uni et/ou l'Irlande peuvent faire la demande d'accepter ladite mesure en notifiant cette demande au Conseil et à la Commission. La procédure applicable est alors l'article 11, paragraphe 3 TCE. Il s'agit de la procédure concernant la coopération renforcée. Ainsi, un État doit en premier lieu notifier au Conseil et à la Commission son désir de participer. Ensuite, la Commission doit transmettre un avis au Conseil dans un délai de trois mois à compter de la date de réception de la notification. Enfin, la Commission statue à son sujet dans un délai de quatre mois à compter de la date de la réception de la notification.

Il faut souligner qu'une fois que ces deux pays ou l'un des deux acceptent de participer à la mesure alors l'article 68 s'applique et la Cour de justice est juridiquement compétente pour connaître des litiges.[16]

Enfin, un dernier aspect important, en application de l'article 8 du protocole, est que l'Irlande peut notifier son désir de ne plus relever du présent protocole et demander que les dispositions du traité s'appliquent.

b. L'application concrète

La conséquence pratique de ces protocoles est que les frontières de la Communauté européenne, en ce qui concerne les personnes, s'arrêtent au niveau de la frontière maritime entre le Royaume-Uni et l'Irlande d'un coté et le reste des États membres de l'autre.

Il faut noter que ce protocole vise le Royaume-Uni et inclut l'Irlande en raison des accords spécifiques qui la lient au Royaume-Uni. Par conséquent, ce protocole s'appliquera à l'Irlande aussi longtemps que de tels accords existeront entre les deux pays. Seule l'Irlande dispose de la possibilité de dénoncer ce protocole. Ainsi, elle peut décider, en application de l'article 8, de ne plus l'appliquer. Cependant, il est difficilement pensable qu'elle le fera en raison de sa localisation géographique et des liens existants entre ces deux pays grâce à la zone de voyage commune.[17]

---

15 Article 5 du Protocole.

16 Article 6 du Protocole.

17 Voir note 13.

Ces deux États ont donc le choix d'accepter le droit qu'ils entendent respecter. Dans la pratique afin de savoir si un acte, ayant pour base juridique un des articles du titre IV s'applique au Royaume-Uni et/ou à l'Irlande, il faut se reporter aux derniers considérants de cet acte.

Il faut également garder à l'esprit que les deux mécanismes, *ex-post* et *ex-ante*, permettant à ces pays de participer sont différents, ce qui rend la compréhension du système particulièrement difficile. Afin de limiter les effets négatifs du mécanisme *ex-ante*, il a été prévu la mise en place de limites structurelles visant à éviter les effets pervers éventuels liés à ce type de mécanismes de participation. Tout d'abord, quant à l'adoption et à l'application d'une proposition ou d'une initiative, les deux pays ont trois mois à compter de la présentation de ladite mesure au Conseil pour faire leur demande. Ainsi, la première limite dans le temps concerne le moment où ces pays peuvent faire la demande de participer. Ensuite, il est précisé que c'est que si « après un délai raisonnable » une mesure ne peut pas être adoptée avec la participation du Royaume-Uni ou de l'Irlande alors même qu'ils en avaient fait la demande, le Conseil est en droit d'adopter cette mesure sans leur participation. Les autres États ont ainsi voulu empêcher la participation « négative », c'est-à-dire une participation dans le seul but de retarder ou d'empêcher l'adoption de la mesure.

Dans le cas du mécanisme ex-post, il apparaît qu'il s'agit d'une coopération renforcée sans en être une. En effet, le protocole ne mentionne pas dans son préambule qu'il s'agit d'une coopération renforcée. Cependant, l'article 4 fait référence à l'article 11 TCE[18] quant à la procédure pouvant donner lieu à la participation de ces deux États aux mesures préalablement adoptées. Il s'agit donc ici d'une instrumentalisation de cette procédure.

---

[18] Article 11. 1. Les États membres qui se proposent d'instaurer entre eux une coopération renforcée dans l'un des domaines visés par le présent traité adressent une demande à la Commission, qui peut soumettre au Conseil une proposition en ce sens. Si elle ne soumet pas de proposition, la Commission en communique les raisons aux États membres concernés. 2. L'autorisation de procéder à une coopération renforcée visée au paragraphe 1 est accordée, dans le respect des articles 43 à 45 du Traité sur l'Union européenne, par le Conseil, statuant à la majorité qualifiée sur proposition de la Commission et après consultation du Parlement européen. Lorsque la coopération renforcée vise un domaine qui relève de la procédure visée à l'article 251 du présent traité, l'avis conforme du Parlement européen est requis. Un membre du Conseil peut demander que le Conseil européen soit saisi. Après cette évocation, le Conseil peut statuer conformément au premier alinéa du présent paragraphe. 3. Les actes et décisions nécessaires à la mise en œuvre des actions de coopération renforcée sont soumis à toutes les dispositions pertinentes du présent traité, sauf dispositions contraires du présent article et des articles 43 à 45 du Traité sur l'Union européenne.

2. *Les conséquences*

Les conséquences juridiques de ce protocole sont multiples.

Nous en aborderons essentiellement trois. En premier lieu, les conséquences dans le cadre de la non application de la jurisprudence de la Cour de justice basée sur l'article 14. Puis, nous verrons si en fait ces protocoles, plus que de limiter le développement du droit communautaire, n'entraînent pas finalement un certain recul par rapport au droit européen antérieur. Enfin, nous aborderons le cas de la « vie juridique » des actes auxquels le Royaume-Uni et l'Irlande sont autorisés à participer.

Tout d'abord, il est clair que les développements basés sur l'article 14 ne peuvent lier le Royaume-Uni ou l'Irlande.[19] Il apparaît également que le champ d'application du 1er protocole est différend du second. Or, sachant que seul le 2e protocole contient un mécanisme visant à permettre une participation aux mesures proposées (*opting-in*), il existe donc des matières où le Royaume-Uni et l'Irlande sont exclus du droit communautaire mais surtout des matières où ils ne disposent d'aucun mécanisme d'« *opting-in* ». Par conséquent, les développements concernant la libre prestation de service et/ou ceux concernant la liberté d'établissement pour certains membres de la famille du travailleur pourraient ne pas s'appliquer.[20]

Ensuite, il apparaît que ce protocole, en ce qui concerne la participation de ces deux pays aux mesures basées sur l'ancien article 100C, entraîne un recul du droit communautaire. En effet, l'ancien article 100C est repris dans le cadre du titre IV TCE. Pour illustrer notre propos, nous pouvons prendre le cas du règlement n° 1683/95 établissant un modèle type de visa.[21] Ce règlement a été modifié par le règlement 334/2002.[22]

Or, il est indiqué à l'attendu 13 que « conformément à l'article 3 du protocole sur la position du Royaume-Uni et de l'Irlande annexé au Traité sur l'Union européenne et au Traité instituant la CE, le Royaume-

---

19 Voir dans ce sens l'impossibilité d'appliquer la jurisprudence *Wijsenbeek* du 21 septembre 1999, C-378/97, *Rec.* p. I-6207.

20 Voir l'arrêt de la Cour du 9 août 1994, *Raymond Vander Elst contre Office des migrations internationales*, C-43/93, *Rec.* p. I-3803, voir dans ce sens KUIJPER, P.J., « Some Legal Problems Associated with the Communitarization of Policy on Visas, Asylum and Immigration under the Amsterdam Treaty and Incorporation of the Schengen Acquis », *Common Market Law Review*, 37, 2000, p. 345-366, sp. p. 354.

21 Règlement n° 1683/1995 établissant un modèle type de visa, J.O.C.E. L 164 du 14 juillet 1995, p. 1-4.

22 Règlement n° 334/2002 modifiant le règlement n° 1683/1995 établissant un modèle type de visa, J.O.C.E. L 53 du 23 février 2002, p. 7-8.

Uni a notifié, par lettre du 4 décembre 2001, son souhait de participer à l'adoption et à l'application du présent règlement ». Cela signifie donc que le Royaume-Uni aurait pu refuser une telle participation. Enfin, il est prévu à l'attendu 14 « en application de l'article 1er du protocole sur la position du Royaume-Uni et de l'Irlande annexé au Traité sur l'Union européenne et au Traité instituant la CE, l'Irlande ne participe pas à l'adoption du présent règlement. En conséquence, et sans préjudice de l'article 4 dudit protocole, les dispositions du présent protocole ne s'appliquent pas à l'Irlande ». Le règlement 1683/95 avait été pris sur la base de l'article 100C paragraphe 3. Cette base juridique est maintenant incorporée dans le corps du titre IV, il est donc possible à l'Irlande et au Royaume-Uni d'y déroger.

Enfin, la question qui se pose est celle de la « vie juridique » des textes adoptés avec la participation du Royaume-Uni et/ou l'Irlande. Dans le cas où ils décideraient de participer à un acte ayant comme base juridique le titre IV TCE, comme les autorise l'article 4 ou 5 du Protocole, que va-t-il se passer si cet acte est modifié par la suite ? Faudra-t-il de nouveau obtenir l'accord de ces deux pays concernant leur participation où considèrera-t-on qu'ils ont déjà donné leurs accords.

La même question peut se poser concernant des actes ayant pour base juridique des actes auxquels ces deux pays ont donné leur accord (par exemple dans le cas des règlements cadre). Si la réponse à ces deux questions peut paraître simple, le principe étant que pour éviter tout problème, l'on redemande l'avis de ces pays, qu'en est-il de la jurisprudence de la Cour qui peut apporter des élargissements parfois insoupçonnés ?[23]

La solution est alors moins évidente, car comme nous l'avons souligné, l'article 6 du Protocole prévoit qu'une fois que ces deux pays ont adopté un acte, alors l'article 68 s'applique. La question que l'on peut se poser et que soulève KUIJPER[24] est de savoir si la Cour ne risque pas finalement de « s'autolimiter » dans ses interprétations afin d'éviter tout problème en la matière.

---

23 Voir dans le cadre de matière qui nous occupe les derniers arrêts de la Cour en matière de citoyenneté, voir papier de D. HANF, *supra*, Chapitre 1 « Le développement de la citoyenneté de l'Union européenne ».

24 KUIJPER, *supra* note 20, sp. p. 359.

B. L'Accord Schengen

1. Le texte et son application

a. Le texte

Conformément au protocole joint au Traité d'Amsterdam, l'Irlande et le Royaume-Uni peuvent participer à tout ou partie des dispositions de l'acquis de Schengen après un vote du Conseil à l'unanimité des treize États parties aux accords et du représentant du gouvernement de l'État concerné.

De plus, le protocole sur le Royaume-Uni et l'Irlande stipule en son article 7 que les articles 3 et 4 s'entendent sans préjudice du protocole intégrant l'acquis Schengen dans le cadre de l'Union européenne. Il apparaît donc que le protocole Schengen doit être interprété sans référence aux articles du protocole concernant l'Irlande et le Royaume-Uni.

Il faut analyser deux cas de figures. Soit il s'agit de dispositions Schengen préexistantes. Soit il s'agit de mesures qui ont pour base des dispositions de la Convention Schengen qui ont été communautarisées.

Tout d'abord, en ce qui concerne les dispositions pré-existantes, l'article 4 du protocole intégrant l'acquis Schengen donne l'opportunité à ces pays de pouvoir à tout moment demander de participer à tout ou partie des dispositions de cet acquis.

Cela équivaut à une adhésion partielle et tardive. Cependant, la déclaration 45[25] du Traité d'Amsterdam indique que le Conseil doit demander l'avis de la Commission.[26] Cet aspect est très important car, comme nous allons le voir, la Commission va profiter de cette opportunité pour développer un vade-mecum visant à encadrer la marge de manœuvre de ces pays.

Ensuite, pour ce qui est des dispositions futures, l'article 5 du Protocole intégrant l'acquis Schengen vise à faire en sorte que dans le cadre des initiatives et propositions fondées sur l'acquis de Schengen, celles-

---

25 Déclaration 45 relative à l'article 4 du protocole intégrant l'acquis de Schengen dans le cadre de l'Union européenne : Les Hautes Parties Contractantes invitent le Conseil à demander l'avis de la Commission avant de statuer sur une demande formulée au titre de l'article 4 du protocole intégrant l'acquis de Schengen dans le cadre de l'Union européenne par l'Irlande ou le Royaume-Uni de Grande-Bretagne et d'Irlande du Nord en vue de participer à une partie ou à la totalité des dispositions de l'acquis de Schengen. Elles s'engagent également à tout mettre en œuvre pour permettre à l'Irlande et au Royaume-Uni de Grande-Bretagne et d'Irlande du Nord, s'ils le souhaitent, de recourir aux dispositions de l'article 4 dudit protocole afin que le Conseil soit en mesure de prendre les décisions visées audit article à la date d'entrée en vigueur de ce protocole ou à toute date ultérieure.

26 SEC(1999)1198 final.

ci sont soumises aux dispositions pertinentes du traité. Dans ce cadre, l'Irlande et le Royaume-Uni disposent d'un délai raisonnable pour indiquer s'ils entendent participer à l'adoption du texte.

Pour cela, ils doivent notifier par écrit au président du Conseil leur intention de participer. Il faut insister, encore une fois, sur le fait que l'Irlande et le Royaume-Uni peuvent demander à participer à des actes différents ou aux mêmes actes.

Pour terminer cette analyse, il faut indiquer qu'à la fin de ce délai raisonnable, l'autorisation visée à l'article 11 du TCE ou à l'article 40 du TUE est réputée avoir été accordée aux États visés à l'article 1er du Protocole et éventuellement l'Irlande ou le Royaume-Uni si un de ces deux États a mentionné le désir de participer aux domaines de coopération en question.

b. L'application concrète

Le Royaume-Uni[27] a demandé de participer à certains aspects de la coopération basée sur Schengen, la coopération policière et judiciaire en matière pénale, la lutte contre les stupéfiants et le système d'information (SIS).

Une décision du Conseil approuvant la demande du Royaume-Uni est parvenue le 29 mai 2000.[28] Son approbation a été ralentie suite à certains problèmes d'ordre politique. En effet, le Royaume-Uni avait fait sa demande depuis mars 1999. La décision du Conseil approuvant la demande du Royaume-Uni n'a donc été prise que quinze mois plus tard, le problème particulier de Gibraltar, source de litiges entre l'Espagne et le Royaume-Uni, ayant retardé le processus et donné lieu à des tractations politiques. Cela démontre que le choix de l'unanimité entraîne nécessairement un ralentissement du processus en accentuant les pressions « politiques ».

L'Irlande[29] a demandé de participer à certaines dispositions de l'acquis de Schengen par deux lettres adressées au président du Conseil de l'Union. Entre autres, l'Irlande a demandé de participer à l'ensemble des dispositions qui concernent la mise en œuvre et le fonctionnement du Système d'information Schengen (SIS). Le Conseil a adopté une décision[30] relative à la demande de l'Irlande. Il est prévu un temps

---

27 Lettres adressées le 20 mai, le 9 juillet et le 6 octobre 1999 ; pour l'Irlande, lettres adressées le 16 juin 2000 et le 1er novembre 2001.

28 Décision 2000/365/CE du 29 mai 2000, J.O. L 131 du 1er juin 2000, p. 43-47.

29 Lettres adressées le 16 juin 2000 et le 1er novembre 2001.

30 Décision 2002/192/CE du 7 mars 2002, J.O. L 64.

d'adaptation afin de permettre à l'État de se préparer à accepter ces dispositions.[31]

À la lecture des deux décisions et de l'avis de la Commission donné lors de la demande irlandaise,[32] il apparaît que l'Irlande a demandé de participer aux mêmes matières que le Royaume-Uni excepté le dispositif Schengen en matière d'observation transfrontalière.[33] C'est-à-dire essentiellement les aspects concernant la poursuite d'individus au-delà de la frontière de l'État.

Au niveau de l'application concrète, une question se pose. En effet, dans le cadre de ce protocole, il est prévu que le Royaume-Uni ou l'Irlande peuvent faire la demande de participer aux développements de l'acquis Schengen lorsqu'une mesure est proposée. Cependant, contrairement au protocole spécifique concernant le titre IV TCE,[34] il n'est pas prévu de mécanisme permettant à ces deux pays d'adopter des mesures après leur adoption formelle sans leur participation ces mesures. Il faut donc s'interroger sur la méthode qui devrait alors être utilisée.[35]

Par conséquent, la communautarisation de Schengen aura permis de faire rentrer dans son giron les derniers États qui n'y étaient pas parties. En effet, même si l'adhésion n'est que partielle et différente entre l'Irlande et le Royaume-Uni, il apparaît que cela est une véritable avancée. Cependant, ces avancées ont eu un prix élevé, les risques que contiennent de tels mécanismes sont importants et la victoire risque d'apparaître comme une victoire à la Pyrrhus. Nous allons voir maintenant certaines conséquences juridiques.

2. *Les conséquences*

Tout d'abord, nous verrons l'encadrement des possibilités offertes par ce protocole que la Commission a tenté de mettre en œuvre. Ensuite, nous démontrons que de nombreux risques d'incohérence existent.

La mise en place par la Commission d'un vade-mecum visant à encadrer la participation de ces pays. Il apparaît que l'existence de nombreuses règles et exceptions implique un manque de cohérence générale.

La Commission lors du premier avis qu'elle a été amenée à donner dans le cadre des demandes basées sur l'article 4 du Protocole Schengen

---

31 La décision susmentionnée a pris effet le 1er avril 2002, voir l'article 6 paragraphe 1 de la décision précitée note 30.

32 SEC(2000)1439 final, accessible sur demande.

33 L'article 40 de la Convention de Schengen et tout article s'y référant.

34 Article 4 du Protocole sur la position du Royaume-Uni et de l'Irlande.

35 Pour une analyse des différentes méthodes pouvant s'appliquer voir KORTENBERG, *supra* note 10, sp. p. 842.

a développé des critères spécifiques[36] visant à encadrer les choix que peuvent faire ces deux États. Ainsi, elle a fait une liste de sept points qui doivent être gardés à l'esprit lors de l'utilisation de l'article 4 du protocole. Nous allons rapidement les énoncer et les commenter.

Premièrement, ces demandes doivent être évaluées à la lumière de l'objet général visant à maintenir et développer l'Union européenne en tant qu'espace de liberté, de sécurité et de justice tout en respectant un juste équilibre entre ces trois composantes.[37]

Deuxièmement, une participation ne remet pas en cause la décision de la Communauté européenne de se doter, dans les cinq ans suivant l'entrée en vigueur du Traité d'Amsterdam des instruments permettant de réaliser cet objectif.

Troisièmement, une demande de participation au titre de l'article 4 ne peut pas donner lieu à une renégociation de l'acquis Schengen.

Quatrièmement, le fait pour le Royaume-Uni et l'Irlande de pouvoir participer à tout ou partie de l'acquis Schengen est à considérer comme une exception et les nouveaux pays membres devront adopter l'ensemble de l'acquis.

Cinquièmement, si la demande au titre de l'article 4 ne vise pas la totalité de l'acquis, alors il faut analyser si les matières auxquelles l'État entend participer sont cohérentes.

Sixièmement, il faut faire la différence entre la décision de principe par laquelle le Conseil donne son accord quant à la participation d'un État et d'autre part la mise en œuvre de cette décision qui nécessite un temps d'adaptation.

Enfin, dernier élément, concernant le champ d'application territorial pour la participation à certaines parties de l'acquis Schengen, il faut tenir compte de l'article 299 TCE mais il existe la possibilité de déroger à cette règle s'il existe des raisons objectives se trouvant dans les protocoles.

Une analyse succincte de ces lignes directrices permet de dire que si la Commission a voulu encadrer l'utilisation qui peut être faite de l'article 4 du Protocole, elle n'a pas réussi à écarter l'ensemble des incertitudes juridiques. En effet, pour ne prendre que le cas de l'article 299, la Commission laisse une porte ouverte importante en donnant la possibilité à ces États d'y déroger en cas de « raisons objectives ».

---

[36] SEC(1999)1198 final, accessible sur demande.

[37] Communication de la Commission « Vers un espace de liberté, de sécurité et de justice », COM(1998)459 final, p. 10.

L'ensemble de ces mécanismes soulève de graves problèmes de cohérence en raison premièrement des dispositions différentes pour l'Irlande et le Royaume-Uni mais aussi car le droit Schengen doit être considéré comme un tout.

En effet, au regard des articles 4 et 5 que nous venons d'analyser, il apparaît clairement que ces deux pays peuvent choisir de manière totalement autonome les mesures qu'ils souhaitent accepter et celles auxquelles ils refusent de participer. Par conséquent, les articles 4 et 5 en permettant à l'Irlande et au Royaume-Uni de se différencier créent ainsi à l'intérieur de l'exception de nouvelles particularités car les règles gouvernant ces deux pays ne seront pas forcément identiques même si en raison de la « zone de voyage commun »[38] ces deux États devront faire des choix cohérents.

De plus, la possibilité pour ces deux États de participer à l'acquis Schengen selon leurs desiderata a été très critiquée car normalement l'Accord Schengen doit être considéré comme un tout. La Convention Schengen permet d'abolir les frontières en échange d'une coopération accrue dans le champ des mesures de police et de justice. Cela a donc entraîné des réactions de la part des futurs États membres qui ont indiqué qu'ils pouvaient donc, comme l'Irlande et le Royaume-Uni, participer directement à SIS sans devoir être prêts techniquement à ouvrir leur frontière commune avec les États membres donc sans avoir à reprendre la totalité de l'acquis Schengen.

La multiplication des exceptions a donné lieu fort logiquement à la prolifération des accords bilatéraux et/ou multilatéraux. Pour ne prendre que deux exemples, tout d'abord un accord bilatéral, le Traité du Touquet[39] qui vise à permettre des contrôles effectifs entre la France et le Royaume-Uni.

Ensuite, il a fallu prévoir un accord spécifique[40] entre l'Islande et la Norvège d'un coté et le Royaume-Uni et l'Irlande de l'autre.[41] En effet, l'Islande et la Norvège disposent d'un statut particulier[42] qui leur permet

---

38 Voir note 13.

39 Voir site du Sénat français, http://www.senat.fr/, projet de loi rattaché pour ordre au procès-verbal de la séance du 24 juillet 2003, autorisant l'approbation du traité entre le Gouvernement de la République française et le Gouvernement du Royaume-Uni de Grande-Bretagne et d'Irlande du Nord relatif à la mise en oeuvre de contrôles frontaliers dans les ports maritimes de la Manche et de la mer du Nord des deux pays.

40 Décision du Conseil 1999/439/CE du 17 mai 1999, J.O.C.E. (1999) L 176/35.

41 Article 6 du Protocole intégrant de l'acquis de Schengen dans le cadre de l'Union européenne.

42 Un accord a été signé afin de permettre la participation formelle de ces deux pays à Schengen, le 18 mai 1999 entre l'Islande, la Norvège et l'UE, J.O. L 176 du 10 juil-

de participer à l'espace Schengen. Ce statut a du être élaboré en raison des accords préexistants entre les pays nordiques (Suède, Norvège, Islande et Danemark) plus connus sous la dénomination « passeport nordique ». Or, en raison de la position particulière du Royaume-Uni et de l'Irlande, un accord spécifique a dû être signé afin de régler les problèmes juridiques entraînés par les particularités de ces deux pays.

II. Danemark

A. *Les nouvelles politiques communautarisées – Asile / Immigration / Coopération judiciaire en matière civile*

1. Le texte et son application

Le Protocole sur la position du Danemark indique que ce pays ne participe à aucune des politiques communautarisées dans le cadre du nouveau titre IV TCE. Par conséquent, les actes qui sont adoptés sur cette base juridique ne lui sont pas applicables. Il en est de même de tout accord international ou de toute décision de la Cour de justice se basant sur de tels actes.

L'article 4 du protocole indique que les articles 1, 2 et 3 du protocole ne s'appliquent pas aux mesures déterminant les pays tiers dont les ressortissants doivent être munis d'un visa lors du franchissement des frontières extérieures des États membres ni aux mesures relatives à l'instauration d'un modèle type de visa.

L'article 7 du protocole prévoit que le Danemark peut à tout moment conformément à ses exigences constitutionnelles, informer les autres États membres qu'il ne souhaite plus se prévaloir de la totalité ou d'une partie du présent protocole. Dans ce cas, le Danemark appliquera intégralement toutes les mesures pertinentes alors en vigueur, prises dans le cadre de l'Union européenne.

2. Les conséquences

Les conséquences juridiques sont de plusieurs ordres car même si le Danemark dispose de la possibilité de dénoncer son protocole et a prévu la continuation des obligations antérieures, cela ne suffit pas à écarter certains risques.

---

let 1999. Le 1er décembre 2000, le Conseil a adopté une Décision relative à la mise en application de l'acquis de Schengen au Danemark, en Finlande et en Suède, ainsi qu'en Islande et en Norvège (J.O. L 309 du 9 décembre 2000). Le Conseil a décidé qu'à partir du 25 mars 2001 l'acquis de Schengen doit être mis en application dans les cinq pays de l'Union nordique des passeports.

Avant tout chose, il faut mentionner un aspect positif comparé au cas du Royaume-Uni et de l'Irlande. En effet, l'article 4 du protocole car il a pour conséquence que, contrairement au Royaume-Uni et à l'Irlande, pour le Danemark, les mesures préalablement basées sur l'article 100C restent du droit communautaire et ne peuvent être remises en cause.[43]

La première conséquence est que malgré l'article 7 qui permet de dénoncer le protocole, en raison des dispositions constitutionnelles danoises, cela semble particulièrement difficile. En effet, au Danemark, le pouvoir d'imposer des obligations directement sur les individus appartient aux autorités nationales. Par conséquent, s'il s'agit de transfert de compétence alors l'article 19 de sa Constitution ne suffit pas, il faut utiliser l'article 20 qui fut spécifiquement créé pour permettre l'adhésion à la Communauté et qui donne la possibilité de transférer de tels pouvoirs. La procédure est particulièrement lourde et doit donc être complétée par un référendum.

Deuxièmement, la situation du Danemark va apparaître difficile tant au niveau interne qu'externe. Pour illustrer notre propos, il suffit d'indiquer que le Danemark reste en dehors de la communautarisation de la Convention de Bruxelles. En effet, dans le cadre du titre IV, le règlement 44/2001[44] reprend presque en totalité les obligations de la Convention de Bruxelles. Cependant, si l'attendu 20 indique que « le Royaume-Uni et l'Irlande, conformément à l'article 3 du protocole sur la position du Royaume-Uni et de l'Irlande annexé au Traité sur l'Union européenne et au Traité instituant la Communauté européenne, ont notifié leur souhait de participer à l'adoption et à l'application du présent règlement ». L'attendu 21 stipule : « Le Danemark, conformément aux articles 1er et 2e du protocole sur la position du Danemark annexé au Traité sur l'Union européenne et au Traité instituant la Communauté européenne, ne participe pas à l'adoption du présent règlement, lequel ne lie donc pas le Danemark et n'est pas applicable à son égard ». Enfin, l'attendu 22 conclut qu'« étant donné que la Convention de Bruxelles est en vigueur dans les relations entre le Danemark et les États membres liés par le présent règlement, cette convention ainsi que le protocole de 1971 continuent à s'appliquer entre le Danemark et les États membres liés par le présent règlement ».

Or, cela entraîne également des conséquences importantes dans le cadre des relations de la Communauté avec les pays tiers. En effet, en

---

43 Voir en ce sens la participation du Danemark au nouveau règlement en la matière contrairement à l'Irlande, voir note 21.

44 Règlement n° 44/2001 du Conseil du 22 décembre 2000 concernant la compétence judiciaire ; la reconnaissance et l'exécution des décisions en matière civile et commerciale. J.O.C.E. L 12 du 16 janvier 2001, p. 1-23.

application de la jurisprudence AETR,[45] dans le cas où la Communauté a une compétence interne et qu'elle l'a utilisée, elle obtient la compétence externe dans ces matières. Dans le cadre de la Convention de Bruxelles, ce raisonnement a des répercutions très importantes. De plus, de très nombreuses conventions préexistantes, en cours de ratification ou à venir[46] concernent de manière directe ou indirecte la compétence judiciaire, la reconnaissance et l'exécution des décisions en matière civile et commerciale. Par conséquent, lorsqu'en application de sa compétence interne la Communauté signe un accord international, il faut avoir à l'esprit la spécificité du Danemark car dans cette matière la Communauté n'est pas compétente pour agir au nom du Danemark. Il faut donc un accord entre la Communauté ou les 14 États membres puis que le Danemark établisse un accord particulier avec l'organisation internationale ou les/le pays tiers. De plus, la prolifération de tels accords bilatéraux risque d'entraîner des problèmes dans le cas où le Danemark souhaiterait rejoindre l'acquis Schengen car il devrait alors dénoncer l'ensemble de ces accords. La solution serait d'incorporer dans chacun de ces accords des clauses spécifiques permettant la dénonciation de l'accord au profit de la Communauté dans le futur. Cependant, ce compromis juridique semble être difficilement acceptable politiquement pour le gouvernement danois, car cela reviendrait, de leur part, à accepter publiquement qu'un jour ou l'autre le Danemark va renoncer à son protocole.

B. L'Accord Schengen

1. Le texte et son application

La participation du Danemark à Schengen est visée par l'article 3 du protocole intégrant l'acquis Schengen dans le cadre de l'Union Européenne pour les mesures existantes et par l'article 5 du protocole sur la position du Danemark pour les mesures futures qui développeront l'acquis Schengen qui a été intégré dans le cadre du titre IV TCE.

Le protocole différencie deux types de mesures, premièrement les mesures Schengen qui sont basées sur le titre IV TCE et deuxièmement celles basées sur le titre VI TUE.

---

45 Arrêt de la Cour du 31 mars 1971, Commission des Communautés européennes contre Conseil des Communautés européennes, Affaire 22/70, *Rec.* p. 263.

46 Voir à titre d'exemple, le cas récent de la décision 2002/971/CE du Conseil du 18 novembre 2002 autorisant les États membres à ratifier, dans l'intérêt de la Communauté européenne, la Convention internationale de 1996 sur la responsabilité et l'indemnisation pour les dommages liés au transport par mer de substances nocives et potentiellement dangereuses (Convention HNS), ou à y adhérer J.O. L 337 du 13 décembre 2002, p. 55-56.

Il est prévu à l'article 3 que suite à la détermination de la base juridique tel que prévu dans l'article 2 paragraphe 1, 2e alinéa, le Danemark conserve les mêmes droits et obligations à l'égard des autres signataires des Accords de Schengen qu'avant ladite détermination en ce qui concerne les parties de l'acquis de Schengen qui sont considérées comme ayant une base juridique dans le titre IV du Traité instituant la Communauté européenne.

Par contre, pour les parties de l'acquis de Schengen qui sont considérées comme ayant une base juridique dans le titre VI du TUE, le Danemark conserve les mêmes droits et obligations que les autres signataires des Accords de Schengen.

L'article 5 établit la distinction entre les différentes mesures et leur qualification juridique. Ainsi, pour les mesures Schengen qui ont été communautarisées et qui servent de base à l'élaboration de nouvelles réglementations alors le Danemark décide dans un délai de six mois après que le Conseil ait arrêté une décision au sujet d'une proposition ou d'une initiative visant à développer l'acquis de Schengen en application des dispositions du titre IV TCE, s'il transpose cette décision dans son droit national.

S'il décide de le faire, cette décision créera une obligation de droit international entre le Danemark et les autres États membres visés à l'article 1er du protocole intégrant l'acquis Schengen dans le cadre de l'Union européenne. Si le Danemark décide de ne pas appliquer une décision du Conseil au sens du paragraphe 1 de l'article 5 du protocole, les États membres visés à l'article 1er du protocole intégrant l'acquis de Schengen dans le cadre de l'Union européenne examineront les mesures appropriées à prendre.

Par conséquent, concernant les mesures adoptées dans le cadre du développement de l'acquis Schengen (1er pilier), le Danemark a six mois à compter de l'adoption de la mesure pour accepter d'y participer et d'en assurer la transposition dans son droit national. Cela deviendra une obligation de droit international.

2. *Les conséquences*

La difficulté principale va être de savoir qu'elles sont les limites concernant l'utilisation de son protocole. Cependant, de manière générale, la position du Danemark pose des problèmes importants qui ont amené la Commission à définir des solutions juridiques.

La question qui peut se poser est de savoir si l'on doit laisser le Danemark choisir ce qui rentre dans le champ d'application de l'Accord Schengen et ce qui n'en fait pas partie ? En effet, il est parfois difficile de faire une distinction entre les éléments qui découlent de l'intégration de l'acquis Schengen et les aspects qui sont de simples développements du droit communautaire existant. Une illustration de ce cas de figure peut être donné par la Convention de Dublin,[47] et des discussions qui ont eu lieu lors de sa communautarisation.

En effet, l'entrée en vigueur de cette convention a désactivé l'article 38 de la Convention Schengen. Par conséquent, lors de sa reprise dans le champ du droit communautaire par un règlement ayant comme base juridique l'article 63(1), deux cas de figure vont se présenter. Si ce règlement est considéré comme une continuation de l'acquis Schengen alors le Danemark en application de l'article 5 de son protocole peut y participer en adoptant cette mesure dans son droit national afin d'aboutir à une obligation de droit international. Si par contre, ce règlement est considéré comme n'étant pas associé au développement du droit Schengen, alors le Danemark ne peut pas y participer. Le règlement 343/2003[48] concernant la communautarisation de la Convention de Dublin a été adopté et il est prévu, au considérant 18, que « conformément aux articles 1er et 2e du protocole sur la position du Danemark annexé au Traité sur l'Union européenne et au Traité instituant la Communauté européenne, le Danemark ne participe pas à l'adoption du présent règlement, et n'est donc pas lié par celui-ci, ni soumis à son application. ».

L'autre question qui est soulevée par la position du Danemark est de savoir s'il faut le laisser invoquer le protocole « à sa guise » ou contrôler son invocation. En effet, les limites d'application du protocole en raison des difficultés juridiques pouvant découler de la définition d'un acte basé sur Schengen ou l'acquis Schengen ou bien encore le développement jurisprudentiel de cet acquis peuvent faire naître des ambiguïtés importantes. Cependant, cela ne semble pas probable car cela créerait des conséquences importantes au niveau interne (politique) et d'insécurité juridique. Cependant, on peut imaginer que le Danemark pourra être tenté par une telle démarche en raison du manque de souplesse de son protocole par rapport à celui du Royaume-Uni et de l'Irlande.

De manière plus générale, l'enchevêtrement des différents mécanismes démontre les difficultés pratiques, juridiques et politiques pour gérer de telles exceptions. Par conséquent, la Commission a du mettre

---

47 Directive du Conseil 91/477/CEE du 8 juin 1991, J.O.C.E. 1997 C 254/1.

48 Règlement (CE) n° 343/2003 du Conseil du 18 février 2003 établissant les critères et mécanismes de détermination de l'État membre responsable de l'examen d'une demande d'asile présentée dans l'un des États membres par un ressortissant d'un pays tiers, J.O. L 050 du 25 février 2003, p. 1-10.

en place un dialogue spécifique[49] avec le Danemark pour les parties du droit communautaire qui allait n'être pour lui que « des obligations internationales ».

La Commission a demandé au commissaire en charge de la Justice et des Affaires intérieures d'établir des projets de mandat de négociation pour quatre domaines : l'acquis de la Convention de Dublin et de la Convention Eurodac, le règlement Bruxelles I et le règlement relatif à la signification et à la notification dans les États membres des actes judiciaires et extrajudiciaire.

Le but est de présenter de tels documents aux différents États membres afin que le Conseil puisse trouver des solutions acceptables tant pour la Communauté que pour le Danemark. Le document de la Commission mentionne que c'est le Danemark qui détient la solution ultime qui serait de signifier, comme son protocole lui permet, qu'il n'entend plus se prévaloir de celui-ci. Dans cette optique, les accords parallèles sont à considérer comme des solutions transitoires, l'objectif final étant de dénoncer ce protocole. Enfin, la Commission souligne que les règles provisoires ne peuvent pas être de tout ordre. En effet, le Danemark doit pleinement y participer et cela dans l'intérêt de la Communauté et de ses citoyens et le niveau d'exigence imposé au Danemark doit être identique à celui imposé à tous les États membres. Ainsi, les règles communautaires seront au moins de facto appliquées de la même manière dans l'ensemble de la Communauté.

Cela démontre que la Commission semble vouloir éviter les dérives liées à ce protocole. Cependant, le seul moyen d'éviter tout problème serait d'amener le Danemark à renoncer à son protocole. Cela paraît difficilement acceptable car comme nous l'avons indiqué précédemment, les exceptions développées par ces trois pays relèvent de deux logiques. La première concerne le maintien des frontières intérieures pour ce qui est de la libre circulation des personnes. Cette logique peut s'accommoder facilement des « *opting-in* ». En effet, à peu d'exceptions près, chaque mesure est analysée par l'Irlande et le Royaume-Uni qui décident s'ils veulent participer. Cependant, dans le cadre du Danemark, la question qui se pose est celle du refus de vouloir transférer des compétences supplémentaires auprès de la Communauté. Par conséquent, le mécanisme juridique du « *opting-in* » n'est constitutionnellement pas possible car il faudrait pour cela que le Danemark décide de transférer des compétences auprès de la Communauté.

---

[49] IP/02/643, UE-Danemark : la Commission définit un cadre de référence pour la mise en oeuvre de politiques communes relatives aux visas, à l'asile, à l'immigration et autres liées à la libre circulation des personnes du 30 mai 2002.

Conclusion

Deux éléments ressortent tout d'abord, la mise en œuvre d'un espace sans frontière s'est fait sans 70 millions de citoyens communautaires et la complexité du système entraîne nécessairement une forte insécurité juridique. Par conséquent, il est possible de soulever essentiellement quatre interrogations/réflexions en conclusion.

Tout d'abord, premier laboratoire d'une coopération renforcée, la gestion de l'acquis Schengen permet d'étudier les conséquences à court/moyen et long terme de tels mécanismes. Ainsi, Schengen et plus généralement la libre circulation des personnes continue d'être un laboratoire mais cette fois-ci dans le cadre du droit européen et communautaire et non plus dans le cadre du droit international. Cependant, cette coopération renforcée qui en est une sans en être a, au regard de l'article 8 du protocole sur Schengen, un statut particulier. Il apparaît qu'il y a un traitement différencié entre les différentes coopérations renforcées. En effet, dans le cadre de l'Union economique et monétaire il n'est pas nécessaire d'incorporer l'acquis y afférant afin d'être membre de la Communauté européenne. Il en est d'ailleurs de même des coopérations renforcées prévues dans le cadre des articles 11 TCE, 40 TUE, etc., alors que dans le cadre de Schengen, il apparaît que cela fait partie intégrante de l'acquis. Cela démontre bien le caractère particulier et dérogatoire des différents mécanismes mis en œuvre par ces différents protocoles.

Deuxièmement, ces différents protocoles posent également des questions liées à la logique juridique. En effet, il apparaît aujourd'hui au regard des différents régimes dérogatoires que des mesures concernant les matières visant à harmoniser un secteur dans le cadre de la loi applicable, voir entre autres les directives sur le statut des agents commerciaux, les agences de voyage, etc., si elles sont adoptées dans le cadre du tire IV, elles le seront sans le Royaume-Uni, l'Irlande et le Danemark, et par contre, si elles le sont comme souvent à l'intérieur d'un acte général comme une directive, alors ce sera avec leur participation.[50]

Troisièmement, ce système va-t-il rester en l'État ou un nouveau système va-t-il être proposé dans le cadre de la CIG ? Les modifications apportées lors du projet de Constitution concernant les protocoles[51] sont d'ordre purement formel, sauf pour le Danemark où il est prévu que lorsque celui-ci le souhaitera, après avoir suivi sa procédure constitu-

---

50 Directive 86/653/CEE du Conseil du 18 décembre 1986 relative à la coordination des droits des États membres concernant les agents commerciaux indépendants, J.O. L 382 du 31 décembre 1986, p. 0017-0021.

51 Voir site de la CIG, http://ue.eu.int/igc/index.asp?lang=FR.

tionnelle interne, il pourra participer au titre III, partie IV. Le Danemark,[52] pour sa part, a fait savoir qu'il était favorable à un assouplissement de sa position afin de permettre, comme dans le cadre du protocole du Royaume-Uni et de l'Irlande, un « *opting-in* » dans tous les cas de figure. Cela démontre encore une fois que même si les États ne veulent pas être liés par le droit communautaire, ils souhaitent au moins en garder la possibilité. Cependant, il faut souligner que dans le projet de Constitution européenne, le Danemark a poussé jusqu'au bout sa logique et a décidé d'appliquer l'« *opting-out* » au titre VI en raison des changements apportés par le projet de Constitution qui pourrait donner lieu à un transfert de compétence.

Enfin, il est possible de tirer deux réflexions plus générales au vu de l'analyse qui vient d'être faite.

Une positive, car le système actuel prouve qu'il est très difficile pour les États de ne pas participer aux développements de la Communauté européenne.

Une négative, ceux-ci ont donc du instaurer des mécanismes complexes visant à filtrer les obligations découlant du droit communautaire. Ils ont ainsi permis la mise en œuvre d'un véritable mécanisme décisionnel *ad hoc* concernant spécifiquement leur participation au droit en la matière et leur laisse ainsi la possibilité de choisir le droit communautaire qu'il décide d'appliquer.

De plus, en multipliant ainsi les exceptions aux exceptions, ils ont contribué à rendre encore plus complexe ce droit. Or, s'il est compréhensible que des États limitent ainsi le transfert de souveraineté, en raison de l'importance de la matière « le droit des personnes », l'opacité juridique qui en découlant va à l'encontre des intérêts du citoyen communautaire.

[52] Voir Agence Europe du 19 novembre 2003, p. 5.

CHAPTER 5

Treading the Tightrope between Flexibility and Legal Certainty

The Temporary Derogations from the *Acquis* on the Freedom of Movement of Workers and Safeguard Measures under the Accession Treaty

Kirstyn INGLIS

Chercheuse à l'Institut européen de l'Université de Gand

The Accession Treaty signed on 16 April 2003[1] entered into force on 1 May 2004.[2] Eight central and east European countries – the Czech Republic, the Republics of Estonia, Hungary, Latvia, Lithuania, Poland, Slovakia and Slovenia – (CEECs), together with Malta and Cyprus, will then become Member States of the European Union. However, the status of membership on the date of accession of the ten new Member States will not reach to all rights and obligations of the existing Fifteen Member States (the Fifteen). The Union's treatment of the candidates throughout pre-accession has been both inclusive and differentiating at the same time. The Accession Treaty continues in this vein.

It is inclusive in that the new Member States have had to transpose and implement the entire *acquis* even in areas where they will not participate upon the date of accession. Also, all Ten will become Member States by signature and ratification of a single Treaty. The differentiation between the new Member States and the Fifteen contained in the

---

1 O.J. (2003) L 236/1.

2 As at 5 January 2004 all future new Member States had held positive national referenda on the Accession Treaty and only Estonia and Slovenia have still to notify ratification of the Accession Treaty to the General Secretariat of the Council. The fifteen existing Member States will not hold national referenda and from among them, Austria, Germany, Denmark, Spain, United Kingdom, Ireland and Finland have deposited instruments of ratification with the Ministry of Foreign Affairs of the Italian Republic as at 5 January 2004. See http://db.consilium.eu.int/accords/en/details.asp?id=2003007&lang=en.

current Accession Treaty contrasts with previous accession treaties in a number of ways. In particular, in the terms set out in the Accession Treaty, the eight new CEEC Member States will be excluded from participating in certain "politically sensitive" areas of the *acquis* relating to persons. Also in terms of differentiation, this Accession Treaty, unlike any of its predecessors, contains entirely new forms of safeguard measure at the disposal of the European Commission against all ten of the new Member States – not the Fifteen – to ensure continued compliance and enforcement of the *acquis* in the first years after accession.

Generally speaking, the aim is to allow the Fifteen Member States some flexibility in the application of the *acquis* on the movement of persons for the first seven years after accession. However, transitional arrangements by their very nature are designed to contain the duration, scope and degree of flexibility, in order to provide a degree of legal certainty to the acceding and current Member States during that time. Ultimately, the aim is to smooth the entry of the Member States into the Union.

But in the case of this Accession Treaty, a number of oversights and ambiguities in the drafting of the transitional arrangements concerning the movement of workers give rise to a number of "blind spots" in the actual legal situation applicable to the movement of persons upon enlargement. The upshot of this seems to be that only Maltese and Cypriot nationals derive full cover throughout the entire Union from the *acquis* on the movement of workers upon enlargement. Until end April 2011, nationals of the eight CEECs may be subject to (differing) restrictions in the Fifteen current Member States and *vice versa*. Exactly how the notion of citizenship will apply in this context is particularly preoccupying. Certain anomalous situations arise in the context of the remaining Europe Agreements, with Bulgaria and Romania, the EEA Agreement and the Swiss sectoral agreement.

I. The Rationale Underlying the Transitional Arrangements

Underlying the Accession Treaty provisions on workers is the uncertainty as to how the future EU labour market will actually look after enlargement and anxiety as to possible negative short-term effects on labour markets. In an information note, dated 3 March 2001 and entitled "The Free Movement of Workers in the Context of Enlargement",[3] the European Commission treated the options for the accession negotiations on the workers chapter of the *acquis* in order to identify the means for

[3] See http://www.europa.eu.int/comm/enlargement/docs/pdf/migration_enl.pdf.

managing labour mobility in the first years after enlargement. Generally speaking the long-term migration potential from the candidate countries to the Fifteen is forecast, in the same Information Note, to be in the order of 1% of the present EU population. And, the Commission was also keen to point out that the predicted migration would concentrate in certain Member States. It is difficult to predict what will actually happen in the immediate aftermath of accession. The transitional arrangements show a reluctance by the Fifteen to depart from the existing system under the Europe Agreements and their own national measures or bilateral arrangements on the matter between the Member States and the CEECs.

While the transitional arrangements specified for the CEECs are designed to protect the labour markets of the Fifteen Member States, the transitional arrangement for Malta is designed to protect its labour market from migrants from the other twenty-four Member States after its accession to the Union. Maltese citizens will, however, have full access and EC migrant worker rights in all other (twenty-four) Member States. Neither the Fifteen nor the CEECs and Cyprus may restrict Maltese workers. No transitional arrangements are envisaged for Cyprus and therefore Cypriot migrant workers will also benefit from full EC Treaty rights of freedom of movement of persons as of the date of accession, although Cypriots may be subject to restrictions in Malta. Likewise, nationals of the Fifteen and of the eight CEEC new Member States and Malta will enjoy those same rights in Cyprus.

As concerns the chapter of the *acquis* on workers, it is the Fifteen that must decide their regimes by the date of accession itself. But they do not have to notify the Commission for another two years. The CEECs are committed to applying the *acquis* except where the transitional arrangements allow them to respond to the restrictions applied against them by the Fifteen. During the seven-year transition period after accession, it will be the Fifteen that will decide whether to open full EC rights to workers from the eight CEEC new Member States.

The CEECs only have the possibility to derogate from the *acquis*:

– on the one hand, in respect of a Fifteen Member State (and not Malta and Cyprus) that has opted to derogate from the *acquis*, in which case the CEEC in question may take 'equivalent measures' only, or;

– on the other hand, in the event of serious disturbances of their labour markets, by reverting to safeguard measures against others of the CEECs (not the Fifteen, nor Malta and Cyprus).[4]

II. A Longer and more Cautious Transition Period for Workers

Article 24 of the Act of Accession incorporates the many predetermined transitional arrangements specified in the separate country annexes of the Accession Treaty.[5] From the outset of negotiations the Commission has been keen to avoid transitional arrangements that might interfere with the proper functioning of the Internal Market.[6] Temporary derogations from the *acquis* have been kept to a minimum and, generally speaking – except, *inter alia*, in the case of the workers chapter of the *acquis* that is – are for the benefit of the new Member States in order to ease their accession to the Union.

It can also be said, as concerns the overall *acquis communautaire*, that any temporary derogations from the *acquis* are either purely technical in nature or are necessary due to the need for large-scale investment for long-term infrastructure projects. When negotiating the transitional arrangement, the Commission was keen to avoid any derogations or adaptations that might disrupt the proper functioning of the *acquis* or lead to significant distortions of competition, taking into account the interests of the Union as well as those of the candidate country making the request and the other candidates. Transition periods in the Internal Market *acquis* have been kept to short-time scales, generally of one year but in some rare cases to three years and the new Internal Market and JHA safeguard clauses are available for three years from the date of accession. It is only in areas such as environment, energy and infrastructure, where considerable adaptations and substantial efforts are needed, including important financial outlays, that transition arrangements and derogations are longer term.[7] By comparison with the transitional

---

4 Reading paragraphs 10 and 11 of Annex XII.2. (Poland) to the Accession Treaty, it is clear that the CEECs are entitled only to take equivalent measures in respect of the "present Member States" and also that safeguard measures may only be reverted to in respect of the other seven CEEC Member States.

5 See the following Annexes to the Accession Treaty: Annex VI.1 (Czech Republic), Annex VI.1 (Estonia), Annex VIII.1 (Latvia), Annex IX.2 (Lithuania), Annex X.1 (Hungary), Annex XI.2 (Malta) and Annex XII.2 (Poland), Annex XIII.2 (Slovenia) and Annex XIV.1 (Slovakia).

6 Enlargement Strategy Paper, Report on progress towards accession by each of the candidate countries (for 2000), p. 225-228. http://www.europa.eu.int/comm/enlargement/report_11_00/index.htm.

7 For example, to 2017 for the large combustion plants Directive.

arrangements in other areas impacting on the Internal Market, the transitional arrangements that apply in the Fifteen/CEEC nationals in the case of the freedom of movement of persons are:

– at the initiative of the existing Fifteen according to their national concerns;

– have the potential of lasting for seven years after the date of accession.

In some ways accession to the EU will give workers broader rights than under the Europe Agreements, including the right to move to another Member State to work, residence rights, mutual recognition of professional qualifications, tax advantages and social security entitlement. This clearly enables a fuller exercise of the right to freedom of movement that exists under the Europe Agreements. However, under the Accession Treaty, unlike the Europe Agreements, equal treatment is *implied* (see *infra* under IV. A). The system of derogations in the Accession Treaty specifically disapplies Articles 39 and 49 EC insofar as necessary to give effect to the Fifteen's temporary derogations from the market access provisions of Regulation No. 1612/68.

After accession, in addition to gaining the right to establish a business in the EU, as is the case under the Europe Agreements, nationals from the CEECs will be entitled to deliver services as a self-employed person or as a company (subject to (potential) flanking measures by Austria or Germany – see *infra*). On the date of accession the right to reside in another Member State will apply to all new Member States' nationals in the same way as it applies to nationals of the Fifteen, and non-EU family members only have residence rights in the Member State where another family member works.

On the date of accession the Community regime on mutual recognition of professional qualifications will also apply automatically in all the new Member States irrespective of transitional arrangement derogations adopted in the Fifteen. However, a special situation applies to the Baltic States, the Czech Republic, Slovakia and Slovenia. Where certain practising professionals obtained their qualifications when these countries were formerly part of the old Soviet Union, those professionals may have to obtain certification of their qualifications as equivalent to national qualifications. This mostly concerns the health care professions and architects. A system of declaration and attestation has been devised. This would require that they prove three years of consecutive practice in that country over a five-years prior to the date of enlargement. Through this system, the relevant bodies in the new Member State make a declaration to the Union of the equivalence of the third country qualifications to the new Member State's qualifications. The next step is to issue a specific attestation (again done by the relevant bodies in the new Member State) to the effect that the holder of the qualification has been recently engaged in the activity in question.

III. The System of Transitional Derogations Described

The existing regime under the Europe Agreements and the two Association Agreements with Malta and Cyprus will apply until they are superseded, on 1 May 2004, with the entry into force of the Accession Treaty. Thereafter, the Accession Treaty regime on workers will apply to the new Member States. Malta has a different regime from all the other future new member States. It has agreed a safeguard clause to deal with actual and potential disturbances to its labour market.[8] It enables the Commission to derogate from Article 39 EC and suspend Articles 1 to 6 of Regulation No. 1612/68 during the seven-years after enlargement at Malta's request (although in urgent and exceptional circumstances Malta may suspend Articles 1 to 6 by its own accord, subject to *ex-post* notification to the Commission). It is the same as the safeguard clause above, including the safeguard clause for urgent and exceptional circumstances. Again, Malta may also derogate from Directive 68/360/EEC in so far as certain provisions cannot be dissociated from Regulation No. 1612/68.[9]

The outcome of the accession negotiations on the freedom of movement of nationals from the eight CEEC new Member States is a complex and tightly drafted yet elusive seven-year system of transitional arrangements. The system allows the Fifteen to relax restrictions at any point in time. Moreover, those of the Fifteen that chose to derogate from the Community regime in respect of the CEECs are only obliged to notify the Commission of this choice within two years the date of enlargement. It is a practical and expedient system designed to enable the Member States to broaden access to their labour markets in response to the real situation within their own territories. At the same time it provides a degree of legal certainty in that the system remains flexible to allow for the earlier application of the *acquis* on the freedom of

8 "When Malta undergoes or foresees disturbances on its labour market which could seriously threaten the standard of living or level of employment in a given region or occupation". See the Annex XI.2 at paragraph 2, p. 859.

9 Joint Declaration 14 attached to the Act of Accession (between the Member States and Malta) reads: "Should the accession of Malta give rise to difficulties relating to the free movement of workers, the latter may be brought before the institutions of the Union in order to obtain a solution to this problem. This solution will be in strict accordance with the provisions of the treaties including those of the Treaty on European Union) and the provisions adopted in application thereof, in particular those relating to the free movement of workers."

movement of workers. Its complexity undermines its transparency as well as legal certainty.

A. On the date of accession, nationals of the new CEEC Member States will gain full access to the labour market in a Fifteen Member State where they have been legally resident, but not in any other of the Fifteen Member States, provided they:

– have been legally working in that Member State for the twelve months prior to accession. In this case, their family will have immediate access to the labour markets of the Fifteen.

– work for twelve uninterrupted months "from a date later than the date of accession" in one of the Fifteen Member States. During the seven year transitional period, their family members will only gain access to the labour market of a Fifteen Member State that is restricting labour market access under the Accession Treaty, if they have been resident for eighteen months in that Fifteen Member State or from the third year following the date of accession, whichever is earlier.

The Member States may apply more favourable measures of course. A problem arises here. What about workers that have been not been working in a Fifteen Member State for a full twelve months prior to accession but which did not take up legal residence after the date of accession? This point is dealt with in the section on "blind spots", below.

B. Otherwise the transitional system of derogations from Article 39 EC[10] and the first paragraph of Article 49 EC[11] will fully apply only if any or all of the Fifteen Member States so decide. The system can be summarised as follows:

---

10 Article 39 EC reads: "1. Freedom of movement for workers shall be secured within the Community. 2. Such freedom of movement shall entail the abolition of any discrimination based on nationality between workers of the Member States as regards employment, remuneration and other conditions of work and employment. 3. It shall entail the right, subject to limitations justified on grounds of public policy, public security or public health: (a) to accept offers of employment actually made; (b) to move freely within the territory of Member States for this purpose; (c) to stay in a Member State for the purpose of employment in accordance with the provisions governing the employment of nationals of that State laid down by law, regulation or administrative action; (d) to remain in the territory of a Member State after having been employed in that State, subject to conditions which shall be embodied in implementing regulations to be drawn up by the Commission. 4. The provisions of this article shall not apply to employment in the public service."

11 Article 49, first paragraph, EC reads "[…] restrictions on freedom to provide services within the Community shall be prohibited in respect of nationals of Member States who are established in a State of the Community other than that of the person for whom the services are intended".

1. In the first two years after enlargement, the Fifteen Member States may decide to continue to apply any "national measures or those resulting from bilateral agreements" that applied on or before 16 April 2003 in respect of the CEECs (the date the standstill clause took effect). As already mentioned, the derogation only applies to Articles 1 to 6 of Regulation (EEC) No. 1612/68 laying down market access rules for workers. As long as Articles 1 to 6 are suspended, Article 11 of Regulation (EEC) No. 1612/68 will also be subject to the following derogation: only CEEC family members of legally employed workers from the CEEC Member State in question can have access to the labour market of a Fifteen Member State that has opted to derogate from Articles 1 to 6 of Regulation (EEC) No. 1612/68. Additionally, a Fifteen Member State may also defer application of Directive 68/360/EEC "to the extent necessary" to apply its derogation from Articles 1 to 6 of Regulation (EEC) No. 1612/68[12]. Thus, family members' rights depend on the spouse's work permit.

2. The Fifteen may chose unilaterally to continue these measures for a further three years subject to notification to the Commission of the decision to do so within the two years previous. In the event of failure to notify national measures, Articles 1 to 6 of Regulations No. 1612/68 will automatically enter into force.

3. The Council will review the functioning of the national measures before the expiry of the two year period, on the basis of a report from the Commission and each of the eight CEEC new Members may request one further review by the Council.

4. The Fifteen have a further opportunity to extend the national measures to maximum of seven years in total from the date of accession, provided there are "serious disturbances in its labour market or threat thereof" in one of the current Member States. Again this is subject to notification to the Commission of the decision to do so within the first two years after accession. In the event of failure to notify national measures, Articles 1 to 6 of Regulations No. 1612/68 will automatically enter into force.

5. The safeguard clauses give the Fifteen an added dimension of flexibility – "an insurance policy". Where a Member State does not apply a derogation from Articles 1 to 6 of Regulation No. 1612/68, it may request that the Commission take *safeguard measures* if it "undergoes or foresees disturbances on its labour market which could seriously threaten the standard of living or level of employment in a given region or occupation". Safeguard measures may only suspend Articles 1 to 6 of

[12] And this applies for all seven years of the transitional arrangements.

Regulation No. 1612/68. Safeguard measures may last no longer than seven years from the date of accession. The Commission holds competence over the use of this mechanism, although the Council may appeal or even annul the Commission's decision *by qualified majority*. However, where specific instances of disturbances in labour markets of the Fifteen arise, safeguard measures (or *emergency measures*) may be instituted in respect of the eight CEECs for seven years after accession. In "urgent and exception circumstances", a Fifteen Member State notify the Commission *ex-post* of safeguard measures against one of the eight (not Cyprus or Malta).

It is for the Fifteen Member States to decide whether a "serious disturbance or threat thereof" exists. And in years six and seven, although the Commission holds initiative for the formulation of the duration and scope of the suspension of Articles 1 to 6 of Regulation No. 1612/68, ultimately, it will be the Member States meeting in Council that will have the final say, by qualified majority, to amend the measures or simply to annul them if the necessary qualified majority cannot be met. However, the safeguard clause does provide a safety net for any Fifteen Member State that does decide to relax its national measures, which can be seen as a sort of incentive to speed up full compliance with the *acquis* – albeit a weak incentive compared to, for example, a concrete legal commitment to lift national measures at the end of the second year.

There are no thresholds or criteria for invoking the safeguard clause. The Fifteen must however, inform the Commission and all of the other Member States of "relevant particulars". Such safeguards require constant monitoring of labour markets. All Member States making use of the derogations and the safeguard measures must issue work permits "for monitoring purposes" and must "do so automatically". Malta too will automatically issue work permits during its seven-year transitional period. Such safeguard clauses, while they have existed in previous accession treaties, have never been used.

Only Austria and Germany have secured specific "flanking measures" in respect of the provision of services by companies established in a CEEC Member State. Austria and Germany may derogate from Directive 96/71/EC on the posting of workers in the framework of the provision of services. The derogation may be used to limit the temporary movement of workers that would otherwise have a right to take up work in Germany or Austria. Any CEEC Member State may respond with equivalent measures, after having notified the European Commission. The flanking measures are designed to address serious disturbances in certain specified "sensitive *services* sectors on their labour markets, which could arise in certain regions from the transnational provision of services sectors as defined in Article 1 of Directive 96/71". The possibility for flanking measures is therefore wide not only because of the breadth of the definition contained in Article 1 of Directive 96/61/EC but also because of the Joint Declaration of Germany and Austria[13] which provides that "certain regions" may, where appropriate, also comprise "the entire national territory".

6. Austria and/or Germany may derogate from the Community rules governing the transnational posting of workers by CEEC companies established in a CEEC Member State. Germany or Austria may limit the temporary movement of such workers. If used, these arrangements will necessarily affect the EU rules on both establishment and services. The sectors concerned are construction, industrial cleaning and interior decorators in Germany and in Austria, horticultural services, the cutting, shaping and finishing of stone, the manufacture of metal structures and parts thereof, construction, security activities, industrial cleaning, home nursing and social work and activities without accommodation.[14]

7. Any future new CEEC Member may mirror the Fifteen's national restrictions by adopting "equivalent measures" in respect of the Fifteen Member State in question. The possibility of safeguard measures in the event of actual or foreseeable disturbances in their labour markets[15] is only available to a CEEC Member State against nationals of the other seven CEECs – not against the Fifteen. The CEEC Members may only request that the Commission (subject to the annulment or amendment by qualified majority voting in Council, in which they will participate of course) take safeguard measures against another CEEC Member State, but not with respect to the Fifteen's citizens.

IV. Blindspots in the Transitional Regime for Workers under the Accession Treaty

A. *Standstill – Market Access and Equal or Third-Country Treatment?*

Since 16 April 2003 the standstill provision has applied to national market access restrictions, including bi-lateral agreements. The Fifteen's labour market access restrictions on CEEC workers can only remain the same or be relaxed after that date. The Europe Agreements remain in

13 Joint Declaration 19 to the Act of Accession.

14 See for example Annex XII (Poland) at 2.13 Act of Accession.

15 More precisely, the safeguard measures may be applied where a Member State "undergoes or foresees disturbances on its labour market which could seriously threaten the standard of living or level of employment in a given region or occupation".

force until the date of accession. It follows that the Europe Agreement provision of equal treatment in working conditions, remuneration or dismissal will fall on 1 May 2004. It also follows that, thereafter, treatment will be defined according to the transitional regime.

The relevant section the country annex for Poland in the Accession Treaty,[16] reads:

> [14.] The effect of the application of paragraphs 2 to 5 and 7 to 12 shall not result in *conditions for access* of Polish nationals to the labour markets of the present Member States which are more restrictive that those prevailing on the date of signature of the Treaty of Accession.
>
> Notwithstanding the application of the provisions laid down in paragraphs 1 to 13, the present Member States shall during any period when national measures or those resulting from bilateral agreements are applied, give preference to workers who are nationals of the Member States over workers who are nationals of third countries as regards access to their labour market.
>
> Polish migrant workers and their families legally residing and working in another Member State or migrant workers from other Member States and their families legally resident and working in Poland shall not be treated in a more restrictive way than those from third countries resident and working in that Member State or Poland respectively. Furthermore, in application of the principle of Community preference, migrant workers from third countries resident and working in Poland shall not be treated more favourably than nationals of Poland. (emphasis added).

The standstill provision is an obligation on the existing Fifteen Member States. It does not apply to the new CEEC Members – they must apply the *acquis* in full on the date of accession and may only introduce equivalent derogations from the *acquis* in response to restrictions introduced by the Fifteen. According to the European Commission, the Fifteen cannot take away "any rights already granted" the CEECs[17] and the standstill clause prevents the Fifteen from further restricting *access to their labour markets* in respect of CEEC Member State nationals during the transitional arrangements. The standstill clause must be read in conjunction with the provision that "the present Member States will apply national measures, or those resulting from

16 The standstill provision is the same in each CEEC country annex to the Accession Treaty.

17 See Commission Information Note, "Free Movement of Persons – A Practical Guide for an Enlarged European Union" dated 14 November 2002 and revised 14 November 2002, p. 5. Information on current Member State legislation can be found on the Europe direct web-site, www.europa.eu.int/europadirect/en/index_html.

bilateral agreements, regulating access to their labour markets by Polish nationals".[18]

There is no mention of the standstill applying as concerns the equal treatment principle applicable under the Europe Agreements. There is no reference to equal treatment of EU and CEEC migrant workers anywhere within the transitional arrangements and no reference is made to non-discrimination on the basis of nationality compared to own nationals, as the principle of equal treatment implies. While the equal treatment rule under the Europe Agreements applies until 30 April 2004, this is because the Europe Agreements are superseded on 1 May 2004 and therefore, has nothing whatsoever to do with the standstill clause. The case-law of the Court interpreting the workers and establishment provisions under the Europe Agreements therefore, will not apply as a reference point for the standstill clause after the date of enlargement.[19]

It is useful to refer back to the situation under the Europe Agreements as this is the regime that will continue to apply under the Europe Agreements with Bulgaria and Romania until their eventual accession in 2007. For the moment, the Europe Agreements entitle CEEC workers, when working in the Fifteen, to *equal treatment in working conditions, remuneration or dismissal* when compared to a national of the Fifteen. This is a directly effective right. Under the Europe Agreements, nationals of the eight CEECs have had no *right* of access to employment in the EU as such. Over and above the equal treatment in working conditions, remuneration or dismissal as provided for in the Europe Agreements, CEEC nationals legally employed in the Fifteen have been subject to the same national labour and immigration rules as the Fifteen have applied to all third country nationals. Also under the Europe Agreements, different provisions on the movement of persons and services apply to different CEECs. And the Europe Agreements have granted the right of establishment to CEEC companies, branches and agencies. It is also important that the provisions on the movement of persons and services differ from one Europe Agreement to another. For example, Hungarian self-employed persons benefited from a right of establishment only as of 1 June 2000 and Slovenian nationals from the end of the Europe

18 See paragraph 2 of the transitional arrangements in the CEEC annexes to the Accession Treaty.

19 Although the case-law of the Court on equal treatment under the Europe Agreements will of course continue to be useful for the interprétation of the Europe Agreements with Bulgaria and Romania.

Agreement transitional period. But only "key personnel" have been entitled to actually move to the EU.[20]

Alongside the Europe Agreements, the Fifteen have been encouraged to bilaterally maintain or introduce more favourable conditions than under the Europe Agreements. For example, Germany has operated bilateral agreements with most of the future new Member States both as concerns access to the labour market and the co-ordination of social security while Austria, Sweden and Greece have also had bilateral agreements in place with some of the eight. This is, to say the least, a complicated system[21] and nationals from the eight CEECs are advised to consult the national arrangements according to their nationality and country of destination.[22] The Commission services explain: "This is the price to be paid for a system which offers open labour markets in some countries right away, but restricts movement to others for periods that vary to take account of national circumstances".

The post-accession situation for the eight CEEC Member States will be different and complicated. In some ways accession to the EU will give workers broader rights than under the Europe Agreements, including the right to move to another Member State to work, residence rights, mutual recognition of professional qualifications, tax advantages and social security entitlement. This clearly enables a fuller exercise of the right to freedom of movement that exists under the Europe Agreements. However, under the Accession Treaty, unlike the Europe Agreements, equal treatment is *implied*. The system of derogations in the Accession Treaty specifically disapplies Articles 39 and 49 EC insofar as necessary to give effect to the Fifteen's temporary derogations from the market access provisions of Regulation No. 1612/68.[23] But how does the principle prohibiting discrimination on grounds of nationality, enshrined in Article 12 EC, fit in here? It is a recognised principle precluding both direct and indirect discrimination on grounds of nationality. Could Article 12 EC be used as a "back door" to challenging differences in treatment under the Accession Treaty's transitional arrangements of CEEC nationals in the EU Fifteen plus Malta? Or in respect of EU Fifteen plus Maltese nationals in the CEECs? The matter of reconciling

---

20 In the Europe Agreements with the Baltic States and Slovenia, the definition of key personnel differs from the other Europe Agreements.

21 An overview of the Fifteen's bilateral regimes governing the access of third country nationals to their labour markets is attached to the *Information Note*. See p. 38-41.

22 See Commission Information Note, "Free Movement for Persons – A Practical Guide for an Enlarged European Union", of 14 November 2002, *op. cit.*, n.17 at p. 4.

23 Regulation (EEC) No. 1612/68 of 15 October 1968 on the freedom of movement of workers within the Community, Articles 1-6.

Article 12 EC with these temporary derogations arises repeatedly, as is seen further.

Apparently, as of 1 May 2004, equal treatment is inferred by the fact that the equal treatment provisions of Regulation No. 1612/68 are not open to derogation. Thus, the equal treatment provisions of Regulation No. 1612/68 will apply as of the date of accession but only insofar as foreseen in the transitional arrangements in the Accession Treaty. Any Member State that derogates from Regulation No. 1612/68 under the transitional regime may also defer application of Directive 68/360/EEC on the abolition of restrictions on movement and residence within the Community for workers of Member States and their families[24] as far as is necessary for the application of those derogations, including safeguard measures. The transitional regime does not provide for derogations from the provisions of Regulation No. 1612/68 on equality of treatment contained in Articles 7 to 9 thereof, nor from any other provisions of Regulation No. 1612/68. Workers from the CEECs that are working legally in other EU Member States are entitled to rely on the equal treatment provisions of Regulation No. 1612/68 but only to the extent that the transitional arrangements in the Accession Treaty have specified.

Also, the standstill clause incorporates the Community preference rule. The Fifteen must give preference to migrant workers from the other Member States (including the CEECs) over third country migrants as regards *access* to their labour markets during any transitional derogations from the *acquis*. The CEECs and the Fifteen must not *treat* third country nationals, and those of their family that are legally resident and working there, more favourably than their own workers when applying the principle of Community preference. The standstill clause provides that CEEC workers and their families in any other Member State (excluding Malta and Cyprus) or migrant workers from the Fifteen and their families when working in a CEEC Member State, shall not be treated in a more restrictive way than those from third countries resident and working there. This attaches a general safety-net of third country treatment to the temporary derogations from the workers' *acquis* and should prevent reverse discrimination against EU workers working in the CEECs when compared to non-EU migrants in the CEECs and *vice versa*.

A strange situation arises as regards the Community preference rule seen in the context of the EU-EEA and Swiss relations. Under the relevant EEA Agreement provisions, the Parties agree to abolish discrimination on grounds of nationality as regards employment, remunera-

---

[24] Council Directive 68/360/EEC of 15 October 1968.

tion and other conditions of work and employment.[25] The 2002 bilateral agreement with Switzerland is still under transitional arrangements in respect of EU nationals. As of the date of enlargement, this system will continue as regards nationals of the Fifteen but Switzerland will be entitled to the same transitional measures in respect of the CEECs (although the actual terms of this arrangement have not been finally agreed – see below). Thus, the EEA partner countries and Switzerland are to have the same option as the Fifteen to apply temporary restrictions to the CEEC Members' nationals. It seems incongruous, to say the least, that the EEA partners' and Swiss nationals – as third countries – might be entitled to more favourable treatment than CEEC nationals who are EU citizens and even to discriminate against them in the same way as the Fifteen!

B. Regressions Compared to the Europe Agreement

Certain noteworthy "regressions" arise in the rights of workers and their families under the Accession Treaty transitional regime when compared to the Europe Agreements. The eighth paragraph of each CEEC transitional arrangement in the Accession Treaty suspends Article 11 of Regulation No. 1612/68 on workers' families. Under the Europe Agreements,[26] legally resident spouses and children of workers that have been resident and legally working in a Fifteen Member State have been entitled to labour market access. No probation period has applied.

Thus, for example, a CEEC national who has worked for eleven months in the EU of Fifteen prior to 1 May 2004 has enjoyed equal treatment under the Europe Agreements but on 1 May 2004 that person may find themselves subject to national restrictions on labour market access in the Fifteen. Under the Accession Treaty, if the worker has not been legally working in one of the Fifteen for twelve months before accession, the spouse and children may be precluded from access to the Fifteen's labour markets for up to eighteen months from the date of accession. Because the CEECs may mirror the Fifteen measures in the form of equivalent measures, the same result may well arise in respect of the Fifteen's workers working in the CEECs. It is also relevant that the temporary derogations do not specify the situation of "dependent relatives in the ascending line of the worker and his spouse" contained in Article 10(1)(b). Are such relatives to be entitled to take up employment while spouses and children are not?

---

25 See Article 28 of the EEA Agreement.

26 See for example, Article 37 Europe Agreement Poland.

Moreover, under the Europe Agreements, once a worker has been resident and working legally in one of the Fifteen, that worker has been entitled to equal treatment. Under the Accession Treaty the right to equal treatment is implied by the fact that no derogations from the equal treatment provisions of Regulation No. 1612/68 have allowed for. The overarching third paragraph of the standstill clause however, provides that CEEC workers (and their families) "shall not be treated in a more restrictive way than those from third countries" when working in the Fiteen. The same applies under the Accession Treaty for the Fifteen's workers and their families working in the CEECs.

It is particularly noteworthy that, in both of the above instances, the situation arises that the rights of Bulgarian and Romanian workers and their spouses and children will – if the Fifteen do decide to make use of the transitional system provided for in the Accession Treaty – be in a more advantageous situation in terms of legal certainty and rights than the CEEC Member State nationals! Once again, Article 12 EC comes to mind. This would mean not only that the Fifteen could differentiate in the treatment afforded to CEEC EU nationals – the outcome would be that the Fifteen would be obliged to treat third country nationals from Bulgaria or Romania not only differently but better that EU nationals from the CEECs !

Just to complicate an already complicated situation, the current proposal for a European Parliament and Council Directive on the right of citizens of the Union and their family members to move and reside freely within the territory of the Member States[27] is in the final stages of the decision-making process. The European Parliament will not vote on its second reading until early April 2004. The proposal is a major step forward in giving real substance to Union citizenship, as is evident from the basic concept of the proposal which is that Union citizens should, *mutatis mutandis*, be able to move between and reside in Member States in similar conditions to nationals of a Member State moving around or changing their place of residence in their own country. This proposal will serve to broaden and unify the definition of "family member" whilst also strengthening the rights of family members. Article 12 EC is explicitly mentioned as the legal basis for the new Directive alongside Articles 18, 40, 44 and 52 EC.

In particular, Articles 23 and 24(1) of the proposal provide, respectively that:

---

[27] Amended proposal COM(2003)199, 15 April 2003, and the related common position 6/2004 of 5 December 2003, O.J. C 54^{E}/12 of 2 March 2004. The common position is currently before the European Parliament.

– Article 23 Related rights. Irrespective of nationality, the family members of a Union citizen who have the right of residence or the right of permanent residence in a Member States shall be entitled to engage in gainful activity there, in an employed or self-employed capacity;

– Article 24 Equal treatment. Subject to such specific provisions as are expressly provided for in the Treaty and secondary law, all Union citizens residing within the territory of the host Member State shall enjoy equal treatment with the nationals of that State within the scope of the Treaty. The benefit of this right shall be extended to family members who are not nationals of a Member State but enjoy the right of residence or the right of permanent residence.

Moreover, in its Communication on the common position adopted on 5 December 2003, the Commission emphasises that Article 24 of the soon-to-be Directive is in line with Article 12 EC.[28]

Once adopted, the Directive will repeal[29] (and replace and complement) Articles 10 and 11 of Regulation No. 1612/68, which are the provisions subject to derogations under the transitional arrangements as concerns family members. It will also repeal (and replace and complement) Directive 68/360/EEC, also referred to within the temporary derogations under the Accession Treaty. These new provisions will apply two years after the date of publication of the final Directive. This Directive will not be adopted until after the date of enlargement. Does this mean that the temporary derogations under the Accession will become defunct when the Directive enters into force. When the Member States have transposed it? Will the Accession Treaty be revised to take account of such changes and is this possible? So far there is no mention in the proposal or the common position of the possible interaction between the Accession Treaty and the new regime.

C. EEA and Switzerland – Better Treatment than New Members' Nationals

Agreement[30] was reached on 11 November 2003 on the participation of the Ten in the European Economic Area (hereafter the EEA Enlargement Agreement). It amends the EEA Agreement and will enter into force on 1 May 2004. The same transition periods have been incorporated into the EEA Enlargement Instrument for the Internal Market

[28] See also recital 20 of the Preamble in the Common Position.

[29] See Article 35 of the proposal COM(2003)199 *supra* (although the common position changes the numbering of this Article).

[30] http://secretariat.efta.int/Web/EuropeanEconomicArea/EEAAgreement/eeaenlargementagreement/EEA%20Enlargement%20Agreement/EEAEnlargementAgreementmaintextEN.pdf.

acquis as contained in the EU Accession Treaty. This has been done by amending[31] Annex V to the EEA Agreement. Liechtenstein's special arrangement under the EEA Agreement with respect to the free movement of persons has been maintained.[32] In addition, there is also the possibility of invoking an internal market safeguard clause in the event of a serious breach of the functioning of the Internal Market during the first three years in line with the EU Accession Treaty. The Internal Market safeguard clause is dealt with further below. The ratification of the EEA Agreement however, is unlikely to be achieved before 1 May 2004.[33] This poses an additional uncertainty.

As for Switzerland, the bilateral Agreement on the Free Movement of Persons between the EU and Switzerland entered into force on 1 June 2002 and is currently under its own transitional regime. The bilateral Agreement on the Free Movement of Persons between the EU and Switzerland is a mixed agreement. The "guillotine" or termination clause[34] applies in the event that Switzerland rejects an extension of the agreement. This clause will automatically annul the other six EU-Switzerland sectoral agreements also.[35] Until 31 May 2004, the Parties agree to give priority to indigenous workforce and maintain salary controls and quotas will apply until 31 May 2007. This agreement is in force until 2009, after which time the Federal Assembly, possibly subject to referendum, must decide whether to continue the arrangement. Extension and revision of the existing regime, subject to potential referendum in Switzerland, is expected to enter into force in 2005 at the earliest. In any case, a safeguard clause is in place to enable Switzerland to apply restrictions in the event of serious disturbances until 2014.

Transitional arrangements under this agreement for the Ten new Member States are still under negotiation. Initially the Commission simply aimed to extend the sectoral agreement for the workers to the new Member States, thus extending equal treatment, and giving preference to Swiss nationals, together with a quota system subject to preference for Swiss nationals and further liberalisation, all the while subject

31 See Annex B to the EEA Enlargement Agreement at 9-10.

32 http://secretariat.efta.int/EFTASec/Web/EFTAConvention/EFTAConventionTexts/ProtocolSwissLiecht.pdf.

33 Thanks to Adam LAZOWSKI for his information on this point concerning the fact that Poland is unlikely to have ratified before enlargement.

34 It means that all the agreements came into force together and will also come to an end together if any one of them is terminated.

35 These agreements relate to road and rail transport, air transport, public procurement, mutual recognition and conformity assessment, technological and scientific co-operation and the trade in agricultural produce. See O.J. (2002) L 114, p. 1-480.

to an overarching safeguard mechanism until 2014.[36] As at February 2004, the negotiations between the EU and Switzerland have reached some agreement, namely that Switzerland will be entitled to the same seven-year transitional arrangement as applies under the Accession Treaty (Switzerland has sought to maintain the existing safeguard clause until 2014). In this way, the Fifteen's nationals will have access to the Swiss market as of 2007 but the eight CEECs will not gain such access until 2011. The situation of Cypriots or Maltese is not as yet clear. The European Commission declared that agreement would be reached and enter into force on the date of enlargement itself.[37] This is not necessarily the case as negotiations are ongoing on the quota numbers. If the transitional regime is not agreed before the date of enlargement, all Ten new Member States will be treated as third country nationals in Switzerland. Of course, a referendum is more than likely for the Swiss. If it is positive the new regime will enter into force mid-2005. In the mean time, the Swiss intend to treat all Ten new Members' nationals as third country nationals.

Again, the very of notion of non-discrimination between Member States and Article 12 EC raises its head. The upshot of this situation is that upon accession, the CEEC Member States' nationals will be subject (potentially) to:

– less-advantageous treatment compared to the Fifteen's nationals' access to the EEA partner countries or Switzerland but also;

– less-advantageous treatment in the European Union compared to non-member states – i.e. the EEA partner countries and Switzerland.

V. A General Uncertain Legal Context for the *Acquis* Concerning Persons

It is useful to briefly comment on other provisions of the Accession Treaty that might also serve to restrict the freedom of movement the Tens' nationals. Safeguard measures may further restrict CEEC nationals, in addition to above the national restrictions. There will be two types of safeguard measures; those for the Justice and Home Affairs *acquis* and those in respect of the Internal Market. Moreover, the Schengen *acquis* will not automatically apply as of 1 May 2004.

---

36 Thank you Andrea OTT on the EU-Swiss relations.

37 Commission release of 20 September 2003, http://www.europa.eu.int/comm/external_relations/switzerland/intro/ip03_1419.htm.

The *acquis* on Freedom of Movement of Persons is adapted according to Article 20 Act of Accession.[38] In the November 2003 annual reports on the preparedness of the candidates for accession, the Commission seems convinced of the readiness of the Ten to accede in this chapter of the *acquis*. However, the Commission notes that serious concerns arise as to the level of preparedness of the new Member States in this chapter of the *acquis*. Where these failures by the Ten are not remedied, the Commission may take safeguard measures against them under Article 38 of the Accession Treaty. The areas of serious concern listed include:

– minimum training requirements and mutual recognition rules for a number of professions including healthcare professions. The countries concerned are the Czech Republic, Estonia, Latvia, Lithuania, Poland and Slovenia. The Commission highlights the fact that professionals from those countries would be excluded from exercising their profession in another Member State until the gap has been filled;

– labour law and equal treatment of women and men by Estonia. Estonia has been warned to transpose legislation in this field, to set up the necessary administrative capacity and to acquaint private operators with the new rules once adopted in order that the rules may be properly applied as of 1 May 2005. Apart from denying the benefits of the rules to Estonian citizens, this would also result in unequal competitive conditions between Member States.

– failure by the Czech Republic to implement and enforce the social and technical *acquis* concerning access to the professions of and markets in road transport. The result is that Czech road hauliers will be operating at more advantageous conditions that other EU Member States and less safely at that.

The same Internal Market safeguard clause is also incorporated into the EEA Enlargement Instrument by direct reference[39] to Article 38 Act of Accession of 16 April 2003.

Having mentioned the safeguard clause for the Internal Market, it is relevant to mention briefly the safeguard clause concerning the Justice and Home Affairs *acquis*, contained in Article 39 Act of Accession. This safeguard clause provides that temporary safeguard measures take the form of "*temporary suspension* of the application of the relevant provisions and decisions in the relations between a new Member State and any other Member State or Member States" [italics added]. But

[38] See the Accession Treaty at Annex II, p. 179 to 334 social security, free movement of workers; mutual recognition of professional qualifications; and citizens' rights. Social policy and employment, as a distinct chapter, is also adapted Annex II, p. 584.

[39] See Protocol 44 on the application of Article 112 of the EEA Agreement.

Article 39[40] only applies in the event of "serious shortcomings or any imminent risks of such shortcomings in the transposition, state of implementation, or the application of the laws concerned *in a new Member State*".[41] Compared to the Internal Market safeguard clause, this safeguard clause contains no reference to non-discrimination nor to proportionality – this clause is about trust between Member States.[42] The scope of application of the Justice and Home Affairs safeguard clause reaches to "framework decisions or any other relevant commitments, instruments of co-operation and decisions relating to mutual recognition in the area of criminal law under Title VI of the EU Treaty and Directives and Regulations relating to mutual recognition in civil matters under Title IV of the EC Treaty."

It appears that blind spots also arise in relation to the use of this safeguard clause. Professor PEERS[43] highlights the fact that such safeguard measures may be challenged by Member States directly or by individuals through national courts by way of analogy from the rules concerning civil law (in Title IV EC) or criminal law (Title VI EU) as the case may be. However, he also points out that there is a great ambiguity concerning the definition of the criminal law measures covered. Article 39 Act of Accession does not specify whether the safeguards relate to acts adopted by the Council within the Title VI EU framework or whether they can also apply to Council of Europe or UN measures.

Certain provisions of the Accession Treaty are not transitional arrangements as such but serve to delay the entry into force in the future new Member States of specific areas of the *acquis*, notably the Schengen *acquis* and the single currency. Put simply the new nembers must meet all provisions not relating to internal border controls. Annexed to the Act of Accession is a list of provisions of the Schengen *acquis* as integrated into the framework of the European Union and the act build-

---

40 "If there are serious shortcomings or any imminent risks of such shortcomings in the transposition, state of implementation, or the application of the framework decisions or any other relevant commitments, instruments of co-operation and decision relating to mutual recognition in the area of criminal law under Title VI of the EU Treaty and Directives and Regulations relating to mutual recognition in civil matters under Title IV of the EC Treaty in a new Member State."

41 This is an explicit continuation of the pre-accession conditionality applied to the new Member States. See for example the Joint Action 98/429/JHA of 29 June 1998 adopted by the Council on the basis of Article K.3 of the Treaty on European Union, establishing a mechanism for collective evaluation of the enactment, application and effective implementation by the applicant countries of the *acquis* of the European Union in the field of Justice and Home Affairs.

42 See the "Commission's Guide to the Negotiations chapter by Chapter", 20 December 2002, p. 73.

43 Statewatch Analysis, entitled "The EU Accession Treaty", on www.statewatch.com.

ing upon it or otherwise related to be binding on and applicable in the new Member States as from accession.[44] Article 3 of the Act of Accession, however, makes clear that while these provisions of the Schengen *acquis* will be binding on the new Member States from the date of accession, they

> shall only apply in a new Member State pursuant to a Council decision to that effect after verification in accordance with the applicable Schengen evaluation procedures that the necessary conditions for the application of all parts of the *acquis* concerned have been met in that new Member State and after consulting the European Parliament.[45]
>
> The members of the Council representing the Governments of Ireland and of the United Kingdom of Great Britain and Northern Ireland shall take part in such a decision insofar as it relates to the provisions of the Schengen *acquis* and the acts building upon it or otherwise related to it in which these Member States participate.[46]

Conclusions

Consequently, transitional arrangements for migrant workers will subject the citizens of the enlarged European Union to differing regimes depending on the Member State in which they want to work. Uncertainty arises in the possible suspension of rights under the Internal Market safeguard clause and also the Justice and Home Affairs safeguard clause contained in the Accession Treaty. Moreover, the Schengen *acquis* will not automatically apply to the new Member States upon enlargement.

However the bulk of this paper has explored the matter of the transitional arrangements on workers. It comprises a tightly framed system of derogations designed to slow down the full integration of eight of the new Member States into the *acquis* on the free movement of workers. This contrasts with the ongoing efforts of contingents of Member States to seek flexible mechanisms to forge ahead with integration and co-operation in other areas of European Union activity. In their Joint Declarations[47] accompanying the Accession Treaty, the Fifteen have been certain to make known their intention by stressing "the strong

---

44 See Annex I to the Act of Accession, p. 64-72.

45 Article 3(2), paragraph 1, Act of Accession.

46 Article 3(2), paragraph 2, Act of Accession. Article 32(3) and (4) bind the new Members to Article 6 of the Schengen Protocol (concerning the Agreements with the UK, Ireland, Iceland and Norway) and require that the new Member accede to the conventions and instruments under the EU Treaty, title VI) as well as to introduce administrative and other arrangements for co-operation under the EU Treaty.

47 Declarations to Final Act of the Accession Treaty: 6, 7, 10, 11, 13, 15, 16 and 18.

elements of differentiation and flexibility in the arrangements for the free movement of workers". And there is nothing in the Accession Treaty that prevents the Fifteen from instituting different regimes for the CEECs, although such an outcome would be pushing the limits of solidarity among Member States to its limits. The Fifteen Member States do give some indication of their good will or political intent to "endeavour to grant increased labour market accession [...] under national law" and "to make best use of the proposed arrangement to move as quickly as possible to the full application of the *acquis* in the area of free movement of workers". Then again, such Declarations are no more than that – declarations – and in any case, a General Joint Declaration expressly states that "the Declarations to this Final Act cannot be interpreted or applied in any way contrary to the obligations of the Member States arising from the Treaty and Act of Accession".[48]

Of course, if all of the Fifteen chose not to derogate from the Community regime in favour of their national regimes as at the date of enlargement, there would be no such difference in treatment. At the time of signature of the Accession Treaty on 16 April 2004, the Fifteen did not intend to make use of the derogations under the Accession Treaty although Germany and Austria had expressed secured "flanking measures" in the services sector. Since then, however, the Member States have constantly been changing their minds.[49] It seems that all of the Fifteen (and most probably also the EEA partners and Switzerland) will chose to make use of the temporary derogations from the workers chapter of the *acquis*. In recent months this situation has changed dramatically with the result that at the date of concluding this paper, all of the Fifteen Member States have made public their intention to restrict CEEC workers from their markets.

Thus, for example, Denmark has declared its intention not only to adopt new measures to restrict the access of cheap labour as of the date of enlargement but also to specify the number of jobs available to the CEEC nationals in addition to specifying a fixed tariff. As far as the Netherlands is concerned, it has decided to follow Germany in order to remove any risk of received deflected movement of CEEC workers upon enlargement. The UK and Ireland also have instituted measures. While on 9 February 2004 the British Home Secretary publicly announced plans to encourage CEEC jobseekers after enlargement, by 18

48 General Joint Declaration 21 to the Final Act of the Accession Treaty.

49 A search on the EU observer website gives examples: www.euobserver.com/index.phtml?aid=6886, www.euobserver.com/index.phtml?aid=8703, www.euobserver.com/index.phtml?aid=9016. Thanks to Atilla BORSOS on Hungarian papers.

February 2004[50] Tony BLAIR has announced: tighter rules on "habitual residence" to prevent workers' entitlements to social security; work permits (not used in the UK) for the new members workers, and other controls if the number of immigrants workers rose above the predicted 13 000 per year.

So, citizens of the Fifteen will continue to be subject to and benefit from the *acquis* as it stands today when working in another of the Fifteen. Migrant workers from the Fifteen may be subject to differing restrictions in the CEECs and Malta compared to their home country. Likewise, migrant workers from the CEECs may be subject to different regimes in the Fifteen and Malta compared to nationals of the Fifteen, Malta and Cyprus. And the same derogations available to the Fifteen are also available to the EEA partners and Switzerland (although the Swiss deal is not finalised as yet).

It is unlikely that the drafters of the Accession Treaty intended to sacrifice legal certainty to flexibility. At first glance the transitional regime for national derogations from the *acquis* appear tightly drafted and designed to cover every eventuality, drawing precise boundaries around what may or may not be derogated from and thereby limiting the extent of national measures. However, legal blind spots arise in an examination of the seven-year transitional system for workers contained in the Accession Treaty. Consequently, the Accession Treaty's transitional arrangements on the movement of persons undermine legal certainty for workers in an enlarged EU. Most obvious among these blind spots is the fact that the principle of non-discrimination, contained in Article 12 EC, seems to be compromised in the interests of flexibility. The fact that non-Member countries, namely the EEA partners and Switzerland may institute the same transitional measures against Member States accentuates this. It makes the notion of Community preference seem empty. Moreover, there is a regression in rights of family members compared to the situation under the Europe Agreements, which will be superseded by the Accession Treaty on 1 May 2004. And how can this situation be reconciled with the notion of citizenship? Ultimately, the question must be: where are the limits between flexibility and discrimination?

---

50 See for example, www.theguardian.com, searching under the term "migrants".

LE CAS DE LA LIBRE CIRCULATION DES RESSORTISSANTS DES ÉTATS TIERS – PAR EXTENSION DES DROITS

CHAPITRE 6

Régime juridique des ressortissants d'États tiers membres de la famille d'un citoyen de l'Union

Cédric CHENEVIÈVRE

Assistant à l'Institut d'études juridiques européennes à l'Université de Liège

Introduction

Le droit communautaire bénéficie principalement aux ressortissants des États membres de l'Union européenne (ci-après « l'Union » ou « l'UE »). Pendant longtemps, le traité communautaire (ci-après « le Traité CE ») ne s'est que peu ou prou intéressé aux ressortissants des États tiers. Certes, durant quarante ans (1957-1997), l'on vit émerger certaines dispositions dans des accords internationaux conclus avec des États tiers voire dans le droit communautaire qu'il soit primaire ou dérivé. Cependant, il fallut attendre Amsterdam pour qu'enfin un titre du traité vise spécifiquement des non européens (Titre IV du Traité CE intitulé « Visas, asile, immigration et autres politiques liées à la libre circulation des personnes »).

Au travers du prisme de la nationalité, le droit communautaire connaît deux types de ressortissants : ceux émanant des États membres (qualifiés depuis Maastricht de « citoyens de l'Union ») et ceux disposant exclusivement de la nationalité d'un État tiers. Ces deux catégories doivent encore être subdivisées. En premier lieu, le Traité CE distingue les citoyens de l'Union présentant un facteur de rattachement communautaire et les autres. Ce facteur de rattachement réside soit en la migration du citoyen d'un État membre à l'autre, soit en la possession de la nationalité d'un État membre autre que celle de l'État de sa résidence. Cette distinction est opérée afin de réserver aux seuls citoyens présentant ce facteur de rattachement la plupart des droits reconnus par le Traité CE. En second lieu, le droit communautaire traite différemment les ressortissants d'États tiers présentant une parenté ou une alliance avec un citoyen de l'Union et ceux dépourvus d'un tel lien familial. Cette distinction est patente en matière d'accès et de séjour sur le territoire des États membres.

Cette contribution analysera le statut accordé aux ressortissants étrangers par la directive 2004/38/CE (ci-après « la directive ») relative au droit des citoyens de l'Union et des membres de leur famille de circuler et de séjourner librement sur le territoire des États membres.[1] Cette directive, applicable dès le 30 avril 2006, propose un régime juridique unique en matière d'accès et de séjour entre les États membres aux citoyens de l'Union migrant mais également aux membres de leur famille, même ressortissants d'États tiers.[2] Avant d'étudier les droits reconnus par cette directive (II), il y a lieu de définir qui en sont ses bénéficiaires (I). La directive n'innovant que fort peu, nous illustrerons notre propos en nous référant à la jurisprudence que la Cour de justice a rendue antérieurement sous l'empire des différents textes sectoriels.

I. Bénéficiaires de la directive

La principale caractéristique de la directive réside en sa base juridique. C'est en effet le premier texte de droit communautaire qui se fonde exclusivement sur l'article 18 CE. La citoyenneté de l'Union se révèle ainsi la clé de voûte de ce texte. Le recours à cette base juridique a pour avantage de transcender les classifications usuelles du droit communautaire. Auparavant, de nombreux textes sectoriels régissaient les questions d'accès et de séjour sur le territoire des États membres selon que l'opérateur économique était un travailleur salarié, un travailleur indé-

---

1 Directive 2004/38/CE du Parlement européen et du Conseil du 29 avril 2004 relative au droit des citoyens de l'Union et des membres de leur famille de circuler et de séjourner librement sur le territoire des États membres, modifiant le règlement (CEE) n° 1612/68 et abrogeant les directives 64/221/CEE, 68/360/CEE, 72/194/CEE, 73/148/CEE, 75/34/CEE, 75/35/CEE, 90/364/CEE et 93/96/CEE (version rectifiée), *J.O.U.E.*, 29 juin 2004, L 229, p. 35. Sur les premières analyses de la directive, voyez entre autres : CANDELA SORIANO, M. et CHENEVIÈVRE, C., « Droit au regroupement familial et droit au mariage du citoyen de l'Union européenne et des membres de sa famille à la lumière de la directive 2004/38/CE », *R.T.D.H.*, 64/2005, p. 897 ; ILIOPOULOU, A., « Le nouveau droit de séjour des citoyens de l'Union et des membres de leur famille : la directive 2004/38/CE », *R.D.U.E.*, 3/2004, p. 523 ; MUÑOZ, R., « La directive 2004/38/CE : une avancée ? » *Liber Professorum Collège d'Europe*, P. Demaret, I. Govaere, D. Hanf (ed.), Peter Lang, 2005.

2 Dans l'hypothèse où aucun ressortissant communautaire n'appartient au noyau familial d'un ressortissant d'un État tiers, c'est la directive 2003/86/CE (du Conseil, du 22 septembre 2003 relative au droit au regroupement familial, *J.O.U.E.*, 3 octobre 2003, L 251, p. 12) qui s'appliquera. Notons toutefois que cette directive ne produit pas ses effets au Danemark, au Royaume-Uni et en Irlande.

pendant, un retraité, un inactif ou encore un étudiant.[3] La directive 2004/38/CE remplace presque la totalité de ces dispositions et leur substitue un régime unique.

Au premier chef, la directive vise donc les citoyens de l'Union. Toutefois, elle impose que ceux-ci présentent un facteur de rattachement communautaire. Nous allons y revenir brièvement (A). Si un ressortissant communautaire ressortit du champ d'application de la directive, les membres de sa famille en profiteront également de manière subséquente. Encore faut-il examiner qui entre dans la définition du noyau familial au sens de la directive (B).

---

[3] Règlement (CEE) n° 1612/68 du Conseil, du 15 octobre 1968, relatif à la libre circulation des travailleurs à l'intérieur de la Communauté, *J.O.C.E.*, 19 octobre 1968, L 257, p. 2 à 12 ; Directive 64/221/CEE du Conseil, du 25 février 1964, pour la coordination des mesures spéciales aux étrangers en matière de déplacement et de séjour justifiées par des raisons d'ordre public, de sécurité publique et de santé publique, *J.O.C.E.*, 4 avril 1964, p. 56, p. 850 à 857 ; Directive 68/360/CEE du Conseil du 15 octobre 1968 relative à la suppression des restrictions au déplacement et au séjour des travailleurs des États membres et de leur famille à l'intérieur de la Communauté, *J.O.C.E.*, 19 octobre 1968, L 257, p. 13 à 16 ; Directive 72/194/CEE du Conseil, du 18 mai 1972, étendant aux travailleurs qui exercent le droit de demeurer sur le territoire d'un État membre après y avoir occupé un emploi, le champ d'application de la directive du 25 février 1964 pour la coordination des mesures spéciales aux étrangers en matière de déplacement et de séjour justifiées par des raisons d'ordre public, de sécurité publique et de santé publique, *J.O.C.E.*, 26 mai 1972, L 121, p. 32 ; Directive 73/148/CEE du Conseil, du 21 mai 1973, relative à la suppression des restrictions au déplacement et au séjour des ressortissants des États membres à l'intérieur de la Communauté en matière d'établissement et de prestation de services, *J.O.C.E.*, 28 juin 1973, L 172, p. 14 à 16 ; Directive 75/34/CEE du Conseil, du 17 décembre 1974, relative au droit des ressortissants d'un État membre de demeurer sur le territoire d'un autre État membre après y avoir exercé une activité non salariée, *J.O.C.E.*, 20 janvier 1975, L 14, p. 10 à 13 ; Directive 75/35/CEE du Conseil, du 17 décembre 1974, étendant le champ d'application de la directive 64/221/CEE pour la coordination des mesures spéciales aux étrangers en matière de déplacement et de séjour justifiées par des raisons d'ordre public, de sécurité publique et de santé publique, aux ressortissants d'un État membre qui exercent le droit de demeurer sur le territoire d'un autre État membre après y avoir exercé une activité non salariée, *J.O.C.E.*, 20 janvier 1975, L 14, p. 14 ; Directive 90/364/CEE du Conseil, du 28 juin 1990, relative au droit de séjour, *J.O.C.E.*, 13 juillet 1990, L 180, p. 26 et 27 ; Directive 90/365/CEE du Conseil, du 28 juin 1990, relative au droit de séjour des travailleurs salariés et non salariés ayant cessé leur activité professionnelle, *J.O.C.E.*, 13 juillet 1990, L 180, p. 28 et 29 ; Directive 93/96/CEE du Conseil, du 29 octobre 1993, relative au droit de séjour des étudiants, *J.O.C.E.*, 18 décembre 1993, L 317, p. 59 et 60. Précisons que le règlement 1612/68/CEE est maintenu, seuls ses articles 10 et 11 ont été abrogés par la directive.

A. Le citoyen de l'Union

Le premier bénéficiaire de la directive est le citoyen de l'Union « qui se rend ou séjourne dans un État membre autre que celui dont il a la nationalité ».[4]

Aux termes de l'article 17 CE, « est citoyen de l'Union toute personne ayant la nationalité d'un État membre ». Cette définition doit être complétée par la jurisprudence *Micheletti* de la Cour de justice selon laquelle en cas de cumul de nationalités à la fois d'un État membre et d'un État tiers, la nationalité « communautaire » doit primer dans le champ d'application matérielle du Traité CE.[5]

Bien que la directive ne semble envisager que l'hypothèse des citoyens migrants d'un État membre à l'autre, il faut également y inclure les citoyens qui, sans jamais avoir quitté l'État membre de leur résidence, dispose d'une nationalité autre que celle de ce dernier.[6] Ainsi dans l'arrêt *Zhu et Chen*, la Cour de justice considéra au sujet d'une fillette de nationalité irlandaise née à Belfast (Irlande du Nord) qui s'était rendue, par la suite, à Cardiff (Pays de Galles) que

> la situation du ressortissant d'un État membre qui est né dans l'État membre d'accueil et qui n'a pas fait usage du droit à la libre circulation ne saurait de ce seul fait, être assimilée à une situation purement interne privant ledit ressortissant du bénéfice dans l'État membre d'accueil des dispositions du droit communautaire en matière de libre circulation et de séjour des personnes.[7]

Si le citoyen de l'Union ne présente aucun de ces deux facteurs de rattachement, il ne bénéficiera pas de la directive.[8] Par exemple, il ne pourra pas exiger que les membres de sa famille résidant en dehors de

---

4 Article 3, 1 de la directive.

5 En l'espèce, la Cour de justice n'a pas accepté que l'Espagne excipe le manque d'effectivité de la nationalité italienne de M. MICHELETTI pour refuser à ce ressortissant (qui était également argentin) le droit de s'établir sur son territoire : C.J.C.E., 7 juillet 1992, affaire C-369/90, *Micheletti*, *Rec.*, p. I-4239. Voyez aussi, l'arrêt *Collins* concernant un ressortissant à la fois irlandais et américain : C.J.C.E., 23 mars 2004, affaire C-138/02, *Collins*, *Rec.*, p. I-2703.

6 C.J.C.E., 2 octobre 2003, affaire C-148/02, *García Avelló*, *Rec.*, p. I-11613, points 26 et 27.

7 C.J.C.E., 19 octobre 2004, affaire C-200/02, *Zhu et Chen*, *Rec.* p. I-9925.

8 C.J.C.E., 25 juillet 2002, affaire C-459/99, *MRAX*, *Rec.* p. I-6591, point 39. Sur l'exclusion du bénéfice des dispositions communautaires en cas de situation purement interne, voyez : C.J.C.E., 27 octobre 1982, affaires jointes 35/82 et 36/82, *Morson*, *Rec.* p. 3723 (concernant des mères surinamaises de ressortissants néerlandais) ; C.J.C.E., 18 octobre 1990, affaires jointes C-297/88 et C-197/89, *Dzodzi*, *Rec.* p. I-3763 (concernant la veuve togolaise d'un citoyen belge) ; C.J.C.E., 5 juin 1997, affaires jointes C-64/96 et C-65/96, *Uecker et Jacquet*, *Rec.* p. I-3171 (concernant les épouses de deux ressortissants allemands, l'une norvégienne, l'autre russe).

l'Union le rejoignent. Ainsi, selon la Commission et le Médiateur européen, l'Espagne a pu valablement s'opposer à l'entrée sur son territoire du partenaire argentin d'un citoyen espagnol, ce dernier ayant toujours résidé dans son pays d'origine.[9] En revanche, si le citoyen entre dans le champ d'application *ratione personae* de la directive, il étendra le bénéfice de ce texte aux membres de sa famille.

B. Les membres de sa famille

La directive 2004/38/CE garantit des droits aux membres de la famille du citoyen de l'Union quelque soit leur nationalité.[10] Du moins, reconnaît-elle des droits aux noyau dur du cercle familial du citoyen : son conjoint (le cas échéant, son partenaire enregistré) ainsi qu'à leurs ascendants et descendants directs.[11] Dans les différents textes sectoriels que la Communauté avait adoptés, elle avait toujours veillé à protéger ce noyau dur.[12] La principale innovation de la directive en cette matière tient en l'insertion des partenariats. Cette reconnaissance suit l'évolution sociologique européenne des dernières années et répond également à une lacune du droit communautaire. En effet, seul le conjoint était envisagé dans les différents textes sectoriels et la Cour de justice avait refusé, dans l'arrêt *Reed*, d'interpréter largement cette notion pour y inclure les couples non mariés.[13]

---

9 Dans cette affaire, un citoyen espagnol résidant en Espagne entendait faire venir son partenaire argentin (de même sexe) au nom du regroupement familial. Les autorités espagnoles refusèrent. Les plaignants demandèrent à la Commission de poursuivre cet État. La Commission s'y refusa. Tant celle-ci que le Médiateur ont rappelé que même si la directive 2004/38/CE avait été d'application, le requérant espagnol n'aurait pas pu en tirer des droits car il ne présentait aucun facteur de rattachement communautaire. Décision du Médiateur européen (1687/2003/JMA du 10 mars 2005 / Communiqué de presse EO/05/5 du 2 mai 2005) confirmant une décision de la Commission de ne pas poursuivre l'Espagne dans un cas allégué de discrimination fondée sur l'orientation sexuelle en matière de regroupement familial.

10 Pour une analyse des différentes catégories de membres de la famille du citoyen de l'Union (et notamment du statut des conjoints et partenaires transsexuels ou homosexuels), voyez CANDELA SORIANO et CHENEVIÈVRE, *supra* note 1.

11 Article 3, 1 lu en combinaison avec l'article 2, 2 de la directive.

12 Il existait toutefois des différences de contenu entre les différents textes abrogés par la directive 2004/38/CE : article 10 du règlement 1612/68 (« a) son conjoint et leurs descendants de moins de vingt et un an ou à charge ; b) les ascendants de ce travailleur et de son conjoint qui son à sa charge ») ; articles 1 et 2, 2 des directives 90/364 et 90/365 (« a) [le] conjoint et leurs descendants à charge ; b) les ascendants du titulaire du droit de séjour et de son conjoint qui sont à sa charge ») ; articles 1 et 2, 2 de la directive 93/96 (« [le] conjoint [de l'étudiant] et leurs enfants à charge »).

13 « En l'absence de toute indication d'une évolution sociale d'ordre général qui justifierait une interprétation extensive, et en l'absence de toute indication contraire dans le règlement [1612/68], il faut constater que, en utilisant le mot 'conjoint',

1. Le partenaire (marié ou enregistré)

La première catégorie vise le conjoint, c'est-à-dire le partenaire marié du citoyen de l'Union. Les juges européens ont précisé dans l'arrêt *Singh* que le conjoint de nationalité indienne d'une travailleuse britannique, bien qu'en instance de divorce, continuait à tirer des droits des dispositions communautaires tant que le lien conjugal n'était pas dissous.[14] L'article 35 de la directive aménage, cependant, une clause dérogatoire permettant aux États membres d'adopter des mesures pour refuser, annuler ou retirer tout droit conféré par la directive « en cas d'abus de droit ou de fraude, tels que les mariages de complaisance ».

Dans l'arrêt *Carpenter*, une ressortissante philippine en situation illégale au Royaume-Uni avait épousé un ressortissant britannique. Opérant la balance des intérêts en présence, les juges de Luxembourg estimèrent que la mesure d'éloignement prise à l'encontre de Mme Carpenter était disproportionnée. Ils constatèrent que si l'épouse de M. Carpenter avait certes enfreint les lois sur l'immigration,

> sa conduite, depuis son arrivée au Royaume-Uni [...], n'a fait l'objet d'aucun autre reproche de nature à faire craindre qu'elle constitue à l'avenir un danger pour l'ordre public et la sécurité publique. Par ailleurs, il est constant que le mariage des époux Carpenter [...] est un mariage authentique et que Mme Carpenter y mène toujours une vie familiale effective en s'occupant des enfants de son conjoint, issus d'une première union.[15]

La question de l'abus de droit et des mariages de complaisance fut également au centre de l'affaire *Akrich*.[16] M. AKRICH, de nationalité marocaine, fut expulsé du Royaume-Uni à de nombreuses reprises suite, notamment, à la commission d'infractions (tentative de vol, utilisation de carte d'identité volée et utilisation d'une fausse carte d'identité). Après être revenu clandestinement dans cet État, il a épousé une ressortissante britannique. Peu de temps après, il demanda une autorisation de séjourner en tant que conjoint d'un ressortissant du Royaume-Uni. Arrêté, il fut expulsé vers l'Irlande où résidait depuis peu son épouse. Six mois plus tard, il demanda la révocation de l'ordonnance d'expulsion et un permis d'entrer en tant que conjoint d'une personne établie au Royaume-Uni. Le Secretary of State refusa arguant que le déménagement du couple en Irlande ne fut rien d'autre qu'une absence temporaire visant délibérément à forger un droit de résidence pour M. AKRICH à

---

l'article 10 du règlement vise seulement un rapport fondé sur le mariage » (C.J.C.E., 17 avril 1986, affaire 59/85, Reed, Rec. point 15).

[14] C.J.C.E., 7 juillet 1992, affaire C-370/90, *Singh*, *Rec.* p. I-4265.

[15] C.J.C.E., 11 juillet 2002, affaire C-60/00, *Carpenter*, *Rec.* p. I-6279, point 44.

[16] C.J.C.E., 23 septembre 2003, affaire C-109/01, *Akrich*, *Rec.* p. I-9607.

son retour au Royaume-Uni et ainsi éluder les dispositions de la législation nationale du Royaume-Uni. Il doutait entre autre que Mme AKRICH ait réellement exercé les droits découlant du Traité CE en tant que travailleur salarié d'un autre État membre. En effet, si Mme AKRICH était restée au Royaume-Uni, son mari n'aurait pas pu se prévaloir du règlement 1612/68/CEE pour séjourner auprès d'elle, faute de facteur de rattachement communautaire. En se rendant en Irlande et en y travaillant, Mme AKRICH a, au contraire, acquis la qualité de travailleur salarié et elle put revendiquer le droit au regroupement familial consacré par ce règlement. Se référant à l'arrêt *Singh*, la Cour de justice rappela que

> les intentions qui ont pu inciter un travailleur d'un État membre à chercher du travail dans un autre État membre sont indifférentes en ce qui concerne son droit d'entrée et de séjour sur le territoire de ce dernier État, du moment où il exerce ou souhaite exercer une activité réelle et effective. [...] De telles intentions ne sont pas davantage pertinentes pour apprécier la situation juridique du couple au moment du retour dans l'État membre dont le travailleur est ressortissant.[17]

Selon les juges européens, un tel comportement ne constituait pas un abus au sens de la jurisprudence *Singh*, même si M. AKRICH ne disposait pas d'un droit de séjour au Royaume-Uni au moment où le couple s'était établi en Irlande. La Cour releva toutefois qu'il pourrait y avoir abus en cas de mariage de complaisance dans le but de contourner les dispositions relatives à l'entrée et au séjour des ressortissants de pays tiers.[18]

La deuxième catégorie concerne les partenariats enregistrés. La directive prend d'infinies précautions en aménageant un pouvoir d'appréciation à l'État d'accueil et en exigeant la réunion de plusieurs conditions.[19] Ces précautions résultent du compromis dégagé au Conseil entre les États favorables à la reconnaissance des partenariats et les États qui y demeuraient rétifs. Il n'y a pour l'heure aucune jurisprudence.[20]

---

17 Arrêt *Akrich*, points 55 et 56.

18 Arrêt *Akrich*, point 57. Le Royaume-Uni n'avait pas remis en cause la validité du mariage des époux AKRICH.

19 « [L]e partenaire avec lequel le citoyen de l'Union a contracté un partenariat enregistré, sur la base de la législation d'un État membre, si, conformément à la législation de l'État membre d'accueil, les partenariats enregistrés sont équivalents au mariage, et dans le respect des conditions prévues par la législation pertinente de l'État membre d'accueil » (Article 2, 2, b de la directive).

20 Pour une analyse approfondie du régime juridique des partenariats, voyez CANDELA SORIANO et CHENEVIÈVRE, *supra* note 1.

2. *Les enfants et les parents*

La troisième catégorie englobe « les descendants directs qui sont âgés de moins de vingt et un ans ou qui sont à charge, et les descendants directs du conjoint ou du partenaire [enregistré] ».[21] À la lecture de cette définition, on comprend que la directive entend insérer dans le noyau familial les enfants – communs ou non – du couple. À l'inverse, la directive en exclut les petits-enfants ou d'autres descendants. En effet, elle a délibérément utilisé l'expression « les descendants directs » et non « les descendants *en ligne* directe ». À nouveau, la directive vise tous les enfants du couple quelle que soit leur nationalité. Il s'agit d'une confirmation puisque tant le droit dérivé que la jurisprudence l'avaient déjà consacré auparavant.[22]

Ainsi, dans l'arrêt *Deak*, la Cour confirma qu'un ressortissant hongrois, fils d'une travailleuse salariée italienne, était en droit de réclamer à l'État d'accueil (en l'espèce, la Belgique) les allocations d'attente prévues en faveur des jeunes demandeurs d'emploi par la législation nationale, ces allocations constituant un avantage social au sens de l'article 7, 2 du règlement 1612/68/CEE.[23]

Enfin, la dernière catégorie comprend les « ascendants directs 'à charge' et ceux du conjoint ou du partenaire [enregistré] ».[24] Selon une jurisprudence constante, « la qualité de membre de la famille 'à charge' du titulaire résulte d'une situation de fait caractérisée par la circonstance que le soutien matériel du membre de la famille est assurée par le titulaire du droit de séjour ».[25] En d'autres termes, dans le cadre de la directive, cet article n'autorise pas la venue des parents (voire des beaux-parents) du citoyen de l'Union – qui bien que disposant personnellement de ressources suffisantes – ne sont pas à charge de ce dernier.

La Cour fut confrontée à cette hypothèse dans l'arrêt *Zhu et Chen*. Dans cette affaire, Mme CHEN, de nationalité chinoise, était venue à Belfast (Royaume-Uni) en vue d'accoucher et de faire ainsi bénéficier son enfant d'une loi irlandaise octroyant la nationalité de cet État à tout enfant né sur l'île d'Irlande (en ce compris, l'Irlande du Nord). Ayant déménagé au Pays de Galles après l'accouchement, Mme CHEN réclama un droit de séjour pour sa fille et un droit de séjour pour elle-même. La

21 Article 2, 2, c de la directive.

22 C.J.C.E., 17 septembre 2002, affaire C-413/99, *Baumbast*, *Rec.* p. I-7091.

23 C.J.C.E., 20 juin 1985, affaire 94/84, *Deak*, *Rec.* p. 1873.

24 (Nous soulignons) Article 2, 2, de la directive.

25 C.J.C.E., 19 octobre 2004, affaire C-200/02, *Zhu et Chen*, *Rec. p.* I-9925, point 43. Voyez également C.J.C.E., 18 juin 1987, affaire 316/85, *Lebon*, *Rec.* p. 2811, point 22.

Cour reconnut assez facilement le droit de séjour de l'enfant sur la base de l'article 18 CE et de la directive 90/364/CEE (directive droit de séjour).[26] La situation de la mère était plus problématique. En effet, dans cette affaire c'était le citoyen de l'Union (la fillette) qui était à charge de sa mère et non l'inverse. La Cour constata que « Mme Chen ne saurait se prévaloir de la qualité d'ascendant 'à charge' [de sa fille], au sens de la directive 90/364, en vue de bénéficier d'un droit de séjour au Royaume-Uni ».[27] Cette solution rigoureuse en droit conduisait à une impasse : en effet, le Royaume-Uni pouvait procéder à l'éloignement de Mme CHEN mais non de sa fille. La Cour constata qu'une telle situation reviendrait à battre en brèche le droit de séjour de la fillette. En effet, il était difficilement imaginable que la mère quitte le territoire européen en abandonnant son enfant. Une telle solution aurait donc privé de tout effet utile le droit de séjour de la fillette.[28] La Cour estima donc que pour cette seule raison, lorsque

> l'article 18 CE et la directive 90/364 confèrent un droit de séjour à durée indéterminée dans l'État membre d'accueil au ressortissant mineur en bas âge d'un autre État membre, ces mêmes dispositions permettent au parent qui a effectivement la garde de ce ressortissant [et qui dispose des ressources financières nécessaires] de séjourner avec celui-ci dans l'État membre d'accueil.[29]

Les termes de la directive ne permettent pas de remettre en cause cette solution prétorienne. Dorénavant, il faudra distinguer le statut des ascendants selon que l'enfant, citoyen de l'Union, est majeur ou mineur. Si les enfants sont majeurs ou émancipés, les ascendants d'un citoyen de l'Union ne tireront des droits de la directive que s'ils sont « à charge » de ce citoyen. Dans cette hypothèse, la directive devra s'interpréter strictement. En revanche, si les parents exercent effectivement la garde de l'enfant et s'ils disposent pour lui et pour eux-mêmes de ressources

---

26 « [L'] article 18 CE et la directive 90/364 confèrent [...] au ressortissant mineur en bas âge d'un État membre qui est couvert par une assurance-maladie appropriée et qui est à la charge d'un parent, lui-même ressortissant d'un État tiers, dont les ressources suffisent pour que le premier ne devienne pas une charge pour les finances publiques de l'État membre d'accueil, un droit de séjour à durée indéterminée sur le territoire de ce dernier État » (Arrêt *Zhu et Chen*, point 41).

27 Arrêt *Zhu et Chen*, point 44.

28 « En effet, il est clair que la jouissance du droit de séjour par un enfant en bas âge implique nécessairement que cet enfant ait le droit d'être accompagné par la personne assurant effectivement sa garde et, dès lors, que cette personne soit en mesure de résider avec lui dans l'État membre d'accueil pendant ce séjour » (Arrêt *Zhu et Chen*, point 45).

29 Arrêt *Zhu et Chen*, point 46.

financières suffisantes, ces parents pourront revendiquer le bénéfice de la directive interprétée à la lumière de la jurisprudence *Zhu et Chen.*

3. Les autres membres de la famille

La directive n'a pour bénéficiaires que le citoyen de l'Union présentant un facteur de rattachement, son conjoint (le cas échéant, son partenaire enregistré) ainsi que leurs descendants et ascendants directs. Toutefois, l'article 3, 2 de la directive enjoint les États membres de « favoriser » l'entrée et le séjour de tout autre membre de la famille ou du partenaire non enregistré du citoyen de l'Union,[30] le but avoué étant de maintenir l'unité de la famille au sens large du terme.[31] Bien que relevant des dispositions nationales de chaque État membre, la directive reconnaît à ces personnes le droit de voir motivé tout refus d'entrée ou de séjour qui leur serait opposé.[32]

II. Les droits reconnus par la directive

La directive reconnaît à ses bénéficiaires deux types de droits : d'une part, les droits d'accès et de séjour sur le territoire de l'État membre d'accueil (A) et d'autre part, certains droits connexes (B).

A. L'accès et le séjour sur le territoire de l'État membre d'accueil

La directive 2004/38/CE a instauré trois régimes, successifs dans la durée, au droit de séjour sur le territoire de l'État d'accueil : un droit de séjour pour une période de moins de trois mois, un droit de séjour pour

30 « [T]out autre membre de la famille, quelle que soit sa nationalité, qui n'est pas couvert par la définition figurant à l'article 2, point 2), si, dans le pays de provenance, il est à charge ou fait partie du ménage du citoyen de l'Union bénéficiaire du droit de séjour à titre principal, ou lorsque, pour des raisons de santé graves, le citoyen de l'Union doit impérativement et personnellement s'occuper du membre de la famille concerné ; [...] le partenaire avec lequel le citoyen de l'Union a une relation durable, dûment attestée ».

31 Sixième considérant de la directive.

32 Article 3, 2, *in fine* de la directive. Reste à savoir si la directive leur reconnaît également des garanties procédurales. L'article 15 de la directive n'offre de telles garanties qu'aux « membres de la famille » du citoyen de l'Union ainsi qu'à ce dernier. Or, l'article 2 définissant cette expression n'englobe pas les personnes visées à l'article 3, 2. On pourrait toutefois objecter que le droit à un recours effectif est consacré par l'article 6 de la Convention européenne des droits de l'Homme et que si l'article 15 offre ces garanties « aux membres de la famille », l'article 3, 2, a de la directive débute en ces termes : « tout autre membre de la famille »... À notre estime, les personnes relevant de l'article 3, 2 devraient également pouvoir se prévaloir du bénéfice de l'article 15, ne fût-ce que par analogie. Voyez aussi la position de la Cour de justice dans l'arrêt *MRAX*, *infra* note 53.

une période allant au-delà des trois mois mais n'excédant pas cinq ans, et enfin un droit de séjour dit « permanent » quand cinq années se sont écoulées. Nous étudierons ces trois régimes uniquement à l'égard des membres de la famille d'un citoyen de l'Union, non ressortissants communautaires. Notons à cet égard que, comme l'a relevé la Cour de justice,

> le « droit d'entrer » sur le territoire d'un État membre accordé au ressortissant d'un pays tiers, conjoint d'un ressortissant d'un État membre, « découle du seul lien familial ». Ainsi, la délivrance d'un titre de séjour à un ressortissant d'un pays tiers, conjoint d'un ressortissant d'un État membre, doit être considérée non comme un acte constitutif de droits, mais comme « un acte destiné à constater », de la part d'un État membre, la situation individuelle d'un ressortissant d'un pays tiers au regard des dispositions du droit communautaire.[33]

1. Entrée et sortie du territoire

La directive reconnaît aux membres de la famille du citoyen de l'Union qui sont ressortissants d'États tiers, le droit de sortir et d'entrer dans un État membre. La seule condition réside en la possession d'un passeport en cours de validité. Ainsi, la directive proscrit explicitement l'exigence d'un visa ou de toute obligation équivalente pour sortir d'un État membre. Toutefois, ils restent soumis à l'obligation de visa pour pénétrer sur le territoire de l'État membre d'accueil.[34] À défaut de disposer des documents de voyage pertinents à l'entrée du territoire, l'État d'accueil pourra procéder au refoulement de ces personnes, si après l'écoulement d'un délai raisonnable, elles ne se sont pas conformées à leurs obligations.[35]

Dans l'affaire *MRAX*, la Cour de justice estima que l'expulsion d'un ressortissant d'un pays tiers, conjoint d'un ressortissant d'un État membre, était compatible avec le droit communautaire en l'absence de carte d'identité ou de passeport valide, ou le cas échéant, d'un visa.[36] En effet, le défaut de carte d'identité ou de passeport ne permettait pas à cette personne de prouver sa nationalité et, partant, ses attaches familiales. La Cour jugea toutefois que la mesure d'éloignement serait disproportionnée si le conjoint étranger parvenait à prouver son identité et ses atta-

---

33 (Nous soulignons) C.J.C.E., 14 avril 2005, affaire C-157/03, *Commission/Espagne*, non encore publié, point 28.

34 Articles 4 et 5 de la directive. La possession d'une carte de séjour dispense les membres de la famille de toute obligation de visa (articles 5, 2 de la directive). Dans cette circonstance, les États membres n'apposent pas de cachet d'entrée ou de sortie sur le passeport de ces personnes (article 5, 3).

35 Article 5, 4 de la directive.

36 C.J.C.E., 25 juillet 2002, affaire C-459/99, *MRAX*, *Rec.* p. I-6591, points 57 à 61.

ches familiales, et s'il n'existait aucun élément permettant de craindre qu'il représentait un danger pour l'ordre public, la sécurité publique ou la santé publique.

Notons que si l'absence de papier d'identité valide permet le refoulement du citoyen de l'Union ou d'un membre de sa famille lorsqu'il tente d'accéder au territoire de l'État d'accueil, la péremption de ces documents ne permet pas, en revanche, l'expulsion de ces personnes une fois le droit de séjour acquis.[37] La Cour a également précisé, à l'égard des visas, que l'État d'accueil « ne peut refuser de délivrer un titre de séjour à un ressortissant d'un État tiers, conjoint d'un ressortissant d'un État membre, qui est entré régulièrement sur le territoire de cet État membre, ni prendre à son encontre une mesure d'éloignement du territoire, au seul motif que son visa a expiré avant qu'il sollicite un titre de séjour ».[38]

2. *Droit de séjour de moins de trois mois*

L'article 6, 2 de la directive accorde aux ressortissants d'un État tiers le droit de séjourner pendant trois mois s'ils réunissent deux conditions : d'une part, être en possession d'un passeport en cours de validité, et d'autre part, accompagner ou rejoindre le citoyen de l'Union, membre de leur famille. Il n'est donc aucunement question qu'un ressortissant non communautaire puisse revendiquer, sur la base du droit communautaire un tel droit de séjour, en l'absence, sur le territoire de l'État d'accueil, du membre de sa famille ressortissant de l'un des vingt-cinq États membres.

3. *Droit de séjour de trois mois à cinq ans*

À l'instar du droit de séjour de moins de trois mois, le droit de séjour régi par l'article 7 n'est accordé aux ressortissants d'États tiers uniquement si le citoyen de l'Union membre de leur famille est présent sur le territoire de l'État d'accueil. La directive prescrit en effet que le droit de séjour du citoyen « s'étend aux membres de la famille n'ayant pas la nationalité d'un État membre lorsqu'ils accompagnent ou rejoignent dans l'État membre d'accueil le citoyen de l'Union ».

La directive impose cependant que le citoyen de référence entre dans l'une des trois catégories prises en charge par l'article 7 : (a) les travail-

---

[37] L'article 15, 2 dispose en effet que « l'expiration de la carte d'identité ou du passeport ayant permis à la personne concernée d'entrer sur le territoire de l'État membre d'accueil et délivrée en même temps qu'un certificat d'enregistrement ou une carte de séjour ne constitue pas un motif suffisant pour cet État membre pour prendre une mesure d'éloignement ».

[38] Arrêt *MRAX*, point 91.

leurs salariés ou non salariés, (b) les citoyens ne prestant aucune activité économique mais disposant de ressources suffisantes et d'une assurance maladie complète, ou enfin, (c) les étudiants disposant eux aussi de ressources suffisantes et d'une assurance maladie complète.[39]

La directive pose une autre limite : les ascendants de nationalité étrangère d'un étudiant européen ne peuvent pas revendiquer un droit de séjour de plus de trois mois.[40] Cette exception est d'interprétation stricte. En d'autres termes, elle ne vise pas le droit de séjour de moins de trois mois des parents de l'étudiant, et la directive préserve, en outre, explicitement le droit de séjour de plus de trois mois du conjoint (ou du partenaire enregistré) ainsi que des enfants à charge ressortissants d'un État tiers.

Les ressortissants d'États tiers à qui l'on a reconnu un droit de séjour de plus de trois mois, maintiennent ce droit – à certaines conditions tenant à la durée et aux ressources financières – à la suite du décès du citoyen de l'Union ou à la suite de son divorce, de l'annulation de son mariage ou encore de la rupture de son partenariat enregistré.[41]

D'un point de vue administratif, si le ressortissant d'un État tiers dispose d'un droit de séjour de plus de trois mois, l'État membre d'accueil doit lui délivrer une carte de séjour, celle-ci attestant de l'existence de ce droit et le dispensant de l'obligation de visa à l'entrée de l'État d'accueil. Cette carte de séjour a en principe une durée de validité de cinq ans, mais cette période peut être plus brève quand la durée du séjour envisagé n'atteint pas cinq années. La directive précise enfin que la validité de la carte de séjour n'est pas affectée par des absences temporaires ne dépassant pas un semestre par an, voire plus en cas de raisons importantes telles l'accomplissement du service militaire, une grossesse et un accouchement, une maladie grave, des études, etc.[42]

---

39 Aux termes de l'article 8, 4 de la directive, « [l]es États membres ne peuvent pas fixer le montant des ressources qu'ils considèrent suffisantes, mais ils doivent tenir compte de la situation personnelle de la personne concernée. Dans tous les cas, ce montant n'est pas supérieur au niveau en dessous duquel les ressortissants de l'État d'accueil peuvent bénéficier d'une assistance sociale ni, lorsque ce critère ne peut s'appliquer, supérieur à la pension minimale de sécurité sociale versée par l'État membre d'accueil ».

40 Article 7, 4 de la directive.

41 Les différentes conditions sont posées aux articles 12, 2 et 3 (en ce qui concerne le décès du citoyen) et 13, 2 (en ce qui concerne le divorce, l'annulation du mariage et la rupture du partenariat enregistré).

42 Articles 5, 2, al. 1, *in fine* et 9 à 11 de la directive.

4. *Droit de séjour permanent*

Les ressortissants d'États tiers qui ont séjourné légalement, avec le citoyen de l'Union, durant cinq ans de manière ininterrompue sur le territoire de l'État d'accueil acquièrent un droit de séjour permanent qui ne se perd que par une absence du territoire supérieure à deux ans consécutifs.[43] Ce droit de séjour permanent est également acquis par les ressortissants d'États tiers qui ont légalement séjourné dans l'État membre d'accueil durant cinq ans mais dont le citoyen de l'Union, membre de leur famille, est décédé ou a divorcé, ou encore quand son mariage fut annulé ou son partenariat enregistré rompu.[44]

Les bénéficiaires non communautaires d'un droit de séjour permanent se voient accorder par l'État d'accueil une carte de séjour permanent, renouvelable de plein droit tous les dix ans. En outre, la validité de cette carte n'est pas affectée par des absences du territoire inférieures ou égales à deux années consécutives.[45]

5. *Restrictions à la liberté de circulation*

L'article 27 dispose que « les États membres peuvent restreindre la liberté de circulation et de séjour d'un citoyen de l'Union ou d'un membre de sa famille, quelle que soit sa nationalité, pour des raisons d'ordre public, de sécurité publique ou de santé publique. Ces raisons ne peuvent être invoquées à des fins économiques ». La directive pose que le recours aux motifs d'ordre public et de sécurité publique doit respecter le principe de proportionnalité et être fondé uniquement sur le comportement personnel de l'individu concerné.[46] Celui-ci doit représenter une menace réelle, actuelle et suffisamment grave pour un intérêt fondamental de la société. L'actualité de cette dangerosité interdit notam-

---

43 Article 16 de la directive. La continuité quinquennale du séjour n'est pas affectée par des absences temporaires ne dépassant pas six mois par an, voire plus en cas de raisons importantes telles l'accomplissement du service militaire, une grossesse et un accouchement, une maladie grave, des études, etc. Voyez également l'article 17 prévoyant une durée de séjour moindre en cas de cessation de l'activité professionnelle dans l'État d'accueil.

44 Article 18 de la directive. Dans ce cas, le droit de séjour permanent sera acquis si les conditions des articles 12, 2 et 3 ou 13, 2 de la directive sont respectées.

45 Article 20 de la directive.

46 « [L]es dérogations aux règles relatives à la libre circulation des personnes constituant des exceptions à interpréter strictement, la notion de " comportement personnel " exprime l'exigence qu'une mesure d'expulsion ne peut viser que des menaces à l'ordre public et à la sécurité publique qui pourraient être le fait de l'individu qui en est l'objet » (C.J.C.E., 26 février 1975, affaire 67/74, *Bonsignore*, *Rec.* p. 297, point 6).

ment aux États d'ordonner une mesure d'expulsion qui ne se fonderait que sur l'existence de condamnations pénales antérieures.[47]

L'une des questions préjudicielles de l'arrêt *MRAX* visait à savoir si un État membre pouvait refuser de délivrer un titre de séjour et prendre une mesure d'éloignement à l'encontre d'un ressortissant d'un État tiers, marié à un ressortissant d'un État membre, entré illégalement sur le territoire de l'État d'accueil. La Cour dénia ce droit à l'État dès lors que ce ressortissant étranger était en mesure de rapporter la preuve de son identité et de son mariage avec un citoyen de l'Union.[48] La Cour estima, en effet, que de telles mesures « porteraient atteinte à la substance même du droit de séjour directement conféré par le droit communautaire et seraient manifestement disproportionnées à la gravité de l'infraction », et conclut que cette situation n'entrait pas, en elle-même, dans le champ matériel des réserves tenant à la préservation de l'ordre public ou de la sécurité publique.[49]

Le motif de santé publique n'autorise pas, selon l'article 29, les États membres à expulser un citoyen de l'Union ou un membre de sa famille si une des maladies visées par la directive est apparue plus de trois mois après l'accès au territoire.[50] Durant ce premier trimestre, les États pourront toutefois s'assurer que ces personnes ne souffrent d'aucune maladie. Ces examens médicaux devront être gratuits et ne pourront être exigés qu'au cas par cas.

La directive permet, enfin, aux États membres d'accueil d'expulser un citoyen de l'Union ou un membre de sa famille s'il devenait une charge déraisonnable pour le système d'assistance sociale. Le législateur a pris soin de préciser que le seul recours à ce système n'autorisait pas l'État d'accueil à adopter une mesure d'éloignement. Il faut obligatoirement que le citoyen ou le membre de sa famille représente une charge « déraisonnable » pour ce système.[51] Dernière précision, cette

47 L'article 28 contient d'autres obligations relatives à l'adoption d'une mesure d'éloignement. Ainsi, l'État membre devra tenir compte de la durée du séjour, de l'âge de l'individu, de son état de santé, de sa situation familiale et économique, etc. En cas de droit de séjour permanent, une expulsion ne sera justifiée que pour des raisons *impérieuses* d'ordre public ou de sécurité publique.

48 C.J.C.E., 25 juillet 2002, affaire C-459/99, *MRAX*, *Rec.* p. I-6591, points 73 à 80.

49 Arrêt *MRAX*, points 78 et 79.

50 L'article 29, 1 précise que « [l]es seules maladies justifiant des mesures restrictives de la libre circulation sont les maladies potentiellement épidémiques telles que définies dans les instruments pertinents de l'Organisation mondiale de la santé ainsi que d'autres maladies infectieuses ou parasitaires contagieuses pour autant qu'elles fassent, dans le pays d'accueil, l'objet de dispositions de protection à l'égard des ressortissants de l'État membre d'accueil ».

51 En aucun cas, une mesure d'éloignement fondée sur ce dernier motif n'est permise à l'égard du citoyen de l'Union et des membres de sa famille quand ce citoyen est un

réserve ne concerne que les titulaires d'un droit de séjour de moins de cinq ans.[52]

Toute décision restreignant la libre circulation fondée sur l'ordre public, la sécurité publique, la santé publique ou sur le fait que l'individu est devenu une charge déraisonnable pour le système d'assistance sociale doit être notifiée par écrit et doit pouvoir faire l'objet d'un recours juridictionnel (ou le cas échéant, d'un recours administratif).[53] Ce recours doit permettre un contrôle portant tant sur la légalité de la mesure envisagée que sur les faits et circonstances qui conduisent à l'adopter. La personne concernée peut présenter ses moyens de défense en personne sauf si elle risque de provoquer des troubles graves à l'ordre public ou à la sécurité publique, ou encore si le recours porte sur un refus d'entrée sur le territoire.[54]

B. Droits connexes au droit de séjour

La directive reconnaît aux membres de la famille d'un citoyen de l'Union – même ressortissants d'États tiers – le droit de travailler sur le territoire de l'État d'accueil que ce soit à titre de travailleur salarié ou à titre de travailleur indépendant.[55] L'exercice d'une activité professionnelle devrait être encouragée car d'une part, l'État d'accueil pourra le soumettre à l'imposition et d'autre part, un travailleur actif représente une charge économique moindre pour les finances publiques.

Le second droit connexe tient au bénéfice de l'égalité de traitement. La directive garantit ce droit aux ressortissants communautaires et aux ressortissants d'États tiers (membres de la famille d'un citoyen de l'Union) dès le premier jour de leur séjour sur le territoire de l'État d'accueil. Toutefois, la directive pose deux réserves. En premier lieu, l'État membre d'accueil n'est pas obligé d'accorder une prestation

---

travailleur salarié ou non salarié, ou encore, dans l'hypothèse où il est à la recherche d'un emploi, tant qu'il peut apporter la preuve qu'il continue sa recherche et qu'il a des chances réelles d'être engagé (article 14 de la directive).

52 Voyez l'article 14, 1 (pour les séjours de moins de trois mois) et 14, 2 (pour les séjours entre trois mois et cinq ans).

53 Articles 15, 1 ainsi que 30 et 31 de la directive. Ce droit avait d'ailleurs été rappelé par la Cour dans l'arrêt *MRAX* en ces termes : « dans le domaine du droit communautaire, l'exigence d'un contrôle juridictionnel de toute décision d'une autorité nationale constitue un principe général qui découle des traditions constitutionnelles communes aux États membres et qui est consacré par la convention [européenne des droits de l'Homme] dans ses articles 6 et 13 » (C.J.C.E., 25 juillet 2002, affaire C-459/99, *MRAX*, *Rec.* p. I-6591, point 101).

54 Article 30, 3 et 4 de la directive. Sur les effets dans le temps d'une interdiction du territoire et sur une mesure d'éloignement à titre de peine, voyez les articles 32 et 33 de la directive.

55 Article 23 de la directive.

sociale au citoyen de l'Union et aux membres de sa famille durant les trois premiers mois du séjour ou durant toute la période où le citoyen de l'Union est à la recherche d'un emploi. En second lieu, l'État d'accueil peut refuser d'octroyer des bourses d'études ou de prêts, en tant qu'aides d'entretien aux études, aux étudiants européens et aux membres de leur famille. Cette seconde dérogation peut être opposée durant les cinq premières années du séjour.[56] Rappelons qu'avec l'harmonisation de la durée des études supérieures opérée par la « Réforme de Bologne », ces études n'excèdent pas trois ans (baccalauréat) ou cinq ans (maîtrise).

Le principe de l'égalité de traitement est également consacré par le règlement 1612/68/CEE relatif à la libre circulation des travailleurs salariés à l'intérieur de la Communauté. Selon l'article 7, 2 de ce règlement, le travailleur salarié bénéficie des mêmes avantages sociaux et fiscaux que les travailleurs nationaux. Or, certains de ces avantages sociaux profitent directement aux membres de la famille, même émanant d'États tiers. Il en va ainsi, par exemples, de la carte de réduction sur le prix du train pour les familles nombreuses,[57] du revenu garanti aux personnes âgées (ascendants à charge d'un travailleur salarié),[58] du financement d'études accordé par l'État d'accueil aux enfants du travailleur migrant (en tant qu'avantage social pour ce travailleur) ou au travailleur lui-même pour la poursuite d'études à finalité professionnelle,[59] de l'allocation octroyée par l'État à une personne handicapée descendante à charge d'un travailleur (en tant qu'avantage social pour ce travailleur),[60] etc.

Dans l'arrêt *Reed*, la Cour avait également considéré, comme avantage social, le droit pour un travailleur migrant de faire venir avec lui son partenaire non marié ressortissant d'un État tiers dès lors que l'État d'accueil octroyait ce droit à ses nationaux.[61] Aujourd'hui, si ce partenariat est enregistré, le citoyen de l'Union peut, en principe, se faire accompagner de son partenaire. En revanche, si le partenaire ne bénéfi-

---

56 Article 24 de la directive.

57 C.J.C.E., 30 septembre 1975, affaire 32/75, *Christini*, *Rec.* p. 1085.

58 C.J.C.E., 12 juillet 1984, affaire 261/83, *Castelli*, *Rec.* p. 3199, point 11.

59 Respectivement C.J.C.E., 26 février 1992, affaire C-3/90, *Bernini*, *Rec.* p. I-1071, points 22 et suiv., et C.J.C.E., 21 juin 1988, affaire 39/86, *Lair*, *Rec.* p. 3161, point 14. Voyez aussi C.J.C.E., 21 juin 1988, affaire 197/86, *Brown*, *Rec.* p. 3205, point 27.

60 C.J.C.E., 27 mai 1993, affaire C-310/91, *Schmid*, *Rec.* p. I-3011, point 18.

61 C.J.C.E., 17 avril 1986, affaire 59/85, *Reed*, *Rec.* p. 1283, point 23. Avec l'entrée en application de la directive 2004/38/CE, le partenaire non marié dispose d'un droit d'accès et de séjour dans l'État d'accueil (article 2, 2, b). Ce type de regroupement familial n'est donc plus un « avantage social ».

cie pas de la directive (du fait, par exemple qu'il ne remplit pas les conditions posées), le citoyen pourra toujours recourir à la jurisprudence *Reed* pour revendiquer, à titre personnel, le bénéfice de cet avantage social (si toutefois un tel avantage est reconnu aux nationaux).[62]

Conclusion

La directive 2004/38/CE est un outil utile car elle a permis de fondre les différents textes sectoriels en matière de libre circulation des ressortissants communautaires et des membres de leur famille. Elle a repris l'acquis normatif et jurisprudentiel en l'adaptant aux réalités sociales actuelles. L'exemple le plus révélateur est sans aucun doute la prise en compte des couples non mariés.

La situation des ressortissants d'États tiers dans le champ de la directive n'est pas révolutionnaire, la plupart des textes sectoriels antérieurs avaient déjà consacré les mêmes droits. Toutefois, cette directive doit être complétée par certaines avancées jurisprudentielles. Ainsi, l'arrêt *Zhu et Chen* permet sans aucun doute d'élargir la notion d'ascendant direct. Dès lors qu'ils remplissent les conditions de l'une des catégories de bénéficiaires (conjoint, partenaire enregistré, ascendant ou descendant direct), les membres de la famille d'un citoyen de l'Union, ressortissant d'un État tiers, peuvent se prévaloir des droits conférés par ce texte. Ils pourront pénétrer et séjourner sur le territoire de l'État d'accueil, y travailler et exiger le respect du principe de l'égalité de traitement.

La directive est globalement un bon texte même si certaines limites demeurent. À cet égard, on ne peut que déplorer la différence de statut existant entre le ressortissant communautaire aux études et les autres citoyens de l'Union. Le législateur avait l'occasion d'aligner tous les régimes juridiques, il ne s'y est toutefois pas résolu.

---

62 Il s'agirait alors d'une application du principe de l'égalité de traitement consacré par l'article 24, 1 de la directive.

Le cas de la libre circulation des ressortissants des États tiers – Par l'élaboration progressive d'un régime externe

CHAPTER 7

Free Movement of Third Country Nationals on the Eve of 1 May 2004: Another Missed Deadline?

Georgia PAPAGIANNI*

Researcher, European University Institute, Florence

Introduction

1 May 2004 will definitely be included among the historic dates of European integration, since it is the date for the accession of the ten new Member States and the "reunification" of Europe. However, there is also another reason, though less well known, for which this date is important. 1 May 2004 is also the deadline that the Treaty of Amsterdam has set for the establishment of an Area of Freedom, Security and Justice, one of the major objectives of which is ensuring the free movement of persons, irrespective of their nationality. It is on this second aspect of this deadline that this paper will focus.

1 May 2004 is not the first deadline linked with the objective in question. The free movement of persons has been traditionally seen as one of the major goals of European integration. The attempts aiming at the accomplishment of this objective – or at least at the fulfilment of some of its aspects – have been numerous. The Treaty itself had set a specific deadline for the creation of an "area without internal frontiers" more than ten years ago, 31 December 1992. Nevertheless, the inclusion of third country nationals in the concept of "persons" being able to move freely had raised an important competence debate, not only between the Commission and the Council, but also among Member States themselves. Additionally, the lack of the necessary "flanking measures" that would ensure the attenuation of the security concerns

* The author wishes to thank Professors Bruno DE WITTE and Steve PEERS for their useful comments on a draft of this paper. The usual disclaimer applies.

linked with the abolition of border controls has been another important factor that contributed in rendering the 31 December 1992 deadline a purely declaratory one.[1]

However, a lot has changed since 1993. The Maastricht Treaty provided the necessary legal bases for the adoption of the relevant flanking measures, albeit maintaining the intergovernmental character of the co-operation among Member States. Five Member States proceeded towards the accomplishment of this objective outside the Union framework setting up one of the most important cases of closer co-operation, the famous "Schengen laboratory", to which the majority of the rest of the Member States has subsequently adhered. More recently, the Amsterdam Treaty has endeavoured to provide a coherent and comprehensive framework, for the first time *within* the EC framework, setting also a new deadline for the accomplishment of this major objective, the 1 May 2004. Last but not least, this strong political will has been constantly confirmed at the highest political levels ever since. Justice and Home Affairs Ministers, at their meeting in Vienna in December 1998, not only confirmed the deadline but also extended it to areas that were not covered expressly by the Treaty itself.[2] Whereas almost a year later the Heads of State and Government held a special meeting in Tampere where they did not only confirm their political will to render the establishment of the Area of Freedom, Security and Justice as one of the strategic objectives of the Union, but also adopted an extremely ambitious agenda, the implementation of which would be guaranteed by a special monitoring system, the Scoreboard mechanism.[3]

---

1 The deadline of 31 December 1992 was set by Article 8A EEC, introduced into the Treaty by the Single European Act (which, at Maastricht, became Article 7A EC, now Article 14 EC). On the debate with respect to the 31 December 1992 deadline see MATTERA, A., "Un espace sans frontières intérieures: le défi de l'Europe 1993", *Revue du Marché unique européen*, 1992, Issue 1, p. 5; O'KEEFFE, D., "The Free Movement of Persons and the Single Market", *European Law Review*, 1992, Volume 2, p. 3; SCHERMERS, H.G., "The Effect of the Date 31 December 1992", *Common Market Law Review*, 1991, Volume 23, p. 275.

2 See Action Plan of the Council and the Commission on how best to implement the provisions of the Treaty of Amsterdam on an Area of Freedom, Security and Justice, Text adopted by the Justice and Home Affairs Council of 3 December 1998, O.J. (1999) C 19/1 (Vienna Action Plan).

3 See Presidency Conclusions of the Tampere European Council, 15 and 16 October 1999. As rightly highlighted by Wenceslas DE LOBKOWICZ, the convocation of a special Council meeting on the matter – proposed by the Spanish Prime Minister J.-M. AZNAR at the course of the European Council of Pörtschach in October 1998 – underlines the importance that Heads of States and Government attributed to this matter. Indeed, the initiative of holding thematic European Council meetings is far from being common practice. There is only one precedent, meaning the European Council on employment in Luxembourg in 1997. See DE LOBKOWICZ, W., *L'Europe*

The aim of this paper is to present and analyse the major steps taken towards the implementation of the Tampere agenda.[4] Since the concept of free movement of third country nationals has progressively acquired a dual connotation – it includes on the one hand the idea of freedom of circulation, meaning the mere abolition of internal border controls, whereas on the other and in a broader sense, it may also comprise the right of third country nationals to enter in the territory of the Union as well as their right to reside in a Member State other than the Member State in which they are initially living – it will be examined through both these aspects. Moreover, given the fact that the objective of freedom of movement for persons has traditionally been linked with the prior adoption of the necessary compensatory measures, we will follow, whenever this proves necessary for reasons of clarity, the distinction between flanking or security measures and measures establishing rights for individuals.[5]

The first part of the paper will be devoted to a brief presentation of the key developments in the *post* Amsterdam era. There will be sketched out not only the relevant Community action after Amsterdam but also the relevant parts of the Schengen *acquis*, since following its incorporation into the framework of the EU it has become Community *acquis*. Whereas the second part of the paper will endeavour to analyse the content, value and quality of these developments, while focusing respectively on three specific issues: the problems stemming from the complexity of the Title IV institutional framework, the balanced or not character of the Community approach and the quality of the measures adopted.

---

et la sécurité intérieure Une élaboration par étapes, Paris, La Documentation française, 2002, p. 149.

4 Due to lack of space and considering that most of the developments up to Amsterdam and Tampere as well as the institutional structure of Title IV TEC are well known, the paper will focus exclusively on the developments *post* Amsterdam. For the developments *ante* Amsterdam, see GUILD, E., *Immigration Law in the European Union*, The Hague, Kluwer Law International, 2001 and O'KEEFFE, D. and TWOMEY, P.M. (eds.), *Legal Issues of the Maastricht Treaty*, Wiley, Chichester, 1994.

5 Despite the fact that certain aspects of asylum policy are linked with the concept of flanking measures (see the cross references to Article 63(1)(a) and (2)(a) in Article 61(1)(a) TEC) asylum policy will not be discussed in the framework of this paper.

I. Key Developments in the *post* Amsterdam Era

A. Schengen Acquis*: Communitarising a Successful "Laboratoire d'Essai"*[6]

Schengen has beyond any doubt managed to accomplish what the EU had failed to do in 1993, meaning the abolition of internal border controls.[7] Therefore, 26 March 1995, the date of full entry into force of the Convention Implementing the Schengen Agreement should indeed be seen as the date of the accomplishment of the "area without internal frontiers", albeit only for some Member States. For certain others this was fully accomplished at some later dates, the last ones being the Nordics on the 26 March 2001.[8] Furthermore, the communitarisation of the former Schengen *acquis* offered a significant basis for the further development and accomplishment of this objective within the EU framework.[9] Nevertheless, and despite the incorporation of the Schengen *acquis* within the EU framework, for two Member States, namely the UK and Ireland, this remains conscientiously an unaccomplished goal.[10]

The ultimate goal of Schengen being the abolition of internal border controls the Schengen Contracting Parties limited themselves to the very essential measures that would, on the one hand, ensure the abolition of controls at internal borders, whereas on the other, would offer the indispensable security counterbalance. Schengen limited itself at regulating issues linked with short-stays – i.e. crossing of external

---

6 The expression *"laboratoire d'essai"* was first used by Edith CRESSON, French Minister of European Affairs, at the course of the signature of the Schengen Implementing Convention, on 19 June 1990, see DE LOBKOWICZ, *supra* note 3, p. 114.

7 For a brief historical review on the conclusion of the Schengen Agreements, see LOUETTE, J.-S., "Les États Benelux et la France face aux Accords de Schengen", *Courrier Hebdomadaire*, CRISP, 1998, n° 1586-1587. For a detailed analysis of the Schengen system see MEIJERS, H. e.a., *Schengen Internationalisation of Central Chapters of the Law on Aliens, Refugees, Privacy, Security and the Police*, The Netherlands, Stichting NJCM-Boekerij, 1992.

8 See Council Decision 2000/777/EC of 1 December 2000, on the application of the Schengen *acquis* in Denmark, Finland and Sweden and in Iceland and Norway, O.J. (2000) L 309/24.

9 The Schengen *acquis* as it was incorporated into the framework of the EU was published in a special number of the Official Journal, see O.J. (2000) L 239.

10 Indeed, in their respective applications for opting into parts of the Schengen *acquis*, they did not opt into the parts regarding border controls. See Council Decision 2000/365/EC of 29 May 2000, concerning the request of the United Kingdom to take part in some of the provisions of the Schengen *acquis*, O.J. (2000) L 131/43, and Council Decision 2002/192/EC of 28 February 2002, concerning Ireland's request to take part in some of the provisions of the Schengen *acquis*, O.J. (2002) L 64/20.

borders, short-stay visas and combating illegal migration – whereas matters concerning the entry of third country nationals for long-stays as well as issues of residence remained under the exclusive competence of the Contracting Parties.

Article 2(1) of the Schengen Convention sets the basic principle according to which "internal borders may be crossed at any point without any checks on persons being carried out". Articles 3 to 7 establish the general framework for the crossing of external borders. The basic conditions that a third country national must fulfil in order to be able to enter the Schengen area are enumerated in Article 5(1), whereas the detailed rules regarding the crossing of external borders are established by a specific decision of the Schengen Executive Committee, namely the Common Manual.[11] Articles 9 to 17 establish the general framework regarding short-stay uniform visas, while the detailed provisions regarding both the different types of visas and the conditions and procedures for the issuing of visas are established in detail in another specific decision of the Schengen Executive Committee, the famous Common Consular Instructions.[12] Finally, Articles 19 to 24 regulate the movement of third country nationals within the Schengen area. Three basic categories of third country nationals can move freely within the Schengen area for a maximum period of three months: third country nationals who hold uniform Schengen visas, third country nationals who are nationals of third countries not subject to a visa requirement, as well as third country nationals holding valid residence permits, or even provisional residence permits, issued by one of the Contracting Parties. Additionally, the right of transit for maximum five days is granted to the holders of national long-stay visas (Article 18).

Last but not least, the Schengen Contracting Parties gave special attention to the security aspects linked with the freedom of movement. Articles 23 and 24 of the Schengen Convention, on the one hand, establish the principle of removal of third country nationals not fulfilling, or no longer fulfilling, the conditions applicable within the Schengen territory with regard to short-stays, and on the other, set readmission obligations between Contracting Parties. Moreover, Articles 26 and 27 establish rules regarding the liability and the penalties imposed on carriers transporting illegal immigrants. Finally, a special database of undesirable persons has been established, namely the Schengen Information System (SIS).[13]

---

[11] Published in the Official Journal, O.J. (2002) C 313/97.

[12] For the latest consolidated version see O.J. (2003) C 310/1.

[13] Articles 92 to 119, and especially Article 96 of the Schengen Convention. It is important to note that one of the basic conditions for entry and movement within the

B. Implementation of the Tampere Agenda: Forging an Area of Freedom, Security and Justice

In contrast to previous attempts at EEC or EU level, the Amsterdam Treaty endeavoured to provide a coherent and comprehensive solution, establishing detailed legal bases for the adoption not only of the necessary flanking measures, but also of measures aspiring the formation of a comprehensive approach towards the entry, residence and movement of third country nationals. Moreover, the relevant Schengen *acquis* having been incorporated within the framework of the EU *via* a special Protocol attached to the Amsterdam Treaty, offered a solid basis for the further development and accomplishment of this objective. The achievements in these last four and a half years are numerous. Due to lack of space we will only focus to a brief presentation of those measures that are linked with the concrete subject matter of this paper.[14]

Starting by the latest major developments on the flanking measures side it needs to be noted that the majority of the measures adopted in that area either replace or develop parts of the relevant Schengen *acquis*. As regards visa policy, the Council has adopted a Regulation determining the list of countries whose nationals must be in possession of visas when crossing the external borders and those whose nationals are exempt from that requirement, a list which is regularly amended and updated.[15] Moreover, *via* an amendment of Article 18 of the Schengen Convention the possibility of movement within the Schengen area has been extended to the holders of national long-stay visas as for the first three months of validity of their visa.[16]

Schengen territory is the lack of any "alert" within the SIS (Article 5(1)(d) of the Schengen Convention).

14 For a complete overview of all the proposals examined by the Council and the measures that have been adopted, see the six-month surveys regularly updated by Steve PEERS and published in the European Journal of Migration and Law. See PEERS, S., "Key Legislative Developments on Migration in the European Union", *European Journal of Migration and Law*, 2001, Volume 3, p. 231; *European Journal of Migration and Law*, 2002, Volume 4, p. 85; *European Journal of Migration and Law*, 2002, Volume 4, p. 339 and *European Journal of Migration and Law*, 2003, Volume 5, p. 107.

15 Council Regulation (EC) No. 539/2001 of 15 March 2001, listing the third countries whose nationals must be in possession of visas when crossing the external borders and those whose nationals are exempt from that requirement, O.J. (2001) L 81/1. For the subsequent amendments of that list see Council Regulation (EC) No. 2414/2001 of 7 December 2001, O.J. (2001) L 327/1, and Council Regulation (EC) No. 453/2003 of 6 March 2003, O.J. (2003) L 69/10.

16 Council Regulation (EC) No. 1091/2001 of 28 May 2001, on freedom of movement with a long-stay visa, O.J. (2001) L 150/4, and Council Decision 2001/420/EC of 28 May 2001, on the adaptation of Parts V and VI and Annex of the Common Con-

Then, special attention was given to security issues and more specifically to the technical security specifications of visas and residence permits. The Council adopted two Regulations inserting a photograph in both documents.[17] Moreover, in the aftermath of 11 September and under pressure both from the US and certain EU countries, the Council has also decided to proceed to the insertion of biometric data on both these documents.[18] Whereas it has also decided the creation of a new database for visas, the Visa Information System (VIS).[19] Finally, a series of measures have been adopted in order to update and develop the Common Manual, the Common Consular Instructions and the Schengen Information System.[20]

Another issue that received special attention from the part both of the Council and the Commission is the fight against illegal migration. Member States launched a series of initiatives, which were mainly developing the relevant Schengen and EU *acquis* but were also establishing new forms of co-operation. The French Presidency submitted several initiatives that led to the adoption of a Council Directive and a Framework Decision with regard to the facilitation of unauthorised entry or residence of third country nationals,[21] a Directive for the mutual recognition of expulsion decisions[22] and a Directive supplementing the

sular Instructions on Visas and Annex 6a to the Common Manual with regard to long-stay visas valid concurrently as short-stay visas, O.J. (2001) L 150/47.

17 Council Regulation (EC) No. 334/2002 of 18 February 2002, amending Regulation (EC) No. 1683/95 laying down a uniform format for visas, O.J. (2002) L 53/7 and Council Regulation (EC) No. 1030/2002 of 13 June 2002, laying down a uniform format for residence permits for third country nationals, O.J. (2002) L 157/1.

18 Following a request by the Council the Commission has presented the relevant proposals in September 2003. See Proposal for a Regulation amending Regulation (EC) No. 1683/95 laying down a uniform format for visas and proposal for a Council Regulation amending Regulation (EC) No. 1030/2002 laying down a uniform format for residence permits for third-country nationals, COM(2003) 558 final. The Council has already reached a general approach on both proposals. See Press Release of the Justice and Home Affairs Council meeting of 27-28 November 2003.

19 The Commission has already prepared a Feasibility Study for VIS as well as a report on possible synergies with SIS II. See Communication from the Commission to the Council and the European Parliament on the Development of the Schengen Information System II and possible synergies with a future Visa Information System, COM(2003) 771 final.

20 For an overview see PEERS, *supra* note 14.

21 Council Directive 2002/90/EC of 28 November 2002, defining the facilitation of unauthorized entry, movement and residence, O.J. (2002) L 328/17 and Council Framework Decision 2002/946/EC of 28 November 2002 on the strengthening of the penal framework to prevent the facilitation of unauthorized entry and residence, O.J. (2002) L 328/1.

22 Council Directive 2001/40/EC of 28 May 2001, on the mutual recognition of decisions on the expulsion of third country nationals, O.J. (2001) L149/34.

relevant Schengen rules with regard to carriers' liability.[23] More recently, and on the basis of a German initiative, the Council adopted a Directive on assistance in cases of transit for the purposes of removal by air,[24] whereas following an initiative of the Italian Presidency a general approach has already been reached on a draft Council Decision on the organisation of joint flights for removals.[25] Moreover, the Commission was given the mandate to negotiate a series of readmission agreements with third countries.[26] Finally, following a series of tragic events, emphasis has been put on the issue of trafficking in human beings. A Framework Decision on combating human trafficking was adopted in 2002, whereas a general approach has been also reached on another Commission proposal with regard to the issuing of short-term residence permits to victims of trafficking.[27]

Security issues were moved even higher on both the Council and the Commission agenda in the aftermath of the 11 September tragic events. The Commission launched a series of Communications with regard to illegal migration, return and border management issues.[28] Moreover, it

---

23 Council Directive 2001/51/EC of 28 June 2001, supplementing the provisions of Article 26 of the Convention Implementing the Schengen Agreement of 14 June 1985, O.J. (2001) L 187/45.

24 Council Directive 2003/110/EC of 25 November 2003, on assistance in cases of transit for the purposes of removal by air, O.J. (2003) L 321/26. See also Initiative of the Federal Republic of Germany with a view to adopting a Council Directive on assistance in cases of transit for the purposes of removal by air, O.J. (2003) C 4/4.

25 Initiative of the Italian Republic with a view to adopting a Council decision on the organisation of joint flights for removals of third country nationals illegally present in the territory of two or more Member States, O.J. (2003) C 223/3. See Press Release of Justice and Home Affairs Council meeting of 6 November 2003.

26 The Council has so far authorised the Commission to negotiate readmission agreements with eleven third countries/entities: Morocco, Sri Lanka, Russia, Pakistan (September 2000), Hong Kong, Macao (May 2001), Ukraine (June 2002) and Albania, Algeria, China, Turkey (November 2002). Negotiations have so far been completed with Hong Kong (agreement signed in November 2002), Macao (agreement signed in October 2003), Sri Lanka (May 2002), and Albania (November 2003).

27 Council Framework Decision of 19 July 2002, on combating trafficking in human beings, O.J. (2002) L 203/1. Proposal for a Council Directive on the short-term residence permit issued to victims of action to facilitate illegal immigration or trafficking in human beings who co-operate with the competent authorities, COM(2002) 71 final. The Justice and Home Affairs Council reached a general approach during its meeting of 6 November 2003. See also Council Conclusions of 8 May 2003 – Brussels Declaration on Preventing and Combating Trafficking in Human Beings, O.J. (2003) C 137/1.

28 Communication from the Commission to the Council and the European Parliament on a Common Policy on Illegal Immigration, COM(2001) 672 final; Green paper on a Community return policy on illegal residents – COM(2002) 175 final – which led to the adoption of a Communication from the Commission to the Council and the European Parliament on a Community Return Policy on illegal residents,

has already prepared a legislative proposal for the establishment of an Agency for the management of the EU External Borders, whereas a proposal for the establishment of a financial instrument aimed at supporting a common approach in the area of return policy is expected to be presented within the first semester of 2004.[29] Furthermore, security issues received special attention not only at the level of Justice and Interior Ministers,[30] but at European Council and General Affairs Council levels as well.[31] Additionally, emphasis was also put on the issue of financing with regard to the relevant policies. Indeed, the Commission prepared at the request of the Seville European Council a report on the financial aspects of Justice and Home Affairs.[32] After being extensively

---

COM(2002) 564 final; Communication from the Commission to the Council and the European Parliament "Towards integrated management of the external borders of the Member States of the European Union", COM(2002) 233 final; Communication from the Commission to the European Parliament and the Council in view of the European Council of Thessaloniki on the development of a common policy on illegal immigration, smuggling and trafficking of human beings, external borders and the return of illegal residents, COM(2003) 323 final.

29 Proposal for a Council Regulation establishing a European Agency for the Management of Operational Co-operation at the External Borders, COM(2003) 687 final. See also the Presidency Conclusions of the European Council of Brussels, 12 December 2003, point 21.

30 The Justice and Home Affairs Council adopted several Action Plans and Conclusions on these matters. See Proposal for a Comprehensive Plan to combat illegal migration and trafficking of human beings in the European Union, O.J. (2002) C 142/23; Plan for the management of the external borders of the Member States of the European Union, Council document 10019/02 FRONT 58 COMIX 398; Programme of measures to combat illegal immigration across the maritime borders of the Member States of the European Union, Council document 15445/03 FRONT 172 COMIX 731; Council Conclusions on more effective management of external borders of EU States, Council document 10059/1/03 REV 1 FRONT 71 COMIX 355; Council Conclusions on the development of the Visa Information System, Council document 9916/1/03 REV 1 VISA 97 COMIX 341; Council Conclusions on measures to be applied to prevent and combat illegal immigration and smuggling and trafficking in human beings by sea and in particular on measures against third countries which refuse to cooperate with the European Union in preventing and combating these phenomena, Council document 10017/02 JAI 142 RELEX 122 MIGR 57.

31 See Presidency Conclusions of the European Councils of Laeken (14 and 15 December 2001, points 37 to 42), Seville (21 and 22 June 2002, points 26 to 39), Thessaloniki (19 and 20 June 2003, points 8 to 23), Brussels (16 and 17 October 2003, points 25 to 33) and Brussels (12 December 2003, points 17 to 23). See also General Affairs Council Conclusions of November 2002 on intensified cooperation on the management of migrations flows with third countries, Council document 13894/02 ASIM 47 RELEX 227.

32 The Commission report was forming part of a more general Communication on the relations with third countries. See Communication from the Commission to the Council and the European Parliament "Integrating migration issues in the European Union's relations with third countries: I. Migration and Development, II. Report on

discussed at Council level, the Commission re-examined the issue in the framework of a second Communication that was subsequently submitted to the European Council of Thessaloniki.[33] There, it was decided to release a sum of 140 million euros for the period 2004-2006, whereas it was further agreed that the post-2006 financial perspectives should reflect this political priority of the Community.

In contrast to the spectacular developments as far as flanking measures are concerned, the developments with regard to legal migration are quite modest. After three years and a half of difficult negotiations and substantive pressure by the European Council, the Council managed to reach political agreement on two Directives concerning respectively the family reunification of third country nationals and the status of long-term residents.[34] It needs though to be stressed that the content of both these proposals has been substantially weakened leading to measures reaching the common lowest denominator.[35] Moreover, the Council adopted a Regulation extending the relevant Community Regulations on social security to third country nationals.[36] Whereas two other Commission proposals on the entry and residence of third country nationals for the purposes of paid employment and self-employed economic activities and for the purposes of studies, vocational training or voluntary service are also on the negotiating table at the Council.[37] Finally, special attention has been recently attributed to the issue of the integration of third country nationals. The Commission issued a Communication on the matter, on the basis of which the Council adopted Conclusions.[38]

---

the effectiveness of financial resources available at Community level for repatriation of immigrants and rejected asylum seekers, for management of external borders and for asylum and migration projects in third countries", COM(2002) 703 final.

33 See the relevant Commission Communication in view of Thessaloniki, *supra* note 28, as well as the Thessaloniki European Council Conclusions, points 22 and 23.

34 Council Directive 2003/86/EC of 22 September 2003, on the right to family reunification, O.J. (2003) L 251/12. For the initial Commission proposal see COM(1999) 638 final. The Commission had to submit in the meantime two modified proposals. See respectively COM(2000) 624 final and COM(2002) 225 final. See also Council Directive 2003/109/EC of 25 November 2003, concerning the status of third-country nationals who are long-term residents, O.J. (2004) L 16/44. For the Commission proposal see COM(2001) 127 final. The European Council of Seville had set the end of June 2003 as deadline for the adoption of both these Directives.

35 *Infra.*

36 Council Regulation (EC) No. 859/2003 of 14 May 2003, extending the provisions of Regulation (EEC) No. 1408/71 and Regulation (EEC) No. 574/72 to nationals of third countries who are not already covered by those provisions solely on the ground of their nationality, O.J. (2003) L 124/1.

37 See respectively COM(2001) 386 final and COM(2002) 548 final.

38 Communication from the Commission to the Council, the European Parliament, the European Economic and Social Committee and the Committee of the Regions on

Last but not least it is important to note that the Council has not yet established a comprehensive framework for the movement of third country nationals within the EU territory. Unfortunately, despite the fact that the Commission has tabled a global proposal for a Regulation on the freedom of movement of third country nationals, negotiations in the framework of the Council were "frozen".[39] Moreover, the right to move and reside in a second Member State in the framework of the long-term residents Directive was substantially undermined and discussions are not yet concluded with respect to this specific point of the Directive on the entry for the purpose of studies.[40] However, two positive developments could be noted with regard to the crossing of external borders and the movement of certain categories of third country nationals in view of the forthcoming enlargement: the movement, on the one hand, of the Russian citizens living in Kalinigrad,[41] and on the other, of third country nationals living in border areas both at the new external EU borders as well as at the temporary EU external borders.[42]

---

immigration, integration and employment, COM(2003) 336 final. Council Conclusions on the development of a policy at European Union level on the integration of third country nationals residing in the territory of the European Union, Council document 10527/03 MIGR 51.

39 Proposal for a Council Directive relating to the conditions in which third country nationals shall have the freedom to travel in the territory of the Member States for periods not exceeding three months, introducing a specific travel authorization and determining the conditions of entry and movement for periods not exceeding six months, COM(2001) 388 final.

40 These are the two instruments that contain specific provisions on the mobility of third country nationals. See Article 14 of the long-term residents Directive and Article 7 of the proposal on the entry for study purposes, *supra* notes 34 and 37.

41 Indeed, the situation of the residents of the Kaliningrad area, who following the EU enlargement will need to cross the territory of the EU in order to reach the rest of the territory of the Russian Federation, has proved to be rather problematic. On the one hand, the EU systematically refused to grant visa free regime to Russian citizens (Russia figures on the "black list" of the visa Regulation), whereas on the other, the full application of the relevant visa *acquis* would render very difficult the movement of the persons concerned. Finally, and after long negotiations with Russia, the Council adopted two Regulations, which are, on the one hand, maintaining the visa obligation, but on the other, provide for a facilitated procedure as for the issuing of the relevant visas. Council Regulation (EC) No. 693/2003 of 14 April 2003, establishing a specific Facilitated Transit Document (FTD), a Facilitated Rail Transit Document (FRTD) and amending the Common Consular Instructions and the Common Manual, O.J. (2003) L 99/8, and Council Regulation (EC) No. 694/2003 of 14 April 2003, on uniform formats for facilitated Transit Documents (FTD) and Facilitated Rail Transit Documents (FRTD) provided for in Regulation (EC) No. 693/2003, O.J. (2003) L 99/15.

42 See Proposal for a Council Regulation on the establishment of a regime of local border traffic at the external land borders of the Member States and Proposal for a

II. Some Reflections on Europe's Area of Freedom, Security and Justice with Regard to the Free Movement of Third Country Nationals

A. *Institutional Shortcomings: A* sui generis *Institutional Framework Leading to an Obstacle Race*

A lot has been written about the *sui generis* character of the institutional framework of Title IV, balancing between intergovernmentalism and the classic Community method, a sort of legal "ghetto" within the EC Treaty. Without repeating what has been already written it is worth discussing briefly three issues directly linked with the subject of the present paper.[43]

First of all, it is interesting to highlight the effect of predetermined flexibility – which more concretely takes the form of Protocols in this area – on the free movement of third country nationals, since its impact is considerable in both positive and negative terms.[44] Positive in the sense that by granting to those Member States objecting to the creation of an area without internal borders the possibility to "opt out" of it, it has been rendered possible for the vast majority of Member States not only to communitarise all their previous work within the Schengen framework, but also to be able to continue their work for the accomplishment of this objective "within" the EU framework. However, the impact of flexibility is also negative in terms of clarity, quality and effectiveness. The inevitable introduction of a "Schengen relevance test"[45] has not only rendered the decision making process cumbersome, but has also rendered the final outcome quite unclear for all, and furthermore unbalanced for those Member States opting in occasionally.

Council Regulation on the establishment of a regime of local border traffic at the temporary external land borders between Member States, COM(2003) 502 final.

43 For an overview of the institutional aspects of Title IV and the problems arising from the *sui generis* character of the institutional structure, as well as for references to relevant doctrine see PAPAGIANNI, G., "Free Movement of Persons in the Light of the New Title IV TEC: From Intergovernmentalism towards a Community Policy", *Yearbook of European Law*, 2002, p. 107.

44 For an overview on flexibility with regard to Title IV and for references to relevant doctrine see PAPAGIANNI, G., "Flexibility in Justice and Home Affairs: An Old Phenomenon Taking New Forms" in B. DE WITTE, D. HANF, E. VOS (eds.), *The Many Faces of Differentiation in EU Law*, Antwerpen, Intersentia, 2001, p. 101.

45 Meaning the need to define whether the proposed measures constitute or not a development of the Schengen *acquis*, since the answer to this question affects profoundly the extent and the legal character of the association of certain Member States – namely Denmark, UK and Ireland – as well as that of the two "outsiders", namely Norway and Iceland.

Moreover, the incoherent application of the already *de facto* complicated and least rational Protocols has generated further confusion. On the basis of the Protocols and the attitude of those Member States having a special position we could in general deduce the following conclusions. On the one hand, the free movement of persons in the broad sense – meaning both movement and residence – is applied fully only to twelve Member States, whereas Denmark and two "outsiders", namely Norway and Iceland, can participate exclusively in those aspects that are linked with the more limited Schengen rationale. Whereas on the other, security measures apply in general terms to thirteen and in most cases to all Member States – United Kingdom tends to opt into all, whereas the Irish position is less coherent – plus the two "outsiders". Consequently, the legal framework applying to third country nationals differs profoundly depending on the Member State – or for the case of Norway and Iceland, the third country – on which they are established. A third country national living in Norway and Iceland can enter and move freely within the territory of the thirteen Member States, whereas someone living in the UK or in Ireland does not have this right. Nevertheless, a third country national living in the UK or in Ireland will in most cases be subject to the same rules regarding expulsion as the third country nationals living in the rest of the Member States, even if he does not have the same rights concerning the freedom of movement. Moreover, as far as the UK is concerned, he will also receive a visa having the same format as that of the Schengen countries.

Secondly, the decision making process is rendered even more complex due to a series of additional factors. The split of the relevant legal bases between the first and the third pillar – since some of the legal bases regarding some security measures are still placed there – renders the decision making process even more cumbersome. Splitting legislative proposals in two proved to be the only solution in some cases.[46] Moreover, the existence of legal bases regarding the movement and establishing further rights for third country nationals in other parts of the EC Treaty complicates things even more and leads inevitably to the fragmentation of the legal framework. Questioning the legal basis of a proposed measure is quite common, whereas in some cases the exclusion of certain categories of persons from the scope of the proposed measure was inevitable.[47] Furthermore, the final outcome becomes even less transparent if one takes into consideration the lack of any transitory law provisions with regard to already existing EU *acquis* in conjunction

---

46 See the French initiatives for a Directive and Framework Decision on unauthorised entry, *supra* note 21.

47 i.e. family members of EU citizens and workers posted by a service provider for the purposes of cross-border services or as cross-border providers of services.

with the lack of willingness of the actors to clarify the relationship between the former intergovernmental *acquis* and new proposals or to align the existing EU *acquis* with the Schengen *acquis*.[48] It is interesting to note the airport transit visas case, the list of third countries annexed to the relevant Schengen Executive Committee decision being different from the list annexed to the relevant EU Joint Action.[49]

Last but not least, the very interinstitutional balance, or more accurately the lack of it, within the framework of Title IV constitutes another factor diminishing EU's effectiveness. It is worth examining in that respect the reaction of the different actors within this *sui generis*, complex and *de facto* unbalanced framework. In fact, one could convincingly even argue that on certain occasions the decision making process has been transformed to a *bras de fer* among the EU institutions and/or Member States. On the one hand, Member States show constantly a tendency to keep the law making process under their immediate control, a fact that was also challenged by the Commission in front of the Court at the occasion of the adoption of two Regulations *via* which the Council has reserved the implementing powers for visa and borders issues.[50] On the other, the Commission's margin of manoeuvre is quite limited mainly due to the existence of a shared right of initiative, but also due to the unanimity rule. Whereas the opinion of the European Parliament is usually not taken into account.[51] As for the Court, apart form the fact

48 PAPAGIANNI, G., "Free Movement of Persons in the Light of the New Title IV TEC: From Intergovernmentalism towards a Community Policy", *supra* note 43, p. 141-142.

49 Joint Action 96/197/JHA of 4 March 1996, adopted by the Council on the basis of Article K.3 of the Treaty on European Union on airport transit arrangements, O.J. (1996) L 63/8; Annex 3 of the Decision of the Executive Committee of 28 April 1999, on the definitive versions of the Common Manual and the Common Consular Instructions, O.J. (2000) L 239/317.

50 More specifically, the Council, instead of applying the Comitology procedure, reserved to itself the implementing powers in the cases of some aspects of visa policy and borders issues. See Council Regulation (EC) No. 789/2001 of 24 April 2001, reserving to the Council implementing powers with regard to certain detailed provisions and practical procedures for examining visa applications, O.J. (2001) L 116/2, and Council Regulation (EC) No. 790/2001 of 24 April 2001, reserving to the Council implementing powers with regard to certain detailed provisions and practical procedures for carrying out border checks and surveillance, O.J. (2001) L 116/5. Both measures have been challenged by the Commission. See Case 257/2001, *Commission v. Council* (pending).

51 It is interesting to note that the European Parliament has rejected a series of Member States initiatives. However, this rejection has not impeded the Council from adopting the measures. Moreover, it has recently become almost common practice for the Council to reach a general approach without waiting for the opinion of the Parliament, which is rendered a pure "formality". See the cases of the family reunification

that its role is *de jure* limited,[52] it did not have the chance to pronounce itself yet. It will be interesting to see the stance taken by the Court not only on the occasion of the "Comitology case" pending before it but also with regard to the future cases brought in front of it with regard to the substantive former Schengen *acquis* as well as the newly adopted Directives on legal migration.

Unfortunately the Treaty of Nice did not really provide for any concrete answers to the above mentioned problems. The only issue that was dealt concerns the passage to qualified majority, with regard to which a rather obscure solution was found.[53] However, the Draft Constitutional Treaty as it has been proposed by the Convention seems to be much more ambitious, albeit the distinction between legislative and operational measures has been severely criticised.[54] It remains nevertheless to be seen what will remain out of it at the end of the intergovernmental conference process.

B. How Balanced and Comprehensive is Europe's Approach?

Given the dual connotation of the concept of free movement of persons, it is important to examine the content of the measures adopted concerning both its aspects, meaning the aspect of the mere circulation following the abolition of internal border controls as well as its second aspect concerning the right of third country nationals not only to enter in the territory of the Union but also their right to reside in another Member State. Whereas the former has been *grosso modo* accomplished within the Schengen framework, the accomplishment of the latter forms

Directive, the German initiative on expulsion by air and the Italian initiative on joint flights, *supra* notes 34, 24 and 25.

52 ALBORS-LLORENS, A., "Changes in the Jurisdiction of the European Court of Justice under the Treaty of Amsterdam", *Common Market Law Review*, 1998, No. 35, p. 1273.

53 For an overview of the changes brought by the Treaty of Nice, see VAN NUFFEL, P., "Le Traité de Nice: Un commentaire", *Revue du droit de l'Union européenne*, 2001, No. 2, p. 329; WOUTERS, J., "Institutional and Constitutional Challenges for the European Union – Some Reflections in the Light of the Treaty of Nice", *European Law Review*, 2001, No. 26, p. 342; JOHNSTON, A., "Judicial Reform and the Treaty of Nice", *Common Market Law Review*, 2001, No. 38, p. 499 and BARENTS, R., "Some Observations on the Treaty of Nice", *Maastricht Journal of European and Comparative Law*, 2001, No. 8, p. 121.

54 See Draft Treaty establishing a Constitution for Europe, Articles III-158-169, O.J. (2003) L 169/3, as well as the Final Report of Working Group X "Freedom, Security and Justice", CONV 426/02. For some interesting commentaries, see WALKER, N., "Freedom, Security and Justice" in B. DE WITTE (ed.), *Ten Reflections for the Constitutional Treaty in Europe*, San Domenico di Fiesole, European University Institute, 2003, p. 163 and "The Birth of the EU's Interior Ministry?", *Statewatch*, 2003, No. 1, p. 21.

part of a more general policy with regard to immigration, a policy that the EU is currently trying to forge.

Inasmuch as for the first aspect is concerned, and despite the fact that undoubtedly its core is already accomplished within the framework of the Schengen *acquis* – which is now EU *acquis* – one could counter argue that this objective has not been fully achieved. First, the relevant measures need not only to be developed, but also to be fully communitarised, since their quality in terms of law making is often rather poor, whereas their legal value is not always clear.[55] Second, proposals submitted *post* Amsterdam proved that there still exist minor issues that need to be settled, such as the situation of holders of national long-stay visas until they receive their residence permit, or the situation of those persons who are entitled to stay in a certain Member State for more than three months on the basis of bilateral agreements concluded in accordance with Article 20(2) of the Schengen Convention, a situation which in the light of Article 62(3) of the Treaty – which expressly provides for a maximum three month stay in the EU territory – became incompatible with the EC Treaty. It is interesting to highlight in that respect the fact that the majority of Member States have concluded and continue to apply bilateral Visa Waiver Agreements with the US.[56]

Unfortunately Member States have opted for *ad hoc* and piecemeal solutions generating further confusion to an area that is already complicated. This approach was severely criticised both by the European Parliament and the Commission. More specifically, inasmuch as the specific legal gaps mentioned above are concerned it is worth highlighting the fact that the European Parliament rejected the relevant initiatives

---

55 For some arguments with regard to the need for communitarisation see PAPAGIANNI, G., "Free Movement of Persons in the Light of the New Title IV TEC: From Intergovernmentalism towards a Community Policy", *supra* note 43.

56 Furthermore, it is also worth highlighting the fact that notwithstanding the reciprocity clause included within the framework of the Council Visa Regulation – *supra* note 15 – and despite the fact that the US appears in the "white list" of the EU Visa Regulation, there is at least one EU country that is under visa obligation by the US, namely Greece, whereas the US authorities seem to have certain concerns with regard to another EU country as well, meaning Belgium. The thorny question of lack of reciprocity, especially with the US, is expected to be accentuated in view not only of the new regulations regarding entry into the US – meaning that most foreign visitors travelling to the US on a visa are required to have their two index fingers scanned and a digital photo taken – but also in view of the fact that none of the acceding countries has signed a Visa Waiver Agreement with the US, meaning that all of them are under visa obligation. For more information on the new US-VISIT Program and on the US Visa Waiver Program *see* respectively http://www.dhs.gov/us-visit and http://travel.state.gov/vwp.html.

submitted respectively by France and Portugal.[57] Whereas, the Commission, on the basis of a combined use of Articles 62(3) and 63(3) TEC, has instead proposed a global solution setting a general framework for the freedom to travel of third country nationals, which on the one hand, communitarises the relevant Schengen *acquis*, whereas on the other, introduces a specific authorisation to stay for a period up to six months in order to rectify the contradictions between the former Schengen *acquis* and Article 62(3) TEC.[58] Unfortunately, it seems that the Commission position has not been taken onboard. One could not but regret the continuous lack of a global comprehensive and mainly transparent solution for all categories of third country nationals, especially in an area of central importance for the latter.

Turning to the concept of freedom of movement in its broader sense, meaning the right of entry, movement and residence of third country nationals, the EU agenda becomes blurred. Whereas both the Commission and the Council seem to have initially set a very ambitious and rather balanced and comprehensive agenda, the modest, and mainly inclined towards security results half a year before the lapse of the 1 May 2004 deadline prove difficult to reconcile with the initial solemn declarations and ambitious agenda setting. It is worth examining briefly not only the content of the measures adopted, the balance between the concepts of "freedom" and "security" in the emerging Area of Freedom, Security and Justice and the reasons for this shift of the agenda, but also the position of the main actors, meaning the Commission and the Council, in that respect.

First of all, it is interesting to note that despite the detailed character of the timetable set by the Vienna Action Plan, the Tampere Conclusions and the subsequent Commission Communications and Scoreboards, the approach of the Member States regarding their implementation has been a piece meal one, lacking coherence and efficiency. Subsequent Presidencies launched themselves in a race of presenting initiatives, which were providing only *ad hoc* short-term solutions and quite often were mainly serving national interests. The rotating Presidency effect in conjunction with the right of initiative of the Member

57 Initiative of the French Republic with a view to adopting a Council Regulation on freedom of movement with long-stay visa, O.J. (2000) C 200/4; Initiative of the Portuguese Republic with a view to adopting a Council Regulation on the period during which third country nationals exempt from visa requirements are free to travel within the territory of the Member States, O.J. (2000) C 164/6. See respectively the relevant European Parliament Reports, A5-0388/2000, 6.12.2000 and A5-0075/2001, 28.2.2001.

58 Proposal for a Directive on the freedom to travel in the territory of the Member States, *supra* note 39.

States has surely not contributed positively in adopting comprehensive and coherent solutions.

Secondly, a simple balance sheet of developments since Amsterdam is enough to prove that the policy is heavily unbalanced in favour of security measures. Counting on the one hand the amount of proposals and the measures adopted aiming at the fight against illegal migration or the reinforcement of security, and on the other, examining the quality in terms of substance of the first two measures on legal migration is enough to erase any doubt about the disequilibrium between security measures and measures establishing rights in favour of third country nationals. Moreover, whereas the timeframes for political agreement with regard to the majority of the measures on security matters vary from three months to one year, the Council has merely managed to reach political agreement on two Directives on legal migration only after three years and half of negotiations. The only Commission proposal for a Directive on legal migration on which the Council has reached a general approach within less than one year of negotiations – actually within four months – is the Directive establishing a short-term residence permit for victims of human trafficking, which is in substance a measure to fight illegal migration.

The reasons for this shift of the agenda are numerous. The traditional inclination of Member States towards security measures, the change of the political scenery in Europe with more right wing parties in government nowadays and the 11 September effect are most probably some of them. Indeed, even if the tragic events of 11 September did not lead to concrete proposals with regard to movement of persons they definitely caused a shift in the agenda and are constantly used ever since as an excuse to consolidate a traditional preference for security measures.[59]

In parallel, it is worth discussing briefly the approach and the positions taken by the basic policy actors. Starting with the Commission one interestingly notes that the position of the Commission is rather puzzling. Whereas on the one hand it initially followed a discourse of harmonisation and very high standards, on the other, it subsequently narrowed down its own standards and accepted the even further watering down of its proposals by the Council.[60] Moreover, it also proposed, despite the lack of any legal basis in that respect, the introduction of an

59 See BROUWER, E., "Immigration, Asylum and Terrorism: A Changing Dynamic – Legal and Practical Developments in the EU in Response to the Terrorists Attacks of 11.09", *European Journal of Migration and Law*, 2002, No. 4, p. 399.

60 See for example the initial proposal as well as the two modified proposals of the family reunification Directive as well as the final texts of both the family reunification and the long-term residents Directives, *supra* note 34.

Open Method of Co-ordination (OMC) in migration, a method that is usually used in areas where the Community does not have legislative powers and which is not very easy to reconcile with the strive for harmonisation in law making terms.[61] Indeed, both the European Parliament as well as certain authors have expressed concerns about the use of the OMC method in this area, whereas the Commission proposal was not taken up by the European Council of Laeken.[62] Moreover, in the aftermath of 11 September there is a certain shift in the Commission's agenda and objectives as well. Since autumn 2001 the Commission has issued within a year and a half five major Communications with regard to illegal migration, return and border management, a report on the available financial resources as well as two proposals regarding the security features of visas and residence permits and various feasibility studies on security measures.[63]

Examining the issue of balance from the Council perspective the outcome is easier to explain but does not become any more balanced or positive. Member States have traditionally opted for maximised co-operation in illegal migration and borders issues, but for national competence with regard to legal migration. It is interesting to note that even during the time of euro-euphoria of 1998 and 1999 when the Justice and Home Affairs Council had issued the Vienna Action Plan extending the five year deadline also to issues regarding legal migration and the Heads of State delivered the Tampere milestones, Member States had already safeguarded their turf *via* the various legal safety nets inserted into the Treaty of Amsterdam and some of them had also officially taken a restrictive position.[64] Nevertheless, it is worth underlining in that respect the differences regarding the approach taken by, on the one hand, the

---

61 Communication from the Commission to the Council and the European Parliament on an open method of coordination for the Community immigration policy, COM(2001) 387 final. For a commentary on the OMC method in immigration, see FLETCHER, M., "EU Governance Techniques in the Creation of a Common European Policy on Immigration and Asylum", *European Public Law*, 2003, No. 9.4, p. 533.

62 See European Parliament report, A5-224/2003. See also DE BURCA, G., "The Constitutional Challenge of New Governance in the EU", *European Law Review*, 2003, No. 28, p. 814. However, the lack of any follow-up on the matter could be also explained by the lack of interest – or even hostility – from the side of the Member States or by the fact the Communication was immediately followed by the 11 September events which altered substantially the agenda of the Belgian Presidency. Nevertheless, it is also interesting to note that the Commission did not try to bring the issue back on the agenda.

63 *Supra.*

64 See the letter sent by the German Chancellor to the President of the Council after the signature of the Treaty of Amsterdam reproduced in HAILBRONNER, K., "The Treaty of Amsterdam and Migration Law", *European Journal of Migration and Law*, 1999, No. 9, p. 14.

European Council, and on the other hand, the Justice and Home Affairs Council. Whereas the former had initially shown a rather positive attitude –which though changed mainly in the aftermath of 11 September – and still continues to put occasionally pressure on the Justice and Home Affairs Council with regard to progress on legal immigration issues, the latter has traditionally shown a restrictive approach and a preference for security measures. Member States initiatives usually concern security measures and are characterised by a piece meal approach based quite often on national interests, whereas their position towards the Commission's proposals on legal migration is traditionally extremely restrictive. Indeed, despite the communitarisation of these areas Member States continue to act *à l'intergouvernemental.*

Finally, the 11 September events, the raise of right wing governments in most Member States as well as the Commission's *Realpolitik* approach did not contribute positively in the formation of the balanced policy that the Treaty itself, the Tampere European Council Conclusions and the Commission's first Communication on Immigration Policy aspired. Therefore, what has started as a comprehensive and balanced approach has in a way turned into a "Fortress Europe" plan, which the modest results of the two Directives on legal migration and the Commission Communication and Council Conclusions on the integration of third country nationals cannot counterbalance.

C. *Quality of the Measures: Race to the Top or Race to the Bottom?*

Another important aspect of the emerging Area of Freedom, Security and Justice regards the quality of the measures adopted in terms of law making. An overview of the measures adopted and the proposals tabled show clearly that the conclusions in that respect are not unequivocal.

First of all, there is a considerable difference, as far the quality of the proposals is concerned between the initiatives of the Member States and the proposals of the Commission. Whereas the former are usually poorly drafted, without any explanatory memorandum and are characterised by a piece meal approach, the latter are usually based on a background study, contain a detailed explanatory memorandum and are much more comprehensive.[65] Moreover, whereas the former concern exclusively security issues, the latter are mainly focused on measures establishing specific rights.

65 PAPAGIANNI, G., "Free Movement of Persons in the Light of the New Title IV TEC: From Intergovernmentalism towards a Community Policy", *supra* note 43.

Secondly, as far as the final objective and the character of the co-operation are concerned we could distinguish two distinct tendencies: one as far as security measures are concerned and another, diametrically opposite, as far as measures establishing rights for third country nationals are concerned. First, as for the former there seems to be a tendency for full harmonisation, or at least intense co-operation, whereas regarding the latter one could notice a remarkable claim for national competence. This could be partly explained by the historic background of the area in question. Indeed, the whole structure of the Schengen mechanism cannot become operative and cannot function properly unless issues related to visa policy and checks at external borders are fully harmonised. Moreover, the restrictive approach and the lack of enthusiasm that Member States seem to show with regard to Community competence for broader aspects of migration policy are easily explained if one takes into consideration the sovereignty implications of this policy, the traditional tendency for Member States to regulate these issues at national – and in some cases even at regional – level as well as the financial implications that the granting of social rights to third country nationals would have for national budgets.

Thirdly, inasmuch as the value and quality of the final outcome are concerned, whereas we could note a race to the top as for security measures, there is definitely a race to the common lowest denominator as far as measures regarding the entry, residence and further rights of third country nationals are concerned. The strive for extremely high level security features for visas and residence permits, the creation of remarkably expensive new databases, the intense co-operation on borders issues and the intention to create an Agency on the matter as well as the importance attributed to return policy issues largely prove the will of Member States not only to put security issues at the top of the agenda, but also to set a remarkably high level of standards in that respect.[66]

On the other hand, the quality of the final outcome as for the right of freedom of movement and the subsequent rights attributed to third country nationals is undoubtedly rather poor. There are indeed few imperative provisions left within the framework of the Directive on family reunification, whereas the vast majority of the provisions has been either transformed to optional clauses or are accompanied by a series of derogations, some of which even reach the limit of compliance with human rights international instruments. Moreover, there is hardly

---

66 See Presidency Conclusions of the Seville, Thessaloniki and Brussels European Councils, *supra* note 31, and the Press Release of the Justice and Home Affairs Council of 6 November 2003.

any substance remained in the provision regarding equal treatment or the provision for the right to move and reside into a second Member State within the framework of the Directive on the status of long-term residents.[67] Member States have managed to safeguard completely their discretionary power to control the entry of third country nationals into their territory.[68] Furthermore, whereas provisions regarding the rights granted to third country nationals have been considerably watered down,[69] the provisions on public order and expulsion have been significantly reinforced.[70] Additionally, the requirements for the acquisition and the exercise of the relevant rights have been reinforced – rendering the exercise of certain rights in some cases extremely difficult[71] – and the cross references to national law have been multiplied. Member States have shown clearly that they do not intent to modify substantially their national policies even if they are "obliged" to adopt in parallel a Community Directive.

The negotiation of both Directives has proved a marathon. First of all, the unwillingness of Member States to attribute in practice the competence regarding the admission of third country nationals to the Community in conjunction with the unanimity rule applying in this area proved detrimental. It is important to highlight the fact that, apart from the complete watering down of the central provisions of the Directives, the considerable difficulties in achieving compromise solutions acceptable to all have also unfortunately led to opt for quite general and vague drafting as well as to introduce substantive clauses to the preamble, techniques that diminish not only the quality of the drafting, but also the legal certainty of the provisions in question. Moreover, it is worth

---

67 See Articles 11 and 14 of the Directive on the status of long-term residents, *supra* note 34.

68 The derogations provided by paragraphs 3 (limitation as far as entry for purposes of employment are concerned) and 4 (quota systems) of Article 14 of the long-term residents Directive allow, to a large extent, Member States to treat long-term residents as new comers.

69 See Articles 14 and 15 of the Directive on family reunification and Article 11 of the Directive on the status of long-term residents. It is interesting to note that within Article 11 of the long-term residents Directive there are five cross-references to national legislation and three separate paragraphs of restrictions.

70 See Article 6 of the Directive on family reunification and Articles 6, 17 and 22 of the Directive on the status of long-term residents. It is the Commission that has decided initially to reinforce the relevant provision of the family reunification Directive following the 11 September events – see second modified Commission proposal – whereas the Council has not only further reinforced the relevant provisions but has also inserted quite strong provisions either in the preamble or in Declarations.

71 One of the issues that have received special attention is the right of access to the labour market. See Articles 14 of the family reunification Directive, and Articles 11, 14 and 21 of the Directive on the status of long-term residents, *supra* note 34.

stressing the fact that in the *post* Amsterdam era and in view of the adoption of Community rules on legal migration, Member States have started reviewing their national legislation, rendering therefore the discussion on the Commission proposals even more difficult, since negotiations often became dependent on the finalisation of national legislations.[72]

Furthermore, it is worth underlining the Commission's *Realpolitik* new approach, which had both positive and negative impact on the whole negotiation process. On the one hand, as mentioned previously, the Commission not only lowered itself its own standards, but also accepted to go even further down. Nevertheless, on the other hand, the Commission having recognised its short margins of manoeuvre as for the adoption of high standards adopted a pragmatic approach, which proved beneficial in reaching political agreement. The Commission introduced in the framework of its second modified proposal for family reunification two new techniques: the "stand still clause" and the "*rendez-vous* clause" techniques.[73] Whereas the former in general failed – at least in the form of a general clause, since in specific cases it contributed positively in preventing the extensive application of derogation clauses – the second was widely accepted by all Member States, most probably for some of them for reasons different from those contemplated by the Commission or certain other Member States. Indeed, from a negotiation point of view this clause proved beneficial for both sides.[74] The ones opting for restrictive clauses used it as an argument in order to make more acceptable to the rest of their colleagues in the short term the derogations they were asking for, whereas the more liberal ones – Commission included – were most probably thinking of the possibilities offered after the passage to qualified majority in the long term, since when the issue will be renegotiated the qualified majority voting rule might apply.

Last but not least, it is worth highlighting the eventual perverse effects of both the low quality of the measures adopted and the undoubted race to the common lowest denominator, since they might eventually further lead Member States to a race to the bottom as well. Indeed, the insertion of a plethora of derogations and cross-references to national legislation – deemed indispensable in order to satisfy those Member States that were the most hesitant in granting rights to third country

72 "I cantieri nazionali", *Migraction Europa*, December 2001, p. 4.

73 See Articles 3(6) and 19 of the second modified Commission proposal on the right to family reunification, *supra* note 34.

74 A relevant clause was also included within the Directive on the status of long-term residents. See Article 24 of the long-term residents directive, *supra* note 34.

nationals and to reach political agreement – might eventually lead the rest of the Member States to lower their own standards of protection and rights granted to third country nationals in order to avoid creating pull factors.

In the light of the above and in view of the renegotiation of certain of these instruments in the near future, we could not but hope that in the meantime Member States will manage to overcome their fears and that the next stage of EC law in this area will be much more comprehensive, coherent and liberal. However, even before that stage another important factor to take into consideration is the effect of the eventual case law on both the above mentioned instruments – especially if the European Charter of Fundamental Rights becomes legally binding – contributing eventually to a liberal interpretation of the existing measures.

Concluding Remarks: 1 May 2004, Another Missed Deadline?

Coming back to the central question of this paper, meaning the respect of the 1 May 2004 deadline, the answer is both negative and positive depending on the concrete objective to be reached. On the one hand, examining the freedom of movement *stricto sensu*, meaning under the spectrum of the mere abolition of internal border controls, the deadline of 1 May 2004 will not be a missed one. This objective has been accomplished for the majority of Member States gradually since 1995, whereas for the two remaining Member States, namely the UK and Ireland, it might never be accomplished. Whilst on the other hand, approaching the matter in the light if the Tampere agenda aspiring for a more comprehensive, balanced and ambitious policy with respect to third country nationals, 1 May 2004 will most probably be a missed deadline. One cannot but regret the lowering down of the initial ambitions and the shift of the balance in favour of short-term peace meal solutions based mainly on security concerns. We cannot but hope that this is a provisional shift, a sort of intermediary step, which would contribute to the establishment of the necessary mutual trust among Member States in order to move further and establish a truly balanced and comprehensive Area of Freedom, Security and Justice matching the expectations of European citizens.

CHAPITRE 8

L'absence de libre circulation des personnes physiques et la lutte contre l'immigration illégale au sein de l'espace euro-méditerranéen

Erwan LANNON

Professeur à l'Institut européen, Université de Gand et au Collège d'Europe (Natolin)

Introduction générale

L'Adriatique, le détroit de Gibraltar mais aussi le Bosphore sont les points de passage de migrations illégales. La Méditerranée n'est pas seulement une zone d'émigration et d'immigration mais aussi une zone de transit et d'entrée au carrefour de trois continents et de plusieurs régions particulièrement sensibles si l'on raisonne en termes de « pressions migratoires ». Ainsi, toute stratégie crédible en matière migratoire doit nécessairement s'appuyer sur une vision globale et concertée.

De véritables *boat-people*, en réalité dans la plupart des cas de petites embarcations (*pateras*), traversent le détroit de Gibraltar et les accidents mortels sont de plus en plus nombreux. Les autorités espagnoles retrouvent toutes les semaines des corps de jeunes clandestins qui ont vainement tenté de traverser les quelques miles nautiques séparant le continent africain de l'Europe (14 km). Un article du journal *Le Monde*, de février 2000, fait référence à

> 200 000 à 250 000 sans-papiers, venus, souvent au péril de leur vie, dans des *pateras* [...], à travers le détroit de Gibraltar. Avant de traverser, certains arrivent à pied depuis l'Afrique, jusqu'à Ceuta et Melilla, les enclaves espagnoles au Maroc, en payant des sommes exorbitantes à des réseaux de passeurs qui les rançonnent et parfois les tuent. On a retrouvé la trace d'environ

380 clandestins qui ont péri dans les eaux du détroit, ces quatre dernières années[1] (1996-2000).

Selon *Courrier international*, de janvier à novembre 2003, la *Guardia civil* a « récupéré les corps de 120 marocains et sub-sahariens » et intercepté « 18 160 personnes qui tentaient de rejoindre illégalement les côtes espagnoles en provenance du Maroc ».[2]

Avec l'afflux de réfugiés de l'Europe du Sud-Est, des républiques de l'ex-URSS et au delà (Afghanistan notamment) les eaux de l'Adriatique sont devenues une « zone de passage », de transit et l'Italie l'un des points les plus sensibles des frontières extérieures de l'Union européenne si bien que ce pays se trouve investi « d'une responsabilité éminente dans la lutte contre l'immigration clandestine ».[3]

Selon les données compilées par Bichara KHADER, près de 100 000 immigrants non régularisés d'origine nord-africaine résideraient en Italie, ils seraient près de 200 000 en Espagne.[4] Il est toutefois particulièrement difficile d'obtenir des données fiables en la matière.

À titre comparatif, on relèvera pour ce qui est de l'immigration légale en provenance des partenaires méditerranéens que cette dernière représentait, au milieu des années 1990, 8 % du total de l'immigration en direction de l'Union européenne. 95 % de ces immigrés provenaient de 5 pays : Turquie, Maroc, Liban, Algérie et Tunisie. Le 1er janvier 1995, dans une Union européenne comptant 370 millions d'habitants, 5 millions, soit 1,3 % de la population totale de l'UE, provenaient d'un pays tiers méditerranéen. Ces 5 millions de personnes représentaient 28 % de la totalité des non nationaux résidant dans les Quinze États membres. Il faut cependant souligner que 80 % d'entre eux résidaient soit en Allemagne (90 % de Turcs) soit en France.[5]

La récurrence des termes de « pression migratoire » et « d'immigration clandestine » dans le vocabulaire euro-méditerranéen traduit une

---

1 DECAMPS, M.-C., « Les émeutes d'El Ejido relancent le débat sur l'immigration en Espagne », *Le Monde*, samedi 12 février 2000.

2 *Courrier international* n° 684, du 11 au 17 décembre 2003, p. 51.

3 Voir le Rapport d'information du Sénat français n° 438 sur « la coopération européenne dans le domaine de l'immigration », fait au nom de la commission des Affaires étrangères, de la défense et des forces armées par P. MASSON, Session ordinaire de 1999-2000, Annexe au procès-verbal de la séance du 22 juin 2000, http://www.senat.fr/rap/r99-438/r99-4380.html.

4 KHADER, B., « The Economic, Social and Political Impact of the Euro-Mediterranean Partnership » in M. MARESCEAU and E. LANNON (eds.), *The EU's Enlargement and Mediterranean Strategies. A Comparative Analysis*, Basingstoke-New York, Palgrave, March 2001, p. 275.

5 *Eurostat*, « Migration between the Mediterranean Basin and the EU in 1995 » in *Statistics in focus – Population and Social Conditions*, Luxembourg, 1998, p. 3.

approche européenne encore excessivement sécuritaire. Il faut toutefois reconnaître qu'au niveau du partenariat, l'approche a évolué ces dernières années vers une stratégie plus intégrée alliant des mesures défensives à des actions de coopération plus positives.

En tout état de cause, aucun barrage n'est susceptible d'endiguer les nouveaux flux migratoires en provenance ou transitant par la Méditerranée. L'expérience américaine est là pour le prouver. Cet état de fait n'a cependant pas empêché la création du « Système intégral de surveillance extérieure » (SIVE) espagnol, d'un coût de 120 millions d'euros et qui est devenu opérationnel depuis juin 2002 dans la zone de Tarifa-Algésiras. Le résultat a été immédiat : un certain nombre d'itinéraires *bis* plus longs et donc plus dangereux ont été établis par les passeurs (à l'Est entre Málaga et Almería, à l'Ouest entre Cádiz et Huelva ou encore *via* les îles Canaries).[6] On relèvera aussi qu'au moment où le projet SIVE était approuvé, la Commission espagnole d'aide aux réfugiés estimait que l'Espagne avait besoin de 300 000 immigrants par an pour satisfaire les besoins du marché du travail. Cette contradiction traduit assez bien la complexité et la sensibilité de la question.

I. La persistance d'obstacles à la liberté de circulation des personnes physiques originaires des partenaires méditerranéens de l'UE

Il existe une (autre) contradiction évidente entre la volonté de créer une zone de libre échange euro-méditerranéenne et le fait de ne pas prévoir la libre circulation des personnes physiques originaires des partenaires méditerranéens de l'Union. Bien que l'on puisse comprendre la position des États membres d'une Union bientôt élargie, le projet euro-méditerranéen est souvent perçu, sur la rive Sud de la Méditerranée, comme étant une stratégie visant essentiellement à faciliter l'accès des produits européens aux marchés tiers et comme un moyen permettant d'endiguer les flux migratoires du Sud au sens large.

A. L'évolution des objectifs en matière d'échanges humains et de migrations : de la Déclaration de Barcelone à la stratégie commune adoptée à l'égard de la région méditerranéenne

1. La Déclaration et le processus de Barcelone

Dans le cadre du troisième volet de la Déclaration de Barcelone, les 27 partenaires se sont engagés à prendre les « mesures susceptibles de faciliter les échanges humains, notamment par l'amélioration des procé-

[6] *Courrier international* n° 684, du 11 au 17 décembre 2003, p. 51.

dures administratives ». L'expression « échanges humains » n'est mentionnée que deux fois dans le corps de la Déclaration mais ces « échanges humains » sont, au même titre que les échanges « scientifiques et technologiques », une « composante essentielle du rapprochement et de la compréhension entre leurs peuples et d'amélioration de la perception mutuelle ».

Les 27 participants ont aussi reconnu, dans la déclaration fondatrice du partenariat, « le rôle important que jouent les migrations dans leurs relations ». Ils ont ensuite convenu d'accroître leur coopération pour « réduire les pressions migratoires au moyen, entre autres, de programmes de formation professionnelle et d'assistance à la création d'emplois » et se sont engagés à « garantir la protection de l'ensemble des droits reconnus par la législation existante des migrants légalement installés sur leurs territoires respectifs ». Ce dernier élément fait bien entendu écho à la jurisprudence prolifique de la Cour de justice en la matière.[7]

Au niveau du programme de travail de la Déclaration de Barcelone, dans le cadre d'une section portant sur les « échanges entre les sociétés civiles », il a été envisagé que des hauts fonctionnaires se rencontrent périodiquement afin d'examiner les mesures susceptibles de

> faciliter les échanges humains découlant du Partenariat euro-méditerranéen, spécialement ceux qui concernent les fonctionnaires, les scientifiques, les universitaires, les hommes d'affaires, les étudiants et les sportifs, y compris par l'amélioration et la simplification des procédures administratives, notamment en ce qui concerne l'existence éventuelle d'obstacles administratifs non nécessaires.

Il a donc été prévu que la tenue de réunions serait encouragée en vue d'aboutir à des « propositions concernant les flux et les pressions migratoires ». Ces réunions devant tenir compte de « l'expérience acquise entre autres dans le cadre du programme MED-Migration, notamment

---

[7] Voir notamment les arrêts et commentaires suivants : Arrêt de la Cour du 31 janvier 1991, *Office national de l'emploi c. Bahia Kziber*, affaire C-18/90, *Rec.* p. I-199 et les conclusions de l'avocat général VAN GERVEN présentées le 6 décembre 1990. Voir aussi à ce propos NEUWAHL, N., « Social Security under EC Morroco Cooperation », *European Law Review*, 1991, p. 326-331. Arrêt de la Cour du 15 janvier 1998, *Henia Babahenini c. État belge*, affaire C-113/97, *Rec.* p. I-0183. Arrêt de la Cour du 5 avril 1995, *Zoulika Krid c. Caisse nationale d'assurance vieillesse des travailleurs salariés (CNAVTS)*, affaire C-103/94, *Rec.* p. I-719. Sur la non-discrimination voir entre autres, l'Arrêt de la Cour du 2 mars 1999, *Nour Eddline El-Yassini v. Secretary of State for Home Department*, affaire C-416/96, *Rec.* p. I-1209. Voir à ce propos MELIS, B., « Case C-416/96, Nour Eddline El-Yassini v. Secretary of State for the Home Department, Judgment of the European Court of Justice of 2 March 1999 », *Common Market Law Review*, December 1999, Volume 36, Issue 6, p. 1357-1364.

en ce qui concerne l'amélioration des conditions de vie des migrants installés légalement dans l'Union ».[8]

Plusieurs réunions se sont ensuite effectivement tenues dans le cadre du processus de Barcelone. La première d'entre elles, intitulée « réunion des experts euro-méditerranéens sur les migrations et échanges humains », s'est déroulée à La Haye, les 1er et 2 mars 1999, soit plus de quatre ans après la réunion de Barcelone. Plusieurs éléments des conclusions de cette réunion sont à retenir :

– la nécessité d'une « approche intégrée et équilibrée » pour « traiter le phénomène des migrations et des échanges humains qui concerne les trois volets du Partenariat euro-méditerranéen » ;

– les « facteurs incitatifs à la migration et mêmes les flux migratoires actuels peuvent être influencés par une série de politiques de développement bien ciblées ». Les pays concernés « portent une responsabilité afin de faire face aux causes profondes » ;

– il faut « s'opposer à l'immigration illégale dans un esprit de coopération » ;

– il est « difficile de s'accorder sur un modèle général pour ces politiques, parce que les situations culturelles et sociales peuvent être différentes entre les Partenaires euro-méditerranéens » ;

– le « rôle des communautés actuelles d'immigrants en promouvant le développement de leur pays d'origine a été reconnu. Non seulement par leurs transferts de fonds aux proches parents dans le pays d'origine, mais également par leur implication dans les projets de développement, et, éventuellement, par leur retour volontaire, les immigrants peuvent faire une contribution importante sur ce sujet ».

Les conclusions de la réunion de la Haye sont particulièrement intéressantes car elles révèlent clairement la multidimensionnalité des différentes problématiques migratoires : socio-culturelle, humaine mais aussi politique, économique, voire stratégique, de même que la nécessité de définir une approche *ad hoc* dans un « esprit de coopération » respectueux des « situations culturelles et sociales ».

8 Le *programme MED-Migration* a été développé en tant que sous-programme du programme « MED-Urbs » (réseau de collectivités locales) dans le cadre d'une phase pilote (1994/1995). Son objectif général était de développer des opérations de coopération en matière de développement urbain dans le secteur des migrations.

2. *Les objectifs de la stratégie commune PESC à l'égard de la région méditerranéenne*

La stratégie commune PESC à l'égard de la région méditerranéenne, adoptée en juillet 2000,[9] n'est pas comparable à la Déclaration euro-méditerranéenne de Barcelone de par sa nature unilatérale. Elle traduit cependant bien l'impact de la réunion spéciale du Conseil européen de Tampere de 1999.

La stratégie commune prévoit en effet qu'à partir de l'acquis du processus de Barcelone et dans le prolongement des conclusions du Conseil européen de Tampere,[10] l'Union européenne a l'intention :

– d'étudier les possibilités de simplification et d'accélération des procédures de délivrance des visas ;

– d'encourager l'identification des correspondances entre des systèmes juridiques de conception différente en vue de résoudre des problèmes de droit civil touchant des particuliers ;

– de stimuler les investissements étrangers et d'encourager les migrants en situation régulière à mener des activités favorables au co-développement avec leur pays d'origine ;

– d'assurer la libéralisation des règles relatives au transfert des bénéfices et d'élaborer des solutions pour éviter la double imposition, en particulier pour les migrants en situation régulière et pour les personnes ayant une double nationalité ;

– de mettre en place des mécanismes de coopération efficaces pour lutter contre les filières d'immigration clandestine, en particulier contre la traite des êtres humains, notamment par la conclusion d'accords de réadmission pour ses propres ressortissants, pour les ressortissants de pays tiers et pour les apatrides ;

– d'engager des dialogues en vue de mettre en place des systèmes modernes et efficaces de contrôle des frontières, notamment en offrant la possibilité de suivre des programmes de formation et de participer à des échanges de fonctionnaires ;

– d'œuvrer avec les partenaires méditerranéens à la recherche de solutions à la question des migrations, en prenant pleinement en considération les réalités économiques, sociales et culturelles auxquelles doivent faire face les pays partenaires. Cette démarche implique la nécessité de lutter contre la pauvreté, d'améliorer les conditions de vie

---

9 Stratégie commune 2000/458/PESC du Conseil européen du 19 juin 2000 à l'égard de la région méditerranéenne, J.O.C.E. L 183 du 22 juillet 2000, p. 5-11.

10 Conclusions de la Présidence de la réunion spéciale du Conseil européen, Tampere, 15 et 16 octobre 1999.

et les possibilités d'emploi, de prévenir les conflits, d'affermir les États démocratiques et d'assurer le respect des droits de l'Homme ;

– de procéder à des échanges d'informations et de statistiques avec les partenaires méditerranéens sur les flux migratoires.

L'évolution est tout à fait considérable si l'on compare ces dispositions à celles de la Déclaration de Barcelone. Il faut relever, entre autres, la confirmation de l'approche co-développementaliste qui est à la base du partenariat et le fait que le principe de concertation euro-méditerranéenne semble s'ancrer dans les relations partenariales euro-méditerranéennes, même s'il faut souligner que la stratégie n'est commune qu'à l'Union européenne.

Au niveau euro-méditerranéen, il reste toutefois encore un travail considérable à réaliser en ce qui concerne l'harmonisation des législations et des procédures judiciaires, les règles gouvernant l'extradition, ainsi que la coopération transfrontalière des polices et des magistrats. Pour l'instant, on assiste toutefois à l'émergence d'une véritable dimension « justice et affaires intérieures » dans le cadre du Partenariat euro-méditerranéen (voir *supra*).

B. La prise en compte de la question de la « circulation des personnes entre les parties » et l'amélioration sélective de l'octroi des visas

Pour rappel, des accords euro-méditerranéens d'association sont entrés en vigueur avec l'Autorité palestinienne/OLP (accord intérimaire signé le 24 février 1997 et entré en vigueur le 1er juillet 1997), la Tunisie (signé le 17 juillet 1995 et entré en vigueur le 1er mars 1998), le Maroc (signé le 26 février 1996 et entré en vigueur le 1er mars 2000), Israël (signé le 20 novembre 1995 et entré en vigueur le 1er juin 2000), et la Jordanie (signé le 24 novembre 1997 et entré en vigueur le 1er mai 2002).

L'Égypte a signé l'accord le 25 juin 2001, l'Algérie le 22 avril 2002 et le Liban le 17 juin 2002[11] alors que les négociations du futur accord d'association avec la Syrie se sont achevées en décembre 2003.[12] Pour clarifier l'analyse nous ne retiendrons par la suite que les dates de signature, l'entrée en vigueur de certains accords ayant été parfois retardée pour des raisons politiques (Israël) et non pas techniques.

---

[11] Voir également EU-Lebanon : Entry into Force of the Interim Agreement 1 March 2003, IP/03/300, Brussels, 28 February 2003.

[12] Voir EU-Syria : Conclusion of the Negotiations for an Association Agreement, IP/03/1704, Brussels, 10 December 2003.

Dès la première lecture, il apparaît clairement que les dispositions des différents accords euro-méditerranéens d'association en matière d'immigration légale ou illégale sont très hétérogènes.

Cette hétérogénéité résulte essentiellement de deux facteurs :

– l'UE a, dès l'origine, adopté une approche au cas par cas ;

– compte tenu des nouvelles compétences transférées à la Communauté par le Traité d'Amsterdam, de nouvelles dispositions en matière d'immigration ont été intégrées dans les accords d'association euro-méditerranéens signés après 1999.

C'est pourquoi seuls les derniers accords euro-méditerranéens conclus contiennent des dispositions en matière de visas.

L'accord conclu avec *l'Égypte* prévoit ainsi dans une Déclaration commune que

> les parties conviennent de s'efforcer de faciliter la délivrance de visas aux personnes authentiquement chargées de la mise en œuvre du présent accord, notamment des personnes du monde des affaires, des investisseurs, des universitaires, des stagiaires, des hauts fonctionnaires ; le cas des membres de la famille au premier degré de personnes résidant légalement sur le territoire de l'autre partie sera également pris en considération.

Il faut saluer cette initiative tout en regrettant ses limites et la profonde différenciation introduite par rapport aux autres accords euro-méditerranéens d'association. Il est par ailleurs difficile de savoir quelles sont les personnes « authentiquement chargées de la mise en œuvre de l'accord ». La liste fournie n'est d'ailleurs pas exhaustive.

Au niveau de l'Accord *euro-algérien* le titre VIII, intitulé « coopération dans le domaine de la justice et des affaires intérieures », prévoit à l'article 83 dévolu à la « circulation des personnes » que

> soucieuses de faciliter la circulation des personnes entre les Parties, celles-ci veilleront, en conformité avec les législations communautaire et nationales en vigueur, à une application et à un traitement diligents des formalités de délivrance des visas et conviennent d'examiner, dans le cadre de leur compétence, la simplification et l'accélération des procédures de délivrance des visas aux personnes participant à la mise en œuvre du présent accord. Le Comité d'association examinera périodiquement la mise en œuvre du présent article.

La formule « personnes participant à la mise en œuvre du présent accord » apparaît plus appropriée que celle de l'Accord euro-égyptien qui visait les « personnes authentiquement chargées de la mise en œuvre » de l'accord mais elle ne résout pas pour autant toutes les ambiguïtés.

L'évolution est cependant tout à fait considérable par rapport aux accords euro-méditerranéens de première génération dans la mesure où, pour la première fois, mention est faite de la « circulation des personnes ». En effet, dans les accords précédents, seule la « circulation des travailleurs » était mentionnée. On est cependant encore très loin de la *libre* circulation mais ce glissement sémantique est particulièrement symptomatique de la nouvelle approche.

On notera toutefois que dans l'article 64, paragraphe 2 de l'Accord *euro-libanais*, pourtant signé après l'Accord euro-algérien, ce sont toujours les travailleurs qui sont visés et non pas les personnes. Ce dernier ne contient pas non plus de dispositions relatives aux visas dans le corps même de l'accord mais une « Déclaration commune relative aux visas » précise que

> les parties conviennent d'examiner la simplification et l'accélération des procédures de délivrance de visas, notamment aux personnes de bonne foi participant à la mise en oeuvre du présent accord, y compris notamment les hommes d'affaires, les investisseurs, les universitaires, les stagiaires, les fonctionnaires ; les épouses et les enfants mineurs de personnes résidant légalement sur le territoire de l'autre partie seront également pris en considération.

Une fois de plus, il sera difficile de déterminer la « bonne foi » des personnes participant à la mise en œuvre de l'accord. Le degré de subjectivité est ici excessif.

On signalera finalement qu'un projet de conclusions du Conseil relatives à la souplesse dans la délivrance de visas aux « personnes participant à des réunions Euromed » a été soumis au COREPER en février 2003.[13] La formule retenue est ici beaucoup plus claire mais apparaît encore trop restrictive.

Ainsi que le souligne le document cadre du Programme régional de coopération dans le domaine de la justice, la lutte contre la drogue, la criminalité organisée ainsi que la coopération sur les questions liées à l'intégration sociale des immigrés, à la migration et à la circulation des personnes (voir *supra*) « l'application des procédures concernant la délivrance des visas aux ressortissants des partenaires méditerranéens a été souvent portée à l'ordre du jour de nos réunions euro-méditerranéennes ».[14] À titre d'exemple, le forum civil Euromed de Naples de novembre 2003 a, dans le cadre de la déclaration finale, demandé aux membres du partenariat de

---

13 Voir Conseil de l'Union européenne (18.02) 6254/03, VISA 30 COMIX 88 MED 6, Secrétariat général au Comité des représentants permanents/Conseil, « Projet de conclusions du Conseil relatives à la souplesse dans la délivrance de visas aux personnes participant à des réunions Euromed », Bruxelles, le 13 février 2003.

14 Euromed report n° 44 du 13 mai 2002 disponible *via* http://europa.eu.int/comm/external_relations/euromed/publication/euromed_report44_fr.pdf.

mettre fin au régime actuel des visas et aux autres empêchements à la liberté de mouvement qui, depuis de nombreuses années, ont systématiquement compliqué les rencontres de la société civile, y compris notre réunion de Naples. Elles constituent un harcèlement pour les acteurs de la société civile, les affectant dans leur dignité et les empêchant même parfois de se rencontrer.[15]

Malheureusement, il existe effectivement un véritable fossé entre les bonnes intentions émises lors des rencontres multilatérales et le véritable parcours du combattant que nos partenaires doivent emprunter pour finalement obtenir ce qui s'apparente souvent à des passe-droit, à des autorisations temporaires exceptionnelles, plutôt qu'à des autorisations en bonne et due forme de circuler et séjourner librement dans l'espace Schengen, ce dernier étant indiscutablement perçu par le Sud comme étant une forteresse au sein de la forteresse du Marché intérieur.

II. Les dispositions des accords euro-méditerranéens en matière d'immigration illégale et les accords bilatéraux et communautaires de réadmission

En matière d'immigration illégale, les 27 partenaires ont décidé, dans le cadre de la Déclaration de Barcelone, d'établir une coopération plus étroite, se sont déclarés conscients de leur responsabilité en la matière et ont convenu d'adopter les mesures appropriées pour la réadmission des ressortissants en situation illégale. Dans le cadre du programme de travail, des réunions périodiques de fonctionnaires ont été prévues afin d'examiner les mesures concrètes pouvant être prises afin d'améliorer la coopération entre les « autorités policières, judiciaires, douanières, administratives et autres afin de lutter contre l'immigration clandestine ». Il est clairement précisé que ces réunions seront organisées en « tenant dûment compte de la nécessité d'une approche différenciée qui prenne en considération la situation particulière de chaque pays ». L'approche au cas par cas est donc de rigueur.

Au niveau des accords bilatéraux, une lecture synoptique des dispositions relatives au dialogue et à la coopération en matière sociale et de celles consacrées à l'immigration illégale et à la justice et aux affaires intérieures permet de mieux appréhender l'hétérogénéité de la situation. Les accords sont mentionnés dans l'ordre de leur date de signature.

---

15 Déclaration du forum civil Euromed de Naples, « Building Bridges, not Walls », point 17, 28-30 novembre 2003, disponible *via* http://europa.eu.int/comm/external_relations/euromed/conf/naples/decl03_3011_fr.pdf.

Tunisie : Titre VI : « Coopération sociale et culturelle » (articles 64-68) ; Chapitre 2 : « Dialogue dans le domaine social » (articles 69-70), Chapitre 3 : « Actions de coopération en matière sociale » (articles 71-73) ;

Israël : Titre VIII : « Domaine social » (articles 63-66) ;

Maroc : Titre VI : « Coopération sociale et culturelle », Chapitre 2 : « Dialogue dans le domaine social » (articles 69-70), Chapitre 3 : « Actions de coopération en matière sociale » (articles 71-73) ;

OLP au nom de l'Autorité palestinienne : Titre III : « Coopération économique et développement social » (article 45) ;

Jordanie : Titre VI : « Coopération en matière sociale et culturelle », Chapitre 1 : « Dialogue social » (articles 80-81), Chapitre 2 : « Actions de coopération en matière sociale » (articles 82-84), Chapitre 3 : « Coopération en matière sociale et échange d'informations » (article 85).

Égypte : Titre VI : « Coopération sociale et culturelle », Chapitre 1 : « Dialogue et coopération sociale » (articles 62-67) ; Chapitre 2 : « Coopération pour la prévention et le contrôle de l'immigration illégale et autres questions consulaires » (articles 68-70) ;

Algérie : Titre VI : « Coopération sociale et culturelle », Chapitre 2 : « Dialogue dans le domaine social » (articles 72-73), Chapitre 3 : « Actions de coopération en matière sociale » (articles 74-76), Titre VIII : « Coopération dans le domaine de la justice et des affaires intérieures » (articles 82-91) ;

Liban : Titre VI : « Coopération en matière sociale et culturelle », Chapitre 1 : « Dialogue et coopération en matière sociale » (articles 63-66) ; Chapitre 3 : « Coopération dans le domaine de la prévention et du contrôle de l'immigration illégale » (articles 68-70).

A. L'hétérogénéité des dispositions des accords euro-méditerranéens d'association en matière d'immigration illégale

Dans le cadre des accords d'association, plusieurs types de dispositions sont à prendre en compte :

– celles concernant le dialogue et la coopération en matière sociale ;

– les dispositions des accords conclus avec l'Égypte et le Liban concernant la prévention et le contrôle de l'immigration illégale ;

– les nouvelles dispositions relatives à la coopération dans le domaine de la justice et des affaires intérieures qui n'ont été introduites que dans le cadre de l'Accord euro-algérien ;

– les différentes déclarations ou clauses relatives à la réadmission ou à l'immigration illégale qui figurent dans les différents accords.

Force est donc de constater la complexité du dispositif juridique bilatéral global.

1. La prise en compte de l'immigration illégale dans le cadre du dialogue et de la coopération en matière sociale des accords euro-méditerranéens d'association

Les accords euro-méditerranéens contiennent tous un certain nombre de « dispositions sociales ». Une très nette différenciation existe toutefois entre les accords. Il convient en effet, en matière sociale, de distinguer pour l'instant :

– les accords conclus avec le Maroc, la Tunisie, l'Égypte, l'Algérie et le Liban qui contiennent des dispositions particulièrement développées en matière de dialogue et de coopération. Ici, seuls les domaines de coopération sont plus ou moins étendus mais on constate dans certains cas des différences non négligeables concernant l'organisation générale du dispositif juridique ;

– l'accord euro-méditerranéen d'association conclu avec Israël et l'accord intérimaire euro-palestinien qui ne contiennent que des dispositions très limitées en la matière et qui ne seront donc pas analysées.

Le titre VI des accords conclus avec le *Maroc* et la *Tunisie* comprend un premier chapitre consacré aux « dispositions relatives aux travailleurs », un second au « dialogue dans le domaine social » et un troisième dévolu aux « actions de coopération dans le domaine social ». Dans le cadre de ces accords, le chapitre 2 « dialogue dans le domaine social » comprend un article 69 aux termes duquel : « 1. Il est instauré entre les parties un dialogue régulier portant sur tout sujet du domaine social qui présente un intérêt pour elles ». On remarquera donc tout d'abord le caractère très ouvert du dialogue qui est « l'instrument de la recherche des voies et conditions de progrès à réaliser pour la circulation des travailleurs, l'égalité de traitement et l'intégration sociale des ressortissants tunisiens et communautaires résidant légalement sur les territoires des États hôtes ». Le paragraphe 3 identifie quelques domaines prioritaires du dialogue social qui portent notamment sur tous les problèmes relatifs « à l'immigration clandestine et aux conditions de retour des personnes en situation irrégulière au regard de la législation relative au séjour et à l'établissement applicable dans le pays hôte ». Il faut donc souligner que le dialogue porte aussi sur la dimension sécuritaire du volet migration, à savoir l'immigration clandestine, et non pas seulement sur l'immigration légale. On comprend ainsi pourquoi de nombreuses associations dénoncent l'approche par trop sécuritaire des migrations retenue par les accords.

Au niveau des actions de coopération en matière sociale, un chapitre 3 définit le cadre des actions et programmes portant sur un certain nombre de thèmes d'intérêt prioritaire dont : « la réduction de la pression migratoire, notamment à travers la création d'emplois et le développement de la formation dans les zones d'émigration ; la réinsertion des personnes rapatriées en raison du caractère illégal de leur situation au regard de la législation de l'État considéré ». Ici encore les questions sécuritaires sont mentionnées avant les questions telles que « l'amélioration du système de protection sociale » ou « l'amélioration du système de couverture sanitaire » au niveau du partenaire méditerranéen (article 71) traduisant ainsi très clairement les priorités européennes en la matière. On notera d'emblée que la question de la réadmission figure en haut de l'agenda sans qu'elle soit pour autant mentionnée en tant que telle. Le « retour » (article 69) et la « réinsertion » (article 71) ont à l'époque été préférés à la « réadmission » proprement dite qui, par contre, est clairement mentionnée dans le cadre d'une déclaration commune annexée à l'Accord euro-marocain (voir *supra*).

Pour ce qui est de la *Jordanie*, le titre VI : « Coopération en matière sociale et culturelle », comprend également un premier chapitre consacré au « dialogue social » dont les dispositions sont similaires à celles des accords conclus avec la Tunisie et le Maroc. Cette constatation est également valable pour le second chapitre dévolu aux « actions de coopération en matière sociale ». Par contre le chapitre 3 consacré *a priori* à la « coopération en matière sociale et échange d'informations » n'est pas correctement formulé dans la mesure où il s'agit ici en réalité de dispositions relatives au dialogue culturel.[16]

L'accord conclu avec *l'Égypte*, plus récent, comporte par contre plusieurs évolutions. Tout d'abord, au niveau de l'organisation des dispositions, il faut relever une approche différente dans la mesure où les dispositions relatives au dialogue et à la coopération en matière sociale, qui sont similaires à celles des accords précédents sont regroupées au sein d'un seul et même chapitre (chapitre 1 du titre VI). Ensuite, un second chapitre a été ajouté dans le cadre du même titre VI dévolu à la « coopération sociale et culturelle ». Celui-ci envisage en effet de matière distincte la « coopération pour la prévention et le contrôle de l'immigration illégale et autres questions consulaires ». Il s'agit là d'une

[16] De plus il ne s'agit pas d'une erreur de traduction, la version anglaise de l'accord reproduisant la même terminologie.

nouveauté traduisant l'impact de la réunion de Tampere de 1999.[17] Ce chapitre spécifique sera analysé ci-après.

Au niveau de l'Accord *euro-algérien*, on constate une nouvelle fois une modification du dispositif général dans la mesure où le titre VI dévolu à la « coopération sociale et culturelle » est complété, en ce qui concerne l'immigration illégale, par un titre VIII portant cette fois-ci sur la « coopération dans le domaine de la justice et des affaires intérieures », titre qui sera aussi analysé ci-après.[18] Au niveau du chapitre 2 intitulé « dialogue dans le domaine social », l'article 72 est rédigé sur le modèle des accords précédents. Quelques changements ont cependant été introduits dans le cadre du chapitre 3 qui porte sur les « actions de coopération en matière sociale ». On notera notamment pour ce qui est des dispositions pouvant avoir une relation – au moins indirecte – avec les causes de l'immigration illégale que l'article 74, paragraphe 1 prévoit que « les Parties reconnaissent l'importance du développement social qui doit aller de pair avec le développement économique. Elles donnent en particulier la priorité au respect des droits sociaux fondamentaux ».[19] Ceci traduit les inquiétudes des partenaires méditerranéens quant à l'impact social généré par la mise à niveau des économies tiers méditerranéennes imposée par les mesures de libéralisation induites par les dispositions commerciales des accords euro-méditerranéens. Au niveau des secteurs prioritaires de coopération, on relèvera plusieurs nouveautés concernant les causes profondes de l'immigration illégales dont notamment :

- l'investissement productif ou la création d'entreprises en Algérie par des travailleurs algériens légalement installés dans la Communauté ;
- la contribution au développement du secteur de l'habitat, notamment en ce qui concerne le logement social ;
- l'atténuation des conséquences négatives résultant d'un ajustement des structures économiques et sociales ;
- l'amélioration du système de formation professionnelle.

Il faut finalement relever l'article 75 qui prévoit que « les actions de coopération peuvent être réalisées en coordination avec les États membres et les organisations internationales compétentes » et l'article 76 qui

---

17 Conclusions de la Présidence de la réunion spéciale du Conseil européen, Tampere, 15 et 16 octobre 1999.

18 Voir également *infra* pour ce qui est des visas.

19 Une formulation atténuée existe également dans le cadre de l'Accord euro-jordanien à l'article 82, paragraphe 1 : « Les parties reconnaissent l'importance du développement social qui devrait accompagner le développement économique. Elles accordent une priorité particulière au respect des droits sociaux fondamentaux ».

envisage la création d'un groupe de travail chargé de l'évaluation permanente et régulière de la mise en œuvre des dispositions des chapitres 1 à 3.

L'Accord *euro-libanais*, pourtant signé peu de temps après l'Accord euro-algérien, n'est pas similaire à ce dernier. Tout d'abord le titre VI relatif à la « coopération en matière sociale et culturelle » contient trois chapitres distincts :

– chapitre 1 : dialogue et coopération en matière sociale ;

– chapitre 2 : coopération dans les domaines de la culture, des médias audiovisuels et de l'information ;

– chapitre 3 : coopération dans le domaine de la prévention et du contrôle de l'immigration illégale.

Pour ce qui est du premier chapitre, aucune nouveauté notable n'est à relever au niveau du dialogue social. Par contre, en ce qui concerne la coopération dans le cadre de l'article 65, paragraphe 2, il est prévu que les parties « engageront un dialogue sur tous les aspects d'intérêt commun, et particulièrement sur les problèmes sociaux tels que le chômage, la réadaptation des moins valides, l'égalité de traitement entre les hommes et les femmes, les relations professionnelles, la formation professionnelle, la sécurité et la santé au travail ».

Le chapitre 3 consacré à la coopération dans le domaine de la prévention et du contrôle de l'immigration illégale est analysé ci-dessous.

Il apparaît ainsi que tous les accords analysés contiennent des dispositions similaires en ce qui concerne le dialogue social qui inclut systématiquement les questions liées à l'immigration illégale. Seuls les domaines de coopération sociale peuvent varier d'un accord à l'autre traduisant ainsi soit la particularité des liens existants entre le partenaire et les États membres soit la période à laquelle ont été conclues les négociations de l'accord. L'hétérogénéité de la structure générale des dispositions paraît cependant nuire à la lisibilité de la stratégie envisagée en la matière.

2. Les déclarations communes et clauses relatives à la réadmission insérées dans les accords euro-méditerranéens

Il convient tout d'abord de rappeler que si le Traité d'Amsterdam a conféré des compétences à la Communauté dans le domaine de la réadmission,[20] c'est le Conseil européen de Tampere des 15 et 16 octobre

[20] Selon le Traité d'Amsterdam, le rapatriement des personnes en séjour irrégulier dans un État membre est un des objectifs communautaires de la politique d'immigration (article 63 du TCE). La Communauté européenne peut ainsi conclure avec des États tiers des accords de réadmission.

1999[21] qui a invité le Conseil à « conclure des accords de réadmission ou à insérer des clauses-types dans d'autres accords conclus entre la Communauté européenne et les pays ou groupes de pays tiers concernés » en précisant qu'il convenait également « d'examiner les règles relatives à la réadmission entre États membres ». Désormais, suite à la décision du Conseil JAI du 2 décembre 1999, il existe en principe une obligation d'inclure des clauses de réadmission dans les accords communautaires et dans les accords mixtes.[22] Pour rappel, ces accords ont pour objectif de faciliter la réadmission dans leur pays des personnes en séjour irrégulier dans un des États membres.

Il faut toutefois préciser ainsi que le rappelle Steve PEERS, que

> even before the Treaty of Amsterdam, the EC inserted clauses into a number of its association and cooperation agreements since 1995 insisting that the other country readmit its own citizens when any EU Member State asked, and also agree to negotiate a further readmission treaty with any Member State that wishes dealing with two further issues. These issues were the details of the obligation to readmit citizens (because readmission is often delayed because of disputes as to whether a person is a citizen of the State asked to readmit them) and a further obligation to readmit persons who are not citizens of the requested State but who have merely passed through that State on their way to the EU.[23]

À partir de 1994-1995, un certain nombre de lignes directrices ont donc été adoptées par le Conseil à propos des accords bilatéraux de réadmission entre un État membre et un pays tiers et concernant les principes directeurs à suivre lors de l'élaboration de protocoles sur la mise en œuvre d'accords bilatéraux de réadmission.[24] C'est la raison

21 Conclusions de la Présidence de la réunion spéciale du Conseil européen, Tampere, 15 et 16 octobre 1999, point 27.

22 Voir 2229e session du Conseil JAI, « Clauses de réadmission dans les accords communautaires et dans les accords mixtes », 2 décembre 1999 ainsi que la question écrite P-2770/99 posée par Alima BOUMEDIENE-THIERY (Verts/ALE) au Conseil, « Clauses de réadmission », J.O.C.E. C 280 E du 3 octobre 2000, p. 126.

23 Statewatch analysis n° 17, « Readmission Agreements and EC External Migration Law », prepared by S. PEERS, http://www.statewatch.org/news/2003/may/readmission.pdf.

24 Voir la Recommandation du Conseil du 30 novembre 1994, concernant un accord type bilatéral de réadmission entre un État membre et un pays tiers, J.O.C.E. C 274 du 19 septembre 1996, p. 20-24; Recommandation du Conseil du 24 juillet 1995, concernant les principes directeurs à suivre lors de l'élaboration de protocoles sur la mise en œuvre d'accords de réadmission, J.O.C.E. C 274 du 19 septembre 1996, p. 25-33 et l'Initiative de la république de Finlande en vue de l'adoption d'un règlement du Conseil déterminant les obligations réciproques des États membres en matière de réadmission de ressortissants de pays tiers, J.O.C.E. C 353 du 7 décembre 1999, p. 6-9.

pour laquelle il existe en la matière une très nette différenciation entre les accords euro-méditerranéens qui ont été conclus avant ou après le Traité d'Amsterdam. Les réticences de certains partenaires quant à l'insertion de telles clauses ont également conduit à reformuler certaines dispositions.

a. Les déclarations communes relatives au « retour », au « rapatriement » ou à la « réadmission » des personnes en situation illégale

Pour ce qui est de l'Accord *euro-tunisien*, la situation est relativement simple dans la mesure où aucune déclaration relative à la réadmission n'a été annexée à l'accord de base. Seul l'article 69 relatif au dialogue social fait allusion à « l'immigration clandestine et aux conditions de retour des personnes en situation irrégulière au regard de la législation relative au séjour et à l'établissement applicable dans le pays hôte ». La raison de cette absence provient simplement du fait que l'accord a été signé en 7 juillet 1995 et donc préalablement à la définition de lignes directrices en la matière.

L'Accord *euro-marocain* ayant par contre été signé le 26 février 1996, il contient une « Déclaration commune relative à la réadmission » qui complète le dispositif de l'accord proprement dit. Cette déclaration relativement courte est formulée comme suit : « les parties conviennent d'adopter bilatéralement les dispositions et les mesures appropriées pour la réadmission de leurs ressortissants qui ont quitté leur pays. À cet effet, pour les États membres de l'Union européenne, seront considérés comme ressortissants, les nationaux des États membres tels que définis aux fins communautaires ». Seuls les accords bilatéraux sont donc ici mentionnés. Il convient également de préciser que dans ce cas d'espèce, les pressions exercées par l'Espagne et la France quant à l'insertion d'une telle déclaration ont été importantes.

Dans le cadre de l'Accord *euro-jordanien*, une « Déclaration commune relative à la coopération pour le contrôle de l'immigration illégale », plus développée que celle de l'accord conclu avec le Maroc et qui s'apparente à une clause type de réadmission atténuée (voir *supra*), stipule que :

> les parties conviennent de coopérer afin de prévenir et de contrôler l'immigration illégale. À cet effet, chaque partie accepte d'autoriser le rapatriement de ses ressortissants illégalement présents sur le territoire de l'autre partie à la demande de cette dernière et sans autre formalité. Les parties fourniront à leurs ressortissants les documents d'identité appropriés à cette fin. S'agissant des États membres de l'Union européenne, cette obligation s'applique exclusivement pour les personnes qui doivent être considérées comme leurs ressortissants au regard de la Communauté conformément à la déclaration n° 2 du Traité sur l'Union européenne.

Il est clairement spécifié que

> chaque partie convient de conclure, à la demande de l'autre partie, des accords bilatéraux, réglementant les obligations spécifiques concernant la coopération pour la prévention et le contrôle de l'immigration illégale, y compris l'obligation d'autoriser le rapatriement des ressortissants des autres pays et des apatrides arrivés sur le territoire d'une partie en provenance de l'autre partie.

Cette disposition, est, on le comprend, particulièrement importante au regard, par exemple, des nombreux réfugiés irakiens qui transitent par ce pays mais aussi des réfugiés palestiniens apatrides particulièrement nombreux au Royaume hachémite. C'est le Conseil d'association qui « examinera quels sont les efforts communs à consentir afin de prévenir et de contrôler l'immigration illégale ». Finalement, la déclaration commune précise qu'aucune mesure « dans le cadre de la mise en œuvre de la présente déclaration commune ne sera réputée contrevenir aux obligations respectives de chaque partie au titre des normes applicables en matière des droits de l'homme ou les réduire ». On ne peut que saluer l'insertion de cette dernière disposition, unique en son genre au niveau euro-méditerranéen.

b. Les clauses de réadmission

Les dispositions de l'Accord euro-égyptien sont plus précises en matière d'immigration illégale, traduisant ainsi du moins partiellement, comme nous allons le voir, les derniers développements intra-communautaires dont l'adoption en décembre 1999 de la décision du Conseil JAI concernant les « clauses de réadmission dans les accords communautaires et dans les accords mixtes ».[25] Cette clause type est libellée comme suit :

> Article A
>
> La Communauté européenne et l'État X décident de coopérer afin de prévenir et de contrôler l'immigration illégale. À cette fin
>
> – l'État X accepte de réadmettre ses ressortissants présents illégalement sur le territoire d'un État membre de l'Union européenne, à la demande de ce dernier et sans autres formalités ;
>
> – et chaque État membre de l'Union européenne accepte de réadmettre ses ressortissants, définis comme tels aux fins poursuivies par la Communauté, présents illégalement sur le territoire de l'État X, à la demande de ce dernier et sans autres formalités.

---

[25] 2229e session du Conseil Justice et Affaires intérieures, Bruxelles, le 2 décembre 1999.

Les États membres de l'Union européenne et l'État X fourniront également à leurs ressortissants les documents d'identité nécessaires à cette fin.

Article B

Les parties conviennent de conclure, à la demande de l'une d'entre elles, un accord entre l'État X et la Communauté européenne régissant les obligations spécifiques incombant à l'État X et aux États membres de la Communauté européenne en matière de réadmission, y compris une obligation de réadmission des ressortissants d'autres pays et des apatrides.

Article C

Sous réserve de la conclusion de l'accord avec la Communauté mentionné à l'article B, l'État X accepte de conclure avec tel ou tel État membre de la Communauté européenne, à la demande d'un État membre, des accords bilatéraux régissant les obligations spécifiques incombant à l'État X et aux États membres de la Communauté européenne en matière de réadmission, y compris une obligation de réadmission des ressortissants d'autres pays et des apatrides.

Article D

Le Conseil de coopération examine les autres efforts conjoints susceptibles d'être déployés en vue de prévenir et de contrôler l'immigration illégale.

L'Accord *euro-égyptien*, signé en mars 2001, contient un chapitre 2 spécifiquement dévolu à la « coopération pour la prévention et le contrôle de l'immigration illégale et autres questions consulaires ». Aux termes de l'article 68, les parties ont convenu de coopérer afin de « prévenir et de contrôler l'immigration illégale ». À cette fin :

– chaque État membre accepte de réadmettre tous ses ressortissants illégalement présents sur le territoire de l'Égypte, à la demande de cette dernière et sans autre formalité, dès lors que la clandestinité de ces personnes a été clairement établie ;

– l'Égypte accepte de réadmettre tous ses ressortissants illégalement présents sur le territoire d'un État membre, à la demande de ce dernier et sans autre formalité, dès lors que la clandestinité de ces personnes a été clairement établie.

– Les États membres et l'Égypte pourvoiront aussi leurs ressortissants de documents d'identité appropriés à cette fin.

En ce qui concerne les États membres de l'Union européenne, les obligations du présent article s'appliquent uniquement en ce qui concerne les personnes qui doivent être considérées comme leurs ressortissants aux fins poursuivies par la Communauté.

En ce qui concerne l'Égypte, les obligations prévues par le présent article ne s'appliquent qu'à l'égard des personnes qui sont considérées comme des ressortissants égyptiens au sens de l'ordre juridique égyptien et de toutes les lois relatives à la citoyenneté.

Cet article est en substance conforme au libellé de l'article A de la clause type définie par le Conseil en 1999. On remarquera cependant que, en ce qui concerne l'Égypte, les obligations ne s'appliquent qu'aux « ressortissants égyptiens au sens de l'ordre juridique égyptien et de toutes les lois relatives à la citoyenneté ». Les autorités égyptiennes ont donc tenu à exclure d'emblée – et ce de manière particulièrement explicite – la possibilité de prendre en compte les ressortissants d'États tiers et les apatrides dans le cadre de l'accord euro-méditerranéen proprement dit. Il faut en effet préciser que les négociations avec l'Égypte concernant l'insertion d'une clause de réadmission ont été particulièrement ardues, l'Égypte ayant fait valoir, à juste titre, qu'une telle clause était absente des accords conclus avec la Tunisie, Israël, le Maroc et la Jordanie.[26]

L'article 69 de l'Accord euro-égyptien prévoit quant à lui qu'après l'entrée en vigueur de l'accord, les parties négocient et concluent, à la demande de l'une d'elles, des accords bilatéraux réglementant les obligations spécifiques relatives à la réadmission de leurs ressortissants. Ces accords prévoient également, si l'une des parties l'estime nécessaire, des dispositions pour la réadmission de ressortissants de pays tiers. Ils définissent les catégories de personnes couvertes par ces dispositions ainsi que les modalités de leur réadmission. L'Égypte bénéficiera d'une assistance financière et technique suffisante pour la mise en œuvre de ces accords.

Plusieurs remarques s'imposent ici :

– la mention de « l'assistance financière et technique suffisante pour la mise en œuvre de ces accords » qui paraît en effet appropriée ne figure pas dans la clause type ;

– contrairement au libellé des clauses définies en 1999 par le Conseil (articles B et C) et aux dispositions de l'Accord euro-jordanien, le rapatriement des « apatrides » arrivés sur le territoire d'une partie en provenance de l'autre partie n'est pas explicitement mentionné dans le cadre de l'article 69 mais il demeure possible de définir dans le cadre

[26] Voir Conseil de l'Union européenne, Note la présidence au groupe migration n° 6098/99, limité, MIGR 9 : « 1. Clauses de réadmission dans les accords communautaires – 2. Clauses de réadmission dans les accords entre la Communauté européenne, ses États membres et des pays tiers (accords mixtes) », Bruxelles, le 17 février 1999.

d'accords bilatéraux de réadmission, et uniquement dans ce cadre, les catégories de personnes visées par ce type d'accords ;

– les articles B et C de la clause type ont en fait été fusionnés partiellement dans le cadre de l'article 69 excluant ainsi la mention de la conclusion d'un accord communautaire de réadmission et donc la subordination de la conclusion d'accords bilatéraux de réadmission à la conclusion préalable d'un accord communautaire en la matière tel que prévu à l'article C de la clause type. La pratique a en effet démontré que cette subordination n'était pas possible en l'état actuel (voir *supra*). En d'autres termes, les ressortissants d'États tiers (on peut notamment penser au cas de réfugiés soudanais) ne seront pas réadmis par le pays de transit (dans ce cas l'Égypte) à moins que l'État membre concerné n'ait négocié avec ce dernier, et ce conformément à l'article 69, un accord bilatéral en la matière prévoyant explicitement cette possibilité.

Finalement, l'article 70 prévoit que le conseil d'association « examinera quels autres efforts communs peuvent être accomplis pour prévenir et combattre l'immigration illégale ainsi que pour traiter d'autres questions consulaires ». Cette dernière disposition est, par contre, en substance conforme au libellé de l'article D de la clause type.

L'Accord *euro-algérien* reprend dans un article 84, intitulé « Coopération de le domaine de la prévention et contrôle de l'immigration illégale ; réadmission », des dispositions similaires à celles de l'Accord euro-égyptien dans la mesure où seule la possibilité de conclure des accords bilatéraux de réadmission est mentionnée et qu'aucune référence aux « ressortissants d'états tiers » ou aux « apatrides » n'est faite.[27] Par contre, il est le seul à comprendre un titre VIII portant sur la « Coopération dans le domaine de la justice et des affaires intérieures (articles 82-91).[28] Les articles 85 (« Coopération en matière juridique et judiciaire ») et 86 (« Prévention et lutte contre la criminalité organisée ») sont, au niveau euro-méditerranéen, uniques en leur genre. On notera ainsi que dans le cadre de l'article 85, paragraphe 4 relatif à la « coopération judiciaire pénale », les parties ont convenu de coopérer sur le « renforcement des dispositifs existants en matière d'assistance mutuelle ou d'extradition » ainsi que sur le « développement des échanges, notamment, en matière de pratique de la coopération judiciaire pénale, de protection des droits et libertés individuelles, de lutte contre

---

[27] Il faut aussi relever la Déclaration de la Communauté européenne relative à l'article 84 de l'accord, paragraphe 1, premier tiret qui précise que « En ce qui concerne les États membres de l'Union européenne, les obligations de l'article 84, paragraphe 1, premier tiret du présent accord s'appliquent uniquement aux personnes qui doivent être considérées comme leurs ressortissants aux fins poursuivies par la Communauté ».

[28] Voir également *infra*, l'article 83 relatif à la délivrance des visas.

le crime organisé et d'amélioration de l'efficacité de la justice pénale ». L'Accord euro-algérien est donc l'accord euro-méditerranéen qui comprend les dispositions les plus avancées en matière de justice et d'affaires intérieures,[29] dispositions qui complètent, de matière substantielle, le dispositif général en matière d'immigration illégale au sens large.

L'Accord *euro-libanais* contient, quant à lui, un chapitre 3 dont l'intitulé est similaire à celui de l'Accord euro-algérien : « Coopération dans le domaine de la prévention et du contrôle de l'immigration illégale ». Les dispositions des articles 68, 69 et 70 sont comparables à celles des accords euro-égyptien et euro-algérien et ne sont donc pas conformes au modèle de clause type de réadmission adopté par le Conseil en 1999. Cependant, cet accord ne comprend pas de titre relatif à la coopération en matière de justice et affaires intérieures.

Une fois de plus, l'ensemble de ces dispositions est particulièrement hétérogène, ce qui ne peut que nuire à la sécurité juridique et à l'égalité de traitement de nos partenaires. On regrettera également que la disposition incluse dans le cadre de l'Accord euro-jordanien concernant le respect des droits de l'homme n'ait pas été incorporée par le Conseil dans le cadre de la décision de 1999 dans la mesure où les abus constatés dans certains États membres en matière de traitement des personnes en situation illégale sont malheureusement encore trop nombreux.

B. Les accords bilatéraux et communautaires de réadmission

La conclusion d'accords bilatéraux de réadmission a été jugée par certains États membres comme une condition préalable à la ratification de certains accords euro-méditerranéens d'association. Ainsi que le rappelle Kris POLLET « one of the most important bilateral readmission agreement concluded [...] is the Agreement between Spain and Morocco in 1992. According to the Agreement, Morocco is obliged to readmit third-country nationals who have entered Spain illegally after transiting through Moroccan territory ».[30]

Dans la pratique, les choses sont toutefois assez complexes. Ainsi un article du journal *Libération* précise que

> l'Espagne ayant conclu un accord de réadmission avec le Maroc, plus de la moitié des clandestins arrêtés ce week-end ont été immédiatement rapatriés

[29] Voir également l'article 87 relatif à la « lutte contre le blanchiment de l'argent » et l'article 89 qui porte sur la « lutte contre la drogue et la toxicomanie ».

[30] POLLET, K., « The EU and Migratory Pressure from the Mediterranean and Central and Eastern Europe » in M. MARESCEAU and E. LANNON (eds.), *The EU's Enlargement and Mediterranean Strategies : A Comparative Analysis*, Basingstoke-New York, Palgrave, March 2001, p. 335-366.

vers leur pays d'origine. Ce n'est pas le cas des mineurs – qui restent hébergés en Espagne jusqu'à ce que leurs parents soient localisés – ni des immigrés venant de pays d'Afrique noire avec lesquels il n'y a pas d'accord de réadmission.[31]

Pourtant, nous venons de le voir, le Maroc a en principe, dans le cadre de l'accord bilatéral de réadmission conclu avec l'Espagne, l'obligation de rapatrier les ressortissants de pays tiers ayant transité par son territoire. Les relations entre le Royaume chérifien et l'Espagne sont en réalité particulièrement tendues notamment depuis le triste épisode de l'îlot Leila[32] et cet état de fait n'est pas propice à une coopération fructueuse en matière d'immigration illégale.

Pour ce qui est des mineurs, un nouvel accord a été conclu en décembre 2003 entre le Maroc et l'Espagne. Cet accord intitulé « Mémorandum d'entente pour le rapatriement assisté des mineurs non accompagnés » confère

> la priorité absolue à la protection de l'intérêt suprême du mineur, à la préservation de ses droits acquis, au respect des conventions internationales en vigueur et prévoit, dans le cadre de la responsabilité partagée entre les deux pays, des mesures d'accompagnement économiques et socio-éducatives, en termes de scolarisation et de formation socio-professionnelle, sur la base du principe du co-financement.[33]

Encore faut-il attendre de voir comment ce mémorandum sera appliqué. Il y a en effet souvent un fossé entre les engagements contractuels et la pratique, tout dépend en réalité du climat politique et de la bonne volonté des parties concernées. Même au niveau bilatéral, la négociation et surtout la mise en œuvre de dispositions en matière de réadmission est particulièrement laborieuse. Ceci semble déjà être malheureusement le cas pour ce nouvel accord.[34]

---

31 MUSSEAU, F., « Radars sur le détroit de Gibraltar », *Libération*, mercredi 22 août 2001, p. 9 et « Acuerdo entre el Reino de España Y el Reino de Marruecos relativo a la circulación de personas, el transite y la readmisión de extranjeros entrados ilegalmente », disponible *via* http://dgei.mir.es/fr/normativa_jurisprudencia/Internacional/readmision/Readmision_Marruecos.pdf.

32 Lire à ce sujet la déclaration de M. BENAISSA, ministre des Affaires étrangères et de la coopération du royaume du Maroc, 15 juillet 2002, disponible *via* http://www.maec.gov.ma/comm/comm322.htm.

33 *Maghreb Arab Press*, « Signature à Madrid d'un mémorandum d'entente pour le rapatriement assisté des mineurs non accompagnés », Madrid, 23 décembre 2003, disponible *via* http://www.map.co.ma/mapfr/info_fr/madrid_wali_nonaccompag.htm.

34 Sur le flou de certaines dispositions du mémorandum et sur la polémique naissante entre les autorités régionales espagnoles à propos de la mise en œuvre de ce dernier, voir la *Gazette du Maroc*, « Les mineurs marocains divisent l'Espagne », 20 janvier 2004, disponible *via* http://www.bladi.net/n-2915.

D'autre part, selon la communication de la Commission de juin 2003 en vue du Conseil européen de Thessalonique sur le « développement d'une politique commune en matière d'immigration clandestine, de trafic illicite et de traite des êtres humains, de frontières extérieures et de retour des personnes en séjour irrégulier », les négociations concernant la conclusion d'un accord communautaire de réadmission avec le Maroc, seraient bien avancées.[35] Pourtant, selon les dernières informations disponibles, un contre-projet marocain a été présenté en septembre 2003.[36]

On signalera aussi qu'en 2002, le Conseil a donné mandat à la Commission pour négocier des accords communautaires de réadmission avec l'Algérie et l'Albanie.

On comprend dès lors pourquoi le modèle de clause type de réadmission qui subordonnait la conclusion d'accords bilatéraux de réadmission à celle d'un accord communautaire est en réalité, du moins pour l'instant, impraticable. Certes, d'un point de vue juridique il serait préférable de conclure l'accord communautaire avant les accords bilatéraux mais ceci paraît, dans le cas euro-méditerranéen, politiquement très difficile.

La situation actuelle est donc problématique car elle oscille entre un bilatéralisme qui est nuisible à toute approche commune et qui permet notamment aux trafiquants d'êtres humains de jouer sur les différentes législations des États membres et une politique à tendance unilatéraliste qui vise à imposer progressivement à nos partenaires des dispositions communautaires sans véritable contrepartie.

III. Les opportunités offertes par l'émergence d'une véritable dimension « justice et affaires intérieures » dans le cadre du Partenariat euro-méditerranéen

Depuis la réunion spéciale de Tampere, les choses sont allées très vite et l'on assiste depuis lors à l'émergence d'une véritable dimension justice et affaires intérieures dans le cadre du partenariat et ce aussi bien

[35] Communication de la Commission au Parlement européen et au Conseil en vue du Conseil européen de Thessalonique sur le « développement d'une politique commune en matière d'immigration clandestine, de trafic illicite et de traite des êtres humains, de frontières extérieures et de retour des personnes en séjour irrégulier », 3 juin 2003, COM(2003) 323 final.

[36] En effet, selon le ministère des Affaires étrangères et de la coopération marocain (site Internet de la ministre déléguée chargée de la Communauté marocaine résidant à l'étranger) : « La deuxième réunion formelle qui a eu lieu à Bruxelles, le 23 septembre (2003) a été consacrée à l'examen du contre-projet d'accord marocain qui trace les préoccupations majeures de notre pays sur cette question », disponible *via* http://www.marocainsdumonde.gov.ma/news.asp.

au niveau multilatéral, c'est à dire dans le cadre du processus de Barcelone, qu'au niveau bilatéral, autrement dit dans le cadre de la mise en œuvre des accords euro-méditerranéens d'association.

A. *Les premières initiatives euro-méditerranéennes en matière de coopération judiciaire, douanière et policière*

À l'issue de la Conférence euro-méditerranéenne interministérielle de Marseille de novembre 2000, les ministres ont

> entériné les conclusions de la première réunion *ad hoc* des hauts fonctionnaires (octobre 2000) sur les migrations et les échanges humains et souligné l'intérêt d'approfondir le dialogue en la matière, en privilégiant une approche globale et équilibrée, et en renforçant les politiques de co-développement et d'intégration des ressortissants des pays-tiers résidant légalement sur le territoire des États membres.

Les ministres ont également recommandé la « préparation concertée en 2001 d'un programme régional dans le domaine de la Justice et des Affaires intérieures » et se sont « félicités des recommandations du séminaire sur la coopération douanière opérationnelle en Méditerranée (3 et 4 avril 2000) ». De plus, « sur cette base de la première initiative », il a été décidé « d'organiser une opération-pilote de contrôles conjoints en mer en 2001 ».[37] En réalité, cette seconde initiative semble plutôt avoir été conçue comme une réaction à l'opération « Reliant Mermaid », exercice naval de sauvetage en mer organisé entre Israël, la Turquie et les États-Unis – dont l'Union européenne avait sciemment été écartée – et qui avait aussi suscité de violentes réactions de la part de certains pays arabes, dont la Syrie.

On relèvera que les premières initiatives euro-méditerranéennes en matière de coopération judiciaire, douanière et policière ont été placées sous le signe de la « bonne gouvernance ». Il faut mentionner à titre d'exemples :

– la conférence sur la « gouvernance dans la région euro-méditerranéenne » qui s'est tenue en mars 1997 ;

– une initiative pour la « formation des administrations publiques des partenaires méditerranéens dans le cadre du Partenariat euro-méditerranéen » ;

– ou encore le « séminaire sur les systèmes judiciaires européens », qui s'est tenu à Marrakech les 18, 19 et 20 février 2000.

---

[37] Conclusions de la présidence de la Conférence euro-méditerranéenne interministérielle de Marseille ; 15 et 16 novembre 2000, point 27.

Toutes ces réunions ont abordé des aspects divers de la circulation des personnes dans le cadre euro-méditerranéen. Ces réunions préliminaires ont ainsi permis de tracer les contours du programme régional de coopération dans le domaine de la justice, la lutte contre la drogue, la criminalité organisée ainsi que la coopération sur les questions liées à l'intégration sociale des immigrés, à la migration et à la circulation des personnes.

B. Le Programme régional de coopération dans le domaine de la justice, la lutte contre la drogue, la criminalité organisée ainsi que la coopération sur les questions liées à l'intégration sociale des immigrés, à la migration et à la circulation des personnes

Un programme régional de coopération dans le domaine de la justice, la lutte contre la drogue, la criminalité organisée ainsi que la coopération sur les questions liées à l'intégration sociale des immigrés, à la migration et à la circulation des personnes a été adopté lors de la réunion inter-ministérielle euro-méditerranéenne de Valence en 2002. Il y a donc ici association d'éléments dits de « *soft security* » ou risques transnationaux de déstabilisation (drogue, criminalité organisée) à des éléments qui relèvent plutôt de la coopération et du dialogue en matière sociale. L'approche dominante est donc une fois de plus de nature sécuritaire. On remarquera également la mention de la circulation des personnes qui traduit, cette fois-ci au plan multilatéral, les évolutions constatées ci-avant dans le cadre des derniers accords bilatéraux euro-méditerranéens.

Trois initiatives concrètes doivent être mentionnées : deux programmes de formation des magistrats et des forces de police et la création d'un centre permanent d'analyse et d'information concernant les flux migratoires. Ainsi pour la première fois dans le cadre du partenariat, des experts et des professionnels des pays euro-méditerranéens collaborent sur le plan judiciaire, dans la lutte contre le terrorisme, le trafic de stupéfiants et le crime organisé et dans le cadre d'une approche commune en matière de migration. L'évolution est importante dans la mesure où de telles initiatives étaient jusqu'à présent cantonnées aux relations bilatérales ou sub-régionales.[38]

La dimension justice et affaires intérieures du partenariat est par ailleurs désormais intégrée au programme MEDA. Parmi les premières

[38] Et notamment l'initiative 5+5. Voir les conclusions de la réunion extraordinaire des ministres des Affaires étrangères du dialogue 5+5, tenue à Saint-Symphorien-le-Château le 30 octobre 2003, disponible *via* http://www.france.diplomatie.fr/.

initiatives concrètes, il faut mentionner pour le Maroc trois projets portant sur le thème des migrations :

– développement socio-économique des régions susceptibles de générer des migrations ;

– la gestion des migrations légales ;

– le programme de lutte contre l'immigration illégale par le soutien à l'amélioration de la gestion des contrôles aux frontières adopté pour la période 2002-2004 et doté d'un budget de 40 millions d'euros.

On signalera finalement, pour la Tunisie, un projet concernant la modernisation du système légal et pour l'Algérie un projet portant sur la réforme de la justice.

C. L'institutionnalisation progressive des dimensions « justice-sécurité » et « dialogue social-migrations » dans le cadre des accords euro-méditerranéens d'association

Aujourd'hui, des groupes de travail sur les « migrations et les affaires sociales » sont opérationnels en ce qui concerne le Maroc et la Tunisie et ont été constitués pour ce qui est d'Israël et de la Jordanie. Des sous-comités « justice et sécurité » ont aussi été créés avec le Maroc, la Tunisie, la Jordanie et Israël dans le cadre des accords d'association. Dans le cas du Maroc, le sous-comité n° 6 Justice et sécurité est composé de représentants de la présidence du Conseil de l'Union européenne et de la Commission européenne, d'une part, et de représentants du gouvernement du Maroc, d'autre part. Aux termes de la Décision 2003/208/CE du Conseil d'association UE-Maroc en date du 24 février 2003,[39] ce sous-comité travaille sous l'autorité du comité d'association, auquel il fait rapport après chaque réunion. Il ne bénéficie pas de pouvoirs décisionnels mais dispose d'un pouvoir de proposition vis-à-vis du comité d'association. Le sous-comité examine tout problème qui peut surgir dans les secteurs suivants :

– coopération en matière de justice ;

– drogue ;

– coopération judiciaire civile et pénale ;

– coopération dans la lutte contre le crime organisé, y compris le trafic et la traite des êtres humains, le terrorisme, la corruption et le blanchiment d'argent.

---

[39] Décision 2003/208/CE du Conseil d'association UE-Maroc du 24 février 2003, portant création de sous-comités du comité d'association, J.O.C.E. n° L 79 du 26 mars 2003, p. 14-24.

L'institutionnalisation de tels sous-comités va indiscutablement renforcer le dialogue concernant les problématiques liées à l'immigration illégale. L'approche se fera sans aucun doute au cas par cas mais il semble, dans le cas euro-marocain par exemple, que le sous-comité fonctionne bien et permet notamment de dépasser certains contentieux bilatéraux (marocco-espagnol) ce qui ne peut-être que bénéfique à la définition progressive d'une approche globale et concertée en matière d'immigration illégale. D'autre part, la création de ces sous-comités permet de pallier l'absence de dispositions spécifiquement consacrées à la justice et aux affaires intérieures. On remarquera cependant que si, au niveau multilatéral, l'exportation du domaine « justice et affaires intérieures » se fait dans son intégralité, au niveau bilatéral, l'exportation de l'« espace de liberté, de sécurité et de justice » mis en place à Tampere se retrouve amputé de sa dimension « liberté » dans le cadre euro-méditerranéen.

Conclusion

L'ampleur de l'immigration illégale en fait un enjeu essentiel de la politique méditerranéenne de l'Union européenne bientôt élargie et la diversification et l'intensification du dialogue, sous toutes ses formes, sont devenues une nécessité. Ainsi, la stratégie doit avant tout être globale et concertée ou, en d'autres termes, véritablement partenariale et euro-méditerranéenne.

Les flux migratoires ne peuvent être acceptables que s'ils font partie intégrante du projet euro-méditerranéen dans son ensemble c'est à dire aux côtés de la libre circulation des marchandises, des services et des capitaux, mais aussi parallèlement aux transferts de technologie et à l'intensification des échanges socio-culturels. C'est en effet l'ensemble de ces facteurs qui doivent simultanément contribuer à la prospérité et à la stabilité des deux rives de la Méditerranée.

L'approche sécuritaire ne résoudra pas un problème qui trouve d'abord sa source dans la dégradation de la situation socio-économique des pays partenaires et l'absence de perspectives professionnelles pour des millions de jeunes diplômés. Une stratégie plus globale semble néanmoins progressivement émerger depuis Tampere. Les choses évoluent, du moins sur le papier. Ainsi, les ministres euro-méditerranéens des Affaires étrangères réunis à Naples les 2 et 3 décembre 2003 ont, dans le cadre des conclusions de la présidence – dans une partie intitulée « migration et circulation des personnes » –, clairement affirmé que les migrations pouvaient être un facteur positif pour le développement socio-économique de l'ensemble de la région. Ces derniers ont également précisé que les dialogues et coopérations initiés au niveau des accords couvraient les causes profondes des migrations. La nécessité d'une approche plus équilibrée entre la promotion de l'immigration légale et la nécessité de combattre l'immigration illégale a également été soulignée.[40]

La future politique de voisinage peut offrir de nouvelles perspectives de coopération en matière d'immigration illégale. Selon la première communication de la Commission au Conseil et au Parlement européen sur « L'Europe élargie-voisinage : un nouveau cadre pour nos relations avec nos voisins de l'Est et du Sud », la future politique de voisinage de l'Union élargie devrait notamment comprendre des « perspectives en matière de migrations légale et de circulation des personnes » mais aussi une « intensification de la coopération en matière de prévention et de lutte contre les menaces communes pour la sécurité ». On regrettera tout d'abord la réapparition de la rhétorique des « menaces ». D'autre part, le problème est qu'il semble, pour l'instant du moins, que les mesures positives seraient essentiellement dirigées vers les voisins européens. Les propositions de règlements du Conseil portant « création d'un régime propre au petit trafic frontalier aux frontières terrestres extérieures (temporaires) des États membres »[41] en sont la première illustration dans la mesure où elles sont clairement limitées aux « frontières terrestres » et non pas maritimes.

Les défis humains sont considérables. Au niveau euro-méditerranéen, parmi les grandes problématiques identifiées dans le cadre des différents *fora* civil euro-mediterranéens, on notera :

– la féminisation croissante des flux migratoires ;

– la question particulièrement dramatique des mineurs illégaux ;

---

40 Extraits des conclusions de la réunion euro-méditerranéenne de Naples : « 61. The Ministers reaffirmed the importance of migration and express the view that, if carefully managed, migration can be a positive factor for the socio-economic growth of the whole region. They ensured that the dialogue and co-operation on migration which has started with some Mediterranean Partners is extended to all and covers the root causes of migration, the possibilities to promote legal migration and to combat illegal migration through readmission agreements covering illegal immigration, to be agreed upon with Partners most directly involved. In this respect, they confirmed the need to adopt a global approach balancing security concerns and the management of migratory flows, on the one hand, with the facilitation of legal movement of persons and social integration of migrants, on the other. The Ministers also took note of the Commission's intention to initiate a study into the relationship between legal and illegal migration ».

41 Proposition de règlement du Conseil portant création d'un régime propre au petit trafic frontalier aux frontières terrestres et proposition de règlement du Conseil portant création d'un régime propre au petit trafic frontalier aux frontières terrestres extérieures temporaires entre les États membres, Bruxelles, le 14 août 2003, COM(2003) 502 final, 2003/0193 (CNS), 2003/0194 (CNS).

– la traite des êtres humains et notamment celles des deux groupes vulnérables sus-mentionnés par les différents réseaux de criminalité organisée.

Le glissement sémantique des « échanges humains » de la Déclaration de Barcelone à la « circulation des personnes » introduit dans le cadre des derniers accords euro-méditerranéens et dans la déclaration de Naples ne doit pas rester lettre morte. Sinon à quoi bon édifier un pont entre les deux rives de la Méditerranée si on ne peut pas l'emprunter ?

DEUXIÈME PARTIE

PERSPECTIVES POUR L'ACHÈVEMENT DE LA LIBRE CIRCULATION DES PERSONNES

POUR LES RESSORTISSANTS COMMUNAUTAIRES

CHAPITRE 9

La libre circulation des soins médicaux dans l'Union européenne

Pedro CABRAL*

Administrateur au Service recherche et documentation de la Cour de justice des Communautés européennes

Introduction

Si la réalisation d'un niveau élevé de protection de la santé figure, depuis le Traité sur l'Union européenne, parmi les objectifs de la Communauté, l'action de cette dernière dans le domaine de la santé reste toutefois très fortement marquée par le principe de subsidiarité.[1] S'agissant, en particulier, de l'organisation et de la fourniture des services de santé et des soins médicaux, l'article 152, paragraphe 5, CE prévoit que l'action communautaire « doit respecter pleinement les responsabilités des États membres ». C'est ainsi qu'il appartient au droit communautaire de fixer les limites de l'action des États membres dans ce domaine.[2]

Ces limites découlent tout d'abord des règles communautaires de concurrence[3] et, de manière générale, du principe de non-discrimination

* Les opinions exprimées dans le présent article sont strictement personnelles et ne lient aucunement l'institution à laquelle l'auteur appartient.

1 DUBOUIS, L. et BLUMANN, C., *Droit matériel de l'Union européenne*, deuxième édition, Paris, Montchrestien, 2001, p. 140.

2 VAN DER MEI, A.P., *Free Movement of Persons Within the European Community – Cross-Border Access to Public Benefits*, Oxford – Portland Oregon, Hart Publishing, 2003, p. 229.

3 Sur cette question, voir, notamment, HATZOPOULOS, V., "*Killing* National Health and Insurance Systems but *Healing* Patients? The European Market for Health Care after the Judgments of the ECJ" in *Vanbraekel and Peerbooms, Common Market Law Review*, 2002, p. 683-729 aux p. 705-720.

en raison de la nationalité.[4] Elles découlent surtout des dispositions relatives au marché intérieur et, tout particulièrement, des règles sur la liberté d'établissement et la libre prestation des services.[5]

La souveraineté de l'État en matière de politique de santé se trouve ainsi limitée par la nécessité de respecter la liberté d'établissement et la liberté de prestation des services des professionnels de santé[6] et des personnes morales exerçant une activité dans ce secteur.[7] Elle se trouve également limitée par la nécessité de garantir la « libre circulation » des destinataires des services de santé, c'est-à-dire des patients.[8] C'est ce

4 Voir, notamment, CJCE 3 octobre 2000, *Ferlini*, affaire C-411/98, *Rec.* p. I-8081, en particulier les points 47-62.

5 L'impact des dispositions communautaires relatives à la libre circulation des marchandises sur les règles nationales concernant l'organisation et la fourniture des soins de santé n'est pas non plus négligeable. À cet égard, voir notamment CJCE 7 février 1984, *Duphar*, affaire 238/82, *Rec.* p. 523 et CJCE 28 avril 1998, *Decker*, affaire C-120/95, *Rec.* p. I-1831. Sur la libre circulation des produits médicaux, voir MOSSIALOS, E., MCKEE, M. e.a., *EU Law and the Social Character of Health Care*, Ch. 7 – "Pharmaceuticals and Medical Devices", Bruxelles, P.I.E. Peter Lang, 2002, p. 105-146.

6 La liberté d'établissement et la libre prestation des services des professionnels de santé sont assurées par un certain nombre de directives : pour les médecins, les directives 75/362 et 75/363 du 16 juin 1975 (J.O.C.E. L 167, p. 14), remplacées par la directive 93/16 du 5 avril 1993 (J.O.C.E. L 165, p. 1), elle-même modifiée par les directives 97/50 du 6 octobre 1997 (J.O.C.E. L 291, p. 35) et 98/63 du 3 septembre 1998 (J.O.C.E. L 253, p. 24) ; pour les infirmiers responsables des soins généraux, les directives 77/452 et 77/453 du 27 juin 1977 (J.O.C.E. L 176, p. 1 et 10) ; pour les dentistes, les directives 78/786 et 78/787 du 25 juillet 1978 (J.O.C.E. L 233, p. 1 et 10) ; pour les sages-femmes, les directives 80/154 et 80/155 du 21 janvier 1980 (J.O.C.E. L 33, p. 1 et 8) ; pour les pharmaciens, les directives 85/432 et 85/433 du 16 septembre 1985 (J.O.C.E. L 253, p. 34 et 37). Les professionnels ayant obtenu leur qualification conformément à l'une de ces directives peuvent exercer librement leur profession dans tout État membre, pourvu qu'ils observent les règles déontologiques qui y sont applicables. Sur ce point, voir HATZOPOULOS, V, "*Killing* National Health and Insurance Systems but *Healing* Patients? The European Market for Health Care after the Judgments of the ECJ", *supra* note 3, p. 687. La liberté d'établissement et la libre prestation des services des autres professionnels de santé sont régies par les directives générales sur la reconnaissance mutuelle des diplômes (directive 89/48 du 21 décembre 1989 (J.O.C.E. L 19, p. 16) et directive 92/51 du 18 juin 1992 (J.O.C.E. L 209, p. 25)) ou, à défaut, par la jurisprudence de la Cour (voir, notamment, CJCE 7 mai 1991, *Vlassopoulou*, affaire C-340/89, *Rec.* p. I-2357).

7 Sur ce point, voir notamment CJCE 17 juin 1997, *Sodemare*, affaire C-70/95, *Rec.* p. I-3395, en particulier les points 27-35.

8 La mobilité des patients au sein de l'Union n'a fait l'objet que de très peu d'études statistiques. Aussi, se référera-t-on avec intérêt au Rapport de synthèse établi par les services de la Commission « Application des règles du marché intérieur aux services de santé – Mise en œuvre par les États membres de la jurisprudence de la Cour », SEC (2003) 900, en particulier p. 16 et suiv.

dernier aspect qui, au demeurant, occupe, pour l'heure, le devant de la scène communautaire. La présente étude lui est consacrée.

La Cour de justice des Communautés européennes a, en effet, par une série de décisions pour la plupart récentes, précisé les règles applicables à l'accès transfrontalier aux soins de santé dans l'Union européenne. Elle a ainsi affirmé le principe de la libre circulation des soins médicaux (I) avant de déterminer les conditions dans lesquelles cette dernière peut être soumise à des restrictions (II).

I. L'affirmation de la libre circulation des soins médicaux

L'affirmation de la libre circulation des soins médicaux repose sur leur qualification en tant que services, au sens de l'article 50 CE (A). Cette qualification présente toutefois quelques limites (B).

A. La qualification des soins médicaux en tant que services

Trois étapes essentielles peuvent être distinguées dans la jurisprudence de la Cour relative à la libre circulation des soins médicaux.

C'est dans l'arrêt *Luisi et Carbone* que la Cour affirme, pour la première fois, que « la libre prestation des services inclut la liberté des destinataires des services de se rendre dans un autre État membre pour y bénéficier d'un service » et que « les bénéficiaires de soins médicaux sont à considérer comme des destinataires de services ».[9] Cette qualification sera confirmée, quelques années plus tard, dans une affaire concernant un cas d'interruption volontaire de grossesse.[10]

La Cour se prononce ensuite directement, dans l'arrêt *Kohll*,[11] sur les soins médicaux fournis dans le cadre d'un système de sécurité sociale. Selon elle, la nature particulière des prestations médicales « ne saurait [les] faire échapper [...] au principe fondamental de la libre circulation ».[12] Aussi, la circonstance que ces prestations soient fournies dans le cadre d'un système de sécurité sociale « n'est pas de nature à exclure l'application des articles 59 et 60 du traité [devenus articles 49 CE et 50 CE] ».[13] Dans la mesure où il ne concernait que des soins ambulatoires

---

9 CJCE 31 juin 1984, *Luisi et Carbone*, affaires jointes 286/82 et 26/83, *Rec.* p. 377, point 16.

10 CJCE 4 octobre 1991, *Grogan*, affaire C-159/90, *Rec.* p. I-4685, en particulier le point 21.

11 CJCE 28 avril 1998, *Kohll*, affaire C-158/96, *Rec.* p. I-1931.

12 *Ibid.*, point 20.

13 *Ibid.*, point 21.

qualifiés de « prestations de maladie remboursables »,[14] l'arrêt *Kohll* avait toutefois laissé en suspens deux questions fondamentales. En premier lieu, la qualification des soins médicaux en tant que services est-elle également valable pour les traitements médicaux dispensés en milieu hospitalier ?[15] En second lieu, les soins médicaux fournis dans le cadre d'un système de prestations en nature doivent-ils, eux aussi, être qualifiés de services ?[16]

C'est sur ces questions que la Cour se prononce finalement dans les arrêts *Vanbraekel* et *Smits et Peerbooms :* « les activités médicales relèvent du champ d'application de l'article 60 du traité [devenu article 50 CE], sans qu'il y ait lieu de distinguer à cet égard selon que les soins sont dispensés dans un cadre hospitalier ou en dehors d'un tel cadre ».[17] De même : « la circonstance qu'un traitement médical hospitalier est financé directement par les caisses d'assurance maladie sur la base de conventions et de tarifs préétablis n'est [...] pas de nature à soustraire un tel traitement au domaine des services ».[18]

Afin de justifier son analyse, la Cour invoque, tout d'abord, sa jurisprudence *Bond van Adverteeders*,[19] selon laquelle l'article 50 du traité n'exige pas que le service soit payé par celui qui en bénéficie.[20] Elle fait ensuite valoir que dans la mesure où le critère utilisé pour déterminer si une activité relève du champ d'application de la libre prestation des services est constitué par le fait qu'elle soit fournie contre rémunération – celle-ci étant comprise comme la contrepartie économique de la

14 *Ibid.*, point 31. Tel est le cas lorsque le patient paie directement la facture au prestataire des soins et n'obtient, de l'institution compétente, le remboursement correspondant que plus tard.

15 Dans ses conclusions jointes dans les affaires *Kohll*, *supra* note 11 et *Decker*, *supra* note 5, l'avocat général TESAURO avait proposé de répondre par l'affirmative à cette question, non sans toutefois souligner les particularités des soins fournis dans le cadre des infrastructures hospitalières (voir les points 59 et 60 des conclusions).

16 Dans le cadre d'un système de prestations en nature, le patient peut obtenir de tout prestataire de soins agréé les traitements appropriés à son état de santé. Ce n'est pas le patient lui-même mais sa caisse de maladie qui effectue les paiements nécessaires.

17 CJCE 12 juillet 2001, *Vanbraekel*, affaire C-368/98, *Rec.* p. I-5363, point 41 et CJCE 12 juillet 2001, *Smits et Peerbooms*, affaire C-159/99, *Rec.* p. I-5473, point 53.

18 Arrêt *Smits et Peerbooms*, *supra* note 17, point 56. La Cour a retenu la même solution s'agissant des soins fournis dans le cadre d'un système national de santé (voir CJCE 13 mai 2003, *Müller-Fauré*, affaire C-385/99, non encore publié, point 103).

19 CJCE 26 avril 1988, *Bond van Adverteerders*, affaire 352/85, *Rec.* p. 2085, en particulier le point 16. Dans le même sens, voir CJCE 11 avril 2000, *Deliège*, affaires jointes C-51/96 et C-191/97, *Rec.* p. I-2549, en particulier le point 56.

20 Arrêt *Smits et Peerbooms*, *supra* note 17, point 57.

prestation en cause –,[21] cette condition est remplie en ce qui concerne les soins hospitaliers délivrés dans le cadre d'un système de prestations en nature. En effet, les paiements effectués par les caisses de maladie aux établissements hospitaliers « constituent la contrepartie économique des prestations hospitalières et présentent indubitablement un caractère rémunératoire dans le chef de l'établissement hospitalier qui en bénéficie et qui est engagé dans une activité de type économique ».[22]

Pour catégorique qu'elle soit, la qualification des soins médicaux retenue par la Cour n'est pas sans susciter quelques interrogations.

B. Les limites de la qualification des soins médicaux en tant que services

S'agissant des soins fournis dans le cadre d'un système de prestations en nature,[23] la conclusion selon laquelle ces soins comportent l'élément de rémunération requis par l'article 50 CE paraît peu convaincante. Si la Cour affirme que les paiements effectués par les caisses de maladie aux établissements hospitaliers « constituent la contrepartie économique des prestations hospitalières et présentent indubitablement un caractère rémunératoire », aucune justification n'est réellement avancée pour étayer cette affirmation.

Or, la solution retenue semble difficilement conciliable avec la jurisprudence de la Cour relative à la libre prestation des services dans le domaine de l'éducation. Ainsi, dans son arrêt *Humbel*,[24] la Cour a jugé que les cours dispensés dans le cadre d'un système d'éducation nationale ne comportaient pas l'élément de rémunération nécessaire pour les faire relever du champ d'application des règles sur la libre prestation des services. Elle a relevé, à cet égard, qu'« en établissant et en maintenant un tel système, l'État n'entend pas s'engager dans des activités rémunérées mais accomplit sa mission dans les domaines social, culturel et éducatif envers sa population ».[25] Elle a, de même, souligné que « le système en cause est, en règle générale, financé par le budget public et non par les élèves ou leurs parents ».[26]

21 Sur cette condition, voir CJCE 27 septembre 1988, *Humbel*, affaire 263/86, *Rec.* p. 5365, en particulier le point 17.

22 Arrêt *Smits et Peerbooms*, *supra* note 17, point 58.

23 Les observations qui vont suivre sont valables *mutatis mutandis* s'agissant des soins fournis dans le cadre d'un service national de santé.

24 Arrêt *Humbel*, *supra* note 21.

25 *Ibid.*, point 18.

26 *Ibid.* La solution retenue par la Cour dans l'arrêt *Humbel* vaut également pour les cours dispensés dans un institut d'enseignement supérieur, mais uniquement lorsque le financement de cet établissement est assuré, pour l'essentiel, par des fonds publics.

La transposition de cette jurisprudence à la libre circulation des soins médicaux aurait logiquement dû amener la Cour à ne pas soumettre aux dispositions sur la libre prestation des services les traitements fournis dans le cadre d'un système de prestations en nature, puisque le financement de ces traitements par les caisses de maladie ne constitue pas la contrepartie économique des prestations dispensées. En effet, comme l'a démontré de manière convaincante l'avocat général RUIZ-JARABO COLOMER,[27] dans un système de prestations en nature, les montants payés par les caisses de maladie aux établissements hospitaliers et aux praticiens pour chaque traitement dispensé sont fixés non pas en fonction du coût de ce traitement mais en fonction d'une série d'autres facteurs. En pratique, l'intervention financière des caisses de maladie est fixée, à l'avance, dans des conventions signées avec les praticiens indépendants et les établissements de soins. Ces conventions prévoient le versement, aux praticiens, d'un montant forfaitaire fixe indépendant de l'acte médical en cause.[28] S'agissant des hôpitaux, elles fixent un tarif des soins « ayant davantage pour objet de financer les établissements qui les fournissent que de couvrir le coût réel de l'hospitalisation ».[29] Ces particularités ont conduit l'avocat général à la conclusion selon laquelle les soins fournis dans le cadre d'un tel système ne comportaient aucun élément de rémunération et ne relevaient donc pas de l'article 50 CE.[30]

En s'abstenant de justifier la solution qu'elle consacre au point 58 de l'arrêt *Smits et Peerbooms*, la Cour ne facilite pas l'appréciation de la portée exacte du principe qu'elle y énonce. Affirmer que les paiements effectués par les caisses de maladie aux établissements hospitaliers constituent la contrepartie des prestations hospitalières et présentent donc un caractère rémunératoire revient à faire évoluer la notion de

---

Les cours dispensés dans les établissements financés, pour l'essentiel, par des fonds privés, notamment par les étudiants ou leurs parents, et qui cherchent à réaliser un bénéfice commercial relèvent, en revanche, de la notion de service puisque le but poursuivi par ces établissements consiste alors bien à offrir un service contre rémunération. Voir CJCE 7 décembre 1993, *Wirth*, affaire C-109/92, *Rec.* p. I-6447, points 16 et 17.

27 Conclusions de l'avocat général RUIZ-JARABO COLOMER, présentées le 18 mai 2000, dans l'affaire C-157/99, *Smits et Peerbooms*, *supra* note 17), points 43-45.

28 *Ibid.*, points 45-46.

29 *Ibid.*, point 46.

30 *Ibid.* S'agissant des soins hospitaliers, voir également les conclusions de l'avocat général SAGGIO dans l'affaire *Vanbraekel*, *supra* note 17), en particulier les points 21-22.

rémunération, au sens de l'article 50 CE.[31] Entreraient désormais dans le champ d'application de l'article 50 CE, les situations dans lesquelles la prestation d'un service et la contrepartie économique de celui-ci se trouvent dans un rapport seulement indirect.[32] Eu égard aux répercussions potentielles d'une telle affirmation, notamment sur la jurisprudence *Humbel*,[33] on peut regretter que la Cour n'ait pas fait apparaître plus clairement le raisonnement sur lequel repose la solution retenue.

Au-delà de ces considérations, on observera que la soumission des soins médicaux aux règles sur la libre prestation des services cadre mal avec les spécificités de ce type de « services ».[34] Les systèmes nationaux de sécurité sociale ne sont-ils pas généralement fondés sur le principe de solidarité, celui-là même qui a conduit la Cour à soustraire du champ d'application de la liberté d'établissement les prestations d'assistance sociale destinées aux personnes se trouvant dans un état de nécessité ?[35] Le même raisonnement ne pourrait-il pas conduire à soustraire du champ d'application de la libre prestation des services les soins médicaux dans leur ensemble ? La Cour ne semble, pour le moment, guère sensible à l'argument. Elle en reste à l'affirmation selon laquelle « la nature particulière de certaines prestations de services ne saurait faire échapper ces activités au principe fondamental de libre circulation ».[36]

Quoi qu'il en soit, la spécificité des soins médicaux réapparaît au stade de la justification des restrictions apportées à leur libre circulation.

---

31 Dans ce sens, voir également HATZOPOULOS, V., "*Killing* National Health and Insurance Systems but *Healing* Patients? The European Market for Health Care after the Judgments of the ECJ", *supra* note 3, p. 693-694.

32 *Ibid.*

33 Arrêt *Humbel*, *supra* note 21.

34 Voir, par exemple, KESSLER, F. et LHERNOULD, J.-PH., « L'impact sur le droit de la protection sociale de la jurisprudence de la CJCE relative à la libre prestation des services », *Droit social*, juillet-août 2002, p. 748-759 aux p. 756-758.

35 Voir arrêt *Sodemare*, *supra* note 7. C'est également sur la base du principe de solidarité que la Cour a conclu, dans l'arrêt du 17 février 1993, *Poucet et Pistre*, affaires jointes C-159/91 et C-160/91, *Rec.* p. I-637, points 17-19, que les caisses de maladie ou organismes qui concourent à la gestion du service public de la sécurité sociale ne relevaient pas du champ d'application des articles 81 CE et 82 CE. Sur cette question, voir également le point 48 des conclusions de RUIZ-JARABO COLOMER, M. dans l'affaire *Smits et Peerbooms*, *supra* note 17.

36 Voir, notamment, arrêts *Kohll*, *supra* note 11, point 21 ; *Smits et Peerbooms*, *supra* note 17, point 54 et *Vanbraekel*, *supra* note 17, point 42.

II. Les restrictions à la libre circulation des soins médicaux

Dès lors que les soins médicaux sont qualifiés de services, toute restriction à leur libre circulation est en principe interdite, sauf dérogation expressément prévue par le traité ou exigence d'intérêt général.

À ce jour, deux types de restrictions ont retenu l'attention de la Cour, celles découlant du régime des autorisations préalables (A) et celles découlant du coût des soins (B).

A. Le régime des autorisations préalables

Les systèmes nationaux de sécurité sociale subordonnent généralement la prise en charge des soins non urgents dispensés, à leurs affiliés, dans un autre État membre à l'exigence de l'obtention d'une autorisation préalable. Parmi les autorisations préalables prévues par les réglementations nationales, certaines relèvent du champ d'application de l'article 22 du règlement n° 1408/71,[37] d'autres non. Dans la mesure où la Cour a affirmé que le régime d'autorisation préalable contenu dans cette disposition n'engendrait aucune restriction ou entrave à la libre prestation des services,[38] les autorisations préalables prévues par les réglementations nationales qui se fondent sur elle sont *a priori* conformes aux articles 49 CE et 50 CE (1). En revanche, les autorisations préalables prévues par les réglementations nationales qui n'ont pas pour fondement l'article 22 du règlement n° 1408/71 ont été jugées constitutives d'entraves (2).

1. Les autorisations préalables fondées sur l'article 22 du règlement n° 1408/71

L'article 22, paragraphe 1, alinéa c), du règlement n° 1408/71 régit la prise en charge des frais de soins non urgents[39] dispensés dans un État membre autre que l'État d'affiliation. Il prévoit la prise en charge de ces frais, par l'autorité compétente de l'État d'affiliation, selon les tarifs de l'État d'accueil et la subordonne à la délivrance, par cette autorité,

[37] Règlement (CEE) No. 1408/71 du Conseil, du 14 juin 1971, relatif à l'application des régimes de sécurité sociale aux travailleurs salariés, aux travailleurs non salariés et aux membres de leur famille qui se déplacent à l'intérieur de la Communauté (J.O.C.E. L 149, p. 2). Voir la version modifiée et mise à jour par le règlement (CE) n° 118/97 du Conseil, du 2 décembre 1996 (J.O.C.E. 1997, L 28, p. 1).

[38] Voir *infra*, paragraphe 22.

[39] On parle également de soins programmés par opposition aux soins urgents, imprévisibles par nature, pour lesquels aucune autorisation préalable n'est exigée (article 22, paragraphe 1, alinéa a), du règlement n° 1408/71).

d'une autorisation préalable.[40] C'est la raison pour laquelle s'est posée la question de la compatibilité de cette disposition avec celles du traité relatives à la libre prestation des services. L'exigence d'obtention d'une autorisation préalable n'entrave-t-elle pas le déplacement des patients désireux de se faire soigner dans un autre État membre ? La Cour a, dans son arrêt *Inizan*, répondu par la négative.

Loin de constituer une entrave, le régime instauré par l'article 22, paragraphe 1, alinéa c), du règlement n° 1408/71 contribue, selon la Cour, « à faciliter la libre circulation des patients et la prestation de services médicaux transfrontaliers »[41] dans la mesure où

> se trouvent [...] de la sorte conférés aux assurés sociaux des droits qu'ils ne posséderaient pas autrement puisque, en ce qu'ils impliquent une prise en charge par l'institution du lieu de séjour [pour le compte de l'institution de l'État d'affiliation] selon la législation qu'applique [l'institution du lieu de séjour], ces droits ne sauraient par hypothèse être garantis auxdits assurés sociaux en vertu de la seule législation de l'État membre compétent.[42]

Cette solution peut se discuter. N'aurait-on pas pu retenir, dans un premier temps, l'existence d'une restriction à la libre prestation des services pour la justifier ensuite ? La Cour semble oublier qu'elle a affirmé, dans un autre contexte il est vrai,[43] qu'une réglementation nationale prescrivant l'obtention d'une autorisation préalable « décourage les assurés sociaux de s'adresser aux prestataires de services médicaux établis dans un autre État membre et constitue, tant pour ces derniers que pour leurs patients, une entrave à la libre prestation des services ».[44]

---

40 L'article 22, paragraphe 1, alinéa c), du règlement n° 1408/71 s'applique non seulement aux travailleurs salariés et indépendants (et aux membres de leur famille) mais également aux titulaires de pensions ou de rentes (et aux membres de leur famille) qui demandent à l'institution compétente de l'État membre dans lequel ils résident l'autorisation de se rendre sur le territoire d'un autre État membre pour y recevoir des soins, y compris lorsque le déplacement en cause a lieu vers l'État débiteur de la pension ou de la rente (CJCE 3 juillet 2003, *van der Duin*, affaire C-156/01, non encore publié, points 47-51). L'article 22, paragraphe 1, alinéa a), du règlement n'est, en revanche, pas applicable aux titulaires de pensions ou de rentes. La condition d'urgence des soins ne leur est, en effet, pas appliquée. L'article 31 du règlement leur permet de bénéficier, sans autorisation, de soins dont le *besoin* apparaît à l'occasion d'un déplacement dans un autre État membre alors même que leur état de santé ne nécessite pas *immédiatement* ces prestations (CJCE 25 février 2003, *Ioannidis*, affaire C-326/00, non encore publié, points 40-42).

41 CJCE 23 octobre 2003, *Inizan*, affaire C-56/01, non encore publié, point 25.

42 *Ibid.*, point 22.

43 Voir *infra*, paragraphe 27.

44 Voir, par exemple, l'arrêt *Kohll*, *supra* note 11, point 35.

Dans la mesure où le régime d'autorisation préalable de l'article 22, paragraphe 1, alinéa c), du règlement n° 1408/71 est ainsi déclaré conforme aux articles 49 CE et 50 CE, les réglementations nationales fondées sur cette disposition doivent être considérées comme compatibles avec les exigences de la libre prestation des services. La mise en œuvre des systèmes nationaux d'autorisation préalable est toutefois soumise à des conditions cumulatives.

L'article 22, paragraphe 2, du règlement prévoit, en effet, que la délivrance d'une autorisation ne peut être refusée

> lorsque les soins dont il s'agit figurent parmi les prestations prévues par la législation de l'État membre sur le territoire duquel réside l'intéressé et si ces soins ne peuvent, compte tenu de son état actuel de santé et de l'évolution probable de la maladie, lui être dispensés dans le délai normalement nécessaire pour obtenir le traitement dont il s'agit dans l'État membre de résidence.[45]

De son côté, la Cour a affirmé que le régime national d'autorisation préalable doit reposer sur un système procédural de nature à garantir aux intéressés un traitement objectif, impartial et, dans la mesure du possible, rapide de leurs demandes. De même, les candidats au déplacement doivent-ils disposer d'un droit de recours juridictionnel contre d'éventuels refus d'autorisation.[46] Autrement dit, les États membres ne sauraient méconnaître ce droit fondamental qu'est le droit au juge.

De telles conditions se retrouvent dans le cadre de la mise en œuvre des systèmes nationaux d'autorisation préalable non fondés sur l'article 22 du règlement n° 1408/71.

2. *Les autorisations préalables non fondées sur l'article 22 du règlement n° 1408/71*

Dès lors que les conditions prévues par l'article 22, paragraphe 2, du règlement n° 1408/71 ne sont pas réunies et que la législation de l'État membre d'affiliation ne prévoit pas, hors le cas expressément prévu par le règlement, la possibilité d'un remboursement selon les tarifs de l'État d'accueil, le remboursement des frais de soins dispensés dans un autre État membre s'effectue nécessairement selon les tarifs de l'État d'affiliation. Dans ces conditions, un système national d'autorisation préalable ne peut trouver sa justification dans l'arrêt *Inizan*. De fait, la

[45] La Cour a précisé, dans son arrêt *Inizan*, *supra* note 41, que la seconde condition « n'est pas remplie à chaque fois qu'il apparaît qu'un traitement identique ou présentant le même degré d'efficacité pour le patient peut être obtenu en temps opportun dans l'État membre de résidence » (point 45). L'appréciation est effectuée *in concreto* par l'institution compétente (point 46).

[46] *Ibid.*, point 48.

Cour a jugé, à plusieurs reprises, qu'un tel système constituait une entrave à la libre prestation des services.[47] Si elle a toujours refusé, s'agissant des soins ambulatoires, les justifications avancées, elle s'est toutefois montrée plus sensible à celles invoquées s'agissant des soins hospitaliers.[48]

Dans ses arrêts relatifs à la libre circulation des soins ambulatoires, la Cour s'est prononcée sur les justifications tirées de la protection de la santé publique,[49] du risque d'une atteinte grave à l'équilibre financier du système de sécurité sociale et de la nécessité de préserver les caractéristiques essentielles des systèmes de prestations en nature. Aucune de ces justifications n'a été retenue.[50] On regrettera que la Cour n'ait pas toujours clairement motivé son analyse, notamment lorsqu'elle estime que la suppression de l'exigence d'une autorisation préalable n'est pas de nature à provoquer des déplacements transfrontaliers de patients suffisamment importants pour mettre en danger l'équilibre financier du système national de sécurité sociale.[51]

La spécificité des soins dispensés en milieu hospitalier a conduit la Cour à retenir une toute autre solution en ce qui concerne cette catégorie de soins. Elle a, en effet, considéré que l'entrave constituée par l'exigence d'obtention d'une autorisation préalable pouvait, dans cette hypothèse, être justifiée. Le raisonnement suivi par la Cour repose sur la constatation que les soins hospitaliers doivent faire l'objet d'une politique de planification dans le cadre de laquelle doivent être pris en considération, entre autres, « le nombre des infrastructures hospitalières, leur répartition géographique, leur aménagement et les équipements

---

47 Voir les arrêts *Kohll*, *supra* note 11, points 33-35 ; *Smits et Peerbooms*, *supra* note 17, points 61-69 ; *Müller-Fauré*, *supra* note 18, point 44 et *Inizan*, *supra* note 41, point 53.

48 En pratique, la distinction entre soins ambulatoires et soins hospitaliers est parfois difficile à établir. Comme la Cour l'a observé, « certaines prestations dispensées en milieu hospitalier, mais susceptibles d'être effectuées également par un praticien à son cabinet ou dans un centre médical pourraient à ce titre être assimilées à des prestations non hospitalières » (arrêt *Müller-Fauré*, *supra* note 18, point 75).

49 La Cour s'est prononcée sur trois aspects de la protection de la santé publique : le souci de s'assurer de la qualité des prestations fournies dans les autres États membres, l'objectif de maintenir un service médical et hospitalier équilibré et accessible à tous sur le territoire national et la nécessité de conserver la capacité de soins et la compétence médicale sur le territoire national.

50 Voir, par exemple, arrêt *Müller-Fauré*, *supra* note 18, points 67-71 et 93-108. Pour une analyse différente, voir les conclusions de l'avocat general RUIZ-JARABO COLOMER dans cette même affaire, points 47-62.

51 Voir l'arrêt *Müller-Fauré*, *supra* note 18, point 95. Sur cette question, voir LHERNOULD, J.-PH., « L'actualité de la jurisprudence communautaire et internationale – I. Droit de la protection sociale », *Revue de jurisprudence sociale*, 2003, n° 8-9, p. 650-653 à la p. 651.

dont elles sont pourvues, ou encore la nature des services médicaux qu'elles sont à même d'offrir ».[52]. Or, cette politique de planification poursuit deux objectifs : garantir le maintien sur le territoire national d'une offre suffisante, équilibrée et permanente de soins hospitaliers,[53] ainsi qu'assurer une maîtrise des coûts dans ce domaine en évitant, dans la mesure du possible, tout gaspillage de ressources financières, techniques et humaines.[54] Compte tenu de ces objectifs, « l'exigence consistant à soumettre à une autorisation préalable la prise en charge financière par le système de sécurité sociale de soins hospitaliers dispensés dans un autre État membre apparaît comme une mesure tout à la fois nécessaire et raisonnable ».[55]

Si les systèmes nationaux d'autorisation préalable pour les soins hospitaliers sont, en principe, compatibles avec la libre prestation des services, il n'en reste pas moins que leur mise en oeuvre est soumise à conditions.

C'est ainsi que la Cour exige des États membres que les critères auxquels ils subordonnent l'octroi d'une autorisation préalable soient justifiés au regard des objectifs poursuivis et satisfassent au principe de proportionnalité.[56] Ce faisant, la Cour se borne à appliquer au domaine de la libre circulation des soins médicaux le régime auquel elle soumet, traditionnellement, la justification des entraves aux libertés de circulation.

À cet égard, certaines précisions ont été apportées par la Cour. Celle-ci a, en effet, souligné que le régime d'autorisation préalable doit « être fondé sur des critères objectifs, non discriminatoires et connus à l'avance de manière à encadrer l'exercice du pouvoir d'appréciation des autorités nationales afin que celui-ci ne soit pas exercé de manière arbitraire ».[57]

La Cour a enfin rappelé que ce régime devait reposer sur un système procédural qui soit de nature à garantir aux intéressés un traitement objectif, impartial et, dans la mesure du possible, rapide de leurs demandes. Un droit de recours juridictionnel contre d'éventuels refus

---

52 Arrêt *Smits et Peerbooms*, *supra* note 17 point 76.

53 *Ibid.*, point 78.

54 *Ibid.*, point 79.

55 *Ibid.*, point 80. Dans le même sens, voir les arrêts *Müller-Fauré*, *supra* note 18, point 81 et *Inizan*, *supra* note 41, point 56.

56 Voir les arrêts *Smits et Peerbooms*, *supra* note 17, point 82 et *Müller-Fauré*, *supra* note 18, point 83.

57 Voir les arrêts *Smits et Peerbooms*, *supra* note 17, point 90, *Müller-Fauré*, *supra* note 18, point 85 et *Inizan*, *supra* note 41, point 57.

d'autorisation doit également leur être garanti.[58] On retrouve ici l'exigence fondamentale du respect du droit au juge.

Dans la pratique, la Cour s'est prononcée, d'une part, sur le cas de réglementations nationales subordonnant la délivrance de l'autorisation préalable au fait que le traitement en cause puisse être considéré comme usuel dans les milieux professionnels concernés et, d'autre part, sur celui de réglementations nationales subordonnant l'octroi de cette autorisation au caractère nécessaire du traitement envisagé.

Dans le premier cas, la Cour a estimé que les réglementations nationales ne peuvent se limiter à prendre en compte les traitements habituellement pratiqués sur le territoire national et les conceptions scientifiques du milieu médical national, mais doivent se référer aux traitements suffisamment éprouvés et validés par la science médicale internationale.[59] Elle énonce, à cet égard, une série d'éléments sur lesquels les autorités compétentes doivent se fonder afin d'apprécier le caractère usuel du traitement envisagé.[60] Elle ne donne, toutefois, aucune indication sur la valeur respective de chacun de ces éléments. La Cour aurait pu privilégier une autre approche du problème consistant à postuler l'équivalence du caractère usuel des traitements dispensés dans les différents États membres, comme elle a, par exemple, postulé l'équivalence des qualifications des professionnels de santé.[61] Elle a préféré laisser aux États membres un certain pouvoir d'appréciation en la matière.

Dans le second cas, c'est-à-dire lorsque le caractère nécessaire du traitement est exigé, la Cour a jugé que l'autorisation préalable ne peut être refusée « que lorsqu'un traitement identique ou présentant le même degré d'efficacité pour le patient peut être obtenu en temps opportun »[62] dans l'État d'affiliation. Aux fins de déterminer si un traitement présentant le même degré d'efficacité peut être obtenu en temps utile dans l'État membre d'affiliation,

58 *Ibid.*

59 Voir arrêt *Smits et Peerbooms, supra* note 17, point 94.

60 *Ibid.*, point 98. Ces éléments sont, notamment, la littérature et les études scientifiques existantes, les opinions autorisées de spécialistes et la circonstance que le traitement soit ou non couvert par le système d'assurance maladie de l'État dans lequel il est dispensé.

61 Voir, sur cette question, VAN DER MEI, A.P., "Cross-Border Access to Health Care within the European Union: Some Reflections on *Geraets-Smits and Peerbooms* and *Vanbraekel*", *Maastricht Journal of European and Comparative Law*, 2002, p. 189-231 à la p. 204.

62 Arrêt *Smits et Peerbooms, supra* note 17, point 103. Voir également les arrêts *Müller-Fauré, supra* note 18, point 89 et *Inizan, supra* note 41, point 59.

les autorités nationales sont tenues de prendre en considération l'ensemble des circonstances caractérisant chaque cas concret en tenant dûment compte non seulement de la situation médicale du patient au moment où l'autorisation est sollicitée et, le cas échéant, du degré de la douleur ou de la nature du handicap de ce dernier, qui pourrait, par exemple, rendre impossible ou excessivement difficile l'exercice d'une activité professionnelle, mais également de ses antécédents.[63]

Dans ces conditions, un État membre ne saurait refuser à un assuré social l'autorisation préalable nécessaire à la prise en charge de ses frais de soins en invoquant la seule existence, sur le territoire national, de listes d'attente pour les traitements en cause et ce, sans examiner sa situation personnelle.[64]

Assez logiquement, les entraves résultant de la disparité du coût des soins dans les différents États membres relèvent du même mécanisme de justification.

B. Le coût des soins

La prise en charge des frais de soins non urgents dispensés dans un État membre autre que l'État d'affiliation obéit à l'une des deux procédures examinées à propos du régime des autorisations préalables : la procédure avec prise en charge, par l'autorité compétente de l'État d'affiliation, des frais de soins selon les tarifs de l'État d'accueil (procédure fondée sur l'article 22 du règlement n° 1408/71) ou la procédure avec prise en charge, par l'autorité compétente de l'État d'affiliation, des frais de soins selon ses propres tarifs (procédure non fondée sur l'article 22 du règlement n° 1408/71). Or, l'existence de disparités dans le remboursement prévu par les différents États membres pour un même soin peut être, dans le cadre des prises en charge fondées sur l'article 22 du règlement n° 1408/71, à l'origine de restrictions à la libre circulation (1). Ces disparités n'ont *a priori* pas les mêmes conséquences dans le cadre des prises en charge non fondées sur l'article 22 du règlement n° 1408/71 (2).

---

63 Arrêt *Müller-Fauré*, *supra* note 18, point 90. Voir également l'arrêt *Smits et Peerbooms*, *supra* note 17, point 104.

64 Arrêt *Müller-Fauré*, *supra* note 18, point 92. L'État d'accueil peut-il, quant à lui, invoquer l'existence de listes d'attente sur son territoire pour justifier un traitement préférentiel accordé à ses propres assurés sociaux ? Confronté à une situation d'afflux de patients en provenance d'autres États membres, cet État ne pourrait-il leur refuser l'accès aux soins en invoquant, notamment, la nécessité de garantir un service médical et hospitalier accessible à ses propres assurés sociaux ? Une telle justification ne pourrait, le cas échéant, être admise qu'à condition d'être proportionnée aux objectifs poursuivis. Sur cette question, voir VAN DER MEI, A.P., "Cross-Border Access to Health Care within the European Union: Some Reflections on *Geraets-Smits and Peerbooms* and *Vanbraekel*", *supra* note 61, p. 206-207.

1. Les prises en charge fondées sur l'article 22 du règlement n° 1408/71

Dans la mesure où l'article 22, paragraphe 1, alinéa c), du règlement n° 1408/71 prévoit la prise en charge des frais de soins selon les tarifs de l'État d'accueil, une entrave à la libre circulation des soins médicaux apparaît lorsque cet État dispose de tarifs moins avantageux que ceux de l'État d'affiliation. C'est ce que la Cour a constaté dans l'arrêt *Vanbraekel* :

> le fait pour un assuré social de bénéficier d'un niveau de couverture moins avantageux lorsqu'il reçoit un traitement [...] dispensé dans un autre État membre que lorsqu'il subit le même traitement dans l'État d'affiliation est susceptible de décourager, voire d'empêcher, cet assuré de s'adresser aux prestataires de services médicaux établis dans d'autres États membres et constitue, tant pour cet assuré que pour les prestataires, un obstacle à la libre prestation des services.[65]

Une telle restriction n'est justifiée ni par la nécessité de maintenir un service médical et hospitalier équilibré et accessible à tous, ni par la nécessité de conserver une capacité de soins ou une compétence médicale sur le territoire national, ni par le souci d'éviter une atteinte grave à l'équilibre financier du système de sécurité sociale[66]. En effet, exiger, en pareille hypothèse, de l'État d'affiliation la prise en charge selon ses propres tarifs plutôt que selon les tarifs – moins avantageux – de l'État d'accueil ne fait peser sur lui aucune obligation « exorbitante du droit commun ». Aussi, l'État d'affiliation est-il tenu de verser la somme correspondant à la différence entre les montants de remboursement respectivement prévus.

Cette solution ne peut être que favorablement accueillie en ce qu'elle contribue à faciliter la libre circulation des patients et la libre prestation des soins médicaux au sein de l'Union européenne, sans pour autant imposer de charges financières supplémentaires aux systèmes de sécurité sociale des États membres.[67]

L'ensemble de ce raisonnement est plus difficilement transposable aux prises en charges non fondées sur l'article 22 du règlement n° 1408/71.

---

65 Arrêt du 12 juillet 2001, affaire C-368/98, *supra* note 17, point 45. Bien qu'il ne concerne que les soins hospitaliers, l'arrêt *Vanbraekel* devrait, eu égard au raisonnement suivi, valoir également pour les soins ambulatoires.

66 *Ibid.*, points 51-52.

67 Dans le même sens, voir VAN DER MEI, A.P., "Cross-Border Access to Health Care within the European Union: Some Reflections on *Geraets-Smits and Peerbooms* and *Vanbraekel*", *supra* note 61, p. 212.

2. *Les prises en charge non fondées sur l'article 22 du règlement n° 1408/71*

Lorsque la législation de l'État d'affiliation en vertu de laquelle il sera procédé au remboursement des frais de soins prévoit un niveau de prise en charge moindre que celui applicable dans l'État où ces soins ont été dispensés, une entrave est-elle constituée ? La Cour ne s'est, jusqu'à présent, pas prononcée sur cette question. Certains auteurs ont proposé de répondre par l'affirmative dans la mesure où

> un assuré social pourrait en effet arguer que le taux de prise en charge moindre dans l'État d'affiliation que dans l'État de soins d'une part prive d'intérêt le fait de s'adresser aux prestataires de services médicaux établis dans d'autres États membres (d'où atteinte à la libre prestation des services) et d'autre part porte atteinte à l'égalité de traitement entre les assurés sociaux, puisque les personnes assurées dans l'État de soins seraient mieux prises en charge que celles affiliées à l'étranger, alors qu'il s'agirait des mêmes soins.[68]

Cette analyse ne nous convainc pas.

Une entrave peut-elle, tout d'abord, résulter d'une situation dans laquelle l'assuré social n'est certes pas encouragé à se déplacer mais n'est pas non plus découragé à le faire ? Qu'il se déplace ou reste sur place, le remboursement obtenu de l'autorité compétente de l'État d'affiliation ne sera-t-il pas le même ? Peut-on, dans ces conditions, réellement retenir l'existence d'une entrave, qu'elle soit une entrave à la libre circulation des prestataires ou une entrave à la « libre circulation » des destinataires des services de santé ? Le postulat selon lequel il existerait une véritable liberté de circulation des patients comme il existe une libre circulation des prestataires de soins médicaux n'est-il pas, lui-même, sujet à caution ? Si la libre circulation des patients implique que ces derniers soient traités, dans l'État d'accueil comme le sont les assurés sociaux qui y résident, la réponse est certainement négative. Ainsi que la Cour l'a reconnu dans l'arrêt *Inizan*, hors le cadre de l'article 22, paragraphe 1, alinéa c), du règlement n° 1408/71, la prise en charge des frais de soins par l'institution de l'État d'affiliation selon la législation de l'État d'accueil ne saurait être garantie aux assurés sociaux.[69]

---

68 KESSLER, F. et LHERNOULD, J.-PH., « L'impact sur le droit de la protection sociale de la jurisprudence de la CJCE relative à la libre prestation des services », *supra* note 34, p. 755. Ces auteurs ajoutent : « Les prestataires de soins établis dans l'État où les soins sont mieux pris en charge pourraient également invoquer l'atteinte à la libre prestation des services, car les assurés sociaux affiliés à l'étranger, ne pouvant pas prétendre au niveau de prise en charge de l'État de soins, ne seraient pas incités à bénéficier des services de prestataires de ce pays » (*Ibid.*).

69 L'arrêt *Inizan*, *supra* note 41, points 21-24.

L'existence d'une discrimination entre les assurés sociaux de l'État d'affiliation et les assurés sociaux de l'État d'accueil n'est guère plus évidente. Peut-on, en effet, soutenir que les uns et les autres se trouvent dans une situation comparable alors que l'institution débitrice des remboursements n'est pas la même dans les deux cas ? Si le principe d'égalité commande de traiter de manière identique des situations semblables, il commande également de traiter de manière différente des situations différentes. L'affirmation de l'existence d'une atteinte à l'égalité de traitement entre les assurés sociaux semble, par conséquent, un peu rapide.

En tout état de cause, la thèse défendue par ces auteurs aurait pour effet de généraliser l'obligation que l'article 22, paragraphe 1, alinéa c), du règlement n° 1408/71 impose lorsque les conditions prévues au paragraphe 2 sont réunies, à toute hypothèse de soins programmés dispensés dans un autre État membre. Ce serait donc aller au-delà de ce que recherchait le législateur communautaire en adoptant cette disposition. Une telle interprétation s'impose-t-elle réellement ?

Conclusion

En tant qu'ils constituent des services, au sens de l'article 50 CE, les soins médicaux sont soumis aux dispositions du traité relatives à la libre prestation des services. Toute restriction à la libre circulation des soins médicaux est, en conséquence, interdite, sauf dérogation expressément prévue par le traité ou exigence d'intérêt général.

À cet égard, conditionner le remboursement des soins dispensés à un assuré social dans un autre État membre à l'obtention d'une autorisation préalable a été jugé constitutif d'une entrave, dès lors que l'autorisation requise ne peut relever du champ d'application de l'article 22, paragraphe 1, alinéa c), du règlement n° 1408/71. Cette entrave peut néanmoins être justifiée s'agissant des soins hospitaliers. Tel n'est pas le cas des soins ambulatoires pour lesquels la Cour n'a, jusqu'à présent, jamais admis de justification.

De même, la disparité dans le remboursement prévu par les différents États membres pour un traitement donné peut être à l'origine d'une entrave lorsque, dans l'hypothèse où la prise en charge des frais de soins se fait selon la législation de l'État où les soins ont été dispensés, cette législation prévoit un niveau de remboursement moins avantageux que celui applicable dans l'État d'affiliation. En pareil cas, la Cour exige de l'autorité compétente de l'État d'affiliation, autorité sur laquelle repose la charge du remboursement, qu'elle verse à l'intéressé le montant correspondant à la différence entre les deux niveaux de prise en charge. L'hypothèse inverse, celle dans laquelle la prise en charge se fait selon la législation de l'État d'affiliation alors que celle-ci prévoit un niveau de remboursement moins avantageux que celui applicable dans l'État d'accueil, ne semble pas, en revanche, constituer une entrave. Pour exigeant que soit le droit communautaire dans le domaine de l'accès transfrontalier aux soins de santé, il n'impose pas, en effet, une telle solution. Bien au contraire.

CHAPITRE 10

Libre circulation et sécurité sociale*

Sean VAN RAEPENBUSCH

Juge au Tribunal de la fonction publique et chargé de cours à l'Université de Liège

D'importants développements, depuis 1993, méritent d'être soulignés dans le domaine de la sécurité sociale des personnes circulant à l'intérieur de la Communauté. Il est évidemment exclu de procéder ici-même à un inventaire exhaustif des réalisations engrangées au cours de cette période. Nous retiendrons uniquement les réformes législatives les plus marquantes (I) et les arrêts de la Cour qui nous paraissent présenter une nouveauté ou une avancée significative au regard des objectifs sociaux du traité, consolider de façon éclairante une jurisprudence déjà établie ou encore offrir l'occasion de rapidement faire le point de la jurisprudence sur une question donnée (II).

I. Les développements d'ordre législatif

Le fameux règlement (CEE) n° 1408/71 du Conseil, du 14 juin 1971, relatif à l'application des régimes de sécurité sociale aux travailleurs salariés, aux travailleurs non salariés et aux membres de leur famille qui se déplacent à l'intérieur de la Communauté et son règlement d'application 574/72, de nombreuses fois modifiés, ont été mis à jour par le

* NB: depuis la rédaction de cette étude, le Conseil et le Parlement européen ont adopté, le 29 avril 2004, le règlement (CE) n° 883/2004 sur la coordination des systèmes de sécurité sociale (J.O. L 166, p. 1), modifiant profondément le règlement n° 1408/71 en vue de sa simplification. Ce règlement ne sera cependant pas d'application avant l'entrée en vigueur (prévue pour 2006) de son règlement d'application, dont la proposition doit encore être déposée par la Commission.

règlement (CE) n° 118/97 du Conseil, du 2 décembre 1996.[1] Depuis lors, ils ont à nouveau été plusieurs fois modifiés.[2]

La Commission a présenté au Conseil, en décembre 1998, une proposition de règlement modifiant profondément le règlement n° 1408/71 en vue de sa simplification, comme suite à l'appel lancé en ce sens par le Conseil européen, à Édimbourg, en 1992.[3] Cette proposition, que l'on ne saurait examiner ici-même, est toujours à l'examen.

On signalera encore que, depuis l'entrée en vigueur du Traité d'Amsterdam, le Parlement européen est directement associé à l'action législative dès lors que le nouvel article 42 CE, qui fonde la réglementation communautaire, renvoie à la procédure de codécision telle qu'elle est organisée à l'article 251 du même traité (tout en maintenant l'exigence de l'unanimité).

Pour notre part, la principale réforme législative au cours des dix dernières années réside dans *l'extension du champ d'application personnel des règlements*, avec pour résultat de permettre, en somme, à toutes les personnes assurées, c'est-à-dire couvertes par un régime de sécurité sociale d'un État membre, quel que soit leur statut (travailleur, membre de la famille, étudiants en leur qualité propre, fonctionnaires, ressortissants de pays tiers), de bénéficier de la coordination communautaire des législations de sécurité sociale.

C'est ainsi qu'ont été adoptés par le Conseil le règlement n° 1606/98, du 29 juin 1998,[4] visant l'extension de la réglementation communautaire aux régimes spéciaux des *fonctionnaires* et le règlement n° 307/99, du 8 février 1999,[5] visant son extension aux *étudiants*.

À cela s'ajoute l'extension de la couverture aux *ressortissants de pays tiers*. Le moment était venu, à l'aube du XXIe siècle, d'étendre le bénéfice de la coordination des régimes de sécurité sociale des États membres à tout ressortissant d'État tiers, en sa qualité propre, dès lors qu'il réside régulièrement à l'intérieur de la Communauté. C'est chose faite depuis l'entrée en vigueur au 1er juin 2003 du règlement (CE)

---

1 Règlement (CE) n° 118/97 du 2 décembre 1996, J.O.C.E. L 28 du 30 janvier 1997, p. 1.

2 En dernier lieu, s'agissant du règlement n° 1408/71, par le règlement (CE) n° 1386/2001 du Parlement européen et du Conseil, J.O.C.E. L 187 du 10 juillet 2001, p. 1.

3 Voir la proposition de règlement (CE) du Conseil portant sur la coordination des systèmes de sécurité sociale, présentée par la Commission au Conseil en décembre 1998 (Doc. COM(1198)779 final).

4 Règlement (CE) n° 1606/98 du 29 juin 1998, J.O.C.E. L 209 du 25 juillet 1998, p. 1.

5 Règlement (CE) n° 307/99 du 8 février 1999, J.O.C.E. L 38 du 12 février 1999, p. 1.

n° 859/2003,[6] lequel fait suite au Conseil européen de Tampere, qui, en octobre 1999, avait préconisé un traitement équitable pour les ressortissants des pays tiers qui résident légalement dans l'Union et le rapprochement de leur statut juridique de celui des ressortissants des États membres.

Une telle extension n'a pas pour signification qu'un ressortissant d'un pays tiers aurait le droit de circuler librement à l'intérieur de la Communauté, mais que celui ou celle qui a régulièrement circulé à l'intérieur de la Communauté est dorénavant protégé. Ni plus ni moins.[7] On mentionnera, à cet égard, l'influence certaine exercée par la Cour européenne des droits de l'homme qui, dans son arrêt Gaygusuz/Autriche, a fait application du principe de non-discrimination à propos de l'octroi de prestations de sécurité sociale à un ressortissant turc.[8]

A. *Fonctionnaires et assimilés*

Jusqu'à l'entrée en vigueur du règlement n° 1606/98 les régimes spéciaux des fonctionnaires et du personnel assimilé étaient exclus du champ d'application matériel du règlement, les intéressés ne bénéficiant du règlement que dans la mesure où ils étaient ou avaient été soumis à la législation d'un État membre à laquelle le règlement était applicable (règlement ancien article 2, paragraphe 3). Tel était le cas lorsqu'ils relevaient, pour certains risques, du régime général des salariés.

---

6 Règlement (CE) n° 859 de 2003 du Conseil du 14 mai 2003 visant à étendre les dispositions du règlement (CEE) n° 1408/71 et du règlement (CEE) n° 574/72 aux ressortissants de pays tiers qui ne sont pas déjà couverts par ces dispositions uniquement en raison de leur nationalité, J.O.C.E. L 124 du 20 mai 2003, p. 1. On constatera que ce règlement est fondé sur l'article 63, point 4, CE, qui fait partie du titre IV « Visas, asile, immigration et autres politiques liées à la libre circulation des personnes », incorporant dans le pilier communautaire une partie du troisième pilier, comme suite au Traité d'Amsterdam. Ceci explique que le Danemark n'a pas participé à l'adoption dudit règlement, conformément aux articles 1 et 2 du protocole sur la position du Danemark, annexé au TUE. Il n'est donc pas lié par le règlement.

7 On rappellera qu'auparavant, les ressortissants de pays tiers étaient déjà couverts par le règlement n° 1408/71 en leur qualité de conjoint ou de membre de la famille d'un travailleur communautaire, d'apatride ou réfugié, ou encore protégés au titre d'accords conclus entre la Communauté et certains États tiers, notamment la Turquie et les pays du Maghreb.

8 VERSCHUEREN, V.H., "EC Social Security Coordination Excluding Third Country Nationals: Still in Line with Foundamental Rights after Gaygusuz Judgment?", *Common Market Law Review*, 1997, p. 991; PIETERS, D., "The Legal Foundations of a Possible Extension of Community Provisions on Social Security to Third Country-Nationals Legally Residing and/or Moving in the European Union" in P. SCHOUKERS (ed.), *Prospects of Social Security Coordination*, Leuven, Acco, 1997, p. 15.

Dans son arrêt du 22 novembre 1995, *Vougioukas*[9] la Cour avait considéré que l'existence de difficultés techniques, qui avaient pu justifier, à l'époque de l'adoption du règlement n° 1408/71, l'exclusion des régimes spéciaux des fonctionnaires, ne pouvait « cependant justifier indéfiniment, au regard de la mission dévolue par l'(ex-) article 51 du traité au Conseil, l'absence de toute coordination » dans ce domaine (points 32 et 33). Selon la Cour, « en n'ayant adopté aucune mesure de coordination en la matière, depuis la fin de la période transitoire prévue en matière de libre circulation des travailleurs, [le Conseil n'avait] pas entièrement exécuté l'obligation qui lui [était] imposée par l'article 51 du traité » (point 34).

Cet arrêt a sans doute contribué à débloquer les discussions au Conseil pour finalement conduire à l'adoption du règlement n° 1606/98.

Nous retiendrons principalement de ce règlement

– *les règles dérogatoires en matière de totalisation* en ce qui concerne la liquidation des pensions d'invalidité ou de vieillesse au titre d'un régime spécial des fonctionnaires (voir article 43 bis, paragraphe 2, et 51 bis, paragraphe 2 du règlement n° 1408/71) : ainsi, si la législation d'un État membre subordonne l'acquisition des droits à de telles prestations à la condition que toutes les périodes d'assurance aient été accomplies dans le cadre du ou des régimes spéciaux des fonctionnaires dans cet État ou soient assimilées à de telles périodes en vertu de la législation de cet État, il ne sera tenu compte que des périodes qui peuvent être reconnues en vertu de la législation en cause. Toutefois, pour éviter la perte de ces périodes, dans l'hypothèse où elles seraient insuffisantes pour ouvrir un droit à des prestations de régime spécial, elles pourront être prises en compte pour l'octroi des prestations du régime général ;

– *les règles dérogatoires en matière de détermination de la législation applicable* : en vertu de l'article 14 septies, une personne qui est simultanément employée dans deux ou plusieurs États membres comme fonctionnaire (ou personnel assimilé) et qui relève, dans au moins un desdits États, d'un régime spécial des fonctionnaires est soumise à la législation de chacun de ces États membres. Les fonctionnaires échappent ainsi à la règle de l'unicité de la législation applicable.

B. Étudiants

Le règlement n° 307/99 a étendu le règlement n° 1408/71 aux étudiants, en leur qualité propre, c'est-à-dire indépendamment de leur qualité éventuelle de membre de la famille d'un travailleur, et ce afin de leur garantir une protection sociale suffisante lorsqu'ils se déplacent

---

9 CJCE 22 novembre 1995, *Vougioukas*, affaire C-443/93, *Rec.* p. I-4033.

dans la Communauté.[10] Pour l'essentiel, cette extension a pour effet de leur rendre applicables certaines règles de coordination en matière de soins de santé, d'accidents du travail et de maladies professionnelles ainsi que de prestations familiales.

Aux termes de l'article 1, sous c) bis, du règlement n° 1408/71, le terme

> étudiant, désigne toute personne autre qu'un travailleur salarié ou non salarié ou un membre de sa famille ou survivant au sens du présent règlement, qui suit des études ou une formation professionnelle conduisant à une qualification officiellement reconnue par les autorités d'un État membre et qui est assurée dans le cadre d'un régime général de sécurité sociale ou d'un régime spécial de sécurité sociale applicable aux étudiants.

C. Ressortissants de pays tiers

Le règlement n° 859/2003 se borne à étendre l'application des règlements n°s 1408/71 et 574/72 « aux ressortissants de pays tiers qui ne sont pas déjà couverts par ces dispositions uniquement en raison de leur nationalité, ainsi qu'aux membres de leur famille et à leurs survivants, dès lors qu'ils se trouvent en situation de résidence légale dans un État membre et dans des situations dont tous les éléments ne se cantonnent pas à l'intérieur d'un seul État membre » (article 1).

L'article 2 du règlement n° 859/2003 comporte d'importantes *dispositions transitoires* visant, dans l'ensemble, à garantir l'application du règlement pour l'avenir (à compter du 1er juin 2003), y compris les effets futurs de situations nées dans le passé, sur le modèle de ce qui figure déjà dans le règlement n° 1408/71, notamment lorsque celui-ci a été étendu aux travailleurs non salariés, en 1981.

II. Les développements d'ordre jurisprudentiel

Nous savons que le droit communautaire recourt, de façon générale, à la technique de la coordination en vue d'éliminer les obstacles à la libre circulation des personnes trouvant leur source dans les disparités entre les législations nationales de sécurité sociale. Il s'agit, sans changer le contenu des normes, de régler les rapports entre les systèmes nationaux en donnant effet à quelques principes essentiels pour garantir une protection entière et continue des travailleurs et membres de leur famille, ainsi que des citoyens de l'Union ayant exercé leur droit de libre circulation ou de séjour à l'intérieur de la Communauté.

---

[10] Voir, à cet égard, la directive 93/96/CE du 29 octobre 1993, J.O.C.E. L 317 du 18 décembre 1993, p. 59 (relative au droit de séjour des étudiants).

Pour rappel, ces principes directeurs sont les suivants : les principes de l'égalité de traitement, de l'unicité de la législation applicable (en règle générale, la *lex loci laboris*), de la conservation des droits acquis (par l'« exportation » des prestations), de la conservation des droits en cours d'acquisition (par les techniques de la totalisation des périodes d'assurance, d'emploi ou de résidence et de la proratisation des prestations) et, enfin, de la coopération loyale.

Force est de constater que la Cour de justice, en interprétant ces principes, a joué un rôle prépondérant dans l'édification de l'Europe sociale, dès lors qu'elle s'est toujours efforcée d'interpréter les textes communautaires conformément à l'idée de justice sociale et aux exigences de l'intégration européenne au niveau des peuples, telles qu'elles pouvaient être dégagées des objectifs généraux des traités. Des questions essentielles touchant à l'équilibre recherché dans nos sociétés européennes entre l'économique et le social ou, suivant l'expression de Jacques DELORS, « la concurrence qui stimule et la solidarité qui unit » ont été tranchées par la Cour[11] : que l'on songe, parmi les arrêts récents, aux arrêts *Decker et Kohll* du 28 avril 1998 (respectivement, *Rec.* p. I-1831 et I-1931), en matière d'accès aux soins de santé dans un État membre autre que l'État compétent,[12] ou aux arrêts du 21 septembre 1999 *Albany International*, affaire C-67/96 (*Rec.* p. I-5751), *Brentjens' Handelsonderneming*, affaire C-115/97 à C-117/97 (*Rec.* p. I-6025), *Maatschappij Drijvende Bokken*, affaire C-219/97 (*Rec.* p. I-6121) sur l'application des règles de concurrence dans le domaine de la protection sociale.[13] Ces arrêts témoignent du difficile arbitrage que le juge communautaire est amené à devoir faire entre les impératifs économiques du marché intérieur et de la libre concurrence, d'une part, et les objectifs sociaux du traité, d'autre part.

Nous avons tenté pour chacun des principes directeurs de la coordination de dégager les enseignements les plus précieux de la jurisprudence de ces dix dernières années. Mais, auparavant, il nous paraît utile de rendre compte de quelques développements en rapport avec le champ d'application – matériel et personnel – de la réglementation communautaire : ils concernent la large portée reconnue par la Cour à la notion de prestation de sécurité sociale et les implications de la citoyenneté euro-

[11] Voir l'étude d'Alessandro BOSCO, « Vers une remise en cause des systèmes nationaux de protection sociale », *Problématiques européennes*, *Notre Europe*, juillet 2000, n° 7.

[12] Voir l'exposé de P. CABRAL dans le cadre du présent séminaire.

[13] Voir notre étude « La contribution de la jurisprudence communautaire à l'édification de l'Europe sociale au regard des règles de concurrence », *Journal des tribunaux du travail*, 2000, p. 113.

péenne sur la sphère des personnes protégées par le règlement n° 1408/71.

A. Le champ d'application

1. Notion de prestation de sécurité sociale

La Cour a toujours retenu une conception extensive de la notion de sécurité sociale, élargissant ainsi le champ d'application matériel du règlement n° 1408/71, afin de réunir les conditions les plus favorables à la libre circulation des travailleurs. Ceci est d'ailleurs conforme au contenu évolutif, même « attractif » de la sécurité sociale, suivant l'expression de l'avocat général MAYRAS,[14] qui, au-delà de mesures proprement curatives, après la survenance d'un risque social, s'est vu reconnaître la fonction de prévenir les risques, et, au-delà de l'amélioration du niveau de vie, celle d'améliorer la qualité de la vie, voire de promouvoir une certaine politique de l'emploi.

Selon la jurisprudence constante, une prestation ne peut être considérée comme une prestation de sécurité sociale que si, d'une part, elle est octroyée, en dehors de toute appréciation individuelle et discrétionnaire des besoins personnels, aux bénéficiaires sur la base d'une situation légalement définie et, d'autre part, elle se rapporte à l'un des risques énumérés expressément à l'article 4, paragraphe 1, du règlement n° 1408/71 (voir, à cet égard, CJCE du 27 mars 1985, *Hoeckx*, affaire 249/83, *Rec.* p. 973, points 12 à 14, et du 16 juillet 1992, *Hughes*, affaire C-78/91, *Rec.* p. I-4839, point 15).

Ainsi, récemment, la Cour a considéré comme des prestations de sécurité sociale au sens du règlement :

– les *prestations de dépendance en nature* (« soins à domicile »), destinés à améliorer l'état de santé et la qualité de vie des personnes dépendantes, considérées par la Cour comme des prestations de maladie (CJCE 5 mars 1998, *Molenaar*, affaire C-160/96, *Rec.* p. I-843, et 8 mars 2001, *Jauch*, affaire C-215/99, *Rec.* p. I-1901) ;

– les *avances sur pension alimentaire*, destinées à compenser le préjudice résultant du non-paiement de la pension par l'un des parents, considérées par la Cour comme des prestations familiales (CJCE 15 mars 2001, *Offermanns*, affaire C-85/99, *Rec.* p. I-2261). En conséquence, les personnes résidant sur le territoire d'un État membre auxquelles les dispositions de ce règlement sont applicables sont admises au bénéfice d'une telle prestation prévue par la législation de cet État dans

---

14 Expression empruntée à la jurisprudence administrative française à propos de la notion de « travail public ». Voir les conclusions de l'avocat général dans l'affaire 1/72, *Frilli*, 1972, *Rec.* p. 457.

les mêmes conditions que les ressortissants nationaux, conformément à l'article 3 dudit règlement (en l'occurrence, les enfants de parents divorcés, de nationalité allemande et résidant en Autriche, avaient sollicité, en raison de l'insolvabilité du père, une avance sur pension alimentaire et s'étaient vu refuser en raison de leur nationalité l'octroi de cette avance).

2. Les implications de la citoyenneté européenne

Nous savons que le droit de circuler librement et de séjourner dans tout État membre est, depuis l'entrée en vigueur du Traité de Maastricht, conféré à l'article 18 CE aux citoyens de l'Union, indépendamment de toute activité économique (« sous réserve des limitations et conditions prévues par le présent traité et par les dispositions prises pour son application »).[15] Cette réforme importante n'a pas manqué de rejaillir sur l'interprétation du règlement n° 1408/71, ainsi qu'en témoigne l'arrêt du 23 novembre 2000, *Elsen* (affaire C-135/99, *Rec.* p. I-10409).[16]

En l'espèce, Mme Ursula ELSEN, de nationalité allemande, née en 1951, résidait depuis 1981 en France. Jusqu'en mars 1985, elle a exercé en Allemagne, en qualité de travailleuse frontalière, une activité assujettie à l'assurance obligatoire, avec une interruption entre juillet 1984 et février 1985 en raison d'un congé de maternité à la suite de la naissance de son fils. Depuis lors, Mme ELSEN n'a plus exercé d'activité assujettie à l'assurance obligatoire, ni en Allemagne ni en France.

La demande de validation des périodes d'éducation de son fils a été rejetée par l'institution compétente allemande au motif que l'éducation de l'enfant avait eu lieu à l'étranger.

Il apparaît donc que Mme ELSEN n'a jamais travaillé ailleurs qu'en Allemagne, son pays d'origine, bien qu'ayant transféré sa résidence en France et ayant ainsi continué pendant quelque temps à travailler en Allemagne en qualité de travailleuse frontalière avant de cesser toute activité professionnelle à la naissance de son enfant pour s'occuper de son éducation.

---

15 Sont visées à vrai dire les limitations contenues dans les trois directives relatives au droit de séjour des retraités, des inactifs et des étudiants (Dir. 364 et 365/90/CEE : J.O.C.E. L 180, p. 26 et 28, et 93/96/CEE : J.O.C.E. L 317 du 18 décembre 1993, p. 59), lesquelles subordonnent le droit de séjour notamment à la condition de disposer de moyens de subsistance de telle sorte que les bénéficiaires du droit de séjour ne doivent pas devenir une charge « déraisonnable » pour les finances publiques.

16 Voir notre étude « Le champ d'application personnel du règlement (CEE) n° 1408/71 et la citoyenneté européenne : du travailleur migrant au citoyen européen », *Journal des tribunaux du travail*, 1997, p. 1

Qu'à cela ne tienne ! La Cour s'est référée à la fois aux *ex-articles* 8A, 48 et 51 du traité (devenus articles 18, 39 et 42 CE) pour considérer que ces articles

> font obligation à l'institution d'un État membre de prendre en compte, aux fins de l'octroi d'une pension de vieillesse, les périodes consacrées à l'éducation d'un enfant, accomplies dans un autre État membre, comme si ces périodes avaient été accomplies sur le territoire national, par une personne qui, au moment de la naissance de l'enfant, avait la qualité de travailleur frontalier occupé sur le territoire du premier État membre et résidant sur celui du second État membre.

La Cour est arrivée à cette conclusion après avoir constaté que la législation allemande était effectivement applicable à la situation d'un travailleur qui a cessé toute activité professionnelle en Allemagne et qui réside sur le territoire d'un autre État membre, pour ce qui concerne la prise en compte de périodes consacrées à l'éducation d'un enfant né alors que le parent travaillait encore en Allemagne en qualité de travailleur frontalier. Cette dernière circonstance permet, selon la Cour,

> d'établir un lien étroit entre les périodes d'éducation en cause et les périodes d'assurance accomplies en Allemagne du fait de l'exercice d'une activité professionnelle dans cet État. C'est en effet précisément en raison de l'accomplissement de ces dernières périodes que Mme ELSEN a demandé à l'institution allemande la prise en compte des périodes subséquentes consacrées à l'éducation de son enfant (point 26).

L'applicabilité de la législation allemande ayant été ainsi établie, la Cour a jugé que les dispositions nationales qui empêchaient, en l'occurrence, la validation des périodes d'éducation accomplies dans un autre État membre étaient de nature à défavoriser les ressortissants communautaires ayant exercé leur droit de circuler et de séjourner librement dans les États membres, garanti à l'article 8 A du Traité CE (point 34). Et d'ajouter que le règlement n° 1408/71 lui-même, adopté notamment sur la base de l'article 51 du traité (devenu, après modification, article 42 CE), comporte plusieurs dispositions visant à garantir le bénéfice des prestations de sécurité sociale, à charge de l'État compétent, même lorsque l'assuré, qui a exclusivement travaillé dans son État d'origine, réside ou transfère sa résidence dans un autre État membre. Ces dispositions contribuent assurément à garantir la liberté de circulation des travailleurs, au titre de l'article 48 du traité (devenu, après modification, article 39 CE), mais également des citoyens de l'Union, à l'intérieur de la Communauté, au titre de l'article 8 A du traité (point 35).

B. Les principes directeurs

1. Égalité de traitement

À plusieurs reprises, la Cour a été confrontée à la question de savoir si le principe de l'égalité de traitement, qui vise l'assimilation des ressortissants de chacun des États membres aux nationaux de l'État d'accueil, implique également celle « des faits qui se sont produits sur le territoire de chacun des États membres à des faits analogues qui se seraient produits sur le territoire de l'État d'accueil ou de l'État compétent ».[17]

De fait, l'absence d'assimilation de certains faits ou événements, survenus à l'étranger à ceux qui auraient dû survenir sur le territoire national, en application des dispositions législatives, réglementaires ou administratives, pour l'ouverture d'un droit à certains avantages sociaux peut être une source de discrimination, en ce qu'elle risque d'affecter davantage des travailleurs migrants que les travailleurs nationaux et, par conséquent, de défavoriser plus particulièrement les premiers.

La jurisprudence de la Cour a été assez fluctuante à cet égard, particulièrement dans le domaine de la sécurité sociale.[18] Il n'empêche que, ces dernières années, la Cour n'hésite plus à faire prévaloir, compte tenu des impératifs du marché intérieur, l'idée d'une équivalence des situations. Elle a ainsi jugé :

– que, lorsque la législation de l'État membre prestataire d'allocations familiales

> exige, comme condition d'octroi de ces allocations, que le membre de la famille du travailleur se tienne à la disposition, comme chômeur, de l'agence pour l'emploi sur le territoire où cette législation s'applique, une telle condition doit être considérée comme remplie lorsque le membre de la famille se tient à disposition, comme chômeur, de l'agence pour l'emploi de l'État membre où il réside ;[19]

– à propos du calcul d'une pension de vieillesse résultant de la transformation d'une pension d'invalidité, que le droit communautaire s'oppose à ce qu'un travailleur migrant ne puisse se prévaloir du bénéfice prévu par la législation nationale (belge, en l'occurrence) de l'assi-

---

17 Conclusions de l'avocat général MAYRAS dans l'affaire 1/78, *Kenny*, 1978, *Rec.* p. 1506.

18 Voir notre ouvrage, *Introduction à la sécurité sociale des personnes qui se déplacent à l'intérieur de la Communauté européenne. Principes directeurs et grands arrêts de la Cour de justice*, De Boeck Université, 2001, n° 44.

19 CJCE 22 février 1990, *Bronzino*, affaire C-228/88, *Rec.* p. I-531 et CJCE 22 février 1990, *Gatto*, affaire C-12/89, *Rec.* p. I-577.

milation de périodes d'invalidité à des périodes d'activité au seul motif que, lors de la survenance de l'incapacité de travail, il était salarié non pas dans l'État membre en question, mais dans un autre État membre ;[20]

– que, lorsqu'une législation nationale subordonne le droit à une prestation à une période minimale d'assurance au cours d'une période de référence précédant la survenance du risque tout en permettant, dans certains cas, la prorogation de cette période, une telle législation doit prévoir une possibilité de prorogation de la période de référence lorsque des faits ou circonstances correspondant à ceux qui permettent la prorogation surviennent dans un autre État membre ;[21]

– que, lorsque la législation d'un État membre prévoit la prorogation du droit à une rente d'orphelin au-delà de l'âge de 25 ans pour les titulaires de rentes dont la formation a été interrompue en raison de l'accomplissement du service militaire, cet État est tenu d'assimiler le service militaire accompli dans un autre État membre au service militaire accompli sous sa propre législation ;[22]

– qu'en exigeant, comme condition pour l'octroi des allocations d'attente, que les enfants à charge de travailleurs migrants communautaires résidant en Belgique aient terminé leurs études secondaires dans un établissement subventionné ou reconnu par l'État belge, la Belgique a manqué aux obligations qui lui incombent en vertu des articles 48 du Traité CE et 7 du règlement (CEE) n° 1612/68 du 15 octobre 1968 ;[23]

– que les articles 39, paragraphe 2, CE et 42 CE s'opposent à une législation nationale qui ne prévoit pas de possibilité de prorogation d'une période de référence pour le calcul d'un droit à pension lorsque le versement de rentes d'accident, correspondant à celles qui permettent une telle prorogation, survient dans un autre État membre ;[24]

– qu'il va de même d'une réglementation nationale qui, pour la détermination des périodes d'assurance et assimilées au titre de l'assurance vieillesse, ne prend en compte, sans condition, que les

---

[20] CJCE 9 décembre 1993, *Lepore* et *Scamuffa*, affaires jointes C-45/92 et C-46/92, *Rec.* p. I-6497.

[21] CJCE 4 octobre 1991, *Paraschi*, affaire C-349/97, *Rec.* p. I-4501.

[22] CJCE 25 juin 1997, *Mora Romero*, affaire C-131/96, *Rec.* p. I-3659.

[23] CJCE 12 septembre 1996, *Commission/Belgique*, affaire C-278/94, *Rec.* p. I-4307. Signalons que, suite à cet arrêt, la réglementation belge a été modifiée, les études accomplies dans un autre État membre étant dorénavant assimilées aux études accomplies en Belgique à condition : – que l'intéressé produise des documents dont il ressort que les études ou la formation sont de même niveau et équivalentes aux études belges qui ouvrent le droit ; – qu'au moment de sa demande d'allocation, l'intéressé ait la qualité d'enfant à charge de travailleurs migrants, bénéficiaires de la liberté de circulation garantie par le droit européen, et résidant en Belgique.

[24] CJCE 18 avril 2002, *Duchon*, affaire C-290/00, *Rec.* p. I-3567.

périodes d'éducation accomplies sur le territoire national, mais subordonne au bénéfice d'allocations de maternité en espèce en vertu de la législation nationale la prise en compte des périodes d'éducation accomplies dans un autre État membre.[25]

Il convient de noter qu'indépendamment de la règle de non-discrimination, la technique de l'assimilation des situations est largement utilisée dans le cadre des règlements n°s 1408/71 et 574/72 (principe de la totalisation des périodes d'assurance, d'emploi et de résidence pour l'ouverture ou le calcul des prestations de sécurité sociale).

2. *Détermination de la législation applicable*

À cet égard, nous avons fait le choix de retenir un seul arrêt touchant à des questions particulièrement sensibles relatives au phénomène de délocalisation des entreprises, encouragé par des disparités mêmes entre les régimes nationaux de sécurité sociale.

En principe, conformément à l'article 13, paragraphe 2, du règlement n° 1408/71 le travailleur salarié est soumis à la législation de l'État sur le territoire duquel il exerce son activité, quel que soit le lieu de sa résidence ou celui du siège ou du domicile de son employeur. Toutefois, l'article 14, paragraphe 1, prévoit qu'en cas de détachement d'un travailleur, « qui exerce une activité salariée sur le territoire d'un État membre au service d'une entreprise dont [il] relève normalement », dans un autre État membre « afin d'y effectuer un travail pour le compte de celle-ci », il demeure soumis à la législation du premier État. Encore faut-il que « la durée prévisible de ce travail n'excède pas douze mois » et que l'intéressé ne soit pas envoyé « en remplacement d'une autre personne parvenue au terme de la période de son détachement ».

Dans son célèbre arrêt *Manpower* du 17 décembre 1970 (affaire 35/70, *Rec.* p. 1251), la Cour a souligné l'objectif de cette exception à la règle de l'État d'emploi (à l'époque contenue à l'article 13, sous a), du règlement n° 3) : il s'agit de promouvoir la libre prestation des services au bénéfice des entreprises qui en font usage en envoyant des travailleurs dans d'autres États membres que celui dans lesquels elles sont établies et de favoriser l'interpénétration économique (point 10), en évitant qu'une entreprise établie dans un État membre ne soit obligée d'affilier ses travailleurs, soumis normalement à la législation de sécurité sociale de cet État, au régime de sécurité sociale d'un autre État membre où ils seraient envoyés pour accomplir des travaux d'une durée limitée dans le temps (point 11). La Cour a ainsi considéré que cette exception était applicable à une *entreprise de travail tempo-*

---

[25] CJCE 7 février 2002, *Kauer*, affaire C-28/00, *Rec.* p. I-1343, points 43 et 44 ; voir, dans le même sens, *Elsen*, *supra* sous II.A.1., points 25 à 28.

raire désireuse d'offrir des services transfrontaliers, *à condition qu'elle exerce une activité « normale » dans l'État membre où elle est établie* (point 16).

Dans son arrêt du 10 février 2000, *Fitzwilliam* (affaire C-202/97, *Rec.* p. I-883), la Cour a précisé davantage les conditions d'application de l'article 14, paragraphe 1, sous a), du règlement n° 1408/71 aux travailleurs intérimaires détachés dans un autre État membre afin d'éviter que le recours à cette exception ne soit détournée de sa finalité et ne serve, en réalité, qu'une volonté délibérée d'échapper à l'application de la règle générale de l'État d'emploi.

Deux conditions doivent être respectées selon la Cour :

– d'une part, un *lien organique* doit exister entre l'entreprise et les travailleurs qu'elle a détachés sur le territoire d'un autre État membre pendant la durée de leur détachement. Il suffit, à cet égard, que le travailleur en cause soit placé sous l'autorité de l'entreprise ;

– d'autre part, l'entreprise de travail temporaire doit exercer normalement des activités dans l'État membre d'établissement, c'est-à-dire y *exercer « habituellement des activités significatives »*.[26] À cet égard, la Cour cite un certain nombre de critères susceptibles de caractériser de telles activités :

> le lieu du siège de l'entreprise et de son administration, l'effectif du personnel administratif travaillant respectivement dans l'État membre d'établissement et dans l'autre État membre, le lieu où les travailleurs détachés sont recrutés et celui où sont conclus la plupart des contrats avec les clients, la loi applicable aux contrats de travail conclus par l'entreprise avec ses travailleurs, d'une part, et avec ses clients, d'autre part, ainsi que les chiffres d'affaires réalisés pendant une période suffisamment caractéristique dans chaque État membre concerné (point 43).

En revanche, la nature des travaux confiés respectivement aux travailleurs mis à la disposition d'entreprises situées sur le territoire de l'État membre où est établie l'entreprise de travail temporaire et aux travailleurs détachés sur le territoire d'un autre État membre est sans pertinence.

Cela étant, dans l'hypothèse d'un détachement de travailleurs, l'institution compétente de l'État membre où l'entreprise de travail tem-

[26] Voir, également, en ce sens, CJCE du 30 mars 2000, *Banks e.a.*, affaire C-178/97, *Rec.* p. I-2005, point 27. Il en résulte qu'une entreprise de construction, établie dans un État membre, qui envoie ses travailleurs sur le territoire d'un autre État membre dans lequel elle exerce la *totalité* de ses activités, à l'exception d'activités de gestion purement internes, ne saurait se prévaloir de l'article 14, paragraphe 1, sous a), du règlement n° 1408/71 (voir CJCE du 9 novembre 2000, *Plum*, affaire C-404/98, *Rec.* p. I-9379, point 22).

poraire est établie aura normalement délivré un certificat (E 101) constatant que son régime de sécurité sociale reste applicable pendant la période de détachement. En raison des principes de l'unicité de la législation applicable et de sécurité juridique, « ce certificat implique nécessairement que le régime de l'autre État membre n'est pas susceptible de s'appliquer » (point 49). « Il crée *une présomption de régularité de l'affiliation des travailleurs détachés au régime de sécurité sociale de l'État membre où est établie l'entreprise de travail temporaire* » et s'impose donc à l'institution compétente de l'État membre dans lequel sont détachés ces travailleurs (point 53 ; c'est nous qui soulignons). Dès lors,

> aussi longtemps que le certificat E 101 n'est pas retiré ou déclaré invalide, l'institution compétente de l'État membre dans lequel sont détachés les travailleurs doit tenir compte du fait que ces derniers sont déjà soumis à la législation de sécurité sociale de l'État où l'entreprise qui les emploie est établie et cette institution ne saurait, par conséquent, soumettre les travailleurs en question à son propre régime de sécurité sociale (point 55).

La Cour observe cependant que le *principe de coopération loyale*, énoncé à l'article 5 du traité (devenu article 10 CE), « impose à l'institution compétente de procéder à une appréciation correcte des faits pertinents pour l'application des règles relatives à la détermination de la législation applicable en matière de sécurité sociale et, partant, de garantir l'exactitude des mentions figurant dans le certificat E 101 » (point 51). Il lui incombe « de reconsidérer le bien-fondé de cette délivrance et, le cas échéant, de retirer le certificat lorsque l'institution compétente de l'État membre dans lequel sont détachés les travailleurs émet des doutes quant à l'exactitude des faits qui sont à la base dudit certificat et, partant, des mentions qui y figurent » (point 56) (voir *infra* sous II.B.5. à propos du principe de coopération loyale).

Il est, en outre, toujours loisible aux institutions concernées, qui ne parviendraient pas à se mettre d'accord, d'en appeler à la commission administrative pour la sécurité sociale des travailleurs migrants, indépendamment de la possibilité pour l'État membre sur le territoire duquel sont détachés les travailleurs concernés d'engager une procédure en manquement au titre de l'article 170 du traité (devenu article 227 CE) (point 58).

Les conséquences de la délivrance du formulaire E 101 ont été réitérées par la Cour dans son arrêt *Banks e.a.*, *supra* (points 38 à 48). La Cour ajoutera que rien ne s'oppose à ce que le certificat E 101 soit délivré au cours de la période considérée, voire après son expiration (même s'il est préférable que la délivrance intervienne avant le début de la période), et produise ainsi des effets rétroactifs (arrêt *Banks*, points 53 et 54).

3. *Conservation des droits acquis*

À cet égard, l'avancée la plus extraordinaire concerne, sans conteste, le droit des assurés de se rendre dans un autre État membre pour y recevoir des soins de santé à charge et selon le barème de l'État compétent, ce qui revient à garantir une forme d'« exportation des soins médicaux ».

Nous songeons évidemment à la jurisprudence inaugurée par les arrêts *Decker* et *Kohll*, *supra*.[27] Cette matière faisant l'objet d'un exposé séparé dans le cadre de ce séminaire, nous ne la traiterons pas (voir l'exposé de M. P. CABRAL).

4. *Conservation des droits en cours d'acquisition*

Le bénéfice de nombreuses prestations de sécurité sociale est subordonné à l'accomplissement de périodes d'emploi, d'assurance ou de résidence. Il en résulte que le changement de pays d'emploi ou de résidence peut être générateur de préjudices sérieux pour le travailleur ou les membres de sa famille si l'intéressé n'a pas accompli, sous la législation de l'État compétent, la période de stage nécessaire à l'ouverture du droit à prestations, ou, s'agissant, en particulier, des prestations à long terme, s'il n'a pas accompli, sous les diverses législations d'affiliation, les périodes minimales requises ou suffisantes qui lui permettraient de bénéficier, au total, d'une pension comparable à celle qu'il aurait eue s'il avait passé toute sa carrière dans un seul État.

L'importance du principe de la conservation des droits en cours d'acquisition, emprunté au droit international classique, est évidente. Sa réalisation exige l'utilisation de deux techniques bien connues : celle de la totalisation des périodes et celle de la proratisation des prestations.

Deux arrêts de la Cour particulièrement novateurs ont donné à la règle de la totalisation des périodes d'assurance (ou, le cas échéant, des périodes d'emploi ou de résidence), accomplies sous la législation de deux ou plusieurs États membres, une portée qui dépasse sensiblement les questions d'ouverture du droit aux prestations et de calcul des prestations pour lesquelles elle avait été conçue à l'origine : il s'agit des arrêts du 26 octobre 1995, *Moscato*, (affaire C-481/93, *Rec.*, p. I-3537), et *Klaus*, (affaire C-482/93, *Rec.* p. I-3560).

---

[27] Voir notre étude « L'avenir de la sécurité sociale face à la libre circulation des soins » dans *Mélanges en hommage à J.-V. Louis*, Bruxelles 2003.

On rappellera que la règle de la totalisation vise principalement à garantir à une personne qui a travaillé dans un État membre la prise en considération de cette période dans le pays où elle se rend, pour l'ouverture d'un droit à une prestation de sécurité sociale soumise dans ce second État à une condition de stage ou pour en déterminer le montant lorsque celui-ci est fonction de périodes d'assurance accomplies. Cette règle est énoncée par plusieurs dispositions du règlement n° 1408/71, relativement aux diverses branches de la sécurité sociale, notamment en matière d'invalidité (article 38, paragraphe 1) et de maladie (article 18), branches auxquelles se rapportent les affaires *Moscato* et *Klaus*.

M. MOSCATO, de nationalité italienne, avait travaillé en Belgique, puis aux Pays-Bas ; il était ensuite devenu chômeur en Belgique avant de retravailler aux Pays-Bas. Mais deux mois plus tard, il a dû cesser toute activité professionnelle en raison de troubles psychiques. Il a perçu des prestations de maladie à charge du régime néerlandais. Toutefois, l'organisme néerlandais, s'appuyant sur la législation nationale en matière d'invalidité, a refusé de lui octroyer des indemnités d'incapacité de travail au motif que, au début de sa dernière activité professionnelle aux Pays-Bas, son état de santé laissait clairement présager l'apparition d'une incapacité de travail moins de six mois plus tard.

L'organisme était-il en droit de prendre, pour point de départ de l'affiliation, la date à laquelle M. MOSCATO s'était affilié au régime néerlandais, en faisant ainsi abstraction des périodes d'affiliation antérieures, accomplies par l'intéressé sous la législation d'un autre État membre ? La réponse de la Cour a été négative : la règle de la totalisation, énoncée à l'article 51, sous a), du traité et telle que mise en œuvre par l'article 38, paragraphe 1, du règlement n° 1408/71 dans le domaine de l'assurance invalidité, commande aux institutions compétentes de raisonner comme si l'ensemble de la carrière du travailleur avait été accompli sur un seul et même territoire.

Dans l'arrêt *Klaus*, la Cour réitère cette interprétation de la règle de totalisation, mais cette fois à propos de l'assurance maladie.

Mme KLAUS, de nationalité néerlandaise, avait travaillé en Espagne, aux Pays-Bas, de nouveau en Espagne, puis, à compter d'octobre 1989, aux Pays-Bas. À peine quinze jours après le début de la nouvelle activité aux Pays-Bas, elle s'est trouvée dans l'incapacité totale de travailler en raison de maux de dos. Les indemnités de maladie qu'elle a alors réclamées à la caisse néerlandaise compétente lui ont été refusées au motif que, le 20 octobre 1989, date à laquelle son assurance au titre du régime néerlandais d'assurance maladie a pris cours, elle était déjà inapte à exercer son travail.

À l'instar de l'article 38, l'article 18 du règlement a été interprété comme obligeant les institutions compétentes de tenir compte également des périodes d'affiliation accomplies par l'assuré sous la législation d'un autre État membre, comme s'il s'agissait de périodes accomplies sous la législation qu'elles appliquent, en particulier lorsque la législation de l'État compétent soumet l'octroi des prestations de maladie à la condition que l'inaptitude au travail n'ait pas déjà existé au moment de l'affiliation.

Cette jurisprudence a assurément contribué à « déterritorialiser » encore davantage que ne le font les règlements les régimes nationaux de sécurité sociale, à la faveur de l'achèvement du marché intérieur.

5. Devoir de coopération loyale[28]

L'arrêt rendu par la Cour dans l'affaire C-165/91, *Van Munster* (CJCE 5 octobre 1994, *Rec.* p. I-4686) et, plus encore, celui rendu dans l'affaire C-262/97, *Engelbrecht* (CJCE 26 septembre 2000, *Rec.* p. I-3721) fournissent un éclairage nouveau quant à l'étendue des obligations des autorités compétentes des États membres lorsqu'elles font application à un travailleur migrant, en matière de sécurité sociale, de leurs dispositions nationales. Selon la Cour, l'application de la législation nationale au travailleur migrant, opérée de la même façon qu'au travailleur sédentaire, peut avoir des répercussions imprévues et peu compatibles avec le but des articles 39 à 42 CE. Il appartient aux autorités compétentes d'éliminer ces conséquences ou de les atténuer dans la mesure du possible, en mettant en oeuvre tous les moyens dont elles disposent et notamment par une interprétation de la loi interne qui soit compatible avec les « exigences du droit communautaire », conformément au principe de coopération loyale énoncé à l'article 10 CE.

Les circonstances de l'affaire *Van Munster* se prêtaient à une telle analyse. Ainsi, aux Pays-Bas, toute personne mariée de 65 ans a droit à une pension personnelle correspondant à 50 % du salaire minimum net, majorée de 50 % si elle a un conjoint à charge de moins de 65 ans (soit 100 % du salaire minimum net). En Belgique, en revanche, la pension de retraite est calculée sur la base de périodes d'assurance à concurrence de 75 % des rémunérations brutes pour le travailleur dont le conjoint a cessé toute activité professionnelle et ne jouit pas d'une pension (« taux ménage ») et de 60 % pour les autres travailleurs (« taux isolé »).

En l'espèce, M. VAN MUNSTER, après avoir bénéficié d'une pension de retraite belge au « taux ménage », s'est vu appliquer, sous la législation belge, le « taux isolé » lorsque son épouse, résidant aux Pays-Bas et

---

[28] Voir notre étude « Le devoir de loyauté dans l'ordre juridique communautaire », *Droit social*, 1999, p. 908.

inactive, a atteint l'âge de 65 ans et a acquis une pension personnelle de droit néerlandais (50 % du salaire minimum net), alors même que l'octroi de cette pension n'avait entraîné aucune augmentation des ressources globales du couple (puisqu'il avait été concomitant à une réduction de même ampleur de la pension du mari). Devant de telles conséquences, la Cour a jugé que l'obligation de coopération loyale

> implique que [les autorités belges] vérifient si leur législation peut être appliquée littéralement au travailleur migrant et de la même manière qu'à un travailleur sédentaire, sans que cette application débouche sur la perte d'un avantage de sécurité sociale pour ce travailleur migrant et qu'elle soit dès lors de nature à le dissuader d'exercer effectivement son droit à la libre circulation.

Quant à la juridiction nationale, il lui appartient « de donner à la loi interne qu'elle doit appliquer, dans toute la mesure du possible, une interprétation conforme aux exigences du droit communautaire ».

Mais qu'en est-il lorsque les modes d'interprétation de l'ordre juridique interne ne permettent précisément pas une « interprétation conforme aux exigences du droit communautaire » ? Le juge national doit-il alors écarter les dispositions nationales en cause ?

Selon la jurisprudence *Simmenthal*,[29] les juridictions nationales ont l'obligation d'assurer le plein effet du droit communautaire, « en laissant au besoin inappliquée, de sa propre autorité, toute disposition contraire de la législation nationale, même postérieure » (point 21). Faut-il étendre ce principe à l'hypothèse où la disposition nationale, sans être contraire au droit communautaire, crée, dans certaines circonstances, une entrave à la libre circulation des travailleurs, en particulier lorsqu'elle s'applique à une situation comportant des éléments d'extranéité entraînant l'application simultanée de la législation de tel autre État membre ?

La Cour a répondu, sans ambages, dans son arrêt *Engelbrecht* :

> Si une telle application conforme n'est pas possible, la juridiction nationale a l'obligation d'appliquer intégralement le droit communautaire et de protéger les droits que celui-ci confère aux particuliers, en laissant au besoin inappliquée toute disposition dans la mesure où son application, *dans les circonstances de l'espèce*, aboutirait à un résultat contraire au droit communautaire (voir, dans un sens analogue, arrêt du 21 mai 1987, *Albako*, 249/85, *Rec*. p. 2345, points 13 et suiv.) (point 40 ; c'est nous qui soulignons).

Tel était le cas en l'occurrence : la perte d'un avantage social au détriment d'un travailleur du simple fait de l'octroi à son conjoint d'une prestation de même nature, sous la législation d'un autre État membre,

---

29 CJCE 9 mars 1978, *Simmenthal*, affaire 106/77, *Rec*. p. 629.

alors que cette circonstance n'avait suscité aucune augmentation des ressources globales du ménage (puisqu'elle a été concomitante à une réduction de même ampleur de la pension personnelle du travailleur dans ce même État) était « de nature à entraver l'exercice du droit à la libre circulation à l'intérieur de la Communauté », consacrée à l'article 39 CE (points 41 et 42).

Cet arrêt s'inscrit dans la ligne de la jurisprudence de la Cour relative à l'article 10 du traité. En effet, il découle de cette jurisprudence que le principe de coopération loyale comporte pour les États membres une obligation spécifique, qui ne saurait se ramener à l'obligation de ne pas adopter un comportement ou un acte contraire au droit communautaire ; il leur incombe, en outre, d'assurer, même dans l'exercice de leurs compétences souveraines, *l'effectivité du droit communautaire* et de garantir la réalisation des buts de la Communauté, du fait de leur appartenance à celle-ci.

Or, le plein effet du droit communautaire exige parfois du juge national, au titre du principe de coopération loyale, qu'il *écarte* une règle nationale dont l'application affecte ou entrave la réalisation des objectifs du traité. La Cour s'est prononcée en ce sens à plusieurs reprises ; ainsi, à propos de l'autonomie procédurale des États membres, telle règle nationale a dû être écartée par le juge car elle empêchait la mise en œuvre de la procédure prévue à l'article 234 CE,[30] ou parce que, compte tenu des circonstances propres à l'affaire, elle avait pour effet de rendre excessivement difficile l'exercice de droits conférés par l'ordre juridique communautaire ;[31] dans l'affaire *Factortame*,[32] le juge national a été invité, afin de garantir la pleine efficacité de la décision juridictionnelle à intervenir sur l'existence de droits tirés de l'ordre juridique communautaire, à écarter l'application d'un principe de droit anglais selon lequel des mesures provisoires ne peuvent pas être prises contre la Couronne.

Certes, dans les affaires *Van Munster* et *Engelbrecht*, c'était l'application d'une norme nationale, en liaison avec celle de la législation nationale d'un autre État membre, qui était à l'origine de l'entrave. Or, il s'agissait du type même d'entrave à la libre circulation des travailleurs, découlant de la disparité des régimes nationaux de sécurité sociale, qu'il incombait au Conseil d'éliminer conformément à l'article 42 CE par la voie de la coordination. Il n'en reste pas moins que le devoir de loyauté qui pèse sur les États membres comprend l'obligation pour ceux-ci de tout mettre en oeuvre pour atteindre les objectifs du traité,

30 Voir CJCE 16 janvier 1974, *Rheinmühlen*, affaire 166/73, *Rec.* p. 32, points 2 et 3.

31 Voir CJCE 14 décembre 1991, *Peterbroeck*, affaire C-312/93, *Rec.* p. I-4599.

32 Voir CJCE 19 juin 1990, *Factortame*, affaire C-213/89, *Rec.* p. I-2433.

même en l'absence de mesures d'exécution des institutions communautaires, en particulier lorsque les circonstances démontrent qu'une telle action est nécessaire dans l'intérêt de la Communauté et que celle-ci ne l'a pas entreprise.[33]

Il en est d'autant plus ainsi que, compte tenu de l'évolution constante des législations nationales de sécurité sociale, il est inévitable que la réglementation communautaire ne puisse garantir, en toutes circonstances, l'absence de tout obstacle à la libre circulation des travailleurs découlant de la disparité des législations nationales.

6. *Rapports entre la réglementation communautaire et les conventions bilatérales de sécurité sociale*

a. Conflits entre les règlements et les conventions de sécurité sociale entre États membres

En principe, conformément à l'article 6 du règlement n° 1408/71, celui-ci se substitue aux conventions de sécurité sociale antérieures conclues exclusivement entre deux ou plusieurs États membres (lettre a) et à celles conclues entre au moins deux États membres et un ou plusieurs États tiers pour autant que, dans cette dernière hypothèse, il s'agisse de cas dans le règlement desquels aucune institution de l'un des États tiers n'est appelée à intervenir (lettre b).[34]

Toutefois, une série d'instruments internationaux ont été maintenus en vigueur en vertu de l'article 7 du règlement et peuvent ainsi continuer de produire pleinement leurs effets à l'égard de toutes les situations qu'ils visent.[35]

---

33 Voir, en ce sens, CJCE du 10 juillet 1980, *Commission/Royaume-Uni*, affaire 32/79, *Rec.* p. 2403, points 10, 15 et 25, où la Cour a considéré que le Royaume-Uni était tenu, en vertu de l'ex-article 5 (devenu article 10), de prendre les mesures nécessaires pour garantir la conservation des ressources de pêche dans la zone considérée, qui constitue l'un des objectifs du traité, et ce avant l'expiration de la période de transition prévue par l'acte d'adhésion (en particulier, lorsque la Communauté ne parvient pas, en raison de divergences de vues persistances au sein du Conseil, à mener une politique déterminée), donc avant que la compétence en la matière n'appartienne exclusivement à la Communauté. Certes, la Cour a entouré l'adoption des mesures nationales de strictes limites de nature à préserver l'exercice des compétences communautaires, mais le principe même d'une obligation à charge de l'État membre a été reconnu par la Cour au titre de l'article 10 du traité.

34 Dans le même sens, le règlement d'application se substitue, conformément à son article 5, aux arrangements relatifs à l'application des conventions visées à l'article 6 du règlement n° 1408/71.

35 L'article 5 du règlement n° 574/72 prévoit également que sont maintenues en vigueur les dispositions d'application de plusieurs conventions bilatérales visées à l'annexe 5 du même règlement.

En dehors de ces cas, le maintien en vigueur d'un accord entre États membres incompatible avec le droit communautaire pourrait être considéré comme constituant un manquement à l'obligation de loyauté énoncée à l'article 10 CE.[36]

Il était établi, jusqu'au prononcé de l'arrêt *Rönfeldt*,[37] conformément à ce qui vient d'être exposé, que le simple fait qu'une convention de sécurité sociale soit plus avantageuse pour un travailleur migrant que les dispositions du règlement n° 1408/71 ne suffit pas à justifier l'exception à la prééminence de celui-ci. Encore fallait-il que les dispositions pertinentes de la convention considérée soient mentionnées à l'annexe III (cf. article 7).

Il a ainsi été jugé dans l'affaire 82/72, *Walder*,[38] à propos des articles 5 et 6 du règlement n° 3, qui contiennent des dispositions similaires à celles des articles 6 et 7 du règlement n° 1408/71, « que ces dispositions laissent clairement apparaître que le principe de la substitution du règlement n° 3 aux dispositions des conventions de sécurité sociale intervenues entre États membres a une portée impérative qui n'admet pas d'exception en dehors des cas expressément stipulés par le règlement ».

En première analyse, l'arrêt *Rönfeldt* semble avoir mis à néant cette analyse, en reprenant le principe dégagé par la Cour dans son arrêt *Petroni*[39] : si l'article 51 du traité habilite et oblige le Conseil à conférer des droits aux travailleurs migrants, il ne lui permet pas, tant que subsistent des régimes différents de sécurité sociale, de légiférer de manière à priver les travailleurs de droits qui leurs sont reconnus par la loi nationale. Le recours, dans l'affaire *Rönfeldt*, au principe de *l'intangibilité des droits acquis sur la base de la seule législation nationale d'un État membre*, indépendamment du droit communautaire, exigea que la Cour assimilât les droits acquis par le seul droit national aux droits acquis au titre d'une convention internationale intégrée dans ce droit national.

L'arrêt *Rönfeldt* a suscité un certain émoi dans les milieux spécialisés. D'aucuns ont pu regretter que la Cour se soit écartée, dans cette affaire, de la règle simple, quasi automatique et impérative de *l'effet de substitution* du droit communautaire aux conventions de sécurité sociale, à la faveur d'un raisonnement jugé quelque peu périlleux.[40]

---

36 Voir en ce sens, CJCE 27 septembre 1988, *Matteucci*, affaire 235/87, *Rec.* p. 5589, point 19.

37 CJCE 7 février 1991, *Rönfeldt*, affaire C-227/89, *Rec.* p. I-323.

38 Affaire 82/72, *Walder*, 1973, *Rec.*, p. 599.

39 Affaire 24/75, *Petroni*, 1995, *Rec.*, p. 1149.

40 Voir notre étude, « Les rapports entre le règlement (CEE) n° 1408/71 et les conventions internationales dans le domaine de la sécurité sociale des travailleurs circulant à l'intérieur de la Communauté », *Cahiers de droit européen*, 1991, p. 449.

L'arrêt *Thévenon* du 9 novembre 1995 (affaire C-475/93, *Rec.* p. I-3813) a permis à la Cour, sans doute pas complètement insensible à ces arguments, de strictement limiter les conséquences de l'arrêt *Rönfeldt* en introduisant une distinction selon que le travailleur migrant a fait usage de son droit à la libre circulation avant ou après l'entrée en vigueur du règlement n° 1408/71 : cette jurisprudence ne s'appliquerait que dans la première hypothèse.

Ainsi, dans l'affaire *Rönfeldt*, la Cour a été amenée à devoir régler un conflit entre une convention de sécurité sociale germano-danoise de 1953 et certaines dispositions du règlement n° 1408/71, à propos de la liquidation de droits à pension en faveur d'un ressortissant allemand, pour des périodes d'assurance accomplies en Allemagne et au Danemark avant l'adhésion de ce dernier État aux Communautés. En accomplissant ces périodes, l'intéressé a pu nourrir des espérances fondées quant à l'application qui lui serait faite, à l'âge de la retraite, des dispositions de la convention de sécurité sociale germano-danoise dès lors que le droit communautaire n'était pas encore applicable dans les relations entre l'Allemagne et le Danemark.

Aussi la Cour a-t-elle pu faire prévaloir, à titre transitoire, en faveur de M. RÖNFELDT les dispositions conventionnelles plus favorables, applicables à l'époque de l'accomplissement des périodes d'assurance, sur celles du règlement n° 1408/71.

Les circonstances à la base de l'affaire *Thévenon* – qui concerne également la liquidation de droits à pension au regard d'une convention bilatérale entre États membres antérieure à l'entrée en vigueur des règlements communautaires et plus favorable à l'intéressé – étaient toutes autres : toutes les périodes d'assurance, accomplies en l'occurrence en France et en Allemagne, par M. THÉVENON l'avaient été après l'entrée en vigueur du règlement n° 3. Dans ces conditions, la règle de substitution du droit communautaire à la convention franco-allemande de sécurité sociale de 1950 trouvait pleinement à s'appliquer quand bien même la convention aurait été plus favorable aux travailleurs (solution de l'arrêt *Walder*).

L'arrêt du 5 février 2002, *Kaske* (affaire C-277/99, *Rec.* p. I-1261) offre un nouveau cas d'application de la jurisprudence *Rönfeldt* en permettant à un ressortissant autrichien de se prévaloir d'une convention plus favorable relative à l'assurance chômage conclue entre la république fédérale d'Allemagne et la république d'Autriche, en lieu et place des dispositions du règlement n° 1408/71[41] qui avaient pour effet d'écarter le droit à la prestation de chômage autrichienne dont le bénéfice était

[41] Les articles 3, 6, 67 et 71 du règlement n° 1408/71.

réclamé. En effet, si le règlement n° 1408/71 se substitue normalement aux conventions bilatérales, celles-ci demeurent invocables lorsqu'elles sont *plus favorables* et concernent des *périodes antérieures à l'adhésion.* La Cour a observé que les principes dégagés dans son arrêt *Rönfeldt* avaient précisément

> pour seul objet de pérenniser un droit acquis en matière sociale et non organisé dans le cadre du droit communautaire à la date à laquelle le ressortissant d'un État membre qui l'invoque pouvait en bénéficier. Dès lors, la circonstance que le règlement n° 1408/71 soit devenu applicable dans l'État membre d'origine d'un ressortissant à la date de l'adhésion de cet État membre à la Communauté européenne est sans incidence sur son droit acquis à bénéficier d'une réglementation bilatérale qui lui était seule applicable au moment où il a exercé un droit de libre circulation [...] une telle solution repose sur l'idée que l'intéressé était en droit d'avoir une confiance légitime dans le fait qu'il pourrait bénéficier des dispositions de la convention bilatérale (point 27).

b. Convention bilatérale de sécurité sociale et égalité de traitement

Un autre développement intéressant à signaler dans le contexte des rapports entre le règlement n° 1408/71 et les conventions bilatérales de sécurité sociale est celui qui a trait aux implications du principe de l'égalité de traitement.

La Cour a étendu au domaine de la sécurité sociale ce qu'elle avait jugé à propos des conventions préventives de double imposition (voir CJCE 21 septembre 1999, *Saint-Gobain ZN*, affaire C-307/97, *Rec.* p. I-6161, points 57 à 59). Ainsi, il découle de l'important arrêt du 25 janvier 2002, *Gottardo* (affaire C-55/00, *Rec.* p. I-413)

> que dans la mise en œuvre des engagements qu'ils ont contractés en vertu de conventions internationales, qu'il s'agisse d'une convention entre États membres ou d'une convention entre un État membre et un ou plusieurs pays tiers, les États membres sont tenus, sous réserve des dispositions de l'article 307 CE, de respecter les obligations qui leur incombent en vertu du droit communautaire. Le fait que les pays tiers, quant à eux, ne soient tenus au respect d'aucune obligation au titre du droit communautaire n'est, à cet égard, pas pertinent (point 33).

Aussi,

> lorsqu'un État membre conclut avec un pays tiers une convention internationale bilatérale de sécurité sociale, prévoyant la prise en compte des périodes d'assurance accomplies dans ledit pays tiers pour l'acquisition du droit à prestations de vieillesse, le principe fondamental d'égalité de traitement impose à cet État membre d'accorder aux ressortissants des autres États membres les mêmes avantages que ceux dont bénéficient ses propres ressortissants en vertu de ladite convention, à moins qu'il ne puisse avancer une justification objective à son refus (point 34).

À cet égard, la Cour a estimé que

> la remise en cause de *l'équilibre et la réciprocité d'une convention internationale bilatérale* conclue entre un État membre et un pays tiers peut constituer une justification objective au refus de l'État membre partie à cette convention d'étendre aux ressortissants des autres États membres les avantages que ses propres ressortissants tirent de ladite convention (voir, en ce sens, arrêt *Saint-Gobain ZN*, *supra*, point 60) (point 36 ; c'est nous qui soulignons).

Cependant, en l'occurrence, le gouvernement italien (qui avait conclu une convention avec la Confédération suisse prévoyant la prise en compte par les autorités italiennes, aux fins de l'acquisition du droit à prestation de vieillesse, des périodes d'assurance accomplies dans ce dernier État) n'avait pas établi que les obligations que le droit communautaire lui impose compromettraient celles résultant des engagements pris par la République italienne à l'égard de la Confédération suisse, l'augmentation éventuelle des charges financières par l'Italie et les difficultés administratives liées à la collaboration avec les autorités suisses compétentes ne pouvant justifier le non-respect des obligations découlant du traité.

En conséquence, il incombait aux autorités italiennes de prendre en compte, aux fins de l'acquisition du droit à prestation de vieillesse, les périodes d'assurance accomplies en Suisse par un ressortissant français, lorsqu'en présence des mêmes cotisations, lesdites autorités reconnaissent, en application de la convention internationale bilatérale, la prise en compte de telles périodes accomplies par leurs propres ressortissants.

Cette jurisprudence a pour effet de diminuer l'impact du *principe de réciprocité* qui préside à l'établissement de relations conventionnelles afin de donner plein effet au principe fondamental de l'égalité de traitement dans l'ordre juridique communautaire.

Conclusions

Au terme de cette étude, il n'est pas inutile de rendre compte des perspectives d'avenir, en particulier sur le plan législatif.

Il existe un besoin urgent de simplification des règles communautaires qui ont fait l'objet d'un nombre considérable de modifications pour tenir compte à la fois de l'évolution des législations nationales et de la jurisprudence de la Cour.

Faut-il aussi souligner que l'efficacité de règles communautaires et des arrêts de la Cour de justice dépend de la connaissance qu'en possède le juge national, premier juge du droit communautaire ? Or, la matière est complexe, ésotérique, évolutive, autant de qualificatifs déjà utilisés dans l'ordre juridique interne pour désigner le droit national de la sécurité sociale, mais autrement plus préoccupants sur le plan européen, où il s'agit de coordonner plusieurs centaines de législations nationales fort disparates. D'aucuns ont déjà fait état du malaise de voir la sécurité sociale, née pour répondre aux besoins essentiels de l'être humain, souffrir d'un manque de transparence, voire d'illisibilité, plaçant l'assuré social – surtout lorsqu'il est, de surcroît, étranger – dans un état d'isolement.

Faisant suite à l'appel du Conseil européen d'Édimbourg, en décembre 1992,[42] la Commission a présenté, le 21 décembre 1998, au Conseil une proposition de refonte, dont l'objectif premier est de simplifier et de « moderniser » le règlement n° 1408/71, sans pour autant remettre en cause les principes directeurs de la coordination, lesquels ont fait leur preuve.[43]

Le travail entrepris par la Commission est méritoire. Au total, le règlement est diminué des deux tiers, mais l'acquis communautaire est préservé et des améliorations de fond sont apportées. Les travaux au Conseil sont toujours en cours et il serait prématuré, et même hors de propos dans le cadre de cette étude, de tenter d'en faire le point.

Quant à la jurisprudence, les considérations qui précèdent, formulées à partir de décisions récentes de la Cour de justice, montrent qu'il existe bel et bien une Europe sociale en cours d'édification. Les progrès ne sont, certes, pas aussi rapides et spectaculaires qu'ils ne l'ont été en particulier dans le domaine du marché intérieur, mais, en dépit d'une

---

42 Voir également le livre blanc sur la « politique sociale européenne » (Doc. COM(1994)333), le « programme d'action sociale à moyen terme 1995-1997 » (Doc. COM(1995)134), la communication « Moderniser et améliorer la protection sociale en Europe » (Doc. COM(1997)102) du 12 mars 1997, le « Plan d'action sur la libre circulation des travailleurs » (Doc. COM(1997)586) du 12 novembre 1997.

43 Voir proposition *supra* note 3.

résistance des États membres à accepter des avancées législatives en la matière, il est indéniable que les travailleurs et, de façon générale, les citoyens européens tirent de l'ordre juridique communautaire des droits de plus en plus étendus qu'ils peuvent invoquer directement devant les juridictions nationales.

CHAPITRE 11

Libre circulation des personnes et imposition directe

Pablo DENGLER*

Ancien assistant du département juridique au Collège d'Europe (Bruges)

Introduction

La fiscalité directe est une matière extrêmement sensible pour les États membres qui la ressentent comme intimement liée au noyau de leur souveraineté. Elle relève encore de leur compétence exclusive. Mis à part l'article 293 (ancien article 220) du Traité de Rome (dorénavant TCE) qui encourage les États membres à engager des négociations entre eux pour résoudre le problème de la double imposition, on n'en trouve aucune référence dans le traité.

Il est indéniable cependant que la fiscalité directe peut être à l'origine d'un grand nombre d'obstacles à l'exercice de la libre circulation des personnes.[1] L'élimination de ces obstacles peut requérir le rapprochement des législations fiscales des États membres, mais, à défaut d'une autre base légale, celle-ci doit se fonder sur l'article 94

---

* *LL.M*, (Collège d'Europe, Bruges). Cette contribution a été écrite dans le cadre du programme de recherche Pôle d'attraction interuniversitaire (PAI) « droit de l'intégration européenne : dimension interne et dimension externe » financé par le gouvernement fédéral belge et mis en œuvre par les instituts européens des universités de Liège, Gand, Bruxelles (ULB) et de l'Institut d'études politiques (Paris).

1 Dans cette contribution nous nous concentrerons sur la libre circulation des personnes physiques. Nous laisserons de côté, dans la mesure du possible, les problématiques spécifiques de la libre circulation des personnes morales.

TCE,[2] qui exige l'unanimité. Personne ne s'étonnera donc du fait que les résultats de la politique d'harmonisation en ce domaine soient, c'est le moins que l'on puisse dire, peu fournis.[3]

À la vue des maigres résultats de la politique d'harmonisation des législations nationales (harmonisation positive), c'est la Cour de justice qui a pris le relais des États membres au sein du Conseil et s'est attaquée, par le biais de l'interdiction de discrimination, à l'élimination des obstacles fiscaux à la libre circulation des personnes (harmonisation négative). Elle a donné lieu ce faisant, au long des ces dix dernières années, à une jurisprudence extrêmement intéressante, qui a représenté une véritable révolution pour les systèmes fiscaux des États membres et qui, si insatisfaisante soit-elle sur certains points, a eu le mérite indéniable d'établir les bases de l'élimination des entraves les plus grossières à la libre circulation des personnes. L'analyse de cette jurisprudence constitue l'objet de cette contribution. Après une première partie consacrée de façon générale au principe de non-discrimination (Partie I), nous aborderons la question plus spécifique des différences de traitement fiscal entre contribuables résidents et non-résidents (Partie II). Dans la Partie III nous analyserons les problèmes que les mécanismes d'élimination de la double imposition peuvent présenter pour la libre circulation des personnes, avant d'aborder, dans la Partie IV, les circonstances pouvant justifier une mesure fiscale discriminatoire.

I. Le principe de non-discrimination

L'article 12 du Traité de Rome interdit, dans le champ d'application du traité, toute discrimination exercée pour raison de nationalité. Cette interdiction est concrétisée dans le domaine de la libre circulation des

---

2 L'introduction de la règle de la majorité qualifiée dans le domaine fiscal n'a pas été possible du fait de l'opposition totale de certains États membres, soucieux de préserver leurs pleines compétences en matière de fiscalité directe. Très illustratif des difficultés rencontrées pour modifier la règle de vote en ce domaine est le fait que l'article 95 introduit par l'Acte unique européen et qui prévoit la majorité qualifiée pour l'adoption de mesures relatives au rapprochement des dispositions législatives, réglementaires et administratives des États membres ayant pour objet l'établissement et le fonctionnement du marché intérieur, exclut explicitement de son champ d'application les dispositions fiscales.

3 En ce qui concerne l'imposition des personnes physiques on peut mentionner uniquement une proposition de directive datant de 1979 (J.O.C.E. C 201/6 du 10 août 1979) sur l'imposition des non-résidents, jamais adoptée ; la directive 77/799/CEE du Conseil, du 19 décembre 1977, concernant l'assistance mutuelle des autorités compétentes des États membres ; et la directive 2003/48/CE en matière de fiscalité des revenus de l'épargne sous forme de paiements d'intérêts, qui met en place un système d'échange d'information entre administrations fiscales en vue d'assurer l'imposition des revenus de l'épargne dans le pays de résidence du contribuable.

personnes par les articles 39 § 2 (libre circulation des travailleurs salariés) et 43 (liberté d'établissement) TCE.

La Cour a systématiquement soutenu que si la fiscalité directe relève de la compétence des États membres, il n'en reste pas moins que ces derniers doivent l'exercer dans le respect du droit communautaire.[4] Il est donc acquis que toute discrimination fondée sur la nationalité est, en principe, interdite et que le domaine fiscal n'est pas étranger à cette interdiction. Il convient à ce stade de revenir brièvement sur la notion de discrimination en général, telle qu'elle est développée dans la jurisprudence de la Cour.

On entend par discrimination le traitement différent de deux situations comparables[5] et par « discrimination exercée en raison de la nationalité », toute différence de traitement injustifiée entre nationaux et non-nationaux. Trois précisions doivent être faites à ce stade. (i) Le type de discrimination en raison de la nationalité qui est visée par le traité est, en principe, celui qui joue au détriment des non-nationaux, et non la discrimination à rebours, ou discrimination exercée par un État membre contre ses propres nationaux. Il découle en effet de la jurisprudence de la Cour que les dispositions du traité en matière de libre circulation ne peuvent être appliquées aux activités dont tous les éléments se cantonnent à l'intérieur d'un seul État.[6] (ii) Il en va toutefois autrement, lorsque la situation n'est pas purement interne parce qu'un élément de rattachement communautaire peut être identifié. Ainsi, les nationaux d'un État membre ayant exercé leur droit à la libre circulation pourront invoquer l'interdiction de non-discrimination pour raison de nationalité contre leur État d'origine lorsqu'ils sont défavorisés par rapport aux autres nationaux du même État n'ayant pas exercé ce droit.[7] (iii) Tombent sous le coup de l'interdiction de discrimination pour raison de nationalité non seulement les discriminations ostensibles fondées sur la nationalité (discrimination directe), mais encore toutes formes dissimulées de discrimination qui, par application d'autres critères de distinction, aboutissent au même résultat (discrimination indirecte).[8]

---

4 CJCE 14 février 1995, *Finanzamt Köln-Altstadt contre Roland Schumacker*, affaire 279/93, *Rec.* p. 225. point 21.

5 CJCE 17 décembre 1959, *Société des Fonderies de Pont-à-Mousson v High Authority*, affaire 14/59, *Rec.* p. 445, p. 475.

6 Voir par exemple CJCE 28 janvier 1982, *Volker Steen v Deutsche Bundespost*, affaire C-332/90, *Rec.* p. I-341, point 9.

7 Voir par exemple CJCE 27 juin 1996, *P. H. Asscher contre Staatssecretaris van Financiën*, affaire C-107/94, *Rec.* p. 3089.

8 CJCE 12 février 1874, *Giovanni Maria Sotgiu contre Deutsche Bundespost*, affaire 152/73, *Rec.* p. 153, point 11.

Dans le domaine fiscal, les cas de discrimination directe sont rares, pour ne pas dire inexistants. En effet, la totalité des affaires qui sont arrivées à la Cour de justice constituent des exemples de discrimination indirecte. Cela est dû au fait que le principal facteur de rattachement et de distinction entre contribuables n'est pas la nationalité mais plutôt des circonstances ayant trait à la résidence fiscale.

Analysons maintenant le type de différence de traitement pouvant constituer une discrimination indirecte. Une mesure fiscale indirectement discriminatoire est avant tout une mesure qui utilise des critères de distinction susceptibles de jouer au détriment des non-nationaux. On peut mentionner comme exemple le fait de réserver certains avantages aux résidents,[9] ou de pénaliser le changement de résidence fiscale d'un pays à un autre en cours d'année.[10] Ces mesures, tout en s'appliquant indistinctement aux nationaux et aux non-nationaux, sont susceptibles de peser plus lourdement sur ces derniers. En effet, les deux catégories de contribuables défavorisés (les non-résidents ou ceux qui changeront de domicile fiscal en cours d'année) seront composées majoritairement de non-nationaux.

Or, constater que la mesure affecte surtout des non-nationaux n'est cependant que l'amorce de l'analyse. Pour que l'on puisse parler de discrimination, il faut encore que les situations faisant l'objet d'un traitement différent soient comparables. Déterminer si tel est le cas est souvent l'étape la plus délicate et controversée de l'analyse.

À ce propos, particulièrement épineuse a été la question de savoir si la situation des non-résidents devait être considérée comme comparable, aux fins de l'imposition, à celle des résidents. On rappellera que, dans des domaines autres que la fiscalité, la Cour n'a pas apprécié de différence matérielle entre la situation de ces deux catégories de personnes, et n'a donc pas hésité à voir une discrimination indirecte dans toute différence de traitement en raison de la résidence.[11] Comme on aura l'occasion de le voir dans la section suivante, la décision s'avérait cependant moins évidente dans le domaine fiscal où la différenciation entre contribuables résidents et non-résidents est très fortement enracinée.

---

9 CJCE 14 février 1995, *Finanzamt Köln-Altstadt contre Roland Schumacker*, affaire 279/93, *Rec.* p. 225. CJCE 11 août 1995, *G.H.E.J. Wielockx contre Inspecteur der directe belastingen*, affaire C-80/94, *Rec.* p. 2493.

10 CJCE 8 mai 1990, *Klaus Biehl contre Administration des contributions du grand-duché de Luxembourg*, affaire 175/88, *Rec.* p. 1779.

11 Voir par exemple CJCE 19 juin 1990, *The Queen contre Secretary of State for Transport, ex parte: Factortame Ltd e.a.*, affaire 213/89, *Rec.* p. 2433.

II. Traitement fiscal différent des Résidents et des Non-résidents

La distinction des contribuables selon leur qualité de résidents ou de non-résidents est l'un des principes fondateurs du droit fiscal international[12] et il imprègne la législation de tous les États membres. Traditionnellement, en effet, les États taxent les résidents et les non-résidents selon des principes différents.[13]

Les résidents sont taxés sur l'ensemble de leurs revenus (assujettissement total) et le sont de façon *subjective*, c'est-à-dire, en tenant compte de leur capacité contributive (*ability to pay*). On considère que les résidents d'un État X, les personnes qui ont choisi d'y résider, doivent contribuer au coût des infrastructures de toutes sortes mises à leur disposition par ledit État, ce qui justifie que l'ensemble de leurs revenus (*world-wide income*) soit taxés. En contrepartie, il incombera à cet État, en tant que centre des intérêts personnels et patrimoniaux du contribuable, de prendre en compte ses circonstances personnelles et familiales de façon à délimiter sa capacité contributive.

Les non-résidents, par contre, sont taxés uniquement sur les revenus obtenus dans cet État (assujettissement partiel) et ils sont taxés de façon *objective*, c'est à dire, sans que leur situation personnelle et familiale ne soit prise en compte.

Cette différence dans les principes qui régissent la taxation des résidents et des non-résidents, venant s'ajouter au fait que le recouvrement des taxes dues par ces derniers soit en général moins aisé, entraîne souvent les États à taxer plus lourdement les non-résidents sans que le droit fiscal international ne s'y oppose. Il est significatif, en ce sens, que la clause de non-discrimination prévue à l'article 24 du modèle OCDE de convention bilatérale[14] ne s'attaque guère aux discriminations fondées sur la résidence et consacre explicitement le principe selon lequel résidents et non-résidents peuvent être taxés différemment.[15] Dans le domaine fiscal, en effet, la différentiation entre ces deux catégories de contribuable semble être la règle plutôt que l'exception.

---

12 Conclusions de l'avocat général Léger à l'affaire *Schumacker*, présentées le 22 novembre 1994, affaire C-279/93, *Rec.* p. 225.

13 Voir sur cette question WATTEL, P., "The EC Court's Attemps to Reconcile the Treaty Freedoms with International Tax Law", *Common Market Law Review*, 33, 1996, p. 223-254.

14 Le texte du modèle de convention OCDE est accessible à l'adresse suivante : http://www.oecd.org/dataoecd/52/5/1913971.pdf.

15 Voir par exemple, PETERS, C. et SNELLAARS, M., "Non-discrimination and Tax Law: Structure and Comparison of the Various Non-discrimination Clauses", *EC Tax Review*, 2001-1, p. 13-18.

La législation fiscale de tous les États membres reflète cet état de choses. Comme VANISTENDAEL le signale « no national income tax system in the European Union has been designed from the viewpoint that residents and non-residents should be treated alike as a matter or principle ».[16] Dans ces circonstances, considérer comme comparable la situation des résidents et celle des non-résidents et, par conséquent, comme indirectement discriminatoire toute différence de traitement entre ces deux types de contribuables, risquerait de provoquer un bouleversement sans précédent des systèmes fiscaux des États membres, une totale désintégration de ces derniers.

La Cour, qui en est consciente, s'est livrée à un délicat exercice d'équilibre entre, d'une part, le respect des principes fondateurs du droit fiscal international et, d'autre part, le principe communautaire de non-discrimination.

Dans un souci de rassurer les États membres qui redoutaient l'impact que le principe de non-discrimination pourrait avoir sur leurs systèmes fiscaux, la Cour a systématiquement affirmé qu'en matière d'impôts directs, la situation des résidents et des non-résidents ne sont, en règle générale, pas comparables.[17]

Comme on aura l'occasion de le voir, il ne faut néanmoins pas se laisser leurrer par le caractère catégorique de cette affirmation. Une analyse plus attentive de la jurisprudence prouvera que d'importantes nuances doivent être introduites et que la présomption de non-comparabilité, affirmée par la Cour de manière quasi-absolue, doit être circonscrite à l'octroi d'avantages fiscaux eu égard à la situation personnelle ou familiale du contribuable (*personal allowances*).

En effet, la jurisprudence de la Cour semble opérer une distinction entre la comparabilité de la situation de résidents et de non-résidents en ce qui concerne :

– La prise en compte de leur situation personnelle et familiale : octroi de déductions et avantages eu égard à cette dernière, comme par exemple, déductions des pensions alimentaires versées, déductions par personnes à charge, application du régime du « *splitting* », etc.

---

16 VANISTENDAEL, F., "Tax Revolution in Europe : The Impact of Non-discrimination", *European Taxation*, January/February 2000, p. 3-7.

17 CJCE 14 février 1995, *Finanzamt Köln-Altstadt contre Roland Schumacker*, affaire 279/93, *Rec.* p. 225, point 31; CJCE 11 août 1995, *G.H.E.J. Wielockx contre Inspecteur der directe belastingen*, affaire C-80/94, *Rec.* p. 2493, point 18; CJCE 14 septembre 1999, *Frans Gschwind contre Finanzamt Aachen-Außenstadt*, affaire C-391/97, *Rec.* p. I-05451, point 22; CJCE 16 mai 2000, *Patrick Zurstrassen contre Administration des contributions directes*, affaire C-87/99, *Rec.* p. I-03337, point 21.

– Tous les autres aspects de l'imposition : détermination objective (c'est à dire, indépendante de la situation personnelle et familiale) des obligations fiscales du contribuable, avantages fiscaux liés à une source des revenus, comme, par exemple, la déduction des frais professionnels ; les règles de procédure qui régissent la relation entre le contribuable et l'administration fiscale, etc.

Pour ce qui est de l'appréciation de la situation personnelle ou familiale du contribuable (A), un traitement différencié des résidents et des non-résidents est présumé être non-discriminatoire. Par contre, en ce qui concerne les autres aspects de l'imposition (B), le régime est inverse : la situation des résidents et des non-résidents est présumée comparable et toute différence de traitement sera en principe considérée comme étant discriminatoire.

A. *Différenciation entre contribuables résidents et non-résidents en ce qui concerne l'appréciation de leur situation personnelle et familiale*

La Cour aborde pour la première fois le problème de la comparabilité de la situation des résidents et des non-résidents dans le célèbre arrêt *Schumacker*,[18] concernant un travailleur frontalier – M. SCHUMACKER – qui résidait en Belgique et travaillait en Allemagne. La quasi totalité de ses revenus provenait de son travail en Allemagne et était, en vertu de la convention bilatérale germano-belge, taxée dans ce pays.

La question se posait de savoir si l'Allemagne pouvait refuser à M. SCHUMACKER, en tant que non-résident, les abattements personnels et familiaux, ou bien, si cette différence de traitement par rapport aux contribuables résidents constituait une discrimination interdite par le traité. Le principal point à élucider était donc de déterminer si la situation des résidents et des non-résidents était comparable. La Cour énonce une règle générale nuancée par une exception.

– La règle : non-comparabilité de principe entre la situation des résidents et des non-résidents.

Dans son arrêt, la Cour commence par affirmer qu'il appartient en principe à l'État de résidence de prendre en compte les circonstances personnelles et familiales du contribuable. Il faut en trouver les raisons dans le fait que c'est dans cet État que le contribuable perçoit l'essentiel de ses revenus. En outre, l'État de résidence, en tant que centre des intérêts personnels et patrimoniaux du contribuable, disposera généralement de toutes les informations nécessaires pour prendre en compte la

[18] CJCE 14 février 1995, *Finanzamt Köln-Altstadt contre Roland Schumacker*, affaire 279/93, *Rec*. p. 225.

capacité contributive globale de l'intéressé et c'est donc là que sa situation personnelle et familiale sera appréciée le plus aisément.

En revanche un État ne serait pas tenu d'octroyer les avantages personnels et familiaux à un contribuable non-résident. Cette différence de traitement entre résidents et non-résidents ne constituerait pas, aux yeux de la Cour, une discrimination interdite par le traité du moment que la situation de ces deux classes de contribuables ne serait pas comparable. Elle différerait dans la mesure où normalement le contribuable non-résident n'obtient dans l'État de la source qu'une partie de ses revenus globaux et qu'il voit déjà sa situation personnelle appréciée dans son État de résidence.

En affirmant qu'il appartient à l'État de résidence de prendre en compte la situation personnelle et familiale du contribuable et que, en ce qui concerne l'octroi d'avantages personnels et familiaux, la situation des résidents et des non-résidents n'est pas comparable, la Cour légitime une différence de traitement entre contribuables en fonction de leur lieu de résidence. Il est indéniable que du point de vue de l'intégration économique cette solution n'est en principe pas l'idéale. Étant donné que les disparités des régimes fiscaux des états membres en ce qui concerne les avantages personnels et familiaux peuvent être substantielles, ceci peut en effet représenter pour un opérateur non-résident un désavantage non négligeable et donc un frein à la libre circulation.

La décision de la Cour s'explique probablement par un souci de limiter l'impact potentiellement « dévastateur » que le principe de non discrimination pourrait avoir sur les systèmes fiscaux nationaux. Consciente du fait que ceux-ci s'appuient sur le principe fondamental du droit fiscal international qui lie l'appréciation de la situation personnelle ou familiale du contribuable à l'imposition de l'ensemble, ou tout au moins de l'essentiel, de ses revenus, elle opte clairement pour ne pas mettre en question ce principe. La jurisprudence *Schumacker* permet ainsi d'éviter que par effet de l'application du principe de non-discrimination un État doive conférer des avantages personnels et familiaux à un contribuable qui n'obtient que très peu de revenus sur son territoire et, par la même occasion, que la personne assujettie dans plusieurs États perçoive ces avantages autant de fois que le nombre d'États dans lesquels elle tribute. Il est vrai que d'autres solutions auraient pu être envisagées pour atteindre cet objectif, par exemple, déterminer que chaque État octroie les avantages personnels et familiaux au contribuable mais uniquement au prorata du pourcentage de ses revenus globaux obtenus sur son territoire. Une telle solution aurait toutefois représente une révolution pour les régimes fiscaux nationaux et sa mise en place impliquerait des difficultés pratiques d'envergure. Il est très possible, comme certains auteurs le signalent[19] que la Cour ait considéré comme atteintes les limites de l'intégration négative et ait décidé, en optant pour une solution plus conservative, de passer la balle aux États membres.

– L'exception : les résidents virtuels

Si la Cour affirme que la situation de résidents et non-résidents n'est en principe pas comparable, elle se garde toutefois bien d'accepter le dogme du droit fiscal international selon lequel résidents et non-résidents peuvent toujours être taxés différemment. Elle n'écarte pas, en effet, la possibilité qu'exceptionnellement la situation de ces deux types de contribuables soit parfaitement comparable. Tel serait le cas, nous dit la Cour, lorsque deux conditions se vérifient, à savoir, (i) que le non-résident tire l'essentiel de ses ressources imposables d'une activité exercée dans l'État d'emploi et (ii) qu'il ne perçoit pas de revenu significatif dans l'État de résidence et de ce fait cet État, faute d'une base imposable suffisante, ne soit pas en mesure de lui accorder les avantages résultant de la prise en compte de sa situation personnelle et familiale.

Lorsque ces deux conditions sont remplies, les circonstances qui selon la Cour différentient, aux fins de l'imposition, la situation des non-résidents par rapport à celle des résidents (le fait d'obtenir l'essentiel de leurs revenus dans un autre État où par ailleurs ils verraient leur situation personnelle et familiale appréciée) font défaut. On serait alors en présence de ce que WATTEL qualifie de façon très illustrative de « résident virtuels », c'est à dire, de quasi-résidents auxquels l'État de la source, pour ne pas enfreindre l'interdiction de discrimination, devra réserver le même traitement qu'aux contribuables résidents.

Comme WATTEL le signale, le point essentiel de la jurisprudence *Schumacker* est que la situation personnelle et familiale du contribuable doit être prise en compte par au moins l'un des deux États, en principe l'État de résidence. Lorsque cela s'avère impossible, faute d'une base imposable suffisante, cette tâche incombera à l'État de la source où le contribuable obtient l'essentiel de ses revenus.[20]

Une zone d'indéfinition subsiste cependant en ce qui concerne les contribuables qui obtiennent dans l'État de résidence suffisamment de revenus pour voir leur situation personnelle et familiale partiellement prise en compte, bien que pas dans son intégralité. La Cour ne s'est pas encore vue confrontée à une telle situation et la question se pose de savoir quelle serait, dans ces circonstances, la portée de l'obligation

---

19 WATTEL, P., "The EC Court's Attemps to Reconcile the Treaty Freedoms with International Tax Law", *Common Market Law Review*, 33, 1996, p. 232.

20 WATTEL, *supra* note 19, p. 227.

faite à l'État de la source d'apprécier la situation personnelle et familiale du contribuable non-résident. Devrait-il le faire intégralement ou simplement compléter les déductions et abattements obtenus dans l'État de résidence afin que dans l'ensemble la situation personnelle et familiale du contribuables soit intégralement appréciée ?

Une incertitude subsiste également pour le contribuable qui remplirait la deuxième condition pour être considéré résident virtuel (à savoir, ne pas pouvoir bénéficier dans l'État de résidence d'avantages liés à sa situation personnelle et familiale) mais pas la première (à savoir, obtenir exclusivement ou quasi exclusivement ses revenus dans l'État de la source). À quel État (ou quels États) reviendrait-il de prendre en compte la situation personnelle et familiale de ce contribuable qui verrait ainsi la source de ses revenus éparpillée entre plusieurs États où il n'est pas résident ?

C'est là d'importantes questions qui restent pour le moment sans réponse et que la Cour sera, sans aucun doute, amenée à trancher dans les années à venir.

B. Différenciation entre résidents et non-résidents en ce qui concerne tous les autres aspects de l'imposition

Si la présomption de non comparabilité entre la situation de résidents et de non-résidents trouve son fondement dans le principe du droit fiscal international qui lie l'octroi d'avantages personnels et familiaux à l'imposition de l'ensemble, ou de la plupart, des revenus d'un contribuable, il est tout à fait logique que son champ d'application se cantonne précisément à la prise en compte de sa situation personnelle et familiale et ne s'étende guère aux autres aspects de l'imposition, pour lesquels il est sans importance que le contribuable obtienne ou pas l'essentiel de ses revenus dans l'État concerné.

Bien que la Cour n'ait jamais affirmé explicitement que tel est en effet le cas et que la présomption de non-comparabilité énoncée dans l'affaire *Schumacker* n'est applicable qu'en ce qui concerne l'appréciation de la situation personnelle ou familiale du contribuable, il découle clairement de sa jurisprudence que pour ce qui est de tous les autres aspects de l'imposition, cette présomption ne jouera plus. Bien au contraire, résidents et non-résidents seront présumés être dans une situation comparable et toute différence de traitement entre ces deux catégories de contribuables sera en principe discriminatoire.

Ainsi dans l'affaire *Asscher*,[21] qui concernait un ressortissant néerlandais résidant en Belgique et exerçant une activité économique aux

21 Arrêt *Asscher*, *supra* note 7.

Pays-Bas, la Cour considère que l'application dans ce dernier État d'un taux d'imposition plus élevé aux non-résidents qu'aux résidents constitue une discrimination indirecte, donc interdite par l'article 52 (nouvel article 43) du traité. Il est significatif à ce propos qu'après avoir constaté l'existence d'une différence de traitement entre résidents et non-résidents, la Cour ne se penche pas sur les arguments invoqués par M. ASSCHER en faveur de la comparabilité de la situation de ces deux types de contribuables, mais bien au contraire, sur ceux du gouvernement néerlandais en faveur de la non-comparabilité.[22] Ainsi semble affirmée une présomption de comparabilité des situations de résidents et de non-résidents.

D'une façon similaire, dans la même affaire *Schumacker* la Cour n'a pas hésité à qualifier de discriminatoire la loi allemande qui limitait aux seuls résidents le bénéfice de la procédure de régularisation annuelle des retenues à la source (c'est à dire le droit à obtenir le remboursement des quantités perçues en trop par l'administration fiscale) en affirmant que l'article 48 du traité *impose une égalité de traitement sur le plan procédural entre ressortissants communautaires non-résidents et les nationaux résidents.*[23] Contrairement à ce que l'on a vu en ce qui concerne la prise en compte de la situation personnelle et familiale du contribuable, cette égalité de traitement s'impose à l'égard de tous les non-résidents et pas seulement des résidents virtuels.

III. Libre circulation des personnes et double imposition

Il est difficile de penser à un obstacle fiscal à l'exercice de la liberté de circulation des personnes plus important que la double imposition. Il arrive souvent que deux États (celui de la résidence et celui de la source), en application de critères de rattachement différents, s'arrogent tous deux le droit de taxer les mêmes revenus d'un contribuable. L'article 293 TCE (ancien article 220) exhorte les États membres à engager entre eux les négociations en vue d'assurer l'élimination de la double imposition. Il est à signaler que cette disposition est, selon la Cour de justice, dépourvue d'effet direct.[24]

À l'échelle communautaire aucune mesure d'harmonisation visant à éliminer les doubles impositions des personnes physiques n'a été adoptée. Pour déjouer le problème de double imposition, les États souscrivent normalement des conventions bilatérales. Ces conventions, qui

---

22 *Ibid.* points 46 et suivants.

23 Arrêt *Schumacker, supra* note 4, point 58.

24 CJCE 12 mai 1998, *Époux Robert Gilly contre Directeur des services fiscaux du Bas-Rhin*, affaire C-336/96, *Rec.* p. I-02793.

s'inspirent largement du modèle élaboré par l'OCDE,[25] déterminent quel État imposera chaque type de revenu.

Si, en application des facteurs de rattachement prévus dans la convention en vigueur, il se trouve que les revenus en question doivent être taxés dans l'État de la source, il appartiendra alors à l'État de résidence, qui en principe impose les revenus du contribuable sur une base mondiale, de mettre en place un système de prévention de la double imposition.

Grosso modo, ces mécanismes peuvent être soit l'exemption dans l'État de résidence des revenus taxés dans l'État de la source, soit l'octroi d'un crédit d'impôt par l'État de résidence. Le montant de ce crédit peut correspondre à l'impôt effectivement payé dans l'État de la source ou bien à la partie de l'impôt national qui correspond aux sommes taxées dans l'État de la source.

La question se pose de savoir si ces mécanismes sont susceptibles d'enfreindre la prohibition de non-discrimination, lorsqu'il en résulte que les travailleurs qui tirent leurs revenus de plusieurs États membres sont plus taxés que ceux exerçant leur activité dans un seul État membre, c'est-à-dire lorsqu'ils pénalisent les personnes ayant exercé leur droit à la libre circulation.

À ce propos, la Cour eut à se prononcer dans l'affaire *Gilly*[26] sur la compatibilité du système de crédit d'impôt prévu dans la convention franco-allemande avec l'article 48 TCE. Mme GILLY résidait avec son mari en France tout en exerçant une activité salariée en Allemagne. Les revenus provenant de cette activité étaient, en application de la convention franco-allemande, taxés dans ce dernier pays. La France, État de résidence, n'exemptait pas ces revenus qui venaient s'ajouter à ceux de M. GILLY pour former la base imposable du couple en France, pays dans lequel ils étaient taxés conjointement. Afin d'éliminer la double imposition il leur était toutefois attribué un crédit d'impôt. Le montant de ce crédit n'était pas l'impôt effectivement payé en Allemagne, mais la partie de l'impôt français correspondant à ces revenus d'origine allemande. Il résultait d'un tel système que le crédit d'impôt pouvait être inférieur au montant acquitté en Allemagne. Tel était le cas de M. et Mme GILLY, qui de ce fait se considéraient défavorisés par rapport à un couple obtenant les mêmes revenus, mais taxés exclusivement en France. Ils soutenaient que, pour ne pas constituer une discrimination interdite, le crédit d'impôt octroyé par la France devait être égal au montant de l'impôt effectivement payé en Allemagne.

---

25 *Supra* note 14.

26 Arrêt *Gilly*, *supra* note 24.

Dans son arrêt, la Cour commence par affirmer que l'objet d'une convention comme celle en vigueur entre l'Allemagne et la France est d'éviter que les mêmes revenus soient imposés dans les deux États membres, et non de garantir que l'imposition à laquelle est soumis le contribuable dans un État ne soit pas supérieure à celle à laquelle il serait assujetti dans l'autre.

Elle considère que, si le montant de l'impôt payé en Allemagne était plus haut que l'impôt français correspondant au même revenu, cela était dû à deux raisons. D'une part, à la plus forte progressivité de l'impôt en Allemagne, et d'autre part, au fait que dans ce pays la situation personnelle et familiale de Mme GILLY n'avait pas été prise en compte (en particulier, l'Allemagne ne lui avait pas appliqué le système dit du « *splitting* »). La Cour estime que M. et Mme GILLY ne subissaient pas de discrimination interdite étant donné que la fixation des barèmes d'imposition relève, en absence d'harmonisation, de la compétence des États membres et que l'Allemagne, conformément à l'arrêt *Schumacker*, n'était pas tenue de prendre en compte la situation personnelle de Mme GILLY du moment que c'était déjà le cas en France.

La Cour ignore complètement que le système appliqué par la France impliquait une indéniable discrimination. En effet, indépendamment du fait que le taux d'imposition était plus haut en Allemagne ou que dans ce pays la situation personnelle et familiale de Mme GILLY n'avait pas été prise en compte, la méthode mise en place par la France pour éviter la double imposition impliquait nécessairement que Mme GILLY perde une partie de ses abattement personnels et familiaux. La façon de calculer le crédit d'impôt était la suivante :

$$\text{Crédit} = \text{Impôt français sur revenu global x } \frac{\text{Revenu taxé en Allemagne}}{\text{Revenu global}}$$

Les abattements personnels et familiaux de M. et Mme GILLY étaient déduits de leur base imposable lors du calcul de l'impôt français sur le revenu global du couple, mais non du dénominateur de la fraction. La conséquence en était que, en calculant le crédit d'impôt, la France « recupérait » une partie des déductions accordées à Mme GILLY, une partie proportionnelle au pourcentage des revenus du couple qui étaient obtenus à l'étranger (55 % en l'occurrence).[27]

[27] En simplifiant les chiffres pour rendre l'illustration plus claire, imaginons que le revenu de Mme GILLY est de 55 000 € et celui de M GILLY de 45 000 €. Imaginons aussi que le taux d'imposition applicable est le même en Allemagne qu'en France: 50 %. En Allemagne, Mme GILLY paie 27 500 € (55 000 x 0,5) d'impôts. En France, elle est taxée conjointement avec son mari. Leur revenu imposable dans ce pays est

Ce problème passa inaperçu aux avocats de M. et Mme GILLY, mais fut soulevé par la Commission pendant l'audience.[28] En l'ignorant, la Cour opta pour la prudence au détriment de la justice. Rentrer dans le fond de la question aurait signifié devoir analyser la compatibilité avec le droit communautaire des méthodes utilisées par les États membres en vue d'éliminer la double imposition. La Cour ne s'était jamais aventurée sur ce terrain et, dans ce cas, refusa implicitement de le faire. Cela conduisit certains auteurs à conclure que, dans l'état actuel du droit communautaire, les discriminations « en raison du lieu de travail » ne peuvent être évitées en déclarant l'incompatibilité des méthodes pour l'élimination de la double imposition avec le droit communautaire.[29]

On a dû attendre trois ans pour que la Cour, confrontée à une question préjudicielle formulée en termes beaucoup plus précis, n'ait d'autre choix que d'affronter ce problème et de se prononcer sur la compatibilité avec le droit communautaire d'un système d'élimination de la double imposition semblable à celui en cause dans l'affaire *Gilly*. Ce fut le cas dans l'arrêt *de Groot* de décembre 2002.[30] Cette affaire concernait un ressortissant néerlandais, résidant aux Pays-Bas, qui obtenait des revenus dans son État de résidence et dans trois autres États. M. DE GROOT était divorcé et payait une pension alimentaire à son ex-épouse. Les quantités versées au titre de la pension donnaient lieu à des abattements dans son pays de résidence mais pas dans les trois autres pays, où il était taxé « objectivement ». Les Pays-Bas appliquaient un système pour éli-

donc 100 000 € (55 000 + 45 000). Chacun obtient des déductions personnelles et familiales de 5 000 €, de manière que la base imposable du couple est de 90 000 € (100 000 – 10 000). Ils paieront donc 45.000 € d'impôts en France. Pour éviter la double imposition des revenues de Mme GILLY, la France accorde à M. et Mme GILLY un crédit d'impôt dont le montant est le résultat de multiplier l'impôt français sur le revenu global du couple par le revenu obtenu à l'étranger divisé par le revenu global du couple c'est à dire 45 000. (55 000/100 000), ou 24 750 €. Le montant de ce crédit est plus bas que l'impôt effectivement payé en Allemagne par Mme GILLY (24 750 contre 27 500). Ceci n'est clairement pas la conséquence de l'application d'un taux d'imposition plus haut en Allemagne qu'en France puisqu'on est parti de la base qu'il est identique (50 %) dans les deux pays. L'explication doit est trouvée plutôt dans les caractéristiques du système mis en place par la France pour éviter la double imposition du revenu de Mme GILLY. Il a pour conséquence que Mme GILLY perde une partie de ses abattements personnels ou familiaux proportionnelle au pourcentage des revenus du couple qui est obtenu à l'étranger (55 %), c'est-à-dire 55 % de 5 000 €, ou 2 750 €. La discrimination subie par rapport à un contribuable obtenant l'ensemble de ses revenus en France est manifeste.

28 Voir EICKER, K., "Tax Treaties and EC Law: Comments on the Gilly Case", *European Taxation*, 1998, p. 322-327.

29 MARTÍN JIMÉNEZ et CALDERÓN CARRERO, *Imposición directa y no discriminación comunitaria*, Madrid, Edersa, 2000, p. 60.

30 CJCE 12 décembre 2002, *F.W.L. de Groot contre Staatsecretaris van Financiën*, affaire C-385/00, *Rec.* p. 11819.

miner la double imposition, dit « fraction de proportionnalité », similaire à celui de l'affaire *Gilly*. La Cour, interrogée sur la compatibilité de ce système avec l'article 39 TCE, constate tout d'abord que M. DE GROOT était défavorisé par rapport à un contribuable obtenant l'ensemble de ses revenus aux Pays-Bas. L'application de la « fraction de proportionnalité » avait pour effet de ne faire bénéficier M. DE GROOT des abattements personnels et familiaux qu'au prorata des revenus qu'il avait perçus aux Pays-Bas. La Cour y apprécia une entrave contraire à l'article 48 du traité. En effet, remarque la Cour,

> les mécanismes utilisés en vue d'éliminer la double imposition ou les systèmes fiscaux nationaux qui ont pour effet de l'éliminer ou de l'atténuer doivent [...] assurer aux contribuables des États concernés que [...] leur situation personnelle et familiale sera dûment prise en compte [...] sous peine de créer une inégalité de traitement incompatible avec les dispositions du traité sur la libre circulation des travailleurs.[31]

On retiendra de cet arrêt qu'il est désormais clair que les mécanismes appliqués par les États en vue de l'élimination de la double imposition ne sont plus immuns à l'interdiction de non-discrimination. On ne peut que se réjouir très fortement de la décision de la Cour dans cette affaire. En effet, elle corrigea l'un des aspects les plus critiquables de sa jurisprudence précédente.

IV. Justifications des mesures fiscales discriminatoires : la cohérence du système fiscal

Les mesures discriminatoires ne peuvent en principe être justifiées que sur la base de circonstances expressément mentionnées dans le traité.[32] Or, les motifs que l'on peut trouver dans les articles 39 § 3 et 46 TCE (raisons d'ordre public, sécurité publique et santé publique) sont d'une utilité très limitée pour justifier une mesure fiscale discriminatoire. Cela a amené la Cour à accepter dans le domaine fiscal la possibilité de justifier des mesures discriminatoires (du moins les indirectement discriminatoires)[33] par des exigences impératives d'intérêt général.

---

31 Arrêt *de Groot*, *supra* note 30, point 101.

32 Voir par exemple : CJCE 26 avril 1988, *Bond van Adverteerders v Netherlands*, affaire 352/85, *Rec*. p. 02085.

33 En ce qui concerne les mesures fiscales directement discriminatoires, la Cour ne s'est pas encore prononcée. Dans ses conclusions à l'affaire *Danner* (Conclusions présentées le 21 mars 2002, affaire C-136/00, *Rec*. p. I-08147). M. l'avocat général JACOBS invita la Cour à trancher cette question de façon à réduire l'insécurité juridique régnante. Malheureusement, la Cour opta pour ne pas prendre position sur ce point.

Parmi les justifications que la Cour semble prête à considérer, on peut mentionner : l'efficacité des contrôles fiscaux,[34] la prévention de l'évasion fiscale[35] et la cohérence du système fiscal. Cette dernière est cependant la seule à avoir jamais été acceptée concrètement par la Cour. Ce fut le cas dans les affaires *Commission contre Belgique*[36] et *Bachmann*,[37] qui concernaient, toutes deux, la compatibilité de la même disposition fiscale belge avec les articles 48 et 59 (actuels 39 et 49) TCE.

La législation en cause ne permettait la déduction des primes payées au titre de contrat d'assurance vieillesse et vie, que si elles étaient versées à des compagnies établies en Belgique. La Cour y apprécie l'existence d'une discrimination indirecte du moment où une telle disposition réservait un traitement différent à deux situations comparables et était susceptible de peser plus lourdement sur les travailleurs venant en Belgique après avoir exercé une activité professionnelle dans un autre État membre. Ceux-ci auraient suscrit leurs contrats d'assurances auprès d'assureurs établis dans le premier État et continueraient à payer les primes une fois établis en Belgique. La Cour considère que, puisque, en règle générale, ces travailleurs seraient des non-nationaux, l'on se trouvait en présence d'un cas de discrimination indirecte. Ce n'est pas pour autant qu'elle déclare la loi belge incompatible avec l'article 48 du traité. Elle estime, en effet, qu'une telle mesure indirectement discriminatoire était justifiée par la nécessité de préserver la cohérence du système fiscal belge.

La Cour constate qu'il existait, dans la réglementation belge, un lien, une corrélation, entre la déductibilité des cotisations et l'imposition des sommes dues par les assureurs en exécution des contrats d'assurances. Lorsque les premières étaient exemptées d'impôts, les secondes ne l'étaient pas. Inversement, lorsque les déductions des cotisations n'avaient pas été obtenues, les sommes dues à l'exécution étaient exemptées.

La Cour estime que « la cohérence d'un tel régime fiscal suppose [...] que, dans le cas où cet État serait obligé d'accepter la déduction des cotisations d'assurance vie versées dans un autre État membre, il puisse percevoir l'impôt sur les sommes dues par les assureurs. »[38] Elle

---

[34] Arrêt *Schumacker*, *supra* note 4, points 45 et suivants.

[35] CJCE 11 mars 2004, *Hughes de Lasteyrie du Saillant contre ministère de l'Économie, des Finances et de l'Industrie*, affaire C-9/02, *Rec.* p. I-02409.

[36] CJCE 28 janvier 1992, *Commission contre Belgique*, affaire C-300/90, *Rec.* p. I-00305.

[37] CJCE 28 janvier 1992, *Hanns-Martin Bachmann contre Belgique*, affaire C-204/90, *Rec.* p. I-00249.

[38] Arrêt *Bachmann*, *supra* note 37, point 23.

considère que la Belgique ne disposait pas de moyen moins restrictif pour s'assurer la taxation des sommes payées par les assureurs dans un autre État et que, en conséquence, la discrimination en cause devait être considérée comme justifiée par la nécessité de préser ver la cohérence du système fiscal belge.

Cette décision fut fortement critiquée par la doctrine qui craignait une utilisation extensive de cette justification par les États membres.[39] Les craintes cependant ne se sont pas avérées exactes, car la Cour n'a plus jamais accepté cette justification et elle s'est efforcée de limiter très considérablement sa portée.

D'une part, la Cour dans sa jurisprudence après *Bachmann* a interprété de façon très restrictive les conditions d'application de cette justification. Il apparaît dès lors clairement que, lorsqu'un État membre invoque la cohérence du système pour justifier le traitement défavorable d'une catégorie de contribuables, il devra prouver que ce traitement discriminatoire vise à compenser un traitement plus favorable dont ce même groupe de contribuables feraient l'objet. Si le désavantage ne tend pas à compenser un avantage, ou si la corrélation entre les deux fait défaut (parce que l'avantage et le désavantage ne concernent pas la même taxe ou le même contribuable),[40] la cohérence du système fiscal ne pourra pas être alléguée pour justifier une mesure discriminatoire.[41]

D'autre part, un deuxième facteur d'érosion de cette justification peut être identifié à la suite de l'arrêt *Wielockx*. Cette affaire concernait la législation fiscale néerlandaise qui permettait aux seuls résidents la déduction des quantités versées à une sorte de fonds de pension. Lorsque les Pays-Bas invoquèrent le besoin de préserver la cohérence du système fiscal néerlandais, la Cour procéda de façon différente qu'elle ne l'avait fait dans *Bachmann*. Elle se tourna vers la convention bilatérale en vigueur entre les deux États membres concernés (l'État de résidence du contribuable et celui où les déductions étaient sollicitées) et constata qu'en vertu de celle-ci « chaque État impose les pensions reçues par les résidents sur son territoire, quel que soit l'État où les cotisations ont été payées, mais à l'inverse, il renonce à soumettre à

---

39 Voir par exemple FOSSELARD, D., *L'obstacle fiscal à la réalisation du marché intérieur*, Bruxelles, Cahiers de Droit Européen, année 29, No. 3-4, août 1993, p. 465-500.

40 Arrêt du 13 avril 2000, *C. Baars contre Inspecteur der Belastingen Particulieren/Ondernemingen Gorinchen*, affaire C-251/98, *Rec.* p. I-02787.

41 Voir CJCE 14 novembre 1995, *Peter Svensson et Lena Gustavsson contre ministre du Logement et de l'Urbanisme*, affaire 484/93, *Rec.* p. 3955. CJCE 3 octobre 2002, *Rolf Dieter Danner*, affaire 136/00, *Rec.* p. 8147. CJCE 26 juin 2003, *Försäkringsaktiebolaget Skandia (publ) et Ola Ramstedt contre Riksskatteverket*, affaire 422/01, *Rec.* p. I-06817.

l'impôt les pensions perçues à l'étranger, même si elles ont pour origine des cotisations versées sur son territoire qu'il a considérées comme déductibles. » La conclusion qu'elle en tira est que

> la cohérence n'est pas établie au niveau d'une même personne, par une corrélation rigoureuse entre la déductibilité des cotisations et l'imposition des pensions, mais elle est reportée à un autre niveau, celui de la réciprocité des règles applicables dans les États contractants [...]. La cohérence fiscale étant assurée sur la base d'une convention bilatérale conclue avec un autre État membre, ce principe [la cohérence du système fiscal] ne saurait pas être invoqué pour justifier le refus d'une déduction comme celle en cause.[42]

Le raisonnement suivi par la Cour est simple : en ce qui concerne les situations transnationales, les États membres ont renoncé à la corrélation parfaite à l'échelle de chaque contribuable entre déductibilité et imposition. Ils taxeront toujours les pensions perçues par leurs résidents et renonceront en contrepartie à taxer celles des non-résidents. Le fait qu'ils aient ou n'aient pas octroyé de déductions pour les contributions qui ont donné lieu à ces pensions ne joue aucun rôle pour déterminer quel État est compétent pour taxer celles-ci. Dans certains cas, un État taxera pleinement les pensions perçues par un résident sans lui avoir octroyé auparavant aucune déduction pour les contributions payées. Dans d'autres cas, il accordera des déductions sans pouvoir pour autant « récupérer » ces sommes, la pension étant imposable dans l'autre État membre. Globalement, le bilan entre les deux États membres devrait s'équilibrer et cela en assurerait la cohérence du système. Il n'est donc plus nécessaire de garantir cette cohérence à l'échelle de chaque contribuable.

Comme WATTEL le signale « a Member State cannot rely on the *Bachmann* justification for differential treatment of non-residents any more if the cross-border tax aspect is treated by a bilateral tax treaty in a manner which implies that the Member State involved has waived its right its national cohesion in relation to its tax treaty partner in order to reach bilateral cohesion ».[43] Ainsi donc les seules circonstances dans lesquelles l'arrêt *Bachmann* pourrait encore être appliqué seraient l'absence de convention réglant le problème à un niveau bilatéral.[44]

---

[42] Arrêt *Wielockx*, *supra* note 17, points 24 et 25.

[43] WATTEL, *supra* note 13, p. 242.

[44] L'avocat général JACOBS, dans ses conclusions à l'affaire *Danner*, (présentées le 21 mars 2002, affaire C-136/00, *Rec.* p. I-08147) estime que le besoin de préserver la cohérence du système fiscal ne serait invocable pas même en absence de convention bilatérale. Il considère en effet que ce qui est important n'est pas l'existence d'une convention particulaire (entre deux États), mais plutôt l'existence d'un réseau de conventions pour éviter les doubles impositions. Dans son arrêt la Cour ne se prononce pas sur ce point, car en ce cas d'espèce une convention bilatérale avait été

Conclusions

La jurisprudence que l'on vient d'analyser suggère, à notre avis, une « valorisation » positive. Elle a eu le mérite d'opérer une véritable révolution en douceur des systèmes fiscaux des États membres qui a permis d'éliminer les principaux obstacles fiscaux à la libre circulation des personnes, tout en respectant, dans la mesure du possible, les principes fondateurs du droit fiscal international et les intérêts légitimes des États membres.

Toutefois, le caractère inévitablement casuistique du droit de construction prétorienne, implique que certaines questions importantes demeurent sans réponse et que la sécurité juridique des opérateurs économiques s'en ressente. Un certain degré d'harmonisation des législations fiscales des États membres reste donc nécessaire. Malheureusement, celle-ci se heurte encore à d'importants obstacles, notamment à la règle de l'unanimité.

Dans ces circonstances, il est prévisible que tout éventuel progrès dans ce domaine découle d'instruments juridiques non-contraignants, plus facilement acceptables par les états membres et qui échapperaient en outre à l'exigence de l'unanimité. Dans ce sens, l'élaboration sous les auspices de la Commission d'un nouveau modèle de convention de double imposition, un modèle communautaire, plus sensible aux exigences de la libre circulation des personnes et qui apporterait de la lumière aux zones d'ombre de la jurisprudence, pourrait représenter sans doute un pas très important.

---

conclue entre les deux États concernés. Dans l'avenir la Cour pourrait être néanmoins appelée à trancher cette question. Si elle suivait l'opinion de M. JACOBS, ceci équivaudrait à signer définitivement l'acte de décès de la cohérence du système comme exigence impérative.

POUR LES RESSORTISSANTS DES PAYS TIERS

CHAPITRE 12

Vers une politique commune d'immigration par le partenariat international et l'intégration des migrants ?

Sonia GSIR

Chercheuse (P.A.I.) au Centre d'études de l'ethnicité et des migrations à l'Université de Liège

Introduction

Les migrations internationales sont un phénomène complexe mais la globalisation accroît considérablement cette complexité.[1] Cela se traduit par la multiplication et la diversification des schémas migratoires. Si la principale voie d'immigration légale en Europe a été pendant plusieurs décennies le recrutement contingenté de main d'œuvre, actuellement les personnes qui immigrent en Europe empruntent plutôt d'autres canaux comme le regroupement familial, la demande d'asile ou le retour vers le pays d'origine.[2] Les visas de court séjour bien qu'ils ne soient nullement destinés à l'immigration sont utilisés par certains migrants pour s'installer en Europe. Ces derniers se retrouvent dans une situation d'illégalité semblable à celle des migrants qui sont entrés et demeurés en Europe sans aucun titre de séjour dès que leur visa d'entrée est périmé. Ce dernier schéma migratoire n'est pas neuf mais a pris de l'ampleur ces vingt dernières années. Enfin, un autre schéma migratoire semble émerger. Il s'agit de la migration pendulaire. Certains migrants circulent entre le pays d'installation et le pays d'origine à des intervalles

---

1 CASTLES, S. and MILLER, M.J., *The Age of Migration. International Population Movement in the Modern World*, third edition, New York, Palgrave Mac Millan, 2003.

2 C'est notamment le cas des « Aussiedler », ces minorités allemandes qui avaient émigré depuis des générations en Europe centrale et orientale et dans l'ex Union soviétique et qui sont invitées à rejoindre l'Allemagne.

temporels plus ou moins grands, en fonction des opportunités de travail. Tous les États européens, certains plus que d'autres, sont concernés par cette diversité de schémas migratoires. Les politiques migratoires qu'ils ont jusqu'à présent, développées se caractérisent par leur caractère réactif plutôt que proactif.[3] Par conséquent, elles ont souvent été en décalage par rapport aux réalités migratoires et ont plutôt eu tendance à freiner les dynamiques migratoires. Les nouveaux développements des schémas migratoires constituent un défi pour la plupart des États européens.

Outre la variété des schémas migratoires actuels, on observe également des changements en ce qui concerne la situation migratoire de certains États. Ainsi, en Europe méridionale, certains États qui étaient encore principalement des États d'émigration, il y a à peine vingt-cinq ans, sont devenus des terres d'immigration. C'est le cas de l'Italie, l'Espagne, le Portugal ou la Grèce.[4] Et si de tels pays européens se doivent de gérer une situation migratoire nouvelle (arrivée de nouveaux migrants), la plupart d'entre eux ont également à prendre en compte leur situation post-migratoire. Par situation post-migratoire, il faut entendre la situation dans laquelle se trouve un pays où des migrants sont en train de s'établir ou sont déjà établis.[5] Les immigrés déjà installés, en particulier les ressortissants des États tiers, ne jouissent pas dans tous les États d'une situation complètement égalitaire avec les ressortissants nationaux ou communautaires. Cette situation engendre des problèmes au niveau de la cohésion sociale et de la cohabitation.

Les jalons de la politique européenne en matière d'immigration et d'asile qui ont été posés lors du sommet européen de Tampere ont pris en considération les changements et l'évolution des migrations internationales. Contrairement aux politiques nationales, l'approche européenne cherche à appréhender de manière globale le phénomène migratoire. Les dimensions majeures de la migration sont visées et d'une certaine manière, la plupart des acteurs sont pris en considération. Antérieurement, les politiques migratoires étaient autocentrées c'est-à-dire focalisées sur l'État receveur de migrants. Ses frontières, son territoire, sa société étaient le point de référence. Il semble que la perspective européenne, étant donné son caractère supranational, sort de cette politique centrée sur l'État d'accueil de migrants. Désormais, sont

---

3 MARTINIELLO, M., *La nouvelle Europe migratoire. Pour une politique proactive de l'immigration*, Bruxelles, Labor, 2001.

4 KING, R., LAZARIDIS, G. and TSARDANIDIS, CH., *Eldorado or Fortress? Migration in Southern Europe*, New York, Palgrave Mac Millan, 2002.

5 MARTINIELLO, M., « Pour une sociologie de la situation post-migratoire en Belgique » dans M. MARTINIELLO et M. PONCELET (dir.), *Migrations et minorités ethniques dans l'espace européen*, Bruxelles, De Boeck Université, 1993, p. 167.

pris en considération non seulement les États receveurs de migrants mais aussi les États d'origine des migrants, les États de transit et les migrants eux-mêmes.

La migration est considérée dans son ensemble et pas uniquement dans ses effets comme le franchissement des frontières ou la présence d'étrangers sur le territoire national. Cette perspective a au moins deux conséquences. Tout d'abord, elle nécessite une prise en compte de ce qui est en amont de la migration. Les axes de la politique commune d'immigration définis à Tampere indiquent clairement une prise en considération des différentes étapes du phénomène migratoire. Autrement dit, on se rappelle qu'avant d'arriver dans le pays d'accueil appelé aussi pays receveur ou pays hôte, le migrant avait un point de départ, le pays d'origine, et a pu passer par plusieurs étapes, le(s) pays de transit. La stratégie de la politique commune va donc être, en partie, orientée vers les pays tiers qui sont des pays d'origine ou de transit. Elle implique donc de chercher à gérer les migrations non plus de manière exclusivement unilatérale mais en s'appuyant sur un partenariat avec les pays d'origine et de transit. Cette caractéristique de la stratégie européenne qui consiste à intégrer les questions migratoires dans la politique extérieure de l'Union n'a cessé d'être encouragée par le Conseil, de Tampere[6] à Thessalonique[7] en passant par Laeken[8] et Séville, les questions migratoires relevant des Affaires intérieures sont également associées aux Relations extérieures de l'Union. Les Conclusions du Conseil de Séville sont les plus explicites et les plus détaillées sur les moyens pour mettre en place une telle stratégie. Elles comprennent, en effet, un

---

6 « Le Conseil européen souligne que toutes les compétences et tous les instruments dont dispose l'Union, notamment en matière de relations extérieures, doivent être utilisées de manière intégrée et cohérente pour établir l'espace de liberté, de sécurité et de justice. Les questions de justice et d'affaires intérieures doivent être intégrées dans la définition et la mise en œuvre d'autres politiques et actions de l'Union. », Conclusions de la Présidence, Conseil européen de Tampere, octobre 1999, paragraphe 59.

7 « Puisque l'immigration figure au premier rang de ses priorités politiques, l'UE a clairement besoin d'une politique plus structurée, qui couvre tout l'éventail des relations avec les pays tiers, y compris la conclusion rapide d'accords de réadmission avec les pays tiers d'origine les plus importants, ainsi que le renforcement de la coopération avec ces pays ; il s'agirait d'un processus à double sens, visant à combattre l'immigration illégale et à rechercher des voies de migrations légales dans le cadre d'un mandat spécifique. », Conclusions de la Présidence, Conseil européen de Thessalonique, juin 2003, paragraphe 9.

8 « Une vraie politique commune d'asile et d'immigration suppose la mise en place des instruments suivants : – l'intégration de la politique des flux migratoires dans la politique extérieure de l'Union européenne. », Conclusions de la Présidence, Conseil européen de Laeken, décembre 2001, paragraphe 40.

chapitre intitulé *Intégration de la politique d'immigration dans les relations de l'Union avec les pays tiers* où :

> le Conseil européen demande instamment que, dans tout futur accord de coopération, accord d'association ou accord équivalent que l'Union européenne ou la Communauté européenne conclura avec quelque pays que ce soit, soit insérée une clause sur la gestion conjointe des flux migratoires ainsi que sur la réadmission obligatoire en cas d'immigration illégale.[9]

Une seconde conséquence de cette approche plus globale du phénomène migratoire consiste à considérer qu'il ne s'agit pas seulement de gérer des flux. Il n'est plus uniquement question d'une politique d'entrée et de sortie des étrangers sur le territoire de l'Union, la situation post-migratoire prend aussi une place dans l'agenda européen. La deuxième caractéristique importante de la stratégie européenne en matière de politique migratoire est donc la volonté d'aborder l'intégration des migrants dans une perspective commune. C'est également une question complexe car il s'agit à la fois de la question de l'intégration des nouveaux migrants mais aussi de celle des migrants déjà établis et qui restent discriminés par rapport aux ressortissants communautaires.

L'objectif de ce texte est de mettre en évidence ces deux tendances fondamentales de la politique européenne en matière d'immigration en cours d'élaboration d'une part, le partenariat avec les pays d'origine et de transit et d'autre part, la gestion des situations post-migratoires (l'intégration des migrants). Ces deux aspects constituent probablement des défis majeurs de la politique commune en matière d'immigration et d'asile. Le propos est ici limité à la politique d'immigration légale ou illégale. À partir de ce cadre, les nouvelles perspectives ou les « dernières frontières » qui s'ouvrent pour la libre circulation des ressortissants des États tiers dans l'espace européen par ce partenariat avec les pays tiers, et en particulier les pays au sud de la Méditerranée, et par cette intégration commune des migrants sont examinées. Ces deux caractéristiques stratégiques sont abordées de manière distincte. Dans cette optique, on tentera de souligner les éléments clés de trois communications récentes de la Commission : *Intégrer les questions liées aux migration dans les relations de l'Union européenne avec les pays tiers*, *Europe élargie – nouveau voisinage* et *l'immigration, l'intégration et l'emploi*. Des instruments légaux comme *les accords de réadmission* ou *la directive sur le statut des ressortissants des pays tiers résidents de longue durée* qui soutiennent ces caractéristiques stratégiques sont également mentionnés. C'est donc de manière transversale que la question de la libre circulation des personnes est abordée.

---

9 Conclusions de la Présidence, Conseil européen de Séville, juin 2002, paragraphe 33.

I. Le partenariat avec les pays d'origine et de transit

La communication *Intégrer les questions liées aux migration dans les relations de l'Union européenne avec les pays tiers*[10] a été rédigée sous la responsabilité de différents commissaires, Christopher PATTEN (Relations extérieures), Antonio VITORINO (Justice et Affaires intérieures), Poul NIELSON (Développement) et Michaele SCHREYER (Budget). Elle cherche, en effet, à rapprocher des politiques différentes et en particulier, le domaine Justice et Affaires intérieures (JAI) et les Relations extérieures ; l'idée étant d'intégrer des éléments de la JAI dans les politiques extérieures existantes, celles des États membres et celle des Communautés européennes. Elle concerne précisément les relations de l'Union européenne avec les pays en développement.

Il faut souligner que cette communication est présentée comme étant liée à une autre communication qui sortira six mois plus tard, le 3 juin 2003, la communication *sur l'immigration, l'intégration et l'emploi.* Cela témoigne non seulement de la volonté d'une approche plus globale des migrations mais aussi d'une approche plus équilibrée qui se traduit par la volonté affichée d'une gestion des flux migratoires partagée avec les pays d'origine et de transit et aussi par une orientation qui n'est plus exclusivement sécuritaire.

La communication comprend deux sections. La première s'intitule *Migration et développement* et la seconde est un *Rapport sur l'efficacité des ressources financières disponibles au niveau communautaire (en matière de rapatriement des immigrants et des demandeurs d'asile déboutés, de gestion des frontières extérieures et de projets d'asile et de migration dans les pays tiers).* Elle se base sur quatre principes, fondements d'une intégration des questions liées aux migrations dans les politiques extérieures de l'Union : (1) la cohérence globale des politiques et des actions extérieures de l'Union et une approche différenciée par pays, (2) la lutte à long terme contre les causes des migrations et en particulier par l'utilisation des ressources allouées au développement, (3) l'utilisation du cadre des « documents de stratégie nationaux et régionaux » avec une évaluation permanente et (4) la mobilisation de ressources financières supplémentaires.[11]

Dans *Migration et développement,* la première partie décrit les tendances migratoires actuelles en se focalisant d'une part, sur les causes des migrations et d'autre part, sur leurs conséquences, en particulier l'apport économique des émigrés vers leurs pays d'origine. Un bilan des trois catégories de politiques déjà en place est établi dans la deuxième

10 COM(2002)703 final, 3 décembre 2002.

11 Avant-propos, COM(2002)703 final.

partie. Ces politiques consistent en l'assistance régionale aux pays tiers pour la gestion des migrations, l'aide humanitaire d'urgence aux personnes déplacées et aux réfugiés et la politique communautaire de coopération au développement dont l'objectif, à long terme, est de lutter contre les causes des migrations et les stratégies de réduction de la pauvreté. Enfin, la troisième partie développe des orientations politiques articulées en cinq points : (1) le dialogue politique et la clause sur les flux migratoires, (2) les travailleurs qualifiés, (3) les accords de réadmission, (4) les stratégies et les programmes et (5) le renforcement des capacités institutionnelles. Les premier et troisième points sont, dans ce cas, particulièrement intéressants.

Le lien entre l'immigration et le développement doit être inscrit systématiquement dans le dialogue politique qu'a l'Union avec les pays tiers et les questions migratoires doivent être présentes dans le dialogue économique social.[12] Autrement dit, la Commission reprend clairement la recommandation du Conseil de Séville d'inclure une clause sur la gestion conjointe des flux migratoires ainsi que sur la réadmission obligatoire en cas d'immigration illégale dans tout futur accord de coopération ou d'association conclu par l'Union ou les Communautés européennes. Il faut aussi souligner que la Commission, dans ce souci d'approche plus équilibrée, recommande également de ne pas focaliser le dialogue sur la lutte contre l'immigration illégale mais d'aborder également des questions d'immigration régulière, d'intégration des immigrés, de « *mobilité des cerveaux* » et d'aide aux immigrés en séjour régulier sur le territoire de l'Union, désireux de participer au développement de leur pays d'origine. On pourrait entrevoir ici la perspective d'une libre circulation limitée toutefois à certaines catégories d'étrangers : les intellectuels et les acteurs du développement.

Les accords de réadmission sont des mesures qui sont déjà mises en œuvre tant au niveau des États membres qu'au niveau de la Communauté à laquelle le Traité d'Amsterdam avait conféré la faculté de conclure des accords de réadmission. La communication encourage à nouveau la conclusion d'accords de réadmission. Ces accords sont présentés comme un élément clé de la lutte contre l'immigration clandestine. Cette lutte, telle qu'elle est menée par l'Union, est réalisée de deux manières : soit en s'efforçant d'empêcher des migrants d'entrer illégalement sur le territoire, c'est toute la problématique de la gestion des frontières extérieures ; soit, dès lors qu'il y a une présence clandestine sur le territoire, en cherchant à l'extraire du territoire. Tant pour contrôler la frontière extérieure que pour éloigner des migrants clandestins, la collaboration avec les pays tiers est inéluctable. D'où l'importance

---

[12] COM(2002)703 final, paragraphe 9.

accordée à la conclusion d'accords de réadmission qui impliquent que le pays tiers signataire accepte de reprendre ses ressortissants en situation irrégulière dans l'Union européenne et aussi de reprendre d'autres ressortissants dans la même situation, non plus sur la base de leur origine nationale mais en raison du fait qu'ils sont passés par le pays signataire pour atteindre l'Union européenne. Cette politique de réadmission s'adresse donc aux pays tiers en tant que pays d'origine et de surcroît en tant que pays de transit. Si quelques accords de ce type ont déjà été signés, plusieurs d'entre eux comme celui avec le Maroc sont encore en train d'être négociés ou la négociation n'a pas même encore été entamée.[13] Les accords de réadmission sont en effet des accords particulièrement exigeants pour les pays tiers, d'où les difficultés et le temps mis pour les conclure. Même si des mesures d'accompagnement sont envisagées, ils sont un poids supplémentaire pour le pays tiers qui doit alors gérer ces flux migratoires à contre-courant ou de retour forcé en plus de sa propre situation migratoire en pleine évolution (nouveaux migrants, migrants de passage).[14]

L'apport de la communication en la matière est qu'elle évoque des mesures d'incitation supplémentaires pour les pays d'origine ou de transit tout en reconnaissant la difficulté de leur mise en place au niveau communautaire. Elle évoque notamment « des mesures compensatoires dans le domaine de la politique d'immigration, telles qu'une politique des visas plus généreuse à l'égard des pays faisant preuve de coopération et l'augmentation des quotas pour les travailleurs migrants de ces pays ».[15] Il s'agirait donc d'inciter les pays tiers à coopérer activement et concrètement dans la lutte contre l'immigration clandestine tout en les gratifiant d'une politique d'immigration légale plus généreuse.

Une autre communication de la Commission qui a suivi trois mois plus tard et qui envisage plus précisément les relations extérieures de l'Union dans la perspective de l'Europe élargie peut être mise en perspective.[16] Cette communication comprend en effet un chapitre sur les

---

13 En 2001, le Conseil a adopté des mandats pour négocier des accords de réadmission avec le Maroc, la Russie, le Pakistan, le Sri Lanka, Hong Kong et Macao et en 2002, avec l'Ukraine, la Turquie, l'Albanie, la Chine et l'Algérie. Des accords ont cependant déjà été signés : avec Hong Kong, le 27 novembre 2002, avec Macao, en octobre 2003 et enfin, le plus significatif, avec l'Albanie, le 5 novembre 2003.

14 Le Maroc par exemple est traditionnellement un pays d'émigration vers l'Europe. Mais ces dernières années, il est en passe de devenir aussi un pays de transit des migrants subsahariens qui se dirigent vers l'Europe voire un pays d'immigration lorsque ces derniers s'installent.

15 COM(2002)703 final, paragraphe 11.

16 Communication sur l'Europe élargie – voisinage : un nouveau cadre pour les relations avec nos voisins de l'Est et du Sud, COM(2003)104 final, 12 mars 2003.

questions migratoires sur lequel on peut se focaliser d'autant plus qu'un espace de libre circulation plus large que l'Europe élargie est aussi évoqué en filigrane de la communication.

L'élargissement imminent de l'Union européenne a conduit à la définition et à l'élaboration de nouvelles stratégies en matière de relations extérieures avec les pays qui vont, en quelque sorte être rapprochés de l'Union. En effet, l'élargissement de l'Union va de pair avec une dilatation de son territoire géographique et avec un accroissement de l'espace de Schengen puisque les dix pays candidats doivent adopter l'acquis Schengen sans restriction possible. Cela signifie donc que l'Europe élargie se voit dotée d'une nouvelle frontière extérieure et de nouveaux voisins. Sur le versant oriental, en plus de la Russie, les nouveaux voisins de l'Union sont les nouveaux États indépendants : l'Ukraine, la Moldavie et la Biélorussie. Au sud de l'Europe, il n'y a pas à proprement parler de voisins nouveaux mais la perspective de nouvelles relations de voisinage avec les pays méditerranéens.[17] La Méditerranée étant une aire majeure de coopération et d'intégration, il convient donc d'établir une politique de proximité plus large.[18] Cela avait déjà été rappelé au Conseil européen de Feira en 2000. Le document *Stratégie commune du Conseil européen du 19 juin 2000 à l'égard de la région méditerranéenne* comprend d'ailleurs un volet JAI où sont mentionnées les intentions de l'Union de développer une approche commune des migrations et de l'intégration avec les pays méditerranéens.[19]

Cette communication peut certainement être qualifiée de prospective mais elle a le mérite de donner un aperçu des ambitions de la Commission en ce qui concerne les relations extérieures avec les pays aux bords de l'Union et pour lesquels il n'y a pas actuellement de réelle perspective d'adhésion.[20] L'objectif de la stratégie du nouveau voisinage est de « créer un espace de prospérité et de bon voisinage – un 'cercle d'amis' – caractérisé par des relations étroites et pacifiques fondées sur la coopération. »[21] Dans cette optique, l'Union est invitée à offrir à ses voisins une perspective de participation au marché intérieur et la poursuite de l'intégration et de la libéralisation afin de promouvoir les quatre libertés dont notamment la libre circulation des personnes.

> Nous proposons à nos voisins [...] d'avancer parallèlement en direction des quatre libertés fondamentales de l'UE, c'est-à-dire la libre circulation des

17 Maroc, Algérie, Tunisie, Libye, Égypte, Autorité palestinienne, Israël, Jordanie, Syrie et Liban.

18 Discours de Romano PRODI, 17 mai 2003.

19 J.O.C.E. L 183 du 22 juillet 2000, p. 5.

20 La Turquie n'est donc pas visée dans cette communication.

21 COM(2003)104 final, paragraphe 1.

marchandises, des services, des capitaux et des personnes. Le rythme de cette progression dépendra de la volonté de réforme de chaque pays. On dit parfois que les frontières sont les cicatrices laissées par l'histoire. Nous espérons plutôt que nos voisins méditerranéens verront nos frontières élargies comme des passerelles qui leur donneront accès à un avenir meilleur.[22]

Les axes de la démarche de l'Union tels qu'ils sont proposés par la Commission sont : (1) l'extension du marché intérieur et des structures réglementaires, (2) des relations commerciales préférentielles et l'ouverture du marché, (3) des perspectives en matière de migration légale et de circulation de personnes, (4) l'intensification de la coopération en matière de prévention et de lutte contre les menaces communes pour la sécurité, (5) une plus grande implication de l'Union dans la prévention des conflits et la gestion des crises, (6) le renforcement des efforts de promotion des droits de l'homme, d'intensification de la coopération culturelle et d'amélioration de la compréhension mutuelle, (7) l'intégration aux réseaux de transport, d'énergie et de télécommunication et à l'espace européen de recherche et (8) de nouvelles sources de financement.[23] Les questions relatives aux migrations et à la mobilité sont très tôt mentionnées dans la stratégie, point (3). Elles apparaissent donc comme prioritaires au niveau des relations extérieures. Les nouvelles perspectives décrites consisteraient à instaurer des mécanismes permettant aux travailleurs de passer d'un territoire à l'autre et permettre, à long terme, *la libre circulation des personnes et des travailleurs.*[24] Il s'agirait d'adopter une politique de visas de long séjour pour favoriser les échanges culturels et techniques ; d'instaurer un système convivial de gestion du petit trafic frontalier ; de *faciliter la circulation des citoyens des pays voisins* participant à des actions et des programmes communautaires ; d'*accorder l'accès sans visa* aux titulaires de passeports diplomatiques et de service ; d'*étendre l'application des régimes d'exemption de visa* ; d'adopter une démarche commune pour assurer l'intégration des ressortissants étrangers originaires des pays voisins ; de soutenir les efforts des pays voisins pour lutter contre l'immigration clandestine et d'instaurer des mécanismes efficaces de retour en particulier pour les migrants clandestins. Les premières dispositions mettent l'accent sur la libre circulation plutôt que sur la migration comme s'il s'agissait véritablement à plus long terme d'envisager une mobilité facilitée de toute une série de catégories comme les travailleurs, les frontaliers, les diplomates, les artistes, les techniciens entre l'Union et

22 PATTEN, Ch., « Notre destin n'est pas inscrit dans les étoiles, il est entre nos mains… », article sur le partenariat euro-méditerranéen, 2 décembre 2003, http://europa.eu.int/comm/external_relations/news/patten/euromed_02_12_03_fr.htm.

23 COM(2003)104 final, paragraphe 3.

24 Tous les éléments en italique dans ce paragraphe sont soulignés par l'auteur.

ses voisins « amis ». Les dernières dispositions se focalisent d'une part, sur la lutte contre l'immigration clandestine avec à nouveau la nécessité de conclure des accords de réadmission et d'autre part, sur l'intégration des migrants ressortissants des pays voisins.

La méthode prônée pour atteindre les multiples objectifs de cette communication est basée sur une approche différenciée et progressive qui part du constat que les relations entre la Communauté européenne et les États membres de l'Union et les pays voisins ne sont pas toutes au même point. La base de la nouvelle politique de voisinage est donc, première caractéristique, la différenciation ; autrement dit, elle envisage des politiques de voisinage au cas par cas. La seconde caractéristique est une méthode progressive : les nouveaux avantages octroyés par l'Union iraient de pair avec les progrès réalisés par les pays voisins. Le cadre institutionnel de cette politique de voisinage est d'abord les accords existants comme les accords d'association, de partenariat et de coopération et puis éventuellement, l'élaboration d'un nouveau type d'accords : les accords de voisinage. Il faut aussi souligner que la Commission propose de promouvoir la coopération régionale et intra-régionale et également de s'appuyer sur certaines organisations internationales. Elle poursuit donc des engagements de la déclaration de Barcelone où la coopération intra-régionale a été définie. Quant à la coopération avec certaines organisations essentielles comme l'OSCE, le Conseil de l'Europe ou l'Organisation internationale du travail, elle est envisagée comme une participation à la définition des « critères de référence » qui permettraient d'évaluer les relations avec les partenaires.

II. L'intégration des migrants

Les conclusions du Conseil européen de Tampere exprimaient la volonté de rapprocher les droits des ressortissants des pays tiers résidant légalement dans l'Union de ceux des citoyens européens. Plus récemment, lors du Conseil de Thessalonique, la nécessité de développer une politique commune d'intégration des migrants a été largement mise en avant.[25]

Dans la communication *sur l'immigration, l'intégration et l'emploi* du 3 juin 2003,[26] l'Union se présenterait désormais comme un continent qui accepte sa composante d'origine immigrée et qui admet également les possibilités de s'ouvrir à des migrations légales de type économique. Mettre en œuvre des politiques d'intégration suppose en effet une

25 Conclusions de la Présidence, Conseil européen de Thessalonique, juin 2003, paragraphes 28 à 35.

26 COM(2003)336 final, 3 juin 2003.

reconnaissance de catégories de personnes à intégrer : les migrants. Ceux-ci ne sont donc plus perçus ni présentés comme temporairement présents. La communication rappelle aussi que l'Union européenne encourage la mobilité des ressortissants des pays tiers au sein de l'Union.[27]

La communication évoque les principaux éléments des politiques globales d'intégration : l'intégration dans le marché du travail c'est-à-dire le droit à l'emploi, l'intégration par l'éducation et la formation, par le logement, par l'accès aux services sociaux et aux soins de santé, par la participation à la vie socioculturelle et l'intégration citoyenne et politique. On peut situer la question de la libre circulation des migrants à ce dernier niveau, celui de l'intégration citoyenne et politique pour différentes raisons. Tout d'abord, dans le Traité instituant la Communauté européenne, la libre circulation des personnes est, d'emblée, attachée à la citoyenneté européenne.[28] « Tout citoyen de l'Union a le droit de circuler et de séjourner librement sur le territoire des États membres, sous réserve de limitations et de conditions prévues par le présent traité et par les dispositions prises pour son application. »[29] Le projet de Constitution indique que circuler librement dans l'espace européen fait partie intégrante des droits des citoyens européens.[30] Mais, ce que l'on peut souligner c'est que dans la Charte des droits fondamentaux de l'Union, « la liberté de circulation et de séjour peut être accordée, conformément à la Constitution, aux ressortissants de pays tiers résidant légalement sur le territoire d'un État membre. »[31] Ce droit peut donc s'étendre aux ressortissants des pays tiers résidant légalement dans l'Union. Ne peut-on dès lors considérer que la notion de citoyenneté européenne se rapproche encore plus de la citoyenneté de résidence ?

Par ailleurs, la communication *sur l'immigration, l'intégration et l'emploi* évoque la notion de citoyenneté civile déjà introduite par une communication précédente *sur une politique communautaire en matière*

---

27 Cf. nouveau règlement (CEE) n°1408/71 qui vise à conférer aux ressortissants non communautaires résidents légalement dans l'UE les mêmes droits que les ressortissants de l'UE lorsqu'ils se déplacent à l'intérieur de l'Union (COM(2003)336 final, paragraphes 1.1 et 1.2.).

28 « Le marché intérieur comporte un espace sans frontières intérieures dans lequel la libre circulation des marchandises, des personnes, des services et des capitaux est assurée dans les dispositions du présent traité. », Traité CE, article 14, paragraphe 2.

29 *Ibid.*, article 18, paragraphe 1.

30 Titre II de la Constitution (Les droits fondamentaux et la citoyenneté de l'Union), article 8.2.

31 Charte des droits fondamentaux de l'Union, article II-45, paragraphe 2 sur la liberté de circulation et de séjour.

d'immigration.[32] Cette citoyenneté civile est définie « comme la garantie aux immigrants d'un certain nombre de droits et d'obligations fondamentaux. »[33] Cette citoyenneté n'est pas basée sur la nationalité mais plutôt conditionnée par la durée de résidence. La nouvelle communication propose d'utiliser le concept de citoyenneté civique pour promouvoir l'intégration. Par cette citoyenneté, les ressortissants des pays tiers pourraient être assurés du même traitement que les ressortissants communautaires sans pour autant prendre la nationalité d'un État membre. Les citoyens étrangers pourraient dès lors circuler librement dans l'Union.

Cette communication s'inscrit également dans les suites de la stratégie de Lisbonne de mars 2000 où l'Union européenne affirme son ambition de devenir « l'économie de la connaissance la plus compétitive et la plus dynamique du monde capable d'une croissance durable accompagnée d'une amélioration quantitative et qualitative de l'emploi et d'une plus grande cohésion sociale. »[34] Les migrants peuvent aussi contribuer à cette ambition de l'Union européenne. La Commission mentionne d'ailleurs le rôle favorable de l'immigration sur l'économie et rappelle que certains pays de l'Union ont mis en place des programmes d'immigration temporaire pour faciliter l'accès à leur marché du travail à des travailleurs étrangers.

Pour terminer, il faut mentionner l'adoption récente d'un instrument qui s'inscrit dans cette stratégie d'intégration. Il s'agit de la directive relative au statut des ressortissants des pays tiers résidents de longue durée qui a été adoptée par le Conseil le 25 novembre 2003.[35] Elle a pour objectif « d'assurer une véritable intégration des ressortissants des pays tiers qui sont installés durablement sur le territoire des États membres. »[36] Cette intégration passe par un rapprochement des législations nationales et par la mise en œuvre de l'article 63, paragraphe 4 du TCE.[37] Par conséquent, la libre circulation devient un élément explicite de l'intégration des migrants.

---

32 COM(2000)757 final.

33 COM(2003)336 final, paragraphe 3.3.6.

34 COM(2002)14 final, 15 janvier 2002.

35 Cette directive est le résultat d'une proposition de la Commission faite le 13 mars 2001 (COM(2001)127 final). Un accord politique des ministres de l'Intérieur a été réalisé en juin 2003.

36 COM(2001)127 final, paragraphe 1.5.

37 « Le Conseil, statuant conformément à la procédure visée à l'article [67], arrête, dans les cinq ans qui suivent l'entrée en vigueur du Traité d'Amsterdam : [...] des mesures définissant les droits des ressortissants des pays tiers en situation régulière de séjour dans un État membre de séjourner dans les autres États membres et les conditions dans lesquelles ils peuvent le faire [...] » (*Ibid.*).

L'importance de cette directive tient au fait qu'elle donne aux ressortissants des pays tiers résidant légalement dans l'Union européenne depuis cinq ans la possibilité de séjourner plus de trois mois, et donc de s'établir, dans un autre État membre de l'Union. Elle supprime la discrimination entre ressortissants communautaires qui bénéficient de la libre circulation et ressortissants des pays tiers qui n'avaient pas le droit de séjourner plus de trois mois dans un État membre autre que celui où ils sont résidents. D'autre part, elle cherche à correspondre aux exigences du marché de l'emploi qui nécessite souplesse et flexibilité à cause des pénuries de main d'œuvre dans certains secteurs et peut donc être aussi comprise comme un instrument qui servira la stratégie de Lisbonne.

Par ailleurs, on peut encore indiquer que dans la communication *sur l'immigration, l'intégration et l'emploi,* l'une des orientations stratégiques est « d'approfondir le dialogue avec les pays tiers ». Référence est d'ailleurs faite à la communication de décembre 2002. Il s'agit de « créer une dynamique avantageuse à la fois pour l'Union européenne et pour les pays d'origine, spécialement pour ce qui est des travailleurs migrants temporaires ».[38] Le lien est donc fait, la boucle bouclée, il s'agira désormais de poursuivre le dialogue avec les pays tiers en le focalisant sur la lutte contre l'immigration illégale mais aussi sur les voies légales d'immigration. Une coopération dans le premier domaine pourrait se voir compensée par des ouvertures dans le second domaine en fonction du marché de l'emploi européen. À ces relations d'échanges, il faut encore greffer le dialogue sur l'intégration des ressortissants des pays voisins. La proximité géographique peut être transformée en atout. De part et d'autre des rives de la Méditerranée, il est essentiel que le franchissement légal des personnes et des marchandises soit facilité.

Conclusion

La stratégie européenne en matière d'immigration semble ne plus être uniquement motivée par la lutte contre l'immigration illégale. Il y a d'une part, un souci d'intégrer les migrants (ressortissants d'États tiers) et les personnes d'origine immigrée qui résident dans l'Union légalement et d'autre part, une ouverture semble se dessiner du côté de l'immigration économique. Cependant, il faut se rappeler que la traduction des intentions dans les actes législatifs est parfois bien éloignée du caractère libéral des déclarations. Un seul exemple, la directive sur le regroupement familial qui émet tellement de restrictions et de conditions

[38] COM(2003)336 final, paragraphe 4.9.

que l'on en vient presque à se demander si elle était bien au départ motivée par le respect du droit à vivre en famille.

Les accords de réadmission vont-ils se négocier autour d'une facilitation de la migration légale proche de la mobilité de certaines catégories de personnes comme certains travailleurs ou autour de l'intégration ? Les conclusions de la présidence de la conférence euro-méditerranéenne des ministres des Affaires étrangères expriment en tout cas une volonté d'« adopter une approche globale et équilibrée entre les considérations de sécurité et la gestion des flux migratoires d'une part et d'autre part, avec la facilitation de la mobilité légale des personnes et l'intégration sociale des migrants ».[39]

La stratégie de l'intégration des migrants permet, à court terme, pour ceux qui résident depuis cinq ans sur le territoire d'un des États membres et à moyen terme, pour d'autres catégories de type économique (quotas de travailleurs temporaires) une plus grande mobilité. La stratégie du voisinage pourrait à long terme permettre aussi une certaine mobilité des ressortissants des pays voisins au sein de l'Union.

Si l'on peut se réjouir que la politique d'immigration de l'Union européenne cherche à sortir du cadre des affaires intérieures et à se définir également dans les relations avec les pays d'origine et de transit, on est en droit de s'interroger sur les résultats concrets. Il semble, en effet, qu'il ne soit question de partenariat avec les pays d'origine et de transit que dans les intentions. La définition unilatérale des relations avec ces pays, qu'ils soient proches ou plus éloignés, va devoir certainement être réajustée en fonction des réactions de ces pays. Les avoir associés d'emblée à la définition des modalités du partenariat aurait sans doute permis de mieux cibler les objectifs et d'offrir une base plus ferme pour un partenariat à long terme en particulier en ce qui concerne la gestion des migrations mais aussi pour d'autres domaines. Mais une telle association supposerait d'envisager une gestion des migrations non plus uniquement européenne mais mondiale.

[39] Conclusions de la Conférence euro-méditerranéenne des ministres des Affaires étrangères, Naples, les 2 et 3 décembre 2003, paragraphe 40.

CHAPTER 13

The EU's Outer Shield of Free Movement

Integrated External Border Management and the European Border Guard Project

Jörg MONAR

Chaire d'excellence Marie Curie de l'Union européenne, Institut d'études politiques, Université Robert Schuman, Strasbourg and Professor at the College of Europe, Bruges

Introduction

Since the entry into force of the Treaty of Amsterdam in 1999 the free movement of persons has been embedded in the new fundamental treaty objective of the creation of an "area of freedom, security and justice" (AFSJ). Article 2 TEU actually defines the AFSJ as an "area" in which the free movement of persons is assured in conjunction with appropriate compensatory measures of which external border controls are mentioned first. The prominence thus given to measures with respect to external borders controls seems perfectly justified. As the outer shield of the AFSJ the EU's external borders are of crucial importance for at least two of the major functions of the AFSJ as the legal, political and physical framework within which free movement of persons is to be assured: to provide citizens with a "high level of safety"[1] and to allow for a "more efficient management of migration flows".[2] The 2004 EU enlargement to ten new Member States will considerably increase the challenges for EU external border controls: not only is this enlargement going to lengthen the external land and sea borders of the Union by several hundreds of kilometres, but many of the new Member States –

1 Articles 29 TEU and 61(e) TEC.

2 Paragraph 22 of the Presidency Conclusions of the Tampere European Council of October 1999, Council document Press 200/1/99.

facing organisational, personnel, equipment and funding problems – will have to struggle to meet the standards of external border control and safety which current Member States have been developing and implementing over more than a decade. The EU's response to these challenges has been the aim to gradually develop an "integrated border management" which could ultimately involve the establishment of a common European Border Guard – clearly one of the most revolutionary answers to the challenges of border management in Europe.

After exploring the historical and political background of co-operation between EU Member States on external border issues this chapter will evaluate the likely advantages and difficulties of the main models for a European Border Guard. It will then look at the implementation of the EU Council's 2002 action plan on the management of external borders which has generated a number of concrete multinational co-operation projects which can be regarded as intermediate steps on the way towards a potential European Border Guard. The chapter will conclude with an assessment of the potential and limits of "integrated external border management" in the enlarged Union.

I. Historical and Political Background

Co-operation between Member States regarding issues of external border security started in a systematic way in the second half of the 1980s within the Schengen context. Originally the Schengen system only comprised five Member States[3] which – in contrast with the others – were willing to go ahead with the abolition of internal border controls between Member States and had to do so outside of the framework of the EC Treaties. The objective of a full abolition of these controls as laid down by the Schengen Agreement of 14 June 1985 was to a large extent based on the idea that common standards, procedures and even certain common instruments – such as the Schengen Information System (SIS) – at external borders should compensate for the "loss" of controlling possibilities at internal borders. Since the Schengen Convention finally entered fully into force on 26 March 1995, checks and surveillance at the external borders of the EU Member States party to the Convention have been governed by uniform common principles.[4] This created *de facto* a single internal security zone encompassing all Schengen members in which the absence of any internal border controls

3 Belgium, France, Germany, Luxemburg and the Netherlands.

4 The basic principles of Schengen external border controls are established in Title II, Chapter 2 of the "Convention Implementing the Schengen Agreement" of 19 June 1990. The detailed rules for applying them are laid down in the "Common Manual for External Borders".

meant that the external border parts of each individual Schengen member became a matter of common concern. This Schengen internal security zone – often mockingly referred to as "Schengen-Land" – currently not only comprises 13 of the 15 Member States (Ireland and the UK having insisted on preserving their "opt-outs" on the abolition of internal border controls), but also Iceland and Norway as "associated" Schengen members, i.e. members fully implementing the *acquis* but – because of their non-EU member status – not having formal decision-making rights. Over the years the Schengen members have not only extended more and more the corpus of common standards and procedures aimed at a high level of external border security, most of them laid down in the Schengen "Border Manual", but also increased the sharing of information on border security relevant issues (mainly, though not exclusively through the SIS) and other forms of co-operation such as the posting of liaison agents, common training projects and occasional co-ordinated or joint operations.

In the context of the completion of the Internal Market there was also a move in the EC as a whole towards increased co-operation on external border security issues, involving Ireland and the United Kingdom in spite of their non-participation in Schengen, but this move suffered a major setback in 1991 (and again in 1993) when the proposed EC external frontiers convention failed to be adopted mainly because of the British-Spanish differences over Gibraltar.[5] This, however, did neither prevent the Member States from developing further bilateral and multilateral co-operation on border security issues (such as, for instance Franco-British co-operation on controls in the Channel area) nor from agreeing on a number of common EU texts on external border issues such as the recommendations on effective control practices at external border for applicant countries (1997) and on the provision of forgery detection equipment at borders (1998). The launching of the "Odysseus" programme in 1998, which allowed for common training measures, exchanges and studies in the area of external border crossings and controls, marked a further step towards a common EU approach beyond the limits of the Schengen group.

At the end of the 1990s a number of factors created an even more favourable context for an EU-wide common approach to external border security. Of primary importance was the entry into force of the Treaty of Amsterdam in 1999 which finally led to the incorporation of the Schengen system into he EU – with a continuing opt-out for Ireland and the

5 On the initial progress made in the Schengen context and the setbacks regarding the external frontiers convention see DE LOBKOWICZ, W., *L'Europe et la sécurité intérieure*, Paris, La Documentation française, 2002, p. 23-27 and 32.

United Kingdom, but an obligation for all newly acceding Member States to adopt in full the Schengen *acquis* – and extended possibilities for the Union to act on external border issues. Yet there were also other favourable factors such as the increasing inclusion of external borders into EU strategies for the fight against cross-border crime and illegal immigration from the Tampere European Council of October 1999 onwards, mounting common concerns over security at the new post-enlargement external borders and, last but not least, the British and Irish opt-in into parts of the Schengen *acquis* since 1999.

II. The Emergence of the European Border Guard project: The Italian Feasibility Study and the Commission Proposals of 2002

With the big eastward enlargement approaching fast it became more and more clear to EU Member States during 2000/2001 that the external border control capabilities of the future new Member States were not going to fulfil EU/Schengen standards by the time of accession in 2004 and that substantial help by the EU would be needed well beyond the time of accession. There were also more general concerns about external border security as an important instrument in the fight against illegal immigration and international crime, later reinforced by the events of 11 September 2001. In spite of their common standards and procedures the Schengen countries were also acutely aware that differences in national legislation and administrative practice was causing security discrepancies between sections of external borders controlled by the different Member States. A feasibility study on the management of the EU's external maritime borders submitted to the Commission in July 2003 indicated, for instance, that while border controls on persons entering Schengen tend to be carried out up to a 100% level in northern Europe (Finland, Denmark, Sweden and Germany) but only to a significantly lower percentage in southern Europe where migratory pressures are higher, where there are far more non-Community passengers and where border police authorities can only carry out sample controls at peak times. There are also considerable variations as regards the technical equipment (optical passport scanners, instruments to detect false passports, access to relevant databases) available at points of entry.[6] Different interpretations of the rules on SIS alerts, to give another example, affect both the efficiency and homogeneity of Schengen external border management.

---

6 Feasibility study on the control of the European Union's maritime borders, EU Council document 11490/1/03 of 19 September 2003, p. 23.

All this led several Member States to give support to the idea of setting up a common European service for the safeguarding of EU external borders. The main arguments in favour of such a move were that it would provide an instrument of solidarity for sharing the burden of controlling external borders in the enlarged Union and allow for a better use of personnel and technical resources as well as of available expertise, while at the same time also marking a step forward for political integration. After the idea of creating a "European Border Police" had been brought up in the Council by a joint initiative of Germany and Italy at the beginning of 2001 a group of countries including Belgium, France, Germany, Italy and Spain embarked under Italian leadership in October 2001 on a feasibility study on such a European Border Police which was backed by the European Commission and financed on an 80% basis under the Odysseus-Programme.[7] Other Member States, including the UK, shared the view that more co-operation on external border issues was needed, but expressed reservations about the idea of creating a European Border Police corps.

The Laeken European Council of 14 and 15 December 2001 arrived at a carefully worded compromise on co-operation on external border issues. It gave the Council and the European Commission a mandate to work out "arrangements for co-operation between services responsible for external border control and to examine the conditions in which a mechanism or common services to control external borders could be created".[8] The terms "European Border Police" or "European Border Guard", although already used by some Member States' governments, did not appear in the mandate.

In response to the Laeken mandate the European Commission presented on 7 May 2002 a Communication on the way "towards an integrated management of external borders" to the Council and the European Parliament.[9] Based on an analysis of the main challenges at external borders and the current state of co-operation between Member States this Communication proposed a gradual move towards an "integrated management" of external borders which would start with a consolidation and codification of common rules and standards for external border controls, continue, *inter alia*, with the creation of an "External borders practitioners common unit" and various other co-operation mechanisms, leading then to financial burden-sharing mechanisms and – finally – a "European Corps of Border Guards". The use of

7 See Bundesministerium des Innern, SCHILY, O., "Guter Start auf dem Weg zur Europäischen Grenzpolizei" (Press Communication), Berlin, 30 May 2002.

8 Conclusion No. 42 of the Laeken Council.

9 COM(2002)233 final.

the term "integrated management" by the Commission appeared doubly justified as the proposals were aiming at a progressive integration both between the border security services of the different Member States and between the different services in charge of external border security (border guard forces, customs, immigration services etc.). The Commission placed a particular emphasis on enhancing operational synergies between services and on arriving at a more homogenous level of security at external borders. With its more long-term approach to the creation of a European Border Guard the Commission clearly made an effort to satisfy both the advocates and the sceptics of such a project, placing a lot of emphasis on the practical progress which could be achieved in various fields in the meantime. As all of the Member States could find substantial elements in the Communication which they were able to support its reception was broadly positive, although several Member States did not agree with the Commission's view that integrated border management should ultimately lead to the creation of a European Border Guard Corps.

On 30 May 2002 the Italian led feasibility study on the creation of a European Border Police was presented at a Ministerial Conference in Rome under the auspices of the Spanish Presidency.[10] The feasibility study was based on the input of a number of national experts, most of which tended to defend their national methods and organisational structures. This partially explains why the feasibility study – rather than coming out clearly for or against the creation of a European Border Police – advocated instead a complex network of national border police forces which would be linked by a number of important common elements. These would include "centres" in different Member States specialising in different areas of border security expertise serving as "knots" of the network, common units for special tasks, including a "rapid response unit", common risk assessment, a certain degree of financial burden-sharing and a common training curriculum. While filled with detailed operational and organisational assessments and recommendations the "polycentric" network model proposed by the study was lacking in clarity, providing a mosaic of proposed structures and individual measures rather than a grand design. Even some of the participating Member States were not fully satisfied, and a Brussels source seems even to have dismissed the entire study, rather harshly, as "80 pages of waffle".[11] Yet in spite of its shortcomings the Italian feasibility study made it clear that there are indeed different possible

---

10 Feasibility Study for the Setting Up of a "European Border Police", Final Report, Rome, 30 May 2002.

11 According to Ian BLACK and Rory CARROLL in *The Guardian*, 31 May 2002.

models for a European Border Guard which are ultimately based on different political concepts on how far "integration" should go in the domain of external border controls. These models merit a closer look.

III. The Different Models of a European Border Guard

The debate about a European Border Guard during the last two years has shown that a large number of EU Member States have remained unconvinced of the need claimed by others to create a fully integrated EU border guard structure. The British Government, for instance, has consistently expressed its strong preference for an improvement of external border security through an intensification of existing forms of co-operation and co-ordination between national border control forces or their equivalents, and also the British House of Lords at the end of a thorough inquiry on the subject came to the conclusion that the case for a "fully-fledged national force has not been made".[12] Finland has been staunchly advocating its own system of external border security which is placing more emphasis on efficient co-operation with border guards on the other side of the border rather than the creation of common EU structures. Yet both Commissioner Antonio VITORINO and German Minister of the Interior Otto SCHILY have repeatedly given support to the idea of creating an integrated EU border control force and the European Parliament has come out firmly in favour of an EU funded "European Corps of Border Guards".[13]

On the basis of the discussions inside and outside of the EU Council so far it makes sense to distinguish between two different models of creating such a structure:

The first model would involve the creation – surely only in a longer term perspective – of an integrated border guard force under the authority of the Council. It would have a common command structure and common training and equipment standards, financed through the EU budget and would be vested with full law enforcement powers at external borders, partially or (eventually) totally replacing national border police forces.

The second model would mean the creation of a European Border Guard as a "network" of national border guard units. According to this model – which takes up substantial elements of the Italian lead feasibility study – national border guards would continue to exist as separate

---

12 House of Lords, Select Committee on the European Union: Proposals for a European Border Guard, Session 2002-03, 29th Report, July 2003, p. 24, paragraph 82.

13 European Parliament Resolution of 15 January 2003, Bulletin of the European Union, 1/2-2003, point 1.4.11.

national forces but they would be subject to common instructions issued by a Council body and based on common training and equipment standards. Certain parts of the national border guards could be trained and equipped to constitute a contingency reserve (or "rapid response force") consisting of national units able to merge into joint units and capable to be deployed at particular "hot spots" at external borders upon request and approval by the Council body.

The first model would clearly be the most straightforward and efficient one from an organisational point of view and would go furthest with the creation of a comprehensive system of burden-sharing and mutual trust building at external borders. Once such a force would have been put into place the EU external borders of each of the respective Member States – obviously including sea borders and airports – would be controlled and patrolled also by border guard officers from other Member States on the basis of common rules, which should remove any grounds for lack of trust in external border security standards in other Member States. The financial burden of ensuring adequate standards at EU external borders would be spread amongst all Member States via the financial solidarity mechanism of the EU budget, removing the problem of some the financially weakest Member States in the enlarged EU having to face the biggest burden on external land border controls largely on their own.

Yet this model of an integrated force would also be the most difficult to implement. The example of the establishment of the European police organisation Europol – which after nearly a decade of development still does not have any operational powers – has shown how reluctant most Member States are to create any supranational body in the law enforcement field and to confer law enforcement powers in their territory on officials from other Member States. With borders remaining one of the primary symbols of national sovereignty the idea of putting them under the control of a common multi-national force – with officers of other EU countries acquiring full law enforcement powers at national borders – is likely to encounter fierce political resistance in many Member States. This also applies to those which would – in terms of burden-sharing – benefit most from the creation of such a force, i.e. the new Central and Eastern European countries. While welcoming any help from current Member States in terms of financial support, training and transfer of expertise none of them seems currently keen on seeing border guard officials from other EU countries appearing with enforcement powers at their external borders. Having regained their full national sovereignty only at the end of the Cold War most of these new Member States are wary of the creation of further supranational structures at the EU level restricting their sovereignty. A statement made by

Colonel Marian KASINSKI, Deputy-Commander-in-Chief of the Polish Border Guard, in the context of a recent inquiry of the British House of Lords, that "each one [i.e. country] should try to protect its own borders" is quite characteristic in this respect.[14]

Besides these fundamental political obstacles the integrated force model would also encounter a range of very difficult legal and organisational problems. The creation of a multi-national border guard force would necessitate substantial changes to national legislation, in several countries even amendments to the Constitution. These would force national governments into a major parliamentary and public debate over an issue which for the reasons indicated above could politically be very controversial.

The organisational difficulties would also be very considerable. An integrated force would need to be created through the merger of national forces which up to now are marked by major differences in terms of tasks, structures, training and equipment. To appreciate the difficulties of such an integration one only needs to think, for instance, about the enormous differences between the large German Federal Border Guard with its comprehensive set of tasks and its many elements of military-like organisation on the one hand and the British Immigration & Nationality Directorate (IND) with its totally different tasks and organisational principles. There is also the problem of the language barriers which continues to affect even some of the more well established forms of bilateral co-operation between national border guards, such as the German-Polish co-operation along the river Oder. The language problems in an integrated border guard force consisting of officials from 25 different Member States could only be effectively resolved by agreement on one official language, which would, again, be politically quite sensitive and would require an unprecedented effort in language training.

The second – "network" – model would clearly be more easy to implement as it would leave national forces legally and structurally largely untouched, bringing them only gradually and to a limited extent under a common regime of standards and procedures. The network model, which also formed the basis of the Italian feasibility study proposals, currently certainly enjoys much more political support among the Member States than the integrated force model, and the Council Action Plan of June 2002 (see below) would – if fully implemented – indeed go a long way towards the creation of a network European Border Guard.

---

14 House of Lords, Minutes of evidence taken before the Select Committee on the European Union (Sub-Committee F), Warsaw, 4 March 2003, provisional transcript, p. 14.

Under the network model the creation of common structures would be limited to the steering body in the Council framework, a number of joint "centres" for common analysis and co-ordination purposes and the possibility of deploying specially earmarked units in joint operations as part of a "rapid response force". Although some organisational problems would also need to be resolved under a network model – especially as regards the creation and operation of the "rapid response force" – these would be on a much smaller scale than in the case of a permanent border guard force. The "costs of change" imposed through gradual standardisation of training and equipment would overall be lower as separate national forces would remain the core elements of the system, and political resistance would, as a result, most likely be much more limited. The network model would also provide enough scope for the setting up of innovative structures of co-operation such as, for instance, a common intelligence unit on external border security or a common training institution for senior border guard officials.

There are, however, also a number of specific problems with the network model of a European Border Guard. As separate national forces would continue to exist the effectiveness of the network would heavily depend on all of these forces implementing external border control standards and procedures as uniformly as possible in line with the common guidelines issued by the Council steering body. The adoption of sufficiently precise, demanding and timely common standards could turn out to be a major challenge in itself in a EU of 25 or more Member States. An even bigger challenge would be to secure a sufficiently effective and uniform implementation with national forces – at least for many years – still being organised on different principles with different powers, different political and legal contexts and different cultures. This could only be achieved by constant mutual monitoring and evaluation and extensive common training measures. The Schengen group has already many years of experience with mutual evaluation, but their mechanisms have not been as effective as originally envisaged, and it has become clear that an even tougher system (with, for instance, no advance notice of inspection visits and the possibility of sanctions) would be needed to generate enough pressure on national forces. As the Schengen group of currently 12 members had its difficulties with that, it can by no means be taken for granted that there would be enough political will in a EU of 25 Member States to agree on such a tougher system for securing "enforcement".

Effective operational co-operation between the national forces would obviously be crucial for the success of a network European Border Guard. This would require a major effort in training, language learning and standardisation of equipment. The example of the EU naval monitoring exercise of illegal immigration sea routes in the Western Mediterranean at the beginning of 2003 (operation "Ulysses", see below), which was partially impaired by language problems and incompatibilities between the participating ships' communication systems,[15] has shown how important and difficult to overcome these problems are. The standardisation and training efforts would require considerable pressure from the centre – which raises again the question of sufficient political will – and substantial financial resources which would necessitate an effective system of burden-sharing through the EU budget if protracted negotiations over national contributions should be avoided.

Finally there is also the question of the degree of standardisation and common control over national forces which would be desirable and feasible. With the principle being to base the network on existing national structures, Member States are most likely to resist any major changes to their national services in charge of border controls, especially if these are perceived to be costly and contrary to well established national traditions. It seems most unlikely, for instance, that a British government would wish to transform or replace its IND to bring the British system closer to "continental" models of border police forces. Major organisational cleavages would therefore continue to exist, affecting the effectiveness of the whole network.

IV. The June 2002 Action Plan

Differences over both the question of the actual need for a European Border Guard and the model to be aimed at made it that the project lost some momentum after the presentation of the Italian feasibility study at the end of May 2002. Yet at the same time the Council had come under serious pressure to act on the external border control issues as Prime Ministers Tony BLAIR and José Maria AZNAR in a joint letter of 16 May 2002 had jointly called for more measures at external borders in the fight against illegal immigration. As a result the EU Heads of State or Government were going to focus on the illegal immigration problem at the upcoming Seville European Council. On 13 June the Council therefore agreed on a "Plan for the management of the external borders of the Member States" which took up most of the analysis and of the proposals of the Commission Communication, merging it only with some of the elements of Italian led feasibility study (such as the idea of creating a network structure).[16]

---

15 See article "Mediterranean Joint Patrols Fail to Stop Migrants" in *The Independent*, 11 March 2003.

16 Council document 10019/02 of 14 June 2002.

The June 2002 Council Action Plan, which was then formally endorsed by the Seville European Council on 21 and 22 June 2002, was different from the Commission Communication mainly in that it placed distinctly less emphasis on common legislation and common financing in the field of border controls and referred only in rather vague terms to a later "possible decision" on the setting up of a European Corps of Border Guards which would support but not replace national border police forces.[17] Thereby the June 2002 Plan left the door open to the introduction of a European Border Guard but did not commit the Union to such a course of action. Instead it provided for a wide range of more immediate practical measures on "integrated management" of external borders which are likely to shape the Union's policy on external border controls for at least half a decade. These measures can be divided into five groups:

A. Common Operational Co-ordination and Co-operation Mechanisms

Measures under this heading include the setting up of an "external borders practitioners common unit" with wide ranging co-ordination and controlling functions, the creation of national contact points for border management issues, the setting up of a network of "operational centres" in charge of specific implementation measures of the plan, the launching of more joint operations at external borders and of a number pilot projects on standards and procedures at external borders. One of the priorities under this heading are improving co-operation in the fight against illegal immigration for which purpose the Plan provides for the establishment of an immigration liaison officer network both in the Member States and in countries of origin, the creation of a network of national centres for forged travel documents, the organisation of common repatriation operations and co-ordinated criminal investigation into criminal networks involved in illegal immigration with full involvement of Europol. While all these measures should be introduced in a short-term perspective, additional measures are foreseen in the medium term, i.e. three to five years. These are to include improved quality management through the definition of common quality standards and performance indicators, a permanent process of data and information exchange based on the integration of all available information tools and an encrypted Intranet connecting national contact points, the creation of a group of experts for providing advise to third countries (e.g. on false documents matters) and finally the creation of certain "common units".

[17] Paragraphs 118-120 of the Action Plan.

This last point is of particular interest as in practical terms it would come closest to the establishment of integrated border guard structures. The Council Plan provides for the creation of a "rapid response unit" consisting of a number of officers assigned by Member States which at the request of a Member State could be deployed at any time or place in order to react to specific problems and illegal immigration crises at the EU's external borders.[18] This "rapid response unit" would, however, be limited to provide "advice and support [...] on a complementary basis", so that it would most likely not be vested with any operational powers. Yet the Plan also foresees the creation of "common units" at "sensitive" external land sea borders in which border guard officers of the interested Member States could co-operate. As a first step officers from other Member States should only "support" local officers, but as a second step the Plan also envisages the possibility of granting officers of other Member States the competence to control persons.[19] In the case of most Member States, however, this would clearly require substantial legislative changes.

B. *Common Integrated Risk Analysis*

As regards risk analysis the Council Plan provides in the short term for a determination of the indicators considered relevant for the analysis and development. In the medium term this is then to be followed by an integrated risk analysis strategy focusing on action in third countries (e.g., through the involvement of police liaison officers and attachés in diplomatic representations), at border crossing points (including the improvement of the intelligence function of border points and co-operation with neighbouring countries) and even within the territory of the Member States where data and information should be exchanged between "internal security" services in view of better assessing risks at external borders. Having regard to the fact that some Member States do not have any systematic national risk assessment mechanisms in place these are quite ambitious objectives.

C. *Personnel and Inter-operational Equipment*

Measures under this heading are primarily aimed at reducing quantitative and qualitative disparities between Member States' border guard forces which are leading to "distortions" in external border security. In the short term the Plan provides for the establishment of a "common syllabus" for the training of border guards at the middle management level (including training in languages and knowledge about the powers

---

18 Paragraph 90 of the Action Plan.

19 Paragraphs 91-94 of the Action Plan.

and status of border guards in other Member States), the designing of a "common core curriculum" for training as well efficient and coherent recruiting and the convergence of national policies on the use of border guard equipment, mobile equipment and telecommunications. As further steps in the medium term the Plan provides for the development of new technologies to facilitate checks and surveillance, co-ordination and burden-sharing between Member States on the monitoring coasts by radar or satellite (including the use of the Galileo satellite system) and the achievement of "greatest interoperability" between mobile equipment, including the sharing of particularly expensive equipment. These objectives go partially much further than what the Member States have so far achieved on co-operation on personnel and equipment matters in the military domain.

D. Common Corpus of Legislation

The legislative measures foreseen by the Council Plan are mainly focused on rules defining standards for external border security. In the short term the Plan provides for a legal codification of the provisions of the "Common Manual on Checks at the External Borders" (the Schengen "Border Manual"), the introduction into the Manual of certain "best practices" on external border checks in order to make them legally binding and the adoption of common measures on local border traffic, an area where there are so far still major differences between national practices. On this basis in the medium term a "practical handbook" for border guards should be introduced serving both as a basis for quick reference, more uniformity in controls and common training. While the envisaged legal codification would certainly increase pressure on Member States to conform to common standards it could also lead to protracted debates on which rules should be made legally binding and to a more inflexible system under which any changes to the manual might need a separate Council legal act.

E. Burden-sharing between the Member States and the Union

While reaffirming the principle that national budgets should remain the "principal resources" for an integrated management of external borders, the Council Plan envisages at least the possibility of the use of the Community budget for establishing a mechanism for "financial redistribution" between the Member States, including in the longer term the acquisition of common equipment, especially for supporting joint operations.[20] Yet the Plan does not provide for any more precise commitments in this respect.

20 Paragraph 116 of the Action Plan.

Overall the June 2002 Council Plan is clearly based on a very comprehensive concept of common EU external border management, aimed at an increasing synergy between the Member States border guard services on a broad range of issues. Quite distinctive is its focus on measures of an operational rather than legal nature, which gives to the whole Plan a very "pragmatic" orientation. Will this plan actually bring the EU closer to an "integrated external border management" and – ultimately – a European Border Guard? First experiences with the Plan's implementation since June 2002 indicate both progress and problems with increasing co-operational in the operational field which is crucial to the further development of "integrated border management".

V. Progress and Problems of Operational Co-operation at EU External Borders

The Seville European Council of 21/22 June 2002 not only endorsed the Council Plan on the management of external borders but also requested the rapid implementation of joint operations and pilot projects in line with the Plan's objectives. Some progress has been made in the meantime both with the development of a common integrated risk analysis model (CIRAM) and a Core Curriculum Programme, which could in the longer term improve the basis for operational co-operation. The CIRAM is based on a matrix structure and systematic information processing destined to produce problem-orientated risk analyses which could lead to decisions on joint operational measures. The Core Curriculum Programme has identified eight main training fields (including applied working methods, information technology, international legislation and criminology) for three categories of border guard officers up to the level of team leaders which should become part of the national training programmes.[21] Both the CIRAM and the Core Curriculum, however, will need extensive national implementation action and adaptation which could well take several years to come to full fruition.

More immediate progress on the operational side has been achieved with the creation of several "*ad hoc*" centres for co-operation on external border controls. The most important of those has so far been the Centre for Land Borders which is provisionally located in Berlin.[22] Its primary task is to serve as a co-ordinating body for joint operations at external borders aimed at improving surveillance and control, creating

21 Core Curriculum for Border Guard Training: Final Report, EU Council document 8285/1/03 REV 1 of 9 April 2003.

22 Project "centre for co-operation of the border authorities offices at land border", EU Council document 11604/02 of 29 August 2002.

more effective standards, deterring illegal immigration and supporting candidate counties in their efforts to adapt to Schengen standards. By June 2003 the Centre had carried out four joint operations at the Polish/German, Slovakian/Austrian, Czech/German and Slovenian/Italian borders which in each case involved the participation of border control officers from other Member States in these operations. While these were regarded as largely successful some limitations have also become apparent: three Member States (Belgium, Luxembourg and Ireland) are not participating in the Centre which reduces its scope as an EU-wide Centre. The legal basis for deploying guest officers (Articles 7 and 47 of the Schengen Implementing Convention) has revealed itself as being inadequate for operational purposes as it does not allow to confer any executive powers to guest officers which are therefore restricted to an advisor or observer status. Having regard to the limitation of the joint operations to only very few days the effort put into the preparation of the joint operations and the deployment of guest officers also seems difficult to justify.[23]

Another "*ad hoc*" centre is the Risk Analysis Centre (RAC) which started its work in Helsinki in April 2003, managed by the Finnish Border Guard. Its task is to produce annual tailored external border risk analyses based on the CIRAM (see *supra*). It should be noted, however, that only ten Member States have actively participated in the work on CIRAM and only five (Austria, Finland, Germany, Italy and the Netherlands) have seconded permanent experts to the RAC, most of the others only having sent observers to the RAC's support group. The RAC also has to struggle with late and/or incomplete submissions of the national data necessary to its analysis work, a problem which has also affected the development of Europol.

A third proposed "*ad hoc*" centre – the "Centre of Excellence" in Dover – failed to actually take off. According to the initial British proposal this Centre should have pooled technological expertise from the UK (which has particular expertise on clandestine detection technology) and other Member States with the aim to conduct on this basis from Dover as a "virtual centre" targeted short-term operations at EU external borders. These operations should have been intelligence led and carried out by mobile teams made available by participating Member States. Yet although this proposal found some support among all Member States there were major differences over the scope of the project, some Member States preferring the Centre to only act as an

23 Presidency Report on the implementation of programmes, *ad hoc* centres, pilot projects and joint operations, EU Council document 10058/1/03 REV 1 of 11 June 2003, p. 9-12.

information exchange point. There were questions also about a potential overlap with the German led "Centre for land borders". After a partially negative reply by the European Commission to a British request for EU funding, the project has at least for the time being been shelved.

More progress has been made in the context of a number of "pilot projects" aimed at improving current operational standards.[24] France has been in the lead on a project on facilitating the organisation of joint repatriation operations, especially through the adoption of common security standards for such operations and the organisation of group flights for the return of illegal immigrants. While all the Member States are participating in this pilot project, the first concrete result has been the signing of a memorandum of understanding on security rules for such operations between France and Germany only. Yet others are expected to follow.

Another "pilot project" of some importance has been the development of the "International Airports Plan". This Italian-led project, which started in October 2002, is aimed at the development of standardised airport control procedures and structures which should ultimately be implemented throughout the EU. Yet four Member States (Belgium, Finland, Ireland and Luxembourg) have not been participating in the project, and its results are still at the experimental stage.

The UK has initiated two further pilot projects: "Deniz" on proactive enforcement action together with Turkish authorities against illegal maritime migration and "Immpact [*sic*!] 2" on providing specialist immigration training and advice to reconstituted border guards within the Republics of Serbia and Montenegro. Both projects have received clear interest and support from the respective targeted third countries but less so from within the EU. The interest other Member States have expressed in "Deniz" has not been met by offers of practical support or corresponding funding from the European Commission. In the case of "Immpact 2" only four Member States (France, Greece, Italy and the Netherlands) have offered practical support.

"Joint operations" at external borders had been identified as a priority by the June 2002 Plan, and quite a number of them has actually been launched during the following months. The probably most widely reported one was "Operation Ulysses" which was carried out under Spanish leadership on the basis of 80% EU funding in two phases between 25 January and 8 February and 27 May and 2 June 2003. Its aim was to develop new forms of co-operation and integrated management of external sea borders with a focus on the fight against the traf-

24 *Ibid.*, p. 15-21.

ficking of illegal immigrants. The first phase focused on the joint patrolling of the Mediterranean Sea from the southern Spanish coasts to the Italian coasts of Sicily, the second on the control of coastal waters in front of the Canary Islands. "Ulysses" involved patrol-boats, airplanes and helicopters of France, Italy, Portugal, Spain, the UK. Although the operation's effectiveness was reduced by language difficulties and problems of interoperability of equipment it led to the arrest of 454 illegal immigrants and the interception of fifteen boats, providing in addition a wealth of lessons on the challenges of this type joint sea border patrolling.[25] Particularly noteworthy was the participation of the UK in this operation, the only "non-regional" participant.

Greece took the lead on "Operation Triton" which was aimed at the simultaneous execution of sea border controls on illegal immigration in selected territorial water areas in combination with early warning missions in international waters. "Triton" was carried out from 4 to 7 March 2003 with active participation of France, Greece, Italy and Spain and led to the apprehending of 226 illegal immigrants and six facilitators as well as the confiscation of ships. According to Europol, the operation also provided valuable evidence on sea borne illegal immigration.[26] Yet the operation was too short to allow for a full evaluation of co-operation difficulties between sea border control authorities and problems of compatibility between operational methods. While this operation was entirely funded from national budgets it was acknowledged that future operations of this type might require EU funding.[27]

A similar operation with a focus on illegal immigration by sea, although this time with a focus on controls in ports, was led by Spain: "Operation Rio IV" involved the simultaneous exercise of reinforced controls in a total of twenty ports in Finland, France, Germany, Italy, the Netherlands, Spain and the United Kingdom from 5 to 11 May 2003. The operation led to the apprehending of 279 illegal immigrants and six people smugglers, revealing also the use of false documents as the main *modus operandi*. Yet the operation also revealed problems of communication between the Member States and Europol, inconsistencies in the reporting on the operation's results and unequal improvements in co-operation between the participating Member States.[28]

---

25 Spanish delegation: Report Operation Ulysses, EU Council document 8784/1/03 REV 1 of 12 June 2003.

26 EU Council document 10058/1/03 REV 1 of 11 June 2003, p. 23-24.

27 Presidency Report on the implementation of programmes, *ad hoc* centres, pilot projects and joint operations, EU Council document 10058/1/03 REV 1 of 11 June 2003, p. 23-25.

28 EU Council document 8783/03 ADD 2 of 12 June 2003.

A fourth sea border joint operation focused on developing inter-agency co-operation on external sea border control issues between relevant national authorities, "Orca", was marked by the peculiarity that in spite of the "interest" expressed by several EU countries in the end only one country participated in it is not even an EU, although an "associated" Schengen country: Norway.[29] As inter-agency co-operation is one of the hallmarks of "integrated border management" this is particularly striking.

Regarding land borders four Member States (Finland, Germany, Greece and Italy) as well as Norway engaged under Greek leadership in a joint controlling operation aimed at testing the effectiveness of border control procedures and to transfer EU practices to candidate countries. Nine external land borders were targeted by the "land borders project": Norway-Russia, Germany-Poland, German-Czech Republic, Italy-Slovenia, Greece-Albania, Greece-Bulgaria, Greece-Former Yugoslav Republic of Macedonia (FYROM) and Greece-Turkey. Although a total of 3,793 aliens were intercepted in the participating countries during the three ten-day phases of the project and conclusions were drawn on the use of false documents and land borders for illegal immigration the project was affected by a "low level of commitment" of some participants which failed to forward necessary data on time and in the proper way. The project also revealed communication problems between central and local services.[30]

The only joint operation at air borders has so far been "Operation VISA" in the context of "Rio III". It focused on the possible misuse of visas issued by Schengen counties. Although all EU Member States and the "associated" Schengen states Iceland and Norway participated in the Danish led operation, its results have been seriously impaired not only because of a low number of suspicious cases detected but also because of discrepancies in the data on visa abuse which had to be forwarded to Europol as the central evaluation and analysing entity.[31]

It should be added, finally, that in order to ensure adequate co-ordination, management and evaluation of operational co-operation between national border guard services a "Common Unit for External Borders Practitioners" has been set up in the context of the EU Council. This Common Unit serves as the operational branch of the "Strategic Committee on Immigration, Frontiers and Asylum", the senior EU

---

[29] It should be noted that Norway, although a non-EU country, has made use of its "associated" Schengen membership to participate in many of the aforementioned EU external border co-operation projects.

[30] EU Council document 10058/1/03 REV 1 of 11 June 2003, p. 28-30.

[31] *Ibid.*, p. 30-32.

Council committee on external border issues consisting of senior officials of the Ministries of Interior. The Common Unit is composed of the Heads of the Border Control Services of the Member States and Norway and Iceland and meets on a monthly basis. It also has task, on the basis of its monitoring and evaluation of current operations (including the "*ad hoc*" Centres), to propose further pilot projects or common operations.[32]

On the basis of a mandate given by the Thessaloniki European Council in June 2003 the Commission presented on 11 November 2003 a proposal for a Council Regulation establishing a "European Agency for the Management of Operational Co-operation at the External Borders".[33] This special agency is intended to take over co-ordination of operational co-operation from the Common Unit, increase its efficiency and to carry out a number of additional tasks including the development of common training standards and risk analyses, providing support to Member States requiring increased operational and technical assistance at external borders and technical support in organising joint return operations. Already on 27 November the Council reached political agreement on the establishment of such an agency, its main tasks and basic organisation, with aim for it to become operational on 1 January 2005. The Council conclusions on the Agency explicitly provide that specialised branches in the Member States building on the experiences of the "*ad hoc* centres" already created will constitute an integrated part of the Agency, so that the Member States are clearly aiming at combination of central and decentralised elements very much in line with the border guard network model.[34]

Overall the list of projects aimed at improving operational co-operation which have so far been carried out in implementation of the June 2002 Council Plan is quite impressive. Still five years ago few experts would have thought it likely that Member States would by now been carrying out joint patrolling operations in the Mediterranean or work on a Common Core Curriculum and Risk Analysis Model. The Member States have clearly gone already quite some way in the direction of regarding EU external border controls as a common challenge requiring common action. Although not all of the projects have met their targets concrete progress on an "integrated border management" has been made in at least three respects: first on defining common standards on risk assessment at external borders and training of border guard forces; second on carrying out joint patrolling exercises not only

---

32 Guidelines on the functioning of the Common Unit for external borders practitioners, EU Council document 11307/03 of 10 July 2003.

33 COM(2003)687.

34 EU Council document 15446/03 of 28 November 2003.

at land but also at sea and air borders with a corresponding gain in mutual experience of co-operating with other border control units; third on actually evaluating these exercises with the aim of identifying strengths and weaknesses in view of improving co-operation mechanisms and priorities for further action.

Yet at least four major problems have also become apparent, and these constitute serious constraints for the further development of operational co-operation between national EU border guard forces:

The first problem is that there is quite clearly not a uniform level of commitment of Member States to the co-operation projects: In most cases only some of the Member States have participated in a given project and often enough some of them left it at a declaration of interest or even did not fully deliver what they promised. While this voluntary participation and flexibility in the implementation has the advantage of allowing different groups of Member States to explore different ways forward at the same time, it is clearly not optimal in terms of developing an EU common approach and drawing maximum benefits from the different know-how, capabilities and geographical situations of the Member States.

The second problem is that the projects have been introduced and carried out very much on an "*ad hoc*" basis without a strategic plan or effective co-ordination. More often than not individual Member States have taken the lead on an individual project and carried it out together with interested partners without paying much attention to overlaps or potential synergy effects with other projects. The parallel launch of the "German" Centre for Land Borders project and of the "British" Centre of Excellence in Dover is the most obvious example for these deficits in overall planning and central co-ordination.

The third problem is the absence of a proper legal framework for seconding border guard officers to other Member States. In most cases it has limited their role in common operations to a mere observer status without any executive powers. As a result even in cases were multinational teams have formally been created at external formally these have in most cases remained "national teams" from an operational perspective.

The fourth problem is funding. In many cases the availability of EU funding for co-operation projects has a major impact on the degree of their success. Projects may even not take off at all if no such funding is available. Yet currently these funding possibilities are limited to a small number of EU programmes and their mobilisation is subject to rather restrictive conditions and cumbersome procedures.

The planned European External Border Agency – the most significant recent initiative – may well help with addressing to some extent the first two of these problems but is unlikely to make much difference as regards the last two.

Conclusions

The Council Plan of June 2002 and the follow-up given to it so far through an impressive range of concrete pilot projects and operations indicate a serious commitment of the EU to develop an effective "integrated management" of external borders. This commitment is also reflected in the draft Constitution which the European Convention has proposed for the EU in July 2003: it provides not only for the gradual establishment of an "integrated management system for external borders" but also for the principle of solidarity, including financial solidarity, in the framing of a common policy on asylum, immigration and external border controls.[35] Should these provisions be accepted as part of an EU Constitution – which is far from clear after the failure of the Brussels European Council in December 2003 – the potential for further progress on common EU external border management with more substantial EU funding could be significantly increased.

Does this mean that the EU is now on the way towards the creation of a common European Border Guard? The political rationale of this ambitious project, arriving at effective burden-sharing and mutual trust through the build-up of common structures for external border security is certainly a very powerful one. Yet the creation of a European Border Guard – whether in the form of a fully fledged integrated force or of a more or less developed network of national forces – will clearly be a difficult and lengthy process fraught with risks of failure. The greatly varying degree of commitment of Member States to the joint operational projects carried out so far and the serious difficulties encountered regarding the legal status of staff seconded from other border control forces in joint operations shows that there will be major difficulties to overcome both on the political and the legal side.

Nevertheless the 2002 Council Plan and its implementation so far can at least be regarded as initial steps towards some form of European Border Guard network model. The planned European External Border Agency could give to such a network an effective centre, paving the way for its gradual consolidation and densification. In such an evolutionary process there is a lot of scope for "trial and error" on different

35 Articles III-166(1)(c) and (2)(d) and Article III-158(2), European Convention document CONV 850/03 of 18 July 2003.

forms of co-operation and integration on external border security issues, and the network model allows for a lot of flexibility to pursue certain paths of co-operation rather than others in the light of experiences and actual needs. It should also be said that the emergence of a network of border guard forces does not at all exclude an eventual move to a more integrated force structure, which could, for instance, emerge from the network based "rapid response unit" foreseen by the June 2002 Council Plan. Commissioner Antonio VITORINO'S original estimate that such an evolution could lead to a "European border guard force" already within four to five years[36] would certainly seem an extremely optimistic assumption. Yet the potential is clearly there, and the Member States have already put into place at least elements of a common policy on external borders. Having regard to the sensitivity of borders and their control from a national sovereignty point of view this is a significant development not only for the "outer shield" of free movement within the EU, but also for the credibility of the "area of freedom, security and justice" as one of the foremost current EU integration objectives.

---

36 Press conference in Sintra on 2 June 2002 (EU Business/AFP news, 2 April 2002).

CHAPTER 14

Economic Integration and Judicial and Police Cooperation in Mercosur[1]

John A.E. VERVAELE

Professor of Economic and Financial Criminal Law at the University of Utrecht, Visiting Professor of European Criminal Law at the College of Europe in Bruges[2]

Introduction

In the period between 1980 and 1995, both Europe and the US made huge investments in Latin America. The process of democratisation in Latin America, especially in the countries marked by a tradition of military dictatorship, reinforces the belief in political and economic stability. The market economy displays considerable growth and, partly stimulated by the IMF and the World Bank, several countries are embarking on privatisation on a grand scale.[3] Political and economic cooperation between the countries is taking the place of political and military rivalry. The time is ripe for a new attempt at integration on this continent. The overtures between Argentina and Brazil led to the establishment of Mercosur. Its economic – Mercosur is the fourth largest trade bloc in the world after the US, the EU and Japan – and political importance were recognized in time by especially the EU. As early as 1996[4] an Inter-institutional Cooperation Agreement was concluded, an

---

1 A more extended Dutch version of this contribution has been published in *International Comparative Law Quarterly*, Vol. 54, April 2005, p. 387-410.

2 This article has been written thanks to a research visit (March-April 2003) to the Universidad de Buenos Aires (UBA).

3 Between 1990 and 1992 Argentina privatised its economy. The twenty State enterprises that were sold generated 4% of GNP and 21% of fiscal revenues.

4 Interregional Framework Cooperation Agreement between the European Community and Its Member States on the one part, and the Southern Common Market and Its Party States on the other, O.J. L 069 of 19 March 1996, p. 0004-0022 and L 112 of 29 April 1999, p. 0066.

interregional framework agreement for cooperation between the EU/Member States and Mercosur/States Parties.[5] Since then, the EU-Mercosur Bi-regional Negotiations Committee (BNC)[6] has already had ten meetings at which topics such as the free movement of goods, public procurement, investments, services, e-commerce and conflict resolution are discussed. The US has never appreciated the attempts at integration in Latin America and has always striven to conclude separate free trade agreements with each individual country. The free trade agreements with Chile[7] and with Central America[8] are clear examples.

The political developments did not shield the Latin American economies from economic storms. The 1994 Mexican tequila crisis led to delayed growth throughout the region. In 1999 Brazil decided to considerably devalue its currency as against the US dollar, while Argentine president MENEM had made monetary parity with the dollar a priority of his policy. Argentina temporarily stopped applying the common external customs tariff, which had meanwhile further been elaborated in the framework of Mercosur, and thereby suspended the effect of the customs union. Uruguay and Paraguay subsequently also established unilateral external tariffs. The Argentine economy, which was not very strong to begin with, went further downhill. In 2002, Argentina was forced to abandon parity to the dollar and to cease payment of the national debt, which by then had spiralled. The biggest defeat of a nation State in world history had become fact. Argentina was bogged down in the deepest ever economic political and monetary financial crisis in its history. The tango crisis created a tidal wave throughout the region. The Uruguay banking sector – traditionally a refuge for Argentine capital – was swept along in the crisis. Brazil faced diminishing economic growth, but managed to limit the damage to this fact.

For a while it seemed that Mercosur's fate had been sealed, but due to the new political developments and the region's tentative economic recovery the prospects for Mercosur are better than ever. The election of LULA DA SILVA and KIRCHNER as presidents of respectively Brazil and Argentina predict renewed fervour for Mercosur. At the meeting of the Mercosur Heads of State (17 June 2003) it became clear that LULA and

---

5 ROMI, R.D. & MOLINA DEL POZO, C., *Acuerdo Mercosur-Unión Europea*, Buenos Aires, Ediciones Ciudad Argentina, 1996.

6 See also Commission staff working paper concerning the establishment of an interregional association between the European Union and Mercosur, http://europa.eu.int/comm/external_relations/mercosur/bacground_doc/work_paper0.htm.

7 See http://www.ustr.gov/new/fta/Chile/text/+free+trade+agreement+Chile&hl=en&ie=UTF-8.

8 See http://usembassy.or.cr/Cafta/cafta.html.

KIRCHNER wish to deepen the integration in the framework of Mercosur. Their common agenda[9] reflects the new zeal. At a special summit in October projects were discussed which have to ensure that the integration within Mercosur is both deepened and speeded up. Brazil has already submitted a programme headed "Objective 2006". Its purport may be compared to the operation for establishing the internal market in the EC in 1992. The programme centres around five themes: 1. the institutional structure and its political and socio-cultural objectives; 2. the customs union; 3. the pillars of the common market; 4. the new integration; and 5. border integration and the abolishment of internal frontiers. Argentina has submitted a proposal for the establishment of a Monetary Institute for Mercosur, with the idea of coordinating monetary policy and fixing exchange parity within certain bandwidths. The similarities with the EMU and the European Monetary Institution are apparent. The proposals have clear political and economic components. In Argentina's current government, Brazil has found a partner for the reinforcement of integration in the region, which will also strengthen the position in the negotiations with the US concerning liberalisation. By 2006, the US wants to conclude a free trade agreement, the FTAA,[10] with all American States, not only to replace the existing agreements, but also – at least in the eyes of the US – as an alternative to regional community integration.[11] The EU is also seeking to conclude a free trade agreement,[12] but with Mercosur as its partner and therefore based on regional integration. The stakes are high,[13] as they first of all involve access to not only product markets, but also to the markets for services and for example intellectual property rights.

Ample reason therefore to further analyse the organisation and functioning of Mercosur which has now been effective for over a decade. This article will successively discuss regional integration in Latin America, the genesis of Mercosur, its institutional structure and the

---

9 18 June, see http://www.mercosur.org.uy/pagina1esp.htm.

10 Free Trade Association of the Americas, *ALCA* in Spanish. The negotiations started in 1994.

11 This probably also explains why relatively little has been written in the US concerning Mercosur. For a further explanation of the free trade agreements and their impact on US law, see JACKSON, J.H., *The World Trading System. Law and Policy of Internatonal Economic Relations*, Cambridge/London, MIT Press, 2002. See also MILNER, H., "Regional Economic Co-Operation, Global Markets and Domestic Politics: A Comparison of NAFTA and the Maastricht Treaty", *Journal of European Public Policy*, 1995, p. 337-360.

12 http://europa.eu.int/comm/external_relations/mercosur/intro/index.htm.

13 LOPEZ, D., "Dispute Resolution under Mercosur from 1991 to 1996: Implications for the Formation of a Free Trade Area of the Americas", *NAFTA: Law and Business Review of the Americas*, 1997, Volume 3, No. 2.

legal character and legal force of Mercosur law, the arbitration clause, the objectives and the degree of their achievement, the incorporation of Mercosur law within the States Parties, the rule-making competence with respect to the enforcement of Mercosur law and judicial cooperation within Mercosur.

I. Integration in Latin America

During the 19th century, at the time of the formation of nation states, numerous attempts were made to form a large, strong Latin American nation, all of which failed as a result of internal tensions and differences.[14] The first foundation for a free trade zone was laid in recent history in 1960 in the Montevideo Convention. The Latin American Free Trade Zone[15] (LAFTA) developed into a zone comprising ten South American countries and Mexico. This economic cooperation can easily be compared with the current North American free trade zone NAFTA between the US, Canada and Mexico.[16] LAFTA did not prove to be very successful. Negotiations soon foundered over the harmonization of customs tariffs. The arbitration scheme for conflict resolution lacked the strength needed to withstand the political differences between the States Parties. In addition, the countries in the economic middle bracket and below feared the economic trade domination of Argentina, Brazil and Mexico.[17] Against this background the *Pacto Andino* was created, by which Bolivia, Chile, Colombia, Ecuador and Peru under the 1969 *Cartegena de Indias* Agreement transferred certain powers to a common supranational structure. For the most part, the *Comunidad Andina* was a copy of the EC, both institutionally and substantively. Even the structure and powers of the European Court of Justice were copied, including the power to refer matters for a preliminary ruling.[18] However, the States Parties were not prepared to accept the binding effect of Andino law. This meant that every individual decision had to be ratified and transposed into national law and only

---

14 See, e.g., the attempts made by Simón DE BOLIVAR, who succeeded in uniting the territories of what are now Ecuador, Colombia, Venezuela and Panama into what he termed "*Nueva Granada*".

15 LAFTA in English, *ALALC* in Spanish.

16 North American Free Trade Agreement, entered into force on 1 January 1994.

17 Here, too, history appears to repeat itself. Free trade within NAFTA is heavily complained about in Mexico at the moment, especially as regards the lack of compensating measures comparable to, e.g., the structural funds in the EC, in order to lessen the structural differences among the participants and thereby guarantee loyal competition.

18 See GARCIA-AMADOR, F.V., *The Andean Legal Order*, New York, Oceana Publications, 1978.

became binding after ratification by all States Parties. This process of incorporation led to frustration among the partners and Chile's withdrawal in 1976 was the deathblow. Interest in the free trade zone was revived and LAFTA was transformed into the Latin American Association for Integration (LAIA).[19]

II. Mercosur: Genesis and Objectives

During the second half of the 1980s negotiations started between Brazil and Argentina, the two major players on the continent, concerning regional community integration. It was intended to further deepen the integration process starting from LAIA as the *acquis*. The negotiations resulted in the 1991 Treaty of Asuncion (hereinafter: TA). The economically highly dependent countries of Uruguay and Paraguay also acceded. During the course of the 1990s Bolivia and Chile became associated members[20] based on an agreement concerning the free trade zone with Mercosur.[21] Mercosur is based on an international treaty establishing intergovernmental institutions and laying down objectives which all sound quite familiar: the realisation of a customs union and a common market, linked to the four freedoms. It also has common policy areas and the accompanying harmonisation. As such it is an intergovernmental structure with a community integration project in mind, in short, quite definitely not limited to a free trade association.

Article 1 TA provides for a transitional period until the end of 1994 for the realisation of a common market. The common market comprises the customs union, the four freedoms and the coordination of policy in the field of agriculture, fiscal and monetary matters, foreign trade, etc. In addition, Article 1 expressly provides for the necessary harmonisation of the legislation of the States Parties.[22]

It soon became apparent that the agreed timeframe, namely the period between 1991 and 1994, was much too short to be able to achieve these goals. The elimination of the internal trade barriers for the purpose of the customs union and the realisation of a common external customs tariff proved much more difficult than expected.[23] In 1993

---

19 *ALADI* in Spanish. LAIA/ALADI currently has its headquarters in Montevideo.

20 With Peru, negotiations on this are ongoing. Venezuela has indicated that it wishes to open negotiations.

21 See CMC 14/96 concerning their participation in the working groups. Many decisions between the Mercosur States Parties are separately declared binding upon the associated members, not only in the field of economic integration, but also with respect to justice and security (see *infra*).

22 The TA speaks of States Parties instead of Member States.

23 See hereon in the Conclusion of this article.

Mercosur[24] decided to abandon the date, without however abandoning the actual goal of creating the customs union and the common market. It is now sought to have these in place by 2006.

III. The Institutional Structure of Mercosur[25]

Even though where content is concerned Mercosur strongly resembles the EEC in its early stages, from the institutional perspective the differences are striking. Based on Article 18 TA the institutional structure of Mersocur is further determined in the 1994 Protocol of *Ouro Preto* (hereinafter: POP).[26] Article 3 POP defines the *Consejo del Mercado Común* (CMC) as the highest political organ. It consists of both the Ministers for Foreign Affairs and the Economy and of the Meetings of the Heads of State. The CMC is also authorised to arrange new meetings of ministers and has made ample use of this competence. Besides the Meetings of the Ministers of Agriculture and Industry there are now also Meetings of the Ministers of Justice, the Interior and Social Affairs. In short, the competence of the CMC[27] may be compared to that of the Council of Ministers and the European Council in the EU Treaty. The *Grupo del Mercado Común* (GMC) is without doubt the executive branch of Mercosur (Article 10 POP). The GMC runs all working groups, *ad hoc* groups and specialised meetings concerning agricultural matters, the harmonisation of technical product norms, the environment, financial services, border control, tourism, etc. The *Comisión del Commercio del Mercosur* (CCM) falls under the GMC (Article 16 POP). It has competence[28] in specialised economic issues, like competition, procurement, customs, consumer protection, etc. The

---

24 CMC 02/93.

25 For an up to date organisation chart see http://www.mercosur.org.uy/pagina1esp.htm. For comments, see RUIZ DIAZ LABRANO, R., *Mercosur. Integración y Derecho*, Buenos Aires, Intercontinental Editora, 1998; DROMI, M.A. EKMEKDJAN, R., RIVERA, J.C., *Derecho Comunitario. Sistemas de Integración. Regimen del Mercosur*, Ediciones Ciudad Argentina, 1995; BAPTISTA, L.O., *O Mercosul suas Instituições e Ordenamento Jurídico*, São Paulo, Editora São Paulo, 1998; GONZALEZ OLDEKOP, *La Integración y sus Instituciones*, Buenos Aires, 1997; CALDANI, C. & ANGEL, M., *Integración Europea y Mercosur*, Mendoza, Ediciones Jurídicas Cuyo, 2001; CALDANI, C., *La Filosofia del Derecho en el Mercosur*, Buenos Aires, Ediciones Ciudad Argentina, 1997; GALEANO PERRONE, C., *Ordenamiento jurídico del Mercosur*, Asunción, 1995; CALDANI, C. & ANGEL, M., *Integración, Unión Europea y Mercosur*, Buenos Aires, 2001; PÉREZ GONZÁLEZ, *Desafíos del Mercosur*, Ediciones Ciudad Argentina, 1997.

26 For a detailed explanation see RUIZ DIAZ LABRANO, R., *Mercosur. Integración y Derecho*, *supra* note 24.

27 See Article 8 POP.

28 See Article 19 POP

CMC further deals with complaints in these areas from States Parties and private parties.[29]

The CMC, GMC and CCM make decisions that are binding on the States Parties. Binding secondary Mercosur law consists of CMC decisions, GMC resolutions and CCM directives (Articles 41 and 42 POP). The right of the legislative initiative is in the exclusive hands of the States Parties submitting proposals in the CMC, GMC or CCM. Mercosur also has several institutions with purely advisory powers, such as the *Comisión Parlementaria Conjunta* (CPC) and the *Foro Consultivo Económico Social* (FCES). The CPC has an important advisory function with respect to the harmonisation of legislation. Finally, Mercosur has an administrative secretariat (SAM) with its headquarters in Montevideo. Its powers, however, are rather weak (see Articles 31 ss. POP) and purely supporting. The SAM has no executive power, let alone any initiating legislative power. The SAM can therefore in no way be compared with the European Commission in the EC Treaty or EU Treaty. It is a supporting secretariat which organises meetings and handles documentation. In 2002 it was decided to expand the administrative secretariat and turn it into a technical secretariat.[30]

IV. The Legal Character and Legal Effect of Mercosur Law

The majority of authors agree that the organic structure of Mercosur, as elaborated in chapter II of TA is an intergovernmental organisation with community objectives, but not a supranational organisation.[31] The intergovernmental character also emerges from the division of powers between the Mercosur organs and the weak position of the SAM. However, Mercosur remarkably does posses legal personality (Article 34 POP) enabling the CMC to conclude treaties on its behalf.

Article 38, taken together with Article 42 of the Protocol, lays down various obligations for the States Parties. The decisions of the CMC, the resolutions of the GMC and the directives of the CCM are all binding on the States Parties.[32] All decisions are taken unanimously (Article 37

29 See *Procedimiento general para reclamaciones ante la CMC*, Annex to the *Protocolo de Ouro Preto*. See also section V of this article.

30 CMC 16/02. See also http://www.mercosur.org.uy/pagina1esp.htm.

31 For a detailed explanation, see RUIZ DIAZ LABRANO, R., *Mercosur. Integración y Derecho*, *supra* note 24.

32 Article 42 speaks of *carácter obligatorio*.

POP).[33] Binding does not mean incorporated in domestic law and thereby a source of rights and duties for legal subjects. In short, the legal instruments of Mercosur have no direct effect whatsoever. Based on Article 42 POP, all States Parties are under the obligation to incorporate binding Mercosur decisions, to the extent of course that they need to be incorporated in domestic law.[34] Article 38 POP in addition includes a provision concerning loyalty to Mersocur comparable to Article 10 of the EC Treaty. Article 42 further provides that incorporation is to take place in accordance with the internal procedures of every State Party. All States Parties that ratify and incorporate have to notify the SAM. After the final notification the SAM informs the States Parties, within thirty days of which the rules in question will simultaneously enter into force in all States Parties.[35] Despite the strong intergovernmental influence, both in the adoption of decisions and in their entry into force, the importance of the community objectives in the TA must not be underestimated. In a dispute between Argentina and Brazil concerning the free movement of goods, quantitative restrictions and measures having equivalent effect, the non-entry into force of the customs union and the common market – argued by Brazil – was rejected by the court of arbitration.[36] A State Party is not allowed to suspend or undermine the community objectives, even if these have only partly been realised. Notably the decision[37] continuously refers to European Community case law and uses concepts like interprétation in accordance with the treaty, effectiveness (*effet utile*), etc.

The provisions of Article 42 POP make the respective constitutional provisions of the States Parties and the related case law concerning the relationship between national and international law vitally important for the efficiency of Mercosur's legal instruments. For instance, several Latin American countries have integrated international and regional human rights treaties into their domestic law. Some countries have given supremacy to the treaty rules, including supremacy over constitutional norms (cf. Guatemala); others have given these rules equivalent

33 For an overview of Mersocur law, see http://www.mercosur.org.uy. This source does not, however, shed any light on the degree of implementation and/or entry into force. For this, see http://www.mercosul.org.uy/pagina1esp.htm.

34 For example, decisions concerning the internal organisational structure of Mercosur do not need incorporation.

35 Certain decisions provide for early entry into force as between the ratifying states.

36 Concerning arbitration, see section V.

37 *Laudo 1 Comunicados Decex, Argentina v. Brazil*, 1999.

constitutional status under domestic law (cf. Argentina).[38] Equivalent status means that the treaty rules cannot alter the constitutional rules, but can merely complement them. They do, however, have the same effect as the constitutional norms with respect to other domestic law. The ratification of the TA has not exactly resulted in corresponding constitutional provisions. Article 45 of the Constitution of Paraguay expressly refers to the international legal order and accepts its supremacy. The Argentinean Constitution also refers to the international legal order, more particularly in Articles 27, 31 and 43. Scholarly debate concerning dualism and monism and whether there is supremacy or not has been decided by Argentina's Supreme Court in favour of supremacy.[39] The Constitutions of Brazil and Uruguay pose more of a problem. Uruguay's Constitution does not include a provision granting supremacy to international law. Instead, Articles 256 and 239 start from the principle of constitutional supremacy. The Constitution of Brazil[40] is explicitly dualist, in addition to providing a complex mechanism for incorporation. Article 5(2) clearly states that international treaties complement constitutional norms. In other words, treaty norms are subject to testing against the Constitution.[41] The President is competent to conclude treaties (recital VIII to Article 84). Parliament is subsequently required to 'internalise' the treaty by means of a legislative decree. The *Supremo Tribunal Federal* may then test the decree against the Constitution. The validity of the legislative decree still does not end the matter. Only after the President has ratified the legislative decree can the international treaty's content become part of domestic law. This process of incorporation is not only applied to the constitutive Mercosur treaties, but also to all secondary Mercosur law.

It is therefore not surprising that precisely the application of Mercosur law is one of the major problems. Only 40% of the always unanimously taken decisions have been effectively incorporated by all States

38 CAFFERATA NORES, J.I., *Proceso penal y derechos humanos. La influencia de la normativa supranacional sobre derechos humanos de nivel constitucional en el proceso penal argentino*, Buenos Aires, 2000.

39 See cases *Ekmekdjian, Miguel Angel v. Sofovich, Gerardo and others*, decision of 7/7/92, La Ley, 1992, C 543; *Servini de Cubría, María Romilda s/amparo*, decision of 8/9/92, CSJN S.289.XXIV, S.292.XXIV and S.303.XXIV; *Fibraca Constructora S.C.A. v. Comisión Technici MIT de Salto Grande*, decision of 7/7/93, CSJN F.433 XXIII.

40 See hereon DE MEDEIROS, A.C., *O Poder de celebrar Tratados*, Porto Alegre, Fabris Editor, 1995.

41 Although Brazil has signed the Vienna Convention, it has not yet ratified it.

Parties and have therefore entered into force.[42] There are no supranational Mercosur institutions charged with the supervision of compliance with Mercosur law. Nor are there judicial procedures to which the Mercosur institutions can have recourse in order to enforce such compliance before a Mercosur Court of Justice. Still, the States Parties are not entirely free to do as they please, because an arbitration mechanism has been provided to deal with commercial disputes between the States Parties.

V. Judicial Cooperation within Mercosur

Judicial cooperation is not expressly included in the Treaty, either as an objective or as an instrument. Nevertheless, judicial cooperation within Mercosur, both in the private law and the criminal law sense, has been an important priority from the start. Not only does this appear from the Protocols that have been concluded, but also from the fact that some of the more important Protocols have already entered into force. As early as 1991 the CMC established the Assembly of Ministers of Justice.[43] On impulse from the Ministers of Justice various regional Mercosur agreements were elaborated in the field of private international law, cross-border civil procedural law and international criminal law. In 1996 the Assembly of Ministers of Home Affairs was created.[44] Over the past few years, these Ministers have been very active in the field of police cooperation and intelligence. The recommendations of the Assemblies are submitted to the CMC which practically always approves them in the shape of binding decisions.

In the field of private law[45] one of the first main results of the Justice Assembly was the 1992 Protocol of *las Leñas*.[46] This Protocol concerning judicial cooperation in civil and commercial matters, employment questions and administrative affairs was clearly inspired by the 1968

---

42 For a thorough legal analysis of the incorporation, see COZENDEY, C.M.B., "Sistema de Incorporação das Normas do Mercosul à Ordem Jurídica Interna", www.mercosul.gov.br/forum/default.asp.

43 CMC 7/91. This instrument was supplemented with an internal regulation 94/009 concerning the methods and establishment of technical working groups.

44 CMC 7/96.

45 See DREYZIN DE KLOR, A., *El Mercosur, generador de una nueva fuente de derecho internacional privado*, Buenos Aires, Zavalia, 1997 and TELECHEA BERGMAN, E., "La cooperación jurídica internacional en el Mercosur" in *Mercosur. Balances y Perspectivas*, Montevideo, Fundación de Cultura Universitaria, 1996, p. 111-133.

46 CMC 5/92 *Protocolo de cooperación y asistencia jurisdiccional en materia civil, comercial, laboral y administrativa*, entered into force in March 1996.

Brussels Convention.[47] The Protocol deals with both the mutual recognition of judgments concerning the private law interests of affected parties (i.e. with the exception of criminal law judgments) and the letters rogatory for obtaining evidence. In 1994 the Protocol of Buenos Aires concerning international jurisdiction with respect to contract law[48] was adopted, providing priority rules for determining jurisdiction. Also relevant are the Protocol of *Ouro Preto* as regards provisional measures[49] and the Protocol of Santa Maria[50] as regards international jurisdiction in consumer protection cases. In addition, regulations concerning cross-border legal assistance were approved in 2000.[51]

When Mercosur was established, matters of international criminal law were mostly dealt with in bilateral treaties. In 1992 the multilateral Treaty of Nassau concerning mutual legal assistance[52] was approved in the OAS. However, this Treaty was only ratified by a few states.[53] A regional legal assistance protocol along the lines of the private law conventions was subsequently negotiated within Mercosur.[54] In 1996 the Protocol of San Luis concerning judicial cooperation in criminal matters was adopted.[55] Notably, this Protocol has been ratified and incorporated by all States Parties and is in force as of 2001.[56] In 2002, a supplementary agreement[57] standardised the documents for requests for mutual legal assistance. At least according to European standards, this legal assistance protocol is a classic, although on some specific points it is

47 O.J. L 319/9 of 25 November 1988, now implemented in Community law by means of Council Regulation (EC) No. 44/2001 of 22 December 2000 on jurisdiction and the recognition and enforcement of judgments in civil and commercial matters, O.J. L 12/1 of 16 January 2001, p. 0001-0023.

48 CMC 1/94.

49 CMC 27/94.

50 CMC 10/96.

51 CMC 49/00, *Acuerdo sobre el beneficio de litigar sin gastos y asistencia jurídica gratuita entre los estados partes del Mercosur.*

52 http://www.oas.org/juridico/english/Treaties/a-55.html.

53 None of the Mercosur states have ratified this treaty.

54 FERNÁNDEZ, G.D., *El Mercosur y la regionalización del derecho penal*, Montevideo, 1992.

55 CMC 2/96. For literature on criminal law legal assistance, see the contributions in CERVINI, R., *Curso de cooperación penal internacional*, Montevideo, Uruguay, 1994 and CERVINI, R. & TAVARES, J., *Princípios de Cooperação Judicial Penal Internacional no Protocolo do Mercosul*, São Paulo, Editora Revista dos Tribunais, 2000.

56 CMC 12/01 extends its application to Chile and Bolivia.

57 CMC 27/02.

surprisingly different.[58] Requests for mutual legal assistance, for the exchange of information, for the performance of investigative acts (e.g. the questioning of witnesses), for the temporary transfer of persons within the framework of criminal proceedings, etc., can be made by any judicial authority[59] and the judicial authorities of the requesting State may also be present at the fulfilment of the request for mutual legal assistance in the requested State. It is not required that the principle of double criminality be fulfilled. Requests for proactive investigative acts or the use of special investigative methods, such as infiltration, controlled supply, etc., have not been included in the Protocol. The requests are dealt with between the central authorities of the States Parties. The classical royal route is not used,[60] therefore, but neither is there direct cooperation between the enforcement authorities themselves. Furthermore, the central authority for this Mercosur protocol is not automatically the same central authority as for the bilateral treaties. The authority for Mercosur in Argentina, for example, is part of the Ministry of Foreign Affairs. The Protocol includes a duty to cooperate, but it has been watered down by a classic series of exceptions, like exceptions for military, tax and political offences or violations of public order or security. Worth mentioning is that the *ne bis in idem* principle has also been listed as a ground for exception. The execution of the request in the requested State is subject to the *lex locus regit actum* rule, but the requesting State may request the application of special aspects of its law (*lex forum regit actum*) on condition that this does not conflict with the domestic law of the requested State. The requests may also extend to seizure and provisional measures with respect to illegally obtained property, in the framework of the cross-border fight against organised crime and money laundering.

As regards extradition, the Mercosur States Parties have concluded many bilateral treaties, which were mostly ratified before Mercosur's entry into force. The only multilateral treaty, the Inter-American Extradition Convention of Caracas (1981),[61] has not been ratified widely. For

58 For a comparison with private law legal assistance, see TELLECHEA BERGMAN, E., "La cooperación judicial internacional en material penal con especial referencia al ambito del Mercosur y estados asociados" in *La Justicia Uruguaya*, 2002, Tomo 126, p. 3-16.

59 This broad wording takes account of the differences in the procedural law systems. Not all countries have an examining magistrate and until recently Chile did not even have a public prosecutor's office.

60 By the royal or diplomatic route is meant that both the Ministry of Justice and the Ministry of Foreign Affairs have to give authorisation.

61 See TELLECHEA BERGMAN, E. & ALVAREZ COZZI, C., *Extradición. Normas nacionales y convencionales*, Montevideo, Uruguay, 1997, for a commentary on the bilateral treaties and on the Inter-American Convention.

this reason, the Extradition Agreement of Rio de Janeiro (1998)[62] was approved in the framework of Mercosur. This is another classic regulation with a few surprising aspects. The agreement includes a duty to extradite for offences punishable in both states by a maximum of no less than two years' imprisonment. Political and military offences have been made exceptions, but it is expressly provided that war crimes or crimes against humanity, attacks on political authorities and terrorism do note fall under this heading. Military offences are only excepted insofar as they are of an exclusively military character. Tax offences therefore do not come under the exception. Another striking aspect is that the extradition of one's own nationals is the rule, unless a State Party's constitutional provisions determine otherwise. In that case the State in question is not obliged to extradite. Extradition for the purpose of standing trial before *ad hoc* tribunals is also excluded. Moreover, the requesting State Party is not allowed to impose the death penalty or life imprisonment.[63] In such cases the penalty must be limited to the maximum penalty which could be imposed in the State asked to extradite. The procedure is classic and uses the royal route.[64]

The field of customs cooperation[65] has also witnessed due progress. In 1997 an assistance agreement was concluded concerning the prevention and repression of customs infringements. The assistance can be used in the context of both administrative law and criminal law enforcement procedures and the information obtained may be passed on between the administrative and judicial authorities. This is direct assistance, either by request or voluntary, between the mutual customs authorities. The requests may concern the exchange of information, the performance of controls or the special supervision of persons or goods. The assistance cannot be used for the execution of fines, taxes, customs arrears, etc. In 2000[66] the Committee of Customs Directors was established, which is to give priority to the fight against smuggling.[67] The

---

62 CMC 14/98. Extended to Chile and Bolivia pursuant to CMC 15/98. These agreements have not yet entered into force.

63 The provisions concerning *ad hoc* tribunals, the death penalty and life imprisonment may of course be explained by the recent dictatorships in Latin American history, but are also relevant in the light of the negotiations with the US.

64 For an opinion from the point of view of applicable law, see ANTONINI, M.A., *Ley de cooperación en material penal. La extradición y la opción*, Buenos Aires, Ad-Hoc, 1998.

65 See VAZQUEZ, V.J.C., "El código aduanero del Mercosur y el delito de contrabando", *Revista del Mercosur*, 1988, p. 158 and TOSI, J.L., "Principios de cooperación aduanera", *Revista del Mercosur*, 2001, p. 181.

66 GMC 87/00.

67 GMC 10/01.

action plan for countering customs infringements was approved in 2001.[68] The plan contains a long list of concrete measures, ranging from the introduction of standardised customs controls to the exchange of knowledge in the field of customs intelligence.

In the field of financial regulations and the fight against money laundering[69] the results are less than impressive. There is only a framework agreement between the Central Banks,[70] providing duties to cooperate and obligations to perform to the best of one's ability, but lacking any obligation to establish financial intelligence units[71] or to introduce specific obligations for financial service providers.

The vitality demonstrated over the past few years by the Assembly of Ministers of Home Affairs has no doubt been the main cause of surprise, however. It strongly appears that an *acquis* is being built within Mercosur in the field of police cooperation and intelligence which is similar in many respects to the Schengen *acquis* and the cooperation within the third pillar of the EU, although in this case not with the aim of compensating for the abolishment of internal borders. In 1999 an integrated security plan was approved,[72] elaborating the 1998 outlines of this plan.[73] The plan regulates the cooperation between police and security services of the States Parties in the field of the exchange of information and operational cooperation. It also provides for the establishment of an automated database for storing and exchanging information, the SISME.[74] *Ratione materiae* the cooperation is intended to prevent and detect crime, of which the trade in drugs and precursors, terrorism, trafficking in goods and people, vehicle theft[75] and organised crime are specifically regulated,[76] and to serve non-criminal law purposes. This last category comprises migration (forum shopping with respect to visas, political asylum, etc.), transnational protection of

68 CMC 3/01.

69 BULIT, G., "El lavado de dinero en el Mercosur", *Revista del derecho comercial y de las obligaciones*, 1999, Volume 32, p. 413-444.

70 CMC 40/00.

71 Directive 2001/97/EC, O.J. L 344/76 of 28 December 2001.

72 CMC 22/99 *Plan general de cooperación y coordinación recíproca para la seguridad regional*. This plan replaces the assistance agreement of 1998 and a secret security scheme named "*Plan de seguridad para la triple frontera*".

73 CMC 5/98 *Plan de cooperación y asistencia recíproca para la seguridad regional en el Mercosur*.

74 *Sistema de Intercambio de Información de Seguridad*.

75 See Memorandum in CMC 14/99.

76 Decisions CMC 8/00 and CMC 10/00 broaden this competence to economic and financial offences and illegal trade in endangered flora and fauna (CITES-protected species) respectively.

the environment and the trade in radioactive materials. Finally, due attention is paid to the common training of police and intelligence officers. The plan further elaborates the *modus operandi* concerning the exchange of data. For example, for terrorism which, by the way, is not a specific punishable offence in most States Parties, a fast cross-border alerting system has been built into SISME. The access to and security of the SISME database[77] has been further detailed in a number of specific decisions and regulations.[78] The responsible SISME subcommittee is mainly a managing body and a coordinating body with respect to all the specific technical substantive committees (migration, terrorism, etc.). It has no function with respect to data protection. The way the operational cooperation is run remains vague and *ad hoc* agreements between the States Parties are referred to. Special technical working groups have been established under the Assembly of Ministers for topics like "Offences", "Environment", "Migration", etc. In 2001 the cooperation was given further shape and substance and was made operational.[79] Regional operational cooperation was provided for drug trafficking and terrorism in a geographical zone to be agreed later. In addition, liaison officers were going to be appointed in each other's regions. Finally, a special system for the exchange of information was elaborated with respect to bio-terrorism. In 2002, the training of police and intelligence officers was assigned to a Coordinating Centre for Police Training. The Centre is really a network under revolving chairmanship, rather than a Mercosur police academy.

In 2002, the CMC approved several agreements reached by the Ministers of Home Affairs. Agreement 15/02 provides for the intensified exchange of information concerning cross-border offences committed by means of aircraft. The Agreement applies to nineteen described offences committed with the aid of planes, such as terrorism, trafficking in human beings, smuggling, hazardous substances, counterfeiting, drug trafficking, etc. In addition to the exchange of information, Agreement 17/03 concerning the fight against border corruption also provides for a complaints committee. Agreement 19/02 provides measures in the fight against the cross-border movement of goods posing an environmental risk (including a threat to biodiversity). Finally, Agreement 23/02 provides for cooperation between police and intelligence forces in the fight against terrorism and related offences. This Agreement of Salvador

---

77 CMC 13/99 *Reglamentos internos de la subcomisión de seguimiento y control y de la comisión administradora del sistema de intercambio de información Mercosur, Bolivia y Chile*, including Annex III – *Mercosur/RMI/Acuerdo No. 14/99 Reglamento interno comisión administradora del SISME.*

78 CMC 18/00 and 19/00.

79 CMC 13/01.

do Bahia, which was negotiated in special technical working groups on terrorism, aims to supplement the classical legal assistance in criminal matters[80] with police assistance and mutual assistance between intelligence agencies. It not only regulates the exchange of information, but also the joint cross-border *ad hoc* operations. The initiative for this has to come from a recognised authority and the terms (time span, powers, geographical area, etc.) have to be established per *ad hoc* operation.[81] Other states[82] may participate in these operations, but only as observers. A striking aspect is that this does not concern cross-border investigative acts, but rather police intelligence in the fight against terrorism. Neither "intelligence", nor "terrorism" has been further defined and the boundaries between intelligence and law enforcement have been completely erased here.[83] During the Assembly of Ministers of June 2003 the CMC[84] has widened the scope of application of the regional security scheme to include tobacco smuggling, theft of goods and imitation of goods and has introduced special measures against cross-border cattle smuggling.

Mercosur has thus adopted far-reaching operational measures, but has done so without first harmonising the underlying criminal (procedural) law.[85] Are the States Parties of the opinion that the Treaty of Asuncion does not provide the necessary legal basis for this? Quite the opposite, the prevailing view is that Article 1 TA includes this legal basis. Recital 2 of the legal assistance (criminal matters) agreement of San Luis[86] also expressly refers to the States Parties' compromise to harmonise their internal laws with a view to the common objectives established. In a decision of 2001[87] the CMC assigned a study on the provisions on terrorism in the Mercosur states as compared to the legislation of other countries on the American continent and in Europe. Also in 2001, the CMC[88] decided to elaborate measures for the harmoni-

---

80 See *supra*.

81 Note the parallels with the Council framework decision concerning joint investigation teams, O.J. L 162 of 20 June 2002.

82 This is mainly intended for the law enforcement and intelligence agencies of the US.

83 In the US the Patriot Act (post-11 September anti-terrorism legislation) has pulled down nearly completely the partitions between the intelligence services and enforcement bodies (PL 107-56, 2001 HR 3162) and several European countries do follow this path to a certain extent.

84 CMC 05/03.

85 In contrast, see ALVAREZ, A.E., "L'internationalisation du droit pénal. L'exemple du Mercosur", *Revue de science criminelle et de droit pénal comparé*, 1999, p. 741-754.

86 CMC 2/96.

87 CMC 13/01.

88 CMC 3/01.

sation of provisions and penalties concerning smuggling and imitation goods. It therefore looks as if the criminal law harmonisation, especially of substantive criminal law, will be picked up in the coming years.[89] Meanwhile, the Mercosur states have already harmonised a number of offences, such as corruption and money laundering, but this took place based on international obligations assumed in the context of the UN or the OAS. Over the past decade, criminal procedural law in Latin America and in the Mercosur States Parties has modernised considerably.[90] It has proved to be possible, following periods of dictatorship, to organise the criminal procedure system in a constitutional way and to provide the right to be heard in procedures based on the principle of immediacy and thereby to abolish the written and secret prosecution procedures before, sometimes, single judges. By the reform the public prosecutor's office has also been strengthened and organised constitutionally. Remarkably, though, the reforms have not addressed aspects of cross-border cooperation in criminal matters or international criminal law.[91] Still, some[92] already dare to dream of common criminal law jurisdiction within Mercosur.

Conclusion

Mercosur is an intergovernmental organisation,[93] with community objectives, which is directed from the political centres of the States Parties and is therefore greatly dependent upon the political economic cycles in the States Parties. In the short term, this can be an advantage for safeguarding the political feasibility of the project, but in the medium term it is manifestly disadvantageous. Regional integration is not

---

89 The need for harmonisation is also recognised by the regional forum for criminologists and criminal law lawyers, see *Primeiro Fórum de Criminologia e Política Criminal do Mercosul*, Portalegre, 1998, tópico 4 "Cooperação criminológica-penal internacional" in CERVINI, R. & TAVARES, J., *Princípios de Cooperação Judicial Penal Internacional no Protocolo do Mercosul*, São Paulo, Editora Revista dos Tribunais, 2000, p. 40. See also ALBERTO GONZÁLEZ, C., "La necesidad de armonizar una Justicia Penal transfronteriza en el Mercosur ante el auge del crimen organizado", *Revista del Mercosur*, 1998, p. 18-85.

90 See MAIER, J.B.J., AMBOS, K. & WOISCHNIK, J., *Las Reformas Procesales Penales en América Latina*, Buenos Aires, Ad-Hoc, 2000.

91 In Latin America, this branch of the law is practised exclusively by lawyers who specialise in international law or private international law.

92 CERVINI, R. & VIANA GARCIA, C., "Reflexões sobre um eventual Tribunal Penal Comunitario no Ambito do Mercosul", *Revista da Academia Brasileira de Direito Criminal*, São Paulo, 2000, Ano 1, No.1, p. 56.

93 HAINES-FERRARI, M., "Mercosur: A New Model of Latin American Integration?", *Case Western Reserve Journal of International Law*, 1993, Volume 25, No. 3, p. 413.

always a path strewn with roses and conflict among states, among private entities, be they natural or legal persons, and among private individuals and national and/or regional authorities forms an integral part of regional integration. It is essential that these parties be given the necessary tools and autonomy to enforce their rights. This of course presumes that they are able to invoke the integrated rules and have access to legal remedies which they can use to have their cases decided by an impartial and independent body competent to impose binding decisions on the parties. The history of European integration proves that the Member States alone are unable to realise the regional integration and that a purely intergovernmental model does not suffice. That is not to say that a strong supranational organisation with supranational jurisdiction has to be created at any cost and at once. It is important, however, that some kind of common administration is established, in which national and regional authorities give shape and content to the regional integration through a system of checks and balances. It is also important that an independent body with judicial authority is able to cut knots and take decisions on principles, independent of the economic or political interests of the parties.

Against this background it is clear that Mercosur is struggling with the dilemma between community objectives and intergovernmental instruments. The position of the SAM is very weak and the right to introduce legislation is in the exclusive hands of the States Parties. The entry into force of Mercosur law is too complex and too dependent upon internal procedures and agendas in the States Parties. Because of the non-recognition of the direct effect of Mercosur law the legal subjects have a weak position in domestic law. Mercosur law provides no instruments for forcing compliance either by the States Parties, by Mercosur institutions or by legal subjects. In short, the parties who could ensure the autonomy of Mercosur law[94] are not given much leeway under the intergovernmental structure.

On the other hand, the Mercosur *acquis* as built up over the past decade is not without meaning. With respect to the customs union and the common market significant progress has been made. These are also the areas where the arbitral awards, which are comparable to important case law of the European Court of Justice as regards content and purport, have had an influence. Noteable too is the fact that, despite the as yet only partial realisation of the customs union, considerable action has already been taken in the field of positive integration. Mercosur law is

94 PALACIO DE CAEIRO, S.B., "El derecho administrativo del Mercosur", *Revista de la Asociación de Magistrados y Funcionarios de la Justicia Nacional*, 2002, p. 131-147.

developing rapidly and the tentative outlines of, for example, Mercosur environmental law, are becoming visible. The same is true of the harmonisation of competition law, trademark law, etc. The States Parties are also aware of the *acquis* that has been built up and do not wish to see it undermined, for example, by *a posteriori* international agreements.[95] However, realism is in order here. The free movement of persons, services and capital is still in its infancy. Recognition of general principles of Mercosur law or references to human rights[96] – as guaranteed by the Inter-American Convention of Human Rights – or to citizenship are still far from sight. The fact stands out that the achieved harmonisation of substantive law has been introduced at the same time as the harmonisation[97] of national enforcement law, including the harmonisation of punitive sanctions. Where competition is concerned, the first hesitant steps towards a supranational competence to impose penalties have been made, a fact which, within an intergovernmental framework, is not self-evident. What is more, the harmonisation of enforcement law also includes areas such as customs, transport, etc. and in this respect therefore surpasses the *acquis* built up in the EC. However, due to the lack of ratification and incorporation, the incorporation of the Mercosur enforcement rules is lagging behind.[98]

The most striking aspect is no doubt that with an incomplete customs union and a common market still waiting in the wings considerable progress has been made in the field of judicial cooperation in civil, criminal and security matters. The dynamism displayed by the Ministers of Justice and of Home Affairs seems to exceed that of the economic Ministries. Within a relatively short time an impressive *acquis* has been elaborated, not only with respect to the regulation of judicial cooperation, but also with respect to immigration, information management and joint operational competence. A cause for concern is no doubt that these

---

95 CMC 32/00 provides that States Parties cannot conclude new bilateral agreements in the field of external trade relations and thereby confirms the exclusive competence of Mercosur in this area.

96 PIERINI, A., "Derechos Humanos en el Mercosur, Archivos del Presente", *Revista Latinoamericana de temas internacionales*, 2000, Volume 2, p. 145-152. CAJARVILLE PELUFFO, J.P., "Garantias constitucionales del procedimiento administrativo en los países del Mercosur" in *Principios del procedimiento administrativo de los organos del Mercosur, Actualidad en el Derecho Publico*, Buenos Aires, Ad-Hoc, 1998, p. 25.

97 See TAVARES DE ARAUJO, J. & TINEO, L., "Harmonization of Competition Policies among Mercosur Countries", *Brooklyn Journal of International Law*, 1998, Volume 24, p. 441.

98 ALBERTO GONZÁLEZ, C., "Ante la crisis Brasileña: ¿Que papel podria haber jugado el 'Protocolo de Defensa de la Competencia del Mercosur'?", *Revista de Derecho del Mercosur*, 1999, p. 218-224.

developments are insufficiently linked with the political rights of citizens and therefore remain separate from Mercusor citizenship. The States Parties, partly due to the pressure of the post-11 September context, seem determined to keep adding to the judicial area.

Latin America and Europe share important historical ties and important political and economic relations. Europe believes that the Mercosur countries have an interest in strengthening the integration model and actively supports Mercosur. This in itself need not conflict with the WTO or the US in the framework of negotiations concerning a free trade agreement.[99] However, it is important for the Mercosur countries and for Europe that the regional integration in Mercosur is both widened and deepened. An evident course would be, therefore, to further expand the bilateral cooperation between Mercosur and the EU to include areas such as the free movement of persons, services and capital and judicial cooperation in civil, criminal and security matters.

The external relations of the EU have been intensively increased, not only with third countries and international organisations, but also with other models of community integration, as for instance Mercosur. After 11 September, the EU has used for the first time its competence under Article 38 of the EU Treaty to conclude agreements in the JHA field. Agreements were signed with the USA on extradition and on mutual legal assistance in criminal matters. Europol did sign an agreement with the USA on exchange of data, including personal data. Moreover, service providers, including passenger carriers and credit card companies have been obliged to transfer personal data to USA law enforcement authorities. The increased cooperation between the EU and the USA in the field of criminal intelligence and law enforcement is an important development and can have a spin off for the European criminal justice system. However, in concluding agreements of strengthened cooperation we should not set aside the European *acquis* in the field of fundamental rights, as established under the ECHR, the EU and enshrined in the Charter of Fundamental Rights. Mercosur has planned to establish an internal market with free movement of persons. (Illegal) Migration to Europe is becoming a high priority on the agenda both for the EU and Mercosur. It is time to widen the Interregional Framework Cooperation Agreement between the EU and Mercosur of 1996 to the migration aspects and the aspects of police cooperation and judicial

---

99 O'KEEFE, T.A., "Potential Conflict Areas in any Future Negotiations between Mercosur and the NAFTA to Create a Free Trade Area of the Americas", *Arizona Journal of International and Comparative Law*, 1997, Volume 14, No. 2, p. 305; DE AGUINIS, A.M., "Symposium NAFTA at Age One: A Blueprint for Hemispheric Integration? Can Mercosur Accede to Nafta? A Legal Perspective", *Connecticut Journal of International Law*, 1995, Volume 10, p. 597.

cooperation in civil and criminal matters. In the Agreement of 1996 the JHA agenda was limited to drug-trafficking (Article 22). However, by doing so we should build in enforceable instruments for the respect of fundamental human rights. The actual Article 1 of the Interregional Framework Cooperation Agreement between the EU and Mercosur[100] provides that respect for democracy and fundamental human rights, as established by the Universal Declaration of Human Rights inspires the domestic and external policies of the Parties and constitutes an essential element of this Agreement. However, how will this condition clause be enforced by the Contracting Parties? It must be possible for citizens of EU states or Mercosur states to challenge the application of the Agreement for violation of fundamental human rights, making available local remedies and remedies at the ECJ and regional human rights courts.

100 http://europa.eu.int/comm/external_relations/mercosur/bacground_doc/fca96.htm.

Contributeurs

Pedro CABRAL, administrateur au service Recherche et documentation de la Cour de justice des Communautés européennes.

Cédric CHENEVIÈVRE, assistant à l'Institut d'études juridiques européennes à l'Université de Liège.

Pablo DENGLER, ancien assistant du département juridique au Collège d'Europe (Bruges).

Sonia GSIR, chercheuse (P.A.I.) au Centre d'études de l'ethnicité et des migrations à l'Université de Liège.

Dominik HANF, professeur de droit européen au Collège d'Europe (Bruges et Natolin).

Kirstyn INGLIS, chercheuse à l'Institut européen de l'Université de Gand.

Erwan LANNON, professeur à l'Institut européen de l'Université de Gand et au Collège d'Europe (Natolin).

Jörg MONAR, Chaire d'excellence Marie Curie de l'Union européenne, Institut d'études politiques, Université Robert Schuman, Strasbourg and Professor at the College of Europe (Bruges).

Rodolphe MUÑOZ, chercheur (P.A.I.) à l'Institut d'études juridiques européennes (Liège).

Peter Arnt NIELSEN, Associate Professor at the Copenhagen Business School and Professor at the College of Europe (Bruges).

Georgia PAPAGIANNI, Researcher, European University Institute, Florence.

Sean VAN RAEPENBUSCH, juge au Tribunal de la fonction publique et chargé de cours à l'Université de Liège.

John A.E. VERVAELE, Professor of Economic and Financial Criminal Law at the University of Utrecht, Visiting Professor of European Criminal Law at the College of Europe (Bruges).

Anne WEYEMBERGH, chargée de cours et directrice adjointe de l'Institut d'études européennes à l'Université libre de Bruxelles.

Cahiers du Collège d'Europe

L'Europe subit des mutations permanentes. La vie politique, l'économie, le droit, mais également les sociétés européennes, changent rapidement. L'Union européenne s'inscrit dès lors dans un processus d'adaptation constant. Des défis et des nouvelles demandes surviennent sans cesse, provenant à la fois de l'intérieur et de l'extérieur. La collection des Cahiers du Collège d'Europe publie les résultats des recherches menées sur ces thèmes au Collège d'Europe, au sein de ses deux campus (Bruges et Varsovie). Focalisés sur l'Union européenne et le processus d'intégration, ces travaux peuvent être spécialisés dans les domaines des sciences politiques, du droit ou de l'économie, mais ils sont le plus souvent de nature interdisciplinaire. La collection vise à approfondir la compréhension de ces questions complexes et contribue ainsi au débat européen.

Directeurs de collection
Professeurs D. Hanf, D. Mahncke, I. Govaere et J. Pelkmans
pour le Collège d'Europe (Bruges et Varsovie)

Dans la collection

No. 1 – Dieter MAHNCKE, Alicia AMBOS & Christopher REYNOLDS (eds.), *European Foreign Policy. From Rhetoric to Reality?*, 2004, Second printing 2006, 381 p., ISBN 90-5201-247-4

No. 2 – Paul DEMARET, Inge GOVAERE & Dominik HANF (eds.), *30 Years of European Legal Studies at the College of Europe / 30 ans d'études juridiques européennes au Collège d'Europe. Liber Professorum 1973-74 – 2003-04*, 2005, 563 p., ISBN 90-5201-251-2

No. 3 – Dieter MAHNCKE & Jörg MONAR (eds.), *International Terrorism. A European Response to a Global Threat ?*, 2006, 191 p., ISBN 90-5201-046-3

No. 5 – Dominik HANF & Rodolphe MUÑOZ (dir.), *La libre circulation des personnes. États des lieux et perspectives*, 2007, 329 p., ISBN 978-90-5201-061-8

Printed by
CPI books GmbH, Leck

FSC
www.fsc.org
MIX
Papier | Fördert gute Waldnutzung
FSC® C083411

Kolibri 360 GmbH
Ferdinand-Jühlke-Straße 7
99095 Erfurt, Deutschland
produktsicherheit@kolibri360.de